NEUKIRCHENER

Für

Maria und Karl

die ersten kritischen Leser!

In freundschaftlicher
Verbundenheit

[illegible]

27. III. 05

Achim Behrens

Verstehen des Glaubens

Eine Einführung in Fragestellungen evangelischer Hermeneutik

Neukirchener

Neukirchener Verlag
Verlagsgesellschaft des Erziehungsvereins mbH, Neukirchen-Vluyn

Umschlaggestaltung: Hartmut Namislow
Satz und Druckvorlage: Achim Behrens
Gesamtherstellung: Breklumer Druckerei Manfred Siegel KG
Printed in Germany
ISBN 3–7887–2084–0

Bibliographische Information Der Deutschen Bibliothek

Die Deutsche Bibliothek verzeichnet diese Publikation in der Deutschen Nationalbibliographie; detaillierte bibliographische Daten sind im Internet über http://dnb.ddb.de abrufbar.

Abbildung auf der Umschlagseite 1:
»Vater Unser im Himmel« (Aquarell und Skriptol)
von Regina Piesbergen.

Für
Anja, Achim, Andreas,
Johannes und Reinhard

Vorwort

Das vorliegende Buch basiert auf einer Ausarbeitung, die unter dem Titel „Verstehen und Verständlichmachen von Texten“ als achte Einheit eines Theologischen Fernkurses für engagierte Christenmenschen in der Selbständigen Evangelisch-Lutherischen Kirche (SELK) entstand. Dieser Fernkurs wurde angeregt von Dr. Hartwig Harms, Hermannsburg, der Erfahrungen mit dieser Form der theologischen Bildung im Rahmen des Projektes „Theological Education By Extension“ (TEE) in Äthiopien sammelte. Ihm und seinem Redaktionsteam danke ich für die Ermutigung, mich an einen solchen Kurs zu wagen, sowie für vielerlei Hilfe bei der Formulierung.

Nun eröffnet der Neukirchener Verlag die Möglichkeit, dass diese Einführungen in unterschiedliche Fragestellungen evangelischer Hermeneutik in überarbeiteter Form einer breiteren Öffentlichkeit zugänglich werden. Dafür danke ich insbesondere dem Verlagsleiter, Herrn Dr. Volker Hampel, nicht zuletzt auch für die hervorragende und geduldige Betreuung beim Erstellen der Druckvorlage.

Für das Korrekturlesen des Manuskriptes und für kritische Leseeindrücke danke ich meiner Frau, Karin Kanth-Behrens, und Frau Anja Diesel!

Die Tatsache, dass die vorliegenden Ausführungen zunächst für interessierte Kirchglieder ohne theologische Ausbildung im eigentlichen Sinne entstanden, bedingt einige Eigenarten der Darstellung. Das beginnt z.B. mit Formulierungen, mit denen die Leserin und der Leser gelegentlich direkt angesprochen werden und endet noch nicht damit, dass jedes Teilkapitel mit Fragen oder Aufgaben zur Vertiefung des Gelesenen endet. Das Buch bietet eben nur Einführungen in Fragen, an denen die geneigte Leserschaft im Idealfall selbständig und kritisch weiterarbeiten möchte. Hinzu kommt, dass die Schriften Martin Luthers im Text nach der von Kurt Aland besorgten Ausgabe „Luther Deutsch“ zitiert werden. Diese Ausgabe ist weit verbreitet, liegt inzwischen auch in elektronischer Form vor und bietet vor allem auch dem ungeübten Leser einen sprachlich leichteren Zugang zu den Gedanken des Reformators als die Originale. Die Fundstellen der genannten Lutherschriften in der wissenschaftlich zitierfähigen Weimarer Ausgabe (WA) finden sich im Literaturverzeichnis. Mir liegt daran, dass auch Menschen, die keinen Zugriff auf die WA haben, die genannten Lutherschriften zur Hand nehmen und lesen können.

Die Fußnoten im Text sind auf ein nötiges Mindestmaß begrenzt. Es sei aber auf das Literaturverzeichnis verwiesen, das nach den Kapiteln dieses Buches gegliedert ist, sodass sich Literatur zu bestimmten Abschnitten leicht finden lässt. Dort finden sich dann auch solche Titel, die über das in den Fußnoten Erwähnte hinausgehen. Dennoch kann unmöglich alle Literatur zu den angesprochenen Themen angeführt werden. Das allein wäre ein Buch für sich. Die gebotene Auswahl ist notwendigerweise subjektiv. Ich habe oft darauf verzichtet, wissenschaftliche Standardliteratur (wie exegetische Kommentare) aufzuführen. Diese finden die Fachleute leicht. Stattdessen sind Titel genannt, die nicht immer dem theologischen „Mainstream" folgen, aber doch interessante Aspekte zur hermeneutischen Debatte beitragen. Außerdem war auch hier die Lesbarkeit für Leute ohne oder am Beginn einer theologischen Ausbildung ein Kriterium.

Ein Wort zum 12. Kapitel: Dieses sieht auf den ersten Blick wie eine einfache Anleitung zum Verfassen verschiedener Bibelarbeiten oder Andachten aus. Wie an keiner anderen Stelle des Buches mag hier der Charakter eines „Kurses" sichtbar sein. Dennoch erhoffe ich mir einen Effekt von der Arbeit mit diesem letzten Kapitel, der über das Verfassen einer Andacht hinausführt. Wer die ersten elf Kapitel des Buches aufmerksam wahrgenommen hat und sich dann an die Erarbeitung der Bibeltexte macht, die das letzte Kapitel bespricht, für den (so hoffe ich) stellt das 12. Kapitel eine Zusammenfassung der bis dahin gebotenen hermeneutischen Überlegungen dar. Denn dort geht es weniger um die fachgerechte exegetische Erarbeitung der genannten Texte, als vielmehr um ein genaues hermeneutisches Durchdenken auf das Selbst-, Welt- und Gottesverständnis heutiger Menschen hin. Verstehen des Glaubens beschränkt sich nicht auf das Verstehen der Bibel. Dieser Einsicht will dieses Buch an vielen Stellen Rechnung tragen. Aber evangelische Hermeneutik findet doch immer wieder im Umgang mit der Heiligen Schrift ihren Brennpunkt.

Das Buch ist fünf Menschen gewidmet, die mich auf meinem bisherigen Weg des theologischen Nachdenkens auf entscheidende Weise begleitet haben. Was uns verbindet, ist die Liebe zum und das Bemühen um die Exegese des Alten Testaments. Wir alle sechs haben dabei Wesentliches von Diethelm Michel gelernt. Was uns unterscheidet, ist unsere Herkunft aus ganz verschiedenen Traditionen der evangelischen Christenheit. Immer wieder haben wir nicht nur über hebräische Grammatik miteinander diskutiert, sondern uns auch gegenseitig in unseren konfessionellen, gemeindlichen und kirchlichen Kontexten wahrgenommen und besucht. So haben wir sozusagen „live" miteinander erfahren, wie „versöhnte Verschiedenheit" aussehen könnte. Meinen konfessionellen Horizont hat das jedenfalls sehr erweitert. Höchste Zeit, dass ich mich dafür dankbar zeige!

Ein Wort zum Titelbild: Frau Regina Piesbergen sei herzlich gedankt für die Erlaubnis, ihr Bild mit dem Titel „Vater unser im

Himmel" zu verwenden. Es ist das erste aus einer Reihe von Bildern zum Gebet des Herrn und drückt für mich manches auf seine Art aus, was auch dieses Buch möchte. Menschen recken ihre Arme mit geöffneten Händen dem Himmel entgegen. Das Gold des Himmels symbolisiert die Majestät Gottes. Gott selbst schenkt den Glauben, füllt den Menschen ihre Hände. Glaube ist nichts, was unser noch so sorgfältig abgesichertes Verstehen herstellen oder machen könnte. Dennoch möchten Christen ihren Glauben so gut es eben geht auch verstehen. Auch für dieses Begreifenwollen stehen für mich die ausgestreckten Arme der Glaubenden. „Verstehen" im Sinne theologischer Hermeneutik ist also immer ein Geschäft, das auf den Glauben an Gott zeitlich erst folgt. Es geht um verstehenden *Nach*-Vollzug des Glaubens. Auch dabei sind die Glaubenden von Gott getragen, dessen „Gold" nicht nur über, sondern auch neben und unter ihnen ist. So sei auch in diesem Buch „Verstehen des Glaubens" aufgefasst.

Für namhafte Druckkostenzuschüsse danke ich der Fakultät, sowie dem Kreis der Freunde und Förderer der Lutherischen Theologischen Hochschule in Oberursel, der Selbständigen Evangelisch-Lutherischen Kirche und der „Landeskirchlichen Stiftung für evangelische Theologen, begründet von Hermann L. Strack" in Berlin.

Höchst an der Nidder, im Oktober 2004

Achim Behrens
(AchimBehrens@gmx.de)

Inhalt

1

Nachdenken über das Verstehen

1.1 Das Verstehen versteht sich nicht von selbst

Der christliche Glaube ist eine umfassende existenzielle Herausforderung für jede Christin und jeden Christen. Dies gilt jedenfalls dann, wenn unter „Glaube“ mehr verstanden wird als die nebulöse Ahnung von der Existenz eines „höheren Wesens“ oder das „Für-wahr-halten“ angelernter kirchlich-traditioneller Auffassungen über Gott, die Bibel oder dergleichen. Wenn Glauben als ein Vertrauen auf Gott verstanden wird, dann wird von diesem Vertrauensverhältnis her auch die Beziehung des glaubenden Menschen zu sich selbst und zu der Welt, in der er lebt, wesentlich mit bestimmt. Anders gesagt: Eine Christin oder ein Christ nimmt diese Welt unter einem bestimmten Blickwinkel wahr, nämlich so, dass mit „Gott“ als Schöpfer, Erlöser und Vollender dieser Welt und der persönlichen Existenz gerechnet wird. Dieses Verhältnis zu Gott, dieser Welt und sich selbst unter den Bedingungen des Glaubens kann man auch als ein bestimmtes Verständnis oder Verstehen bezeichnen. Es geht im Folgenden um das Nachdenken über dieses Verstehen. Was passiert, wenn wir etwas von Gott und seinem Verhältnis zu dieser Welt und zu uns ganz persönlich verstehen? Unter welchen Voraussetzungen verstehen wir überhaupt etwas von Gott und von seinem Wort in der Bibel? So ist der Titel „Verstehen des Glaubens“ in doppelter Hinsicht aufzufassen: Zum einen geht es darum, den Glauben, seinen Gegenstand und seine Quellen zu verstehen. Dann aber muss auch bedacht werden, wie der Glaube, d.h. wie Christinnen und Christen sich selbst und die Welt verstehen und welche Faktoren dabei zu bedenken sind. Dieses Buch richtet sich demnach zuerst an evangelische Christinnen und Christen, die ihren Glauben (besser) verstehen wollen. Die Spezifizierung „evangelisch“ verdankt sich der Tatsache, dass ich als Autor in dieser, genauer in der evangelisch-lutherischen Tradition groß geworden und zuhause bin. Wo sich auch Christinnen und Christen anderer Konfessionen zur kritischen Auseinandersetzung anregen lassen, ist dies natürlich begrüßenswert.

Der christliche Glaube ist grundsätzlich ein kommunikatives Geschehen. Ob in Gemeindekreisen, beim Bibellesen, Beten oder im Gottesdienst – immer geht es um Worte und Verstehen und zumeist geht es auch um einen Austausch über den Glauben. Wenn ich etwas verständlich machen will, dann muss ich das selbst natürlich auch verstanden haben. So lohnt sich die Frage, unter welchen Bedingungen mein eigenes Verstehen stattfindet, was es fördert oder behindert, was es beeinflusst oder in eine bestimmte Richtung lenkt. Dies gilt übrigens für jedes Verstehen, nicht nur dann, wenn es um den Glauben geht. Aber auch beim Glauben spielen diese Dinge eine Rolle.

Weil wir uns jeden Tag im Verstehen üben, denken wir nicht lange darüber nach. Wir lesen Zeitung, gucken Fernsehen oder unterhalten uns mit Menschen. Dass wir das alles verstehen können, ist für uns das Selbstverständlichste von der Welt. Dass das nicht ganz so selbstverständlich ist, geht uns schon auf, wenn wir daran denken, dass es auch Missverständnisse gibt. Vor allem aber gibt es ganz unterschiedliche Zugänge zu bestimmten Themen. Man kann ganz verschieden verstehen. Jeder von uns hat schon einmal die Erfahrung gemacht, dass die Verständigung mit einem anderen Menschen missglückt ist. Einer von beiden sagt dann vielleicht: „Ach *so* hast du das gemeint! Ich hatte das *anders* verstanden." Dass man *so* oder auch *anders* verstehen kann, gilt für jede Form der menschlichen Kommunikation, aber es gilt natürlich auch für Fragen des Glaubens oder der Bibel. Eine neue Einführung in unterschiedliche Zugänge zum Buch der Bücher zählt nicht weniger als 17 Zugangsweisen auf, unter der sich Menschen heute ernsthaft der Bibel nähern. Von der historisch-kritischen Bibelauslegung, über kirchlich-dogmatisches Verstehen, Bibliodrama und tiefenpsychologische Deutung bis hin zur feministischen Theologie.[1] Wie kommt diese Vielfalt zustande?

Wenn Menschen bei dem Bemühen, eine bestimmte Frage zu verstehen, zu unterschiedlichen Ergebnissen und Antworten kommen, so kann das nicht ausschließlich in dem fraglichen Gegenstand liegen. So ist z.B. die Bibel seit beinahe 2000 Jahren immer dieselbe und doch gibt es viele unterschiedliche Möglichkeiten sie zu verstehen. Dies muss auch darin begründet sein, wie Menschen etwas verstehen und was dieses Verstehen bestimmt oder beeinflusst. Also lohnt es sich, über die Bedingungen des Verstehens nachzudenken. Wenn unterschiedliche Menschen in einer Frage zu verschiedenen Antworten gelangen, kann man natürlich fragen „Wer hat recht?" Hier soll aber zunächst einmal gefragt werden „Wie funktioniert das Verstehen der Menschen?" Vielleicht lassen sich auf diesem Wege die Unterschiede erklären.

Daher gibt es auch eine eigene Disziplin, die danach fragt, wie das Verstehen „funktioniert." Das ist die sog. *Hermeneutik*. Dieser Begriff ist sozusagen das „Themawort" aller folgenden Ausführungen: *Hermeneutik ist die Lehre vom Verstehen*. Der Begriff ist von einem grie-

---

1 Vgl. Manfred Oeming, Biblische Hermeneutik. Eine Einführung, Darmstadt 1998.

chischen Verb abgeleitet, das soviel wie „übersetzen", „erklären" oder eben „verstehen" bedeutet. Als Eselsbrücke kann hier der griechische Gott Hermes dienen, dessen Name an Hermeneutik anklingt und der als „Götterbote" die göttlichen Botschaften den Menschen vermitteln und erklären sollte. Im 20. Jahrhundert war die Hermeneutik vor allem in der *Philosophie* von herausragender Bedeutung. Ging es hier doch darum, wie alles menschliche Nachdenken und Forschen, ja eigentlich jede Auffassung des Menschen von seiner Welt überhaupt funktioniert. So wurde die Hermeneutik zu einer Art wissenschaftstheoretischer und philosophischer Grundlagenforschung. Als bekannteste Vertreter der philosophischen Hermeneutik können sicher Martin Heidegger und Hans-Georg Gadamer gelten. Letzterer hat mit seinem Buch „Wahrheit und Methode" ein Grundlagenwerk der philosophischen Hermeneutik verfasst.

An diesen „Boom" in den Bemühungen um das Verstehen hat die Theologie im 20. Jahrhundert gerne angeknüpft. Denn wenn es in der Theologie vor allem um das Verstehen und Verstehbarmachen der biblischen Botschaft geht, aber auch um das Verstehen der menschlichen Lebenswelt im Angesicht Gottes, dann schien Hermeneutik das eigentliche Thema der christlichen Theologie zu beschreiben. Und so gab es in Anknüpfung an die philosophische Hermeneutik Heideggers und Gadamers eine breite theologische Hermeneutik, die bis heute in verschiedenen Ausprägungen das Nachdenken der Theologen bestimmt. Als Vertreter seien beispielsweise genannt: die Neutestamentler Rudolf Bultmann, Peter Stuhlmacher und Klaus Berger, die systematischen Theologen Ernst Fuchs und Gerhard Ebeling oder auch die Alttestamentler Gerhard von Rad, Antonius H. J. Gunneweg oder Manfred Oeming. Die Reihe ließe sich fortsetzen, und auch die Genannten gehören längst nicht alle in denselben „Topf." Was sie vereint, ist das Bemühen, die Art und Weise, wie der Glaube versteht (Gott, sich selbst, die Bibel etc.), möglichst genau zu durchdringen und zu beschreiben. Ihre Wege des Nachdenkens und ihre Antworten unterscheiden sich zum Teil erheblich. Der eine oder andere Name ist Ihnen vielleicht schon mal begegnet und es mag sein, dass Sie ihn im Stillen mit einem bestimmten Etikett belegt haben. Es gehört zu einem angemessenen hermeneutischen Bemühen, sich zunächst nicht von den eigenen Vorurteilen, sondern möglichst von Sachaussagen leiten zu lassen. So werden auch einzelne Forschernamen im Folgenden eine untergeordnete Rolle spielen.

Einer muss aber doch noch genannt werden. Wenn auch die Hermeneutik durch die Philosophie des 20. Jh.s. eine starke Bedeutung erlangt hat, so ist sie doch eigentlich in der Theologie als Disziplin entstanden. Im 19. Jh. war es der Theologe Friedrich Daniel Ernst Schleiermacher, der als erster die Hermeneutik als „Kunstlehre des Verstehens" definiert und als Grundbemühung aller Theologie gefordert hatte. Das Bemühen um die *hermeneutica sacra*, das Verstehen der heiligen Dinge, ist aber so alt, wie das Christentum selbst, wenn es auch erst Schleiermacher methodisch reflektiert hat. So ist die Hermeneutik als Lehre vom Verstehen in der Theologie entstanden, dann in der Philosophie aufgegriffen und von daher wieder in der Theologie einflussreich geworden.

Zum Abschluss dieses ersten Abschnitts sollen noch einige Grundbedingungen des Verstehens bedacht werden. Wenn heute die Kommunikation zwischen Menschen beschrieben wird, dann spricht man gern vom „Sender“ und vom „Empfänger“. Einer spricht oder schreibt und teilt so etwas mit, während der andere hört oder liest und auf diese Weise etwas aufnimmt. Einer spricht, ein anderer versteht. Man könnte dann auf den Gedanken kommen, dass Verstehen lediglich ein passiver, empfangender Vorgang sei. Im sterilen „Kommunikationslabor“ mit einer sauberen „Sender-Emfänger-Anordnung“ mag das so sein. In Wirklichkeit aber ist Verstehen ein sehr aktives Geschehen. Zunächst müssen wir beim Verstehen immer *unterscheiden und auswählen*. Aus der Fülle von Informationen, die stets auf uns einströmen, müssen wir die für uns bedeutsamen Dinge herausfiltern. Dann müssen wir Beziehungen herstellen. Wenn uns etwas tatsächlich neu ist, dann gehört zum Verstehen, dass wir nach Anknüpfungen in unserer bekannten Lebenswelt suchen. Zu welchem Bereich, der mir schon vertraut ist, passt die neue Information? Bestätigt oder korrigiert sie mein bisheriges Wissen? Alle Zuordnungsspiele aus der „Sesamstrasse“ basieren auf diesem Prinzip („Welche Kekse gehören auf einen Teller?“ oder: „Warum passt die Holzkugel nicht zu den Glasmurmeln?“). Wir vollziehen es täglich hundertfach ganz automatisch. Hier geht es darum, dieses verstehende *Handeln* an bestimmten Punkten *bewusst* zu machen. Wir sind also nicht nur Empfänger beim Verstehen, sondern geradezu kreativ tätig. Wir merken es nur nicht immer.

Noch etwas: Es geht beim Verstehen nicht nur um das Erkennen eines Naturgesetzes oder die Funktionsweise einer Maschine. So wird Verstehen meist in der Naturwissenschaft definiert: Man vollzieht einen objektiv vorhandenen Prozess nach, dessen Gesetzmäßigkeiten sich dann beschreiben lassen. Gadamer hat darauf aufmerksam gemacht, dass noch eine andere Dimension im Spiel ist, wenn es um das „Verstehen“ eines Gedichtes, eines Bildes oder auch einer biblischen Aussage geht. Hier hat Verstehen auch mit der Erfahrung von Wahrheit zu tun.

Zur Vertiefung:

1. Was bezeichnet der Begriff Hermeneutik? Lehre v. Verstehen
2. Beschreiben Sie Verstehen als einen *aktiven* Vorgang!
3. Erkennen Sie ihr eigenes Verstehen in diesem Sinne als aktiv?

1.2 Das Verstehen und das Bibellesen

Was im ersten Abschnitt über das Verstehen ganz allgemein gesagt wurde, gilt natürlich grundsätzlich auch für das Verstehen der Bibel. Dies wird im Folgenden immer wieder Thema sein. Dabei ist dann auch zu bedenken, dass ja die Bibel als Wort Gottes für Christen kein Buch wie jedes andere ist. Dennoch unterliegt auch das Verstehen des Buches der Bücher klar beschreibbaren Bedingungen. Beides zu unterscheiden und dennoch nicht auseinander zu reißen, ist eine der wichtigsten Aufgaben der evangelischen Hermeneutik: Gottes Reden ist einerseits etwas Außergewöhnliches, weil eben *Gott* redet. Auf der anderen Seite verstehen wir dieses Reden aber als *Menschen* und müssen uns deshalb mit Sorgfalt um die Umstände unseres Verstehens bemühen.

In diesem Abschnitt soll es aber nicht um das „Große und Ganze" des Bibelverstehens gehen. Vielmehr geht es konkret um eine biblische Geschichte, in der das Verstehen selbst zum Thema wird. Gemeint ist der Bericht von der Taufe des „Äthiopischen Kämmerers" durch Philippus, der sich in der Apostelgeschichte im 8. Kapitel findet. Zwei Dinge lassen sich anhand dieser Geschichte bedenken: 1. wird hier in der Bibel ausdrücklich der Vorgang des Verstehens beim Bibellesen behandelt. 2. ergeben sich von daher Anregungen für ein Nachdenken über unser eigenes Bibellesen und Verstehen. Die folgenden Überlegungen halten sich recht eng an den Bibeltext. Bitte lesen Sie daher jetzt einmal Apg 8,26–40 sorgfältig durch und legen Sie sich den Text so parat, dass Sie ihn in diesem Abschnitt immer wieder heranziehen können.

In einem Gang durch den Text soll das Wesentliche deutlich werden: Es gibt zwei Hauptpersonen in dieser Geschichte. Der erste ist Philippus, einer der sieben „Armenpfleger", die bereits in Apg 6,5 erwähnt wurden. Er wird vom „Engel des Herrn" auf einen bestimmten Weg geschickt. Wie der Mann dem Engel begegnet ist, können wir uns nicht genau vorstellen, aber so viel ist klar, dass von Anfang an Gott selbst seine Hand im Spiel hat. Dies ist ein Grundbekenntnis des Glaubens: Ohne den heiligen Geist, ohne Gottes eigene Kraft, kommt alles Bemühen um ein Verstehen der Bibel nicht zu seinem eigentlichen Ziel.

Die zweite Hauptperson ist der sog. Kämmerer aus Äthiopien. Er ist zwar namenlos, aber doch die eigentlich interessante Figur in der Geschichte. Früher nannte man ihn auch den Kämmerer aus Mohrenland, was darauf hindeutet, dass es sich um einen Schwarzafrikaner handelt. Vermutlich stammt er nicht aus dem heutigen Äthiopien, sondern aus einem Gebiet nahe dem Zusammenfluss des Weißen und des Blauen Nils im heutigen Sudan. Wichtig ist dabei, dass es sich nicht um einen Juden handelt. Er ist in Israel fremd. Dennoch hat er sich nach Jerusalem aufgemacht, „um anzubeten“, wie es im Text heißt.

Weitere Dinge sind interessant an diesem Mann. Er wird beschrieben als eine Art Finanzminister seiner Königin, der Kandake von Nubien („Kandake“ ist ein Titel und kein Eigenname). Daraus ist zu schließen, dass er in seiner Heimat ein wichtiger und wohlhabender Mann ist. Dies führt zu einem entscheidenden Punkt: Zur Zeit des Neuen Testamentes sind Bildung und der Besitz von Büchern sehr beschränkte Güter. Es gab ja keine Druckereien und keine industrielle Papierproduktion. Schreibmaterialien waren teuer und das Lesen und Schreiben war bestimmten Berufsgruppen und bestimmten sozialen Schichten vorbehalten. Schon die Tatsache, dass er sich eine Jesajarolle leisten und diese auch lesen kann, weist den Kämmerer als privilegiert aus. Für uns heute ist eine selbstverständliche Voraussetzung des Verstehens, dass es etwas zu verstehen gibt, dass Druckerzeugnisse, wie Bücher, Zeitungen und eben auch die Bibel in beinahe unbeschränktem Maße vorhanden sind. Die Geschichte von dem Kämmerer erinnert uns daran, dass dies nicht immer so war. So stellt es ja geradezu einen revolutionären Akt dar, dass Martin Luther die Bibel in die Landessprache übersetzt hat und dass die neue Kunst des Druckens die Verbreitung ermöglichte. Die Erfahrungen mit den Diktaturen in Deutschland zeigen auch in jüngerer Zeit, dass durch Verbote oder gar das Verbrennen von Büchern die scheinbare Selbstverständlichkeit, dass man ja Geschriebenes in jeder Form und in jedem Umfang zur Hand hat, schnell fraglich werden kann. In vielen Gegenden der Erde gilt dies auch für Bibeln.

Der afrikanische Minister ist also gebildet, wohlhabend und in seinem Land einflussreich. Dennoch ist er noch auf der Suche. Deshalb scheint er ja ein solches Interesse an dem Gott Israels zu zeigen, dass er sich eigens auf eine weite Reise nach Jerusalem begibt. Da will es einer ganz genau wissen, und auch dies ist eine wesentliche Voraussetzung für das Verstehen. Aber unser Mann hat ein Problem: Das Wort, dass Luther mit „Kämmerer“ übersetzt hat, bezeichnet nicht nur sein Ministeramt, sondern sagt auch, dass der Mann ein Eunuch ist. Im 5. Buch Mose findet sich ein Gebot, das kastrierte Männer vom Gottesdienst Israels ausschließt: „Kein Entmannter oder Verschnittener soll in die Gemeinde des HERRN kommen“ (Dtn 23,2). Seinem Bemühen um den Gott Israels sind also mehrere Hindernisse gesetzt. Er ist fremd in Israel und außerdem nach dem alttestamentlichen Gesetz vom Gottesdienst ausgeschlossen. Trotzdem lässt er sich nicht verdrießen, sondern kauft sich eine Rolle des Propheten Jesaja und liest darin.

In diesem Moment treffen der Kämmerer und Philippus (vom Geist geleitet V. 29) zusammen. Philippus „hört“, dass der Kämmerer Jesaja liest, das heißt, Lesen ist in der Antike (fast) immer lautes Lesen. Auf diese Weise wird die Verkündigung des Propheten sozusagen noch einmal laut. Da stellt Philippus die entscheidende Frage: „Verstehst du auch, was du liest?“ Das klingt vielleicht ein bisschen schulmeisterlich, ist aber nicht so gemeint. Auch der Kämmerer fasst das offenbar nicht so auf, sondern gibt unumwunden zu, dass er beim Verstehen Hilfe braucht.

Dies ist auf den ersten Blick ein ganz alltäglicher Vorgang, stellt aber einen entscheidenden Wendepunkt in der Geschichte dar. Jemand versteht etwas nicht, gesteht sich das selbst ein und sagt das dann auch anderen. Dies ist keineswegs eine Selbstverständlichkeit! Viel zu oft wollen sich Menschen keine Blöße geben oder schämen sich gar, wenn sie etwas nicht verstehen. Der Satz „das weiß ich nicht“ oder „das habe ich nicht verstanden“ kommt uns eben nicht leicht über die Lippen. Oft, weil wir den Eindruck haben, wir müssten dies oder jenes eigentlich begriffen haben, oder wir wussten es schon mal, haben es aber wieder vergessen und das ist uns peinlich. Was sollen die anderen denken? In der Regel denken die anderen das gleiche, trauen sich aber auch nicht zu fragen! Also: Das Eingeständnis, dass man etwas nicht (oder besser: noch nicht) versteht, ist eine wesentliche Grundvoraussetzung beim Bemühen um das Verstehen. Wer sich traut, sein Nichtwissen zuzugeben, hat am Ende etwas davon; denn nur so kann er mehr erfahren als er schon weiß. Dass ich etwas nicht weiß, hat meistens nichts mit Dummheit zu tun, sondern mit einem Mangel an Information; oder damit, dass die Sichtweise eines anderen, der mir beim Verstehen hilft, auch mir eine neue Perspektive auf die Dinge eröffnet. So tun sich mir Horizonte auf. Aber: Wer etwas verstehen will, muss fragen. Dies gilt auch und gerade für die Bibel. Oft haben wir vielleicht den Eindruck, dieses alte Buch ist eh etwas für „Fachleute“ und je unverständlicher es klingt, desto wichtiger oder gar: desto „frömmer“ wird es wohl sein. Der Gipfel sind dann Aussagen wie: „Das kann man nicht verstehen, das muss man glauben.“ Da sollten die Alarmglocken schrillen. Manches klingt fromm, ist aber Mumpitz! Sicher: Die Bibel hat inzwischen eine dreitausendjährige Geschichte hinter sich, und wir werden nicht mehr alle Einzelheiten genau verstehen können. Vieles erschließt sich uns aber, wenn wir einfach neue Informationen erhalten, oder mal mit anderen Fragen an die Sache herangehen. Schließlich ist es der christlichen Kirche in den letzten 2000 Jahren nicht langweilig geworden im Bemühen um das Verstehen der heiligen Schrift.

Der Kämmerer fragt also nach und erhält eine Verstehenshilfe. Philippus teilt ein Stück seines Weges mit ihm, und die beiden veranstalten sozusagen einen Bibelkreis. Hier folgt wieder ein bemerkenswerter Satz: „Der Inhalt aber der Schrift, die er las, war dieser (Jesaja 53,7–8): ‚Wie ein Schaf, das zur Schlachtung geführt wird, und wie ein Lamm, das vor seinem Scherer verstummt, so tut er seinen Mund nicht auf. In seiner Erniedrigung wurde sein Urteil aufgehoben. Wer kann seine Nachkommen aufzählen? Denn sein Leben wird von der

Erde weggenommen.'" Dieser Satz ist weder für den Kämmerer bestimmt (der hatte ja den Text gelesen, weiß also, was drinsteht), noch für Philippus, der den Kämmerer Lesen hörte. Dieser Satz ist ausdrücklich an *uns* gerichtet, die Leser. Auf kaum merkliche Art und Weise nimmt uns der Autor, den man traditionell mit dem Evangelisten Lukas gleichsetzt, mit in die Geschichte hinein. Wir sind dabei, es geht auch um *unser* Verstehen, nicht nur um den Kämmerer!

Dabei ist die zitierte Stelle aus dem Buch Jesaja wirklich schwer zu verstehen. Immer wieder ist den Auslegern aufgefallen, was der Verfasser hier *nicht* zitiert; denn unmittelbar vor dem hier gebotenen Text finden sich die Sätze: „Fürwahr, er trug unsre Krankheit und lud auf sich unsre Schmerzen. Wir aber hielten ihn für den, der geplagt und von Gott geschlagen und gemartert wäre. Aber er ist um unsrer Missetat willen verwundet und um unsrer Sünde willen zerschlagen. Die Strafe liegt auf ihm, auf dass wir Frieden hätten, und durch seine Wunden sind wir geheilt" (Jes 53,4–5). Diese Sätze hätten doch für eine Deutung auf Jesus noch viel besser gepasst! Offensichtlich geht es hier aber nicht darum, eine möglichst eindeutige Stelle aus dem AT zur Auslegung auf Jesus hin zu finden. Vielmehr fängt Philippus „mit diesem Wort der Schrift an und predigte ihm das Evangelium von Jesus" (Apg 8,35). Der Jesajatext wird zum Ausgangspunkt für eine Verkündigung, die ihren Grund in Christus hat, nicht im alttestamentlichen Wortlaut. So geschieht das Verstehen des Prophetenwortes hier nicht voraussetzungslos, sondern von Christus her. Die Leistung des Philippus ist es, dass er dem Kämmerer hilft, sein Bibelbuch eben unter dieser Voraussetzung, im Lichte des „Evangeliums von Jesus" zu lesen.

Angestoßen wird diese Verstehenshilfe durch die Frage des Kämmerers, ob der Prophet in der zitierten Stelle von sich selbst oder von jemand anderem rede. Eigentlich drängt sich diese Frage nicht auf, da in Jes 53 ja in dritter Person geredet wird (also warum sollte der Prophet von sich selbst reden?). Dennoch ist es diese Frage, die das Verständnis des Textes auf Jesus hin öffnet. Wir dürfen dabei davon ausgehen, dass Lukas, der Verfasser der Apostelgeschichte, die Ereignisse mit Bedacht genau auf diese Art und Weise darstellt. Es geht ihm nicht darum, dass der Gang der Gedanken und Ereignisse zwischen Philippus und dem Kämmerer möglichst „logisch" aussieht. Vielmehr geht es um uns, die Leser! Im Hinblick auf das Verstehen lernen wir von der Frage des Kämmerers, dass bestimmte Fragen bestimmte Antworten zutage fördern. Es wird dann darauf zu achten sein, dass man nicht Fragen an biblische Texte stellt, die diese gar nicht beantworten können. Wir selbst lernen etwas über uns, wenn wir uns immer neu fragen, was interessiert mich an diesem oder jenem Text? Was möchte ich gern erfahren? Dabei wird es auf manche Fragen keine Antwort geben; andererseits erschließen sich Bibeltexte gerade dann neu, wenn man Fragen stellt, auf die bisher noch niemand gekommen ist.

Zum Schluss noch etwas: Für den Kämmerer bleibt das Verstehen kein rein intellektueller Vorgang. Er kommt zum Glauben, lässt sich taufen und wird fröhlich. Sein Leben wandelt sich und er führt jetzt einen anderen Lebenswandel. Das Verstehen ist kein Selbstzweck, sondern es dient hier dem Glauben und der Lebensführung.

So sind in diesem Gang durch die Geschichte von der Taufe des „Äthiopischen Kämmerers" zahlreiche Aspekte zum Thema Verstehen angesprochen, die hier immer wieder beschäftigen werden.

Zur Vertiefung:

1. Lesen und Verstehen müssen nicht zusammenfallen. Gibt es eine biblische Geschichte, die Ihnen immer schon unverständlich geblieben ist?
2. Etwas nicht zu verstehen, ist nicht Dummheit, sondern vielleicht ein Mangel an Information. Versuchen sie für eine biblische Geschichte oder ein Bibelwort (es kann auch ein biblisches Thema sein) ihr Wissen zu vergrößern! Ihr Pfarrer hilft Ihnen dabei. Nachfragen fördert das Verstehen!
3. Manchmal hilft der Austausch mit anderen, die Dinge besser zu verstehen, oder neue Fragen an scheinbar Altbekanntes zu stellen. Gibt es in Ihrer Gemeinde z.B. einen Bibel- oder Gesprächskreis, in dem ein solcher Austausch möglich wäre? Welche Vorteile könnten Sie in einem solchen Kreis sehen?

1.3 Das Verstehen und das Bekenntnis der Kirche

Wie im letzten Abschnitt gesehen, lohnt es sich das Thema Verstehen im Umgang mit der Bibel zu bedenken. Das Neue Testament selbst macht das zum Thema – mehr als einmal. Aber auch da, wo die Gemeinschaft der glaubenden Christen, die Kirche sich verbindlich über ihren Glauben äußert, geht es natürlich um das Verstehen. Wer anderen gegenüber bezeugen oder gar bekennen will, was er selbst glaubt, wird sich um ein möglichst klares Verständnis dessen bemühen, was gesagt werden soll.

Die Bibel ist ja kein dogmatisches Lehrbuch, das nach den Kapiteln „über Gott", „über die Sünde", „über Jesus Christus" oder dergleichen aufgebaut wäre. Wenn die Christen aber über alle diese Dinge Aussagen treffen wollen, z.B. um auf die Frage zu antworten „warum tauft ihr eigentlich eure Kinder?", dann müssen die Aussagen der Bibel zu bestimmten Themen sortiert und systematisiert werden. Außerdem muss die Art und Weise, wie sie in einer christlichen Kirche oder Gemeinde verstanden werden, dargelegt werden.

Eine sehr frühe Form solcher Glaubensaussagen sind fest formulierte Bekenntnisse. Bereits in der Bibel selbst finden sich Passagen, die als konzentrierte Glaubensaussagen der Gemeinde Gottes verstanden werden müssen. So im Alten Testament z.B. das sog. „Höre Israel“ (Hebräisch: *Schema Jisrael*) in Dtn 6,4ff., das heute noch eins der zentralen Bekenntnisse des Judentums ist, oder im Neuen Testament der Christushymnus in Phil 2,5–11. Bereits an diesen Texten wird deutlich, dass es jetzt nicht um das Bekenntnis geht, das ein einzelner vor Gott ablegt und auch nicht um das persönliche Zeugnis des Glaubens, das ein Christ in Wort und Tat seinem Mitmenschen gibt. Hier bedeutet Bekenntnis die gemeinsame Formulierung wichtiger Glaubensinhalte durch eine Glaubensgemeinschaft. *In diesem Sinne bezeichnet „Bekenntnis“ das Bemühen einer Kirche, rechenschaftsfähig und verbindlich über den Glauben Auskunft zu geben.*

Auch der durchschnittlich engagierte Christenmensch kommt häufiger mit solchen Bekenntnistexten in Berührung. In vielen Gemeinden wird im Gottesdienst regelmäßig das Apostolische Glaubensbekenntnis gebetet. Dieses stammt bereits aus der frühen Christenheit, genau wie das sog. Nicänische Glaubensbekenntnis aus dem 4. Jh., das an hohen Feiertagen das Apostolikum ersetzt. Das gesamte Mittelalter hindurch hatte die Kirche keine neuen Bekenntnisse formuliert, da es in Westeuropa nur eine Kirche gab, die römisch-katholische, in der der Glaubensstand nicht neu bekannt, sondern lediglich kirchenrechtlich kommentiert und umgesetzt werden musste. Erst mit der Reformation und damit der Infragestellung der bisherigen kirchlichen Lehre wurden auch neue Bekenntnisse nötig. Die „Evangelischen“ waren genötigt, ihr Verständnis des christlichen Glaubens öffentlich („vor Kaiser und Reich“) darzulegen. Die älteste lutherische Bekenntnisschrift ist bis heute eine wesentliche Grundlage des kirchlichen Unterrichtes: Der Kleine Katechismus Martin Luthers. Hierin werden die wesentlichen Inhalte des Glaubens als sog. „Hauptstücke“ erklärt: 10 Gebote, Glaubensbekenntnis, Vater Unser, Taufe und Abendmahl.

Dass mit Luthers Katechismen und vor allem mit den Themen seiner Hauptstücke heute noch Konfirmandenunterricht bestritten wird, hat seinen Grund in dem Anspruch den das lutherische Bekenntnis erhebt: Egal, ob nach „innen“ den eigenen Glaubensgeschwistern gegenüber (so der Sinn des Katechismus) oder nach „außen“ gegenüber anderen Konfessionen oder der allgemeinen Öffentlichkeit (so andere Bekenntnisse), immer ist der Sinn, dass die Bekenntnisse das ausdrücken, was allgemein christlich ist. Im lutherischen Verständnis erheben die Bekenntnisse also den Anspruch, solche Dinge auszusagen, die an jedem Ort und zu jeder Zeit ihre Relevanz für den Glauben erweisen. Dennoch sind natürlich auch die Bekenntnisse nicht „zeitlos“, sondern an einem bestimmten Ort und in einer bestimmten Zeit entstanden. Wenn etwa Luther im Kleinen Katechismus Gott für „Acker, Vieh und alle Güter" dankt, dann muss das in die Lebenswelt heutiger Konfirmanden erst übersetzt werden. Schon innerhalb der Sammlung der lutherischen Bekenntnisschriften wird deutlich: Zu einer neuen Zeit müssen die Dinge neu oder wieder neu ausgesprochen werden. So will etwa die letzte Bekenntnisschrift, die Konkordienformel von 1577, nichts weiter sein als eine Bekräftigung und erneute Auslegung des Augsburger Bekenntnisses von 1530.

Bekenntnisse sind demnach das Bemühen, den Glauben verständlich und verbindlich auszudrücken. Dabei sollen die elementaren, unverzichtbaren Dinge des Glaubens zur Sprache kommen. Gleichzeitig werden Bekenntnisse zu einer bestimmten Zeit verfasst, sind also insofern historisch bedingt. Im vorliegenden Zusammenhang, in dem es ja um das Verstehen geht, soll gefragt werden, auf welche Weise die Bekenntnisse den Glauben verständlich ausdrücken und wie eine Aneignung solcher Texte aus dem 16. Jh. heute möglich ist. Dabei ist besonders zu berücksichtigen, dass die Formulierung eines Bekenntnisses einen Akt des Verstehens des Glaubens darstellt.

Das Ganze soll jetzt an einem Beispiel verdeutlicht werden, den ersten Artikeln des Augsburger Bekenntnisses von 1530, das auch unter dem Kürzel CA (Confessio Augustana = Augsburger Bekenntnis) bekannt ist. Die CA ist das wichtigste Bekenntnis der evangelischen Christenheit. Im Jahr 1530 berief Kaiser Karl V. einen Reichstag nach Augsburg ein, auf dem auch die Unruhen geklärt werden sollten, die das Wirken Luthers und die Reformation in Wittenberg seit 1517 in Deutschland ausgelöst hatten. Der Kaiser – selbst streng katholisch – schien den Evangelischen milde gesonnen zu sein. So bat er, man möge ihm die eigene Auffassung des christlichen Glaubens in Augsburg vorlegen, so dass Streitigkeiten geklärt werden könnten. Philipp Melanchthon, ein Mitstreiter Luthers, stellte sich dieser Aufgabe und verfasste die Artikel der CA. Dabei waren die „Lutheraner" (die damals freilich noch nicht so hießen) der Ansicht, dass „diese Lehre in der Heiligen Schrift klar begründet und außerdem der allgemein christlichen, ja auch der römischen Kirche, soweit das aus den Schriften der Kirchenväter festzustellen ist, nicht widerspricht." Die CA will also nichts anderes aussagen, als in der Bibel steht. Insofern ist dieses Bekenntnis auch „ökumenisch" (allgemein christlich). Wenn aber ein Bekenntnis nur das sagt, was „biblisch" ist, warum liest man dann nicht gleich aus der Bibel vor? Diese Frage weist darauf hin, dass hier aktives Verstehen im Sinne von Abschnitt 1 stattfindet. Aus der Fülle von Informationen in der Bibel wird das Wesentliche herausgestellt und systematisiert. Hinter der Bildung eines solchen Bekenntnisses verbirgt sich also eine erhebliche Bemühung um das Verstehen und das Verständlichmachen der zentralen Inhalte des Glaubens. Jede Generation, die an diesem Bekenntnis festhält, steht vor der

Aufgabe, sich die Inhalte eines solchen Bekenntnisses selbst anzueignen, wenn denn die Inhalte inzwischen nicht überholt sind.

Die CA findet sich im Evangelischen Gesangbuch (EG) im Anhang (z.B. in der Ausgabe für die Evangelisch Lutherischen Kirchen von Bayern und Thüringen unter der Nr. 906 oder in der Ausgabe für die Evangelische Kirche von Hessen und Nassau unter der Nr. 808, im Evangelisch Lutherischen Kirchengesangbuch für die SELK auf den Seiten 1238–1262). Bitte lesen Sie jetzt einmal in Ruhe die ersten 10 Artikel.

Zunächst fällt auf, dass die einzelnen Artikel ziemlich kurz sind. Hier sollen nicht alle Spezialfragen zu den Themen Gott, Taufe oder Abendmahl geklärt werden, sondern hier wird das Wesentliche festgehalten. Darin liegt eine der Stärken des Bekenntnisses und ein Grund dafür, warum es auch heute noch aktuell sein kann. Zentrale Aussagen werden festgehalten; neue Fragen, die sich jeder Generation anders stellen, können anderswo behandelt werden. Sodann wird bereits am ersten Artikel, in dem es um Gott geht, deutlich, dass sich das Augsburger Bekenntnis in den langen Prozess des Nachdenkens und Verstehens der Christenheit einreiht. Wenn es dort heißt, Gott sei „ein Wesen“ in „drei Personen“, dann wird die Grundaussage des Nicänischen Glaubensbekenntnisses aufgegriffen. Dahinter stecken relativ komplexe philosophische Vorstellungen der Antike, die hier nicht im Einzelnen erörtert werden sollen. Klar ist aber: An so einem Bekenntnis wird deutlich, wie viel Mühe sich die Christen gegeben haben und immer noch geben, den Glauben zu verstehen. Glaube und Verstehen sind keine Gegensätze!

Spannender als die Einzelheiten der Gotteslehre ist meines Erachtens die *Reihenfolge*, in der die CA ihre Themen behandelt. Es geht los mit „Gott“, was zu erwarten ist, wenn der Glaube bekannt werden soll. Allerdings folgt dann sofort ein Artikel über die Erbsünde und nicht etwa über Christus, den Heiligen Geist oder die Schöpfung. Hier können wir der Art und Weise auf die Spur kommen, wie das Bekenntnis den christlichen Glauben versteht: Es geht nicht um Gott „an sich“, sondern von Anfang an um unser Verhältnis zu Gott. Wir Menschen aber werden als Sünder, in der Trennung von Gott geboren (CA Art. 2), daher kommt Christus auf die Welt (CA 3), um uns vor Gott gerecht zu machen (CA 4). Diese Gnade Gottes erreicht uns durch sein Wort und die Sakramente, Taufe und Abendmahl. Beides auszuteilen, ist Aufgabe des Predigtamtes (CA 5). Der Glaube bleibt aber nicht ohne Folgen, sondern bringt gute Taten als seine „Früchte“ hervor (CA 6)...

So stellen die ersten Artikel der CA einen in sich schlüssigen Gedankengang dar. Das zentrale Thema ist die Frage, wie der Mensch vor Gott gerecht wird. Dementsprechend ist der Artikel 4 das Herzstück des Augsburger Bekenntnisses und verdient besondere Beachtung. Der Sinn eines Bekenntnisses ist vor allem, das, was für den

Glaubenden eine Herzensangelegenheit ist, verständlich auszudrücken, für andere, aber auch für sich selbst. Insofern beinhaltet die Berufung auf ein Bekenntnis wie Luthers Katechismus oder die CA die Aufgabe des Verstehens, Aneignens und selbständigen Formulierens der zentralen Glaubensinhalte.

Zur Vertiefung:

1. Versuchen sie die Inhalte der ersten 10 Artikel der CA in der richtigen Reihenfolge zu nennen!
2. Fassen Sie mit eigenen Worten den damit gegebenen Gedankengang zusammen!
3. Wo sind die Inhalte dieses Bekenntnisses heute noch unmittelbar nachvollziehbar? Welche Themen vermissen Sie?

1.4 Das Verstehen und das Verständlichmachen

Am Ende des ersten Kapitels soll das bisher Gesagte noch einmal rekapituliert und nach dem Sinn des Ganzen gefragt werden. In den vorangegangenen Abschnitten sollte deutlich werden, dass unser Verstehen bestimmten Bedingungen unterliegt und dass es sich von daher lohnt, überhaupt über das Verstehen nachzudenken. Da dieses Nachdenken über das Verstehen keine bloß „theoretische" Übung ist, sondern Einsichten in das eigene Denken und Glauben eröffnet, soll es alle Kapitel dieses Buches begleiten. Im Grunde geht es dabei immer darum, dass Mechanismen, die in uns allen beim Verstehen unserer Welt sowieso ablaufen, *bewusst* gemacht werden. Das Nachdenken über das Verstehen hat sich unter dem Stichwort „Hermeneutik" in der Wissenschaft etabliert.

In der Theologie wird Hermeneutik oft gleich bedeutend mit „Lehre vom Wort Gottes" oder „Lehre von der Heiligen Schrift" gebraucht, so dass es dann vor allem um das Verstehen der Bibel geht. Im Zusammenhang dieses Buches werden der Begriff und die Sache der Hermeneutik weiter gefasst – das ist schon deutlich geworden. Dennoch kommt dem Verstehen der Bibel in der theologischen Hermeneutik natürlich ein besonders wichtiger Stellenwert zu. Der zweite Abschnitt hatte gezeigt, dass das Nachdenken über das Verstehen des Wortes Gottes bereits in der Bibel selbst beginnt. Es ist nicht so, dass die Bibel als Wort Gottes den üblichen Spielregeln des menschlichen Verstehens entnommen wäre. Auch biblische Texte kann man missverstehen. Auch das Verstehen des Wortes Gottes kann glücken oder misslingen. Dem soll unten weiter nachgegangen werden. Hier soll zunächst festgehalten werden, dass sich aufmerksames Fragen in dieser Hinsicht lohnt.

Der dritte Abschnitt hatte das Bekenntnis der Kirche ins Spiel gebracht. Damit ist zweierlei gewonnen: Zum einen dient das Bekenntnis als Beispiel für jede Form von Theologie und damit für das Bemühen des Glaubens, sich selbst zu verstehen und verständlich öffentlich mitzuteilen. Zum anderen sollen Texte aus wichtigen evangelischen Bekenntnissen, vor allem aus Luthers Kleinem Katechismus und aus dem Augsburger Bekenntnis, die folgenden Abschnitte immer wieder begleiten. Der Anspruch, den diese Texte selber stellen, soll im Umgang mit ihnen neu bewährt werden: dass es sich nämlich nicht bloß um historische Zeugnisse vergangener Generationen handelt, sondern dass die dort angesprochenen Dinge im Hinblick auf das Verstehen der Welt und das Verstehen Gottes heute noch relevant und übersetzbar sind.

Sozusagen das „geheime" Thema, das alle Kapitel begleitet, ist die Frage, ob Glaube und Verstehen nicht eigentlich Gegensätze sind. Immer wieder wird der Verdacht geäußert, dass die Theologie das Eigentliche des Glaubens verliert, wenn sie zu sehr rational und vernunftgeleitet fragt. Glaube ist doch gerade das feste Vertrauen auf etwas, das man nicht sieht, ein Sich-anvertrauen an einen unsichtbaren Gott und einen Herrn Jesus Christus, der zum Himmel aufgefahren ist. Da scheint allzu viel Verstehen-wollen eine Überforderung des Glaubens zu sein. An einem solchen Einwand stimmt zumindest, dass Glaube als lebendiges Vertrauen zu Gott nicht vom Verstehen abhängig ist. Wir werden Gott auch nie komplett mit unserem Verstand erfassen können. Gott ist eben auch ein Geheimnis, und im Gegensatz zum Rätsel, das der Verstand lösen kann, wird das Geheimnis immer ein bisschen ungelüftet bleiben. Dennoch ist gerade der christliche Glaube in seiner evangelischen Ausprägung auf das Wort konzentriert. Wir glauben eben nicht, dass Gott sich uns in Träumen und spontanen Eingebungen mitteilt, sondern dass er sich uns auf dem Wege seines Wortes offenbart. Wir lesen in der Bibel oder hören eine Predigt, und das alles geschieht im Medium der Sprache, zielt also natürlich auf unser Verstehen. Daher hat Luther ja die Bibel ins Deutsche übersetzt und darauf vertraut, dass das Wort Gottes in Form der Heiligen Schrift im Wesentlichen verständlich und verstehbar ist. Naturgemäß werden wir nicht alles, was in der Bibel steht verstehen – jedenfalls nicht schon beim ersten Hinsehen. Dazu ist die Abfassung dieser Worte einfach zu lange her und in einem anderen Kulturkreis geschehen. Aber die Tatsache, dass Gott sich uns mit Worten mitteilt, zielt natürlich auf unser Verstehen.

Bereits in der Bibel selbst findet sich dieser Grundsatz vielfach ausgedrückt. Am klarsten vielleicht im 1. Korintherbrief im 14. Kapitel. Paulus äußert sich dort zu den Verhältnissen im Gottesdienst in Korinth. Offenbar haben dort Leute „in Zungen" gesprochen, irgendwie geistgewirkt Gott gelobt, aber so, dass ihre Mitchristen sie nicht verstehen konnten. Paulus lobt stattdessen die verständliche Rede;

denn Fremde würden doch durch unverständliche Zungenrede eher abgestoßen. Im Zuge seiner Erörterungen äußert Paulus den bemerkenswerten Gedanken: „Aber ich will in der Gemeinde lieber fünf Worte reden mit meinem Verstand, damit ich auch andere unterweise, als zehntausend Worte in Zungen. Liebe Brüder, seid nicht Kinder, wenn es ums Verstehen geht; sondern seid Kinder, wenn es um Böses geht; im Verstehen aber seid vollkommen" (1. Kor 14,19+20).

Im selben Zusammenhang sagt Paulus auch: „Wenn du Gott lobst im Geist, wie soll der, der als Unkundiger dabeisteht, das Amen sagen auf dein Dankgebet, da er doch nicht weiß, was du sagst?" (1. Kor 14,16). Es geht also auch um die „Unkundigen", die in unserer Glaubenswelt nicht „Insider" sind. Dass wir selbst verstanden haben, ist eine wesentliche Voraussetzung dafür, dass wir auch anderen gegenüber verständlich reden können. Das Zeugnis vom Glauben bedeutet nicht, dass wir unser Gegenüber rational überzeugen. Aber unverständlich Reden ist eben auch kein Zeugnis. Dass ein Mensch von der Liebe Gottes erreicht wird, ist nicht Ergebnis unseres Verstehens, sondern ein Geschenk des heiligen Geistes. Aber auch der heilige Geist erreicht uns und andere nur über das Wort, also das Medium der Kommunikation, und da spielt das Verstehen nun einmal eine wichtige Rolle. Der gelegentlich gehörten Klage, die westliche, vom Protestantismus geprägte Welt sei zu „verkopft" und auch unser Glaube müsse „ganzheitlich" werden, halte ich gern entgegen, dass das Nachdenken und das Bemühen um das Verstehen vielleicht gerade eine konsequente Folge der wichtigen Rolle des Wortes in der evangelischen Christenheit ist. Übrigens gehört auch der Kopf zur Ganzheitlichkeit!

Auch die Weitergabe des Glaubens, das Zeugnis, geschieht im Medium der Kommunikation und mit Worten. Nicht der Verstand wirkt den Glauben, aber auch unser Zeugnis soll verständlich sein. So kommt es immer wieder zur Anpassungen der Sprachform in Bibelübersetzungen, geistlichen Liedern und auch im Katechismus. Einen original Luthertext, der uns genauso begegnen würde, wie der Reformator ihn verfasst hat, wäre für die meisten von uns heute unverständlich, schon allein, weil die Schreibweise des 16. Jh.s heute einige Einarbeitungszeit verlangt. So lesen wir auch die Lutherbibel heute in einer revidierten Fassung. Solche Revisionen hat es über die Zeit hinweg immer wieder gegeben, und diese „Überarbeitung" ist nicht etwa ein Zeichen dafür, dass man vom „Werk des Meisters" abgewichen wäre, sondern im Gegenteil ein Hinweis auf die bleibende Wertschätzung der Lutherübersetzung. Aber damit sie in jeder Generation verstanden wird und ihren Dienst tun kann, muss sie hin und wieder sprachlich überarbeitet werden. Im Moment passiert das ungefähr alle 30 Jahre einmal. Das gleiche gilt für den Text des kleinen Katechismus, aber auch für viele Gesangbuchlieder, die scheinbar ganz alt sind und manchmal doch sprachlich (und hier und da auch inhaltlich) aktualisiert wurden. So heißt es eben heute nicht mehr „Dir, dir Jehova will ich singen...“, sondern „Dir, dir o Höchster will ich singen...“

Heute ist in den christlichen Gemeinden der ausschließliche Monolog des Pfarrers längst dem Dialog der Gemeindeglieder gewichen. Neue Kommunikationsformen, wie Bibelkreise oder auch Theologische Kurse tragen dem Rechnung. Dabei haben das Bemühen um das Verstehen des Glaubens und das Nachdenken zwei Absichten:

- das eigene Wissen im Glauben wird vertieft und
- eine Befähigung, das verständlich weiterzusagen, was man selbst verstanden hat.

Im Kommunikationsgeschehen zwischen Gott und Mensch ist unser Verstehen kein Selbstzweck, sondern leistet einen *Dienst* – aber einen wichtigen.

> Lassen Sie am Ende dieses Kapitels das Gelesene nachwirken. Auch das „Verdauen“ im Geist z.B. auf einem Spaziergang oder im Gespräch mit einer Freundin oder einem Freund ist Arbeit. Wenn möglich, lassen Sie sich einmal einen wirklich originalen Luthertext zeigen, etwa den Kleinen Katechismus aus der wissenschaftlichen Ausgabe unserer Bekenntnisschriften. Die sind in kirchlichen oder wissenschaftlichen Bibliotheken, aber auch in fast jedem Pfarramt vorhanden.

2

Voraussetzungen des Verstehens

2.1 Das Vorverständnis

Im ersten Abschnitt hatte ich bereits darauf aufmerksam gemacht, dass unterschiedliche Menschen denselben Gegenstand auf ganz verschiedene Weise verstehen können. Die Frage, wie es zu solchen Unterschieden im Verstehen kommt, hatte dort zunächst als Hinweis gedient, dass sich das Nachdenken über das Verstehen wirklich lohnt, dass Verstehen nicht einfach selbstverständlich ist. Hier soll nun in einem nächsten Schritt nach den Gründen für dieses unterschiedliche Verstehen gefragt werden.

Wenn das, was verstanden werden soll, z.B. die Bibel, immer dasselbe ist, dann müssen die Unterschiede im Verständnis bei denen, die verstehen, begründet sein. Es war schon angeklungen, dass die Art der Fragestellung auch die Art der Antwort beeinflusst. Diese Einsicht ist Teil der grundsätzlichen Erkenntnis, dass wir Menschen immer schon bestimmte Voraussetzungen mitbringen, wenn wir uns daran machen, einen Gegenstand zu verstehen. Diese Voraussetzungen beeinflussen unser Erkennen. Das gilt auch für das Verstehen der Bibel.

In der Tat sind wir kein unbeschriebenes Blatt, wenn wir die Bibel verstehen wollen. Wir bringen ein gewisses Verständnis von uns selbst und unserer Welt mit. Das nennt man das Vor-Verständnis. Es lohnt sich, über dieses Vorverständnis immer wieder nachzudenken. Wir werden uns selbst – und die Bibel – besser verstehen, wenn wir uns Rechenschaft darüber geben, was wir schon an Verständnis mitbringen. Wenn wir den Satz „Gott schuf den Menschen zu seinem Bilde" verstehen wollen, ist es nicht unerheblich, ob wir uns unter dem „Menschen" eine bestimmte einzelne Person oder die Gattung „Menschheit" (so im Alten Testament) vorstellen. Wenn von „Gott" die Rede ist, macht es einen Unterschied, ob wir an ein höheres Wesen allgemein, den Gott Israels (so alttestamentlich-jüdisches Verständnis) oder den Vater Jesu Christi (so christliches Verständnis) denken.

Zum Vorverständnis gehört eine ganze Menge. So macht es einen Unterschied, ob ich die Bibel als Christ lese oder als Atheist, ob ich in Südamerika lebe, in Afrika oder in Mitteleuropa, ob ich eine gute Schulbildung genossen habe oder nicht, ob ich reich oder arm bin, und es macht auch einen Unterschied, ob ein Mann oder eine Frau die

Bibel liest. Die Liste ließe sich noch unendlich fortsetzen. Ich möchte Sie nur grundsätzlich darauf aufmerksam machen, dass Verstehen immer unter bestimmten Voraussetzungen geschieht. Das macht bei der Beurteilung der eigenen oder anderer Positionen vielleicht vorsichtiger. Manches Verständnis ist nicht deshalb „falsch", weil es unter anderen Voraussetzungen geschieht als es meine sind.

Dennoch ist auch nicht einfach alles gleich gültig. Unser Vorverständnis kann uns auch einen Streich spielen und uns bei einem angemessenen Verstehen der biblischen Texte im Wege stehen. Dazu ein Beispiel: Vor dem Hannoverschen Hauptbahnhof findet sich ein Reiterstandbild, das den ehemaligen König Ernst August hoch zu Ross darstellt. Stellen Sie sich einmal vor, der alte König würde uns samt Bärenfellmütze, Husarenuniform und Säbel nicht auf einem Pferd empfangen, sondern auf einem Esel. Fast schon lächerlich, nicht wahr? Ein stolzer Kriegsherr auf einem Esel! Ein Esel und Hoheit das passt nicht zusammen. Wer hoheitlich erscheinen will, reitet auf einem Pferd. So verstehen wir auch die Geschichte vom Einzug Jesu in Jerusalem (vgl. Mk 12). Jesus reitet auf einem Esel in die Stadt und damit beginnt seine Leidenszeit. Hier in Jerusalem wird er zu Tode kommen. Da passt es doch, dass er schon demütig auf einem Esel in die Stadt reitet und nicht auf einem Pferd. Jesu Reittier als Zeichen seiner Demut und Niedrigkeit. Das leuchtet uns ein, und so wird es auch landauf landab immer mal wieder gepredigt. Aus der Sicht der Bibel ist dieses Verständnis aber vermutlich eine Fehlinterpretation. Denn im Alten Testament wird der Esel öfter als normales Reittier erwähnt, auch als Reittier des gesalbten Königs. Der Esel ist also kein Zeichen der Demut, sondern eher der Hoheit und bedeutete für Jesu Zeitgenossen: Hier kommt der König! Aber aufgrund unseres Vorverständnisses löst der Begriff „Esel" bei uns andere Assoziationen aus als das in der biblischen Geschichte eigentlich gemeint war. Unser Vorverständnis, das sich von dem der Zeitgenossen Jesu unterscheidet, führt zu einem Missverständnis.

Dieses Missverständnis ist eigentlich noch harmlos, aber es macht gut deutlich: Wir verstehen immer unter bestimmten Voraussetzungen, aber diese Voraussetzungen sollen mit der Bibel ins Gespräch gebracht und oft auch geklärt werden. Damit wir nicht bloß bei unserem Vorverständnis stehen bleiben, brauchen wir oft schlicht und ergreifend Informationen über die Bibel und ihre Zeit, über ihre Verfasser, ihre Sprache und die Absicht der einzelnen biblischen Bücher. Ich kann an einen biblischen Text eine Frage richten, die er nicht beantworten kann, weil er nicht im Horizont der Verfasser und seiner Zeit lag. Das ist dann eine falsche Frage! Wenn wir das erkennen, klären sich unsere Vorurteile und beim Verstehen der Bibel verstehen wir auch uns selbst besser.

Wichtig ist: Es gibt kein voraussetzungsloses Verstehen! Es kann also nicht darum gehen, dass wir möglichst ohne Vorverständnis an die Bibel herangehen, sondern wir müssen unser Vorverständnis immer wieder reflektieren, damit es kein Vor-Urteil wird. Es ist wichtig zu bedenken, dass die Vorstellung, wir könnten uns einer Sache oder einem Text voraussetzungslos nähern, so dass wir ihn „ungetrübt“ oder gar „objektiv“ verstehen würden, eigentlich eine Illusion ist. In Wirklichkeit findet ein „Kreislauf des Verstehens“ statt, ein „hermeneutischer Zirkel“: Wir bringen ein bestimmtes Vorverständnis mit, wenn wir etwas verstehen wollen; im Idealfall tritt dies dann mit dem zu verstehenden Gegenstand in ein Gespräch ein. Das Vorverständnis wird „geklärt“, bleibt aber als ein geklärtes Vorverständnis dennoch erhalten; denn ganz ohne Voraussetzungen können wir gar nicht verstehen, wenn dazu auch gehört, das Verstandene in unsere Lebenswelt zu übersetzen und zu integrieren.

Bei der Sache mit dem „Esel“ und dem „Pferd“ geht das ja relativ schnell. Die Klärung geschieht einfach durch neue Informationen, die uns bisher nicht bekannt waren. Wir hören die Geschichte dann aber immer noch unter einer Voraussetzung, nämlich der, dass im alten Israel der Esel das Reittier der Könige war. Wenn wir ein wenig über diesen Mechanismus nachdenken, wird schnell klar, dass dieser „Kreislauf des Verstehens“ auch relativ komplex werden kann und dass die Klärung eines Vorverständnisses mitunter länger dauert. Was etwa schwingt bei und mit, wenn wir relativ abstrakte Begriffe hören, die in der Bibel zentral sind, aber unter Umständen vor 2000 Jahren anders gefüllt waren? Was hören wir mit, wenn uns in der Bibel das Wort „Gerechtigkeit“ begegnet?

Entscheidend ist zunächst, dass wir bei uns mit einem bestimmten Vorverständnis rechnen und bereit sind, dass dies in der Begegnung mit dem biblischen Wortlaut infrage gestellt wird. Sonst wird ein Vorurteil draus.

Zur Vertiefung:

1. Unter welchem Begriff lassen sich die Verstehensvoraussetzungen, die wir immer schon mitbringen, zusammenfassen?
2. Notieren Sie, wie Sie den Satz „Fürchte dich nicht, denn ich habe dich erlöst; ich habe dich bei deinem Namen gerufen; du bist mein“ aus Jes 43,1 verstehen? In welchem Zusammenhang ist Ihnen dieser Vers schon begegnet?
3. Lesen Sie jetzt Jes 43,1–7 im Zusammenhang. An wen ist der oben zitierte Satz ursprünglich gerichtet? Wie verhält sich das zu dem von Ihnen notierten Verständnis des Satzes?

2.2 Verstehen im Zusammenhang der eigenen Lebenswelt

Eine der wichtigsten Voraussetzungen für das Verstehen von Texten ist die Lebenswelt, in der sich diejenigen, die verstehen wollen, befinden. Verstehen findet immer in einem Kontext statt, ist *kontextuell bedingt*. Bei den biblischen Texten kommt dann noch hinzu, dass die heutige Lebenswelt *unterschieden* ist von dem Kontext, in dem die Verfasser gelebt, gedacht und geschrieben haben. Es leuchtet sofort ein, dass es nicht unerheblich sein kann, dass wir die Bibel lesen als Mitteleuropäer im 21. Jh., während sie geschrieben wurde von Menschen aus dem östlichen Mittelmeerraum des 1. nachchristlichen Jh.s.

Das, was hier mit Lebenswelt oder Kontext bezeichnet wird, ist also durch mehrere Faktoren bestimmt, von denen die wichtigsten sicher *Zeit* und *Raum* sind. Auch dies ist wieder eine ziemlich simple Erkenntnis, die man sich aber dennoch bewusst machen muss, wenn man über das Verstehen nachdenkt. Unser Verstehen geschieht zu einer bestimmten Zeit an einem bestimmten Ort, und dieser Kontext hat Einfluss darauf, was wir verstehen und wie wir etwas verstehen. Soweit es die Bibel betrifft, ist unser Kontext ein anderer als derjenige der Verfasser der Texte. Das heißt aber, dass wir bewusst oder unbewusst jedes Mal einen gewissen Abstand von Raum und Zeit überwinden, wenn wir uns daran machen, eine biblische Geschichte zu lesen, zu hören, zu verstehen oder anderen weiter zu erzählen. Wir leisten dabei – wie gesagt: bewusst oder unbewusst – eine Übertragungs- und Übersetzungsarbeit.

Aber auch unter den Menschen, die gleichzeitig heute leben, führen unterschiedliche räumliche oder kulturelle Kontexte zu unterschiedlichen Arten des Verstehens. Wer z.B. gerne Bücher liest, wird leichter einen Zugang zum Lesen der Bibel finden als jemand, dem längere Texte Unbehagen verursachen. Wer schon von Kindesbeinen an mit biblischen Geschichten vertraut ist, kann sich unter dem Hinweis des Paulus auf den Glauben Abrahams (vgl. Röm 4) etwas vorstellen, im Gegensatz zu dem, der noch nie von Abraham gehört hat. Wir hier in Mitteleuropa sind geprägt von einer fast zweitausendjährigen christlichen Kultur. Auch wer aus der Kirche ausgetreten ist, weiß normalerweise doch zu sagen, wie der Mann am Kreuz heißt. Bibelzitate begegnen auch heute beinahe selbstverständlich in Film und Literatur. Dies sieht in anderen Kontinenten unter Umständen völlig anders aus. Immer noch gibt es Regionen in der Welt, in denen das Evangelium in jeder Hinsicht tatsächlich eine Neuigkeit darstellt. Und Menschen, die noch niemals von Gott, Jesus oder der Bibel etwas gehört haben, muss man die frohe Botschaft wieder ganz anders nahe bringen.

Vor allem aber haben völlig unterschiedliche kulturelle Kontexte erheblichen Einfluss auf das Verstehen und das Verständlichmachen biblischer Texte oder anderer Glaubensinhalte. Für uns ist es selbstverständlich, dass fast jeder lesen kann und dass gedruckte Texte in jeder wünschenswerten Menge vorliegen – auch die Bibel. Aber es gibt zahlreiche Völker, bei denen die Bibel das erste Buch ist, das es in ihrer Sprache gibt, weil die Sprache vor der Bibelübersetzung noch gar nicht als Schriftsprache vorhanden war, sondern nur mündlich existierte. Vielleicht zieht dann die Bibelübersetzung ja eine Alphabetisierung nach sich; so war es in Deutschland ja auch einmal. Aber auf diese Weise wird eine Kultur natürlich ungeheuer geprägt und verändert. Und selbstverständlich bestimmt die Frage, ob in einer Kultur moderne Medien wie Zeitung, Fernsehen und Internet in nennenswertem Maße verbreitet sind, die Wahrnehmung der Welt und dann auch das Verstehen erheblich.

Diesem Thema wird vor allem in der Mission verstärkt Aufmerksamkeit gewidmet. Dabei hat sich das Verständnis von Mission im Laufe des 20. Jh.s grundlegend verändert. Längst sind nicht mehr nur die europäischen und amerikanischen Kirchen die Gebenden und die Menschen in der sog. Dritten Welt die Nehmenden oder Empfangenden. In Afrika, Südamerika oder Asien sind eigene Kirchen entstanden, die das Evangelium ihrem Kontext gemäß leben und verkünden. Es reicht nicht, dass man die lutherischen Bekenntnisschriften oder auch die Bibel selbst nur in eine afrikanische Sprache übersetzt. Damit die Texte verstanden werden, müssen sie auch in die entsprechende Lebenswelt übertragen werden. Luther hat das ja für seine Zeit in Deutschland auch gemacht: Der Katechismus lässt an vielen Stellen das bäuerlich geprägte Milieu des 16. Jh.s erkennen. So entstehen heute eigene Ausdrucksformen des Glaubens und eigene Theologien in Afrika, Südamerika oder Asien. Christen in der Südafrikanischen Provinz Kwazulu-Natal müssen nicht unbedingt „Nun danket alle Gott“ im Gottesdienst singen und vielleicht noch einen Posaunenchor nach deutschem Vorbild betreiben. Eigene Ausdrucksformen haben sich gebildet. Mehr und mehr wird das Verhältnis von Kirchen aus der „ersten“ und der „dritten“ Welt partnerschaftlich verstanden. Wir Europäer merken, dass es auch von den neuen Kontexten, in denen das Evangelium verkündet wurde, etwas zu lernen gibt. Hier spricht man dann auch programmatisch vom „ökumenischen Lernen“, wobei „ökumenisch“ die weltweite Ausbreitung des Christentums bedeutet. Ein gutes Beispiel ist ein theologischer Fernkurs, der unter dem Titel „Theolocial Education by Extension“ (TEE) u.a. in Äthiopien entwickelt und mit Erfolg durchgeführt wurde, bevor man hier in Deutschland davon Gebrauch machte. Ein anderes Beispiel ist etwa das sog. „Bibelteilen“, eine Methode des gemeinsamen Bibellesens, die aus Südafrika stammt, seit einigen Jahren aber auch in Deutschland immer wieder begegnet.

Man könnte auch sagen, dass das Evangelium oder der christliche Glaube in ganz unterschiedlichen Lebenswelten eine Heimat findet. Menschen bemühen sich dann auch darum, ihren Glauben in ihrem je eigenen Kontext zu verstehen und zum Ausdruck zu bringen. So können Ausdrucksformen des Glaubens entstehen, die sich von den uns bekannten sehr unterscheiden. Etwa, wenn Afrikaner den Christus in ihren Kirchen selbstverständlich als Schwarzen darstellen oder wenn in anderen Kulturen Formen wie der Tanz ganz normal zum Gottesdienst gehören. Nicht alles, was uns fremd vorkommt, ist deshalb für den Glauben unangemessen.

Besonders spannend ist es, wenn in anderen Kontexten regelrecht eigene Theologien entwickelt werden. Ein populäres Beispiel ist die katholische „Theologie der Befreiung" aus Südamerika oder die „Social Gospel-Bewegung", die bereits in den 30er Jahren in den USA entstand. Natürlich lässt sich dann theologisch trefflich darüber streiten, ob die „Option für die Armen" der Befreiungstheologen tatsächlich ins Zentrum des Neuen Testamentes trifft oder ob ein Satz Martin Luther-Kings, dass „unverdientes Leiden erlösenden Charakter" habe nicht im krassen Widerspruch zur Rechtfertigungslehre nach Paulus steht. Allerdings ist bei solchen Anfragen immer zu bedenken, dass wir nicht in derselben Situation, im selben Kontext leben wie diejenigen Menschen, die ihre Lebensumstände zu ihrem Verständnis des Evangeliums gebracht hat. Bedenkt man das, dann ist der Streit als gemeinsame Suche nach der Wahrheit allerdings nötig. Denn das Bedenken der Kontextualität kann ja nicht bedeuten, dass alles beliebig wäre. Dann wäre ja jedes Bemühen um das Verstehen und das Verständlichmachen des Glaubens überflüssig.

So kann das Bedenken des Kontextes zweierlei ergeben: Zum einen können wir an uns selbst feststellen, wie sehr auch unsere Aussagen über den Glauben von den kulturellen Bedingungen unserer eigenen Lebenswelt beeinflusst sind. Zum anderen hilft uns die Auseinandersetzung um die Möglichkeiten und Grenzen, die Kontextualität beim Verstehen des Glaubens mit zu berücksichtigen, genauer: Form und Inhalt des Glaubens zu unterscheiden. Die Unterscheidung von „Form" und „Inhalt" vereinfacht vielleicht einen komplizierten Sachverhalt etwas, aber so viel ist doch damit gewonnen: Wir alle kommen bei genauerem Hinsehen nicht um die Einsicht herum, dass sich die Art und Weise, wie der Glaube ausgedrückt wird, je nach zeitlichem und räumlichen Kontext verändert. Wenn Paulus den Genuss von Götzenopferfleisch in Korinth zum Problem macht oder sich über das Verhältnis von Sklaven und Herren äußert, dann spricht er in eine andere Lebenswelt als es unsere ist. Wir müssen das Gemeinte erst übertragen oder manchmal auch feststellen, dass bestimmte Probleme nicht die unseren sind. Auch sind die Ausdrucksformen des christlichen Glaubens heute andere als zur Zeit Luthers oder im 19. Jh. Auch wenn man alte Bücher kaufen und zur Erbauung lesen kann, so werden wir doch nicht am kommenden Sonntag eine original Lutherpredigt oder eine Auslegung des Erweckungspredigers Louis Harms von der Kanzel vorlesen. Das wäre uns zu fremd. Andererseits bekennen wir doch, dass das Evangelium einen zentralen Gehalt hat, der zu allen Zeiten und an jedem Ort seine Relevanz erweist. Die bleibenden Inhalte von den wechselnden Ausdrucksformen, die auch kontextuell bedingt sind, zu unterscheiden, ist nicht immer ganz leicht. Aber es ist eine nötige Aufgabe, die zum Bemühen um das Verstehen des Glaubens dazu gehört.

Unsere Lebenswelt ist ein wichtiger Faktor, der unser Vorverständnis prägt. Für unser eigenes Verstehen muss das bedacht werden, aber auch, wenn wir das Evangelium konkreten Menschen in ihrem eigenen Umfeld glaubwürdig bezeugen wollen. Für die Einsicht in die Kontextualität jeden Verstehens müssen wir nicht in fremde Länder und Kulturen schauen. Das wird uns auch vor unserer Haustür klar: Im Konfirmandenunterricht muss eine andere Sprache herrschen als im Seniorenkreis. Nichts anderes hat Martin Luther mit seinem berühmten Satz gemeint, man müsse „dem Volk auf's Maul schauen." So findet sich eine Gemeinde im Berliner Stadtteil Marzahn in einem anderen Kontext vor als in einem Dorf in der Lüneburger Heide.

Mir kommt es hier darauf an, dass wir erkennen und anerkennen, dass unser Verstehen (auch das Verstehen von Glaube und Bibel) durch unseren Kontext mitbestimmt wird. Die Vorstellung man könnte sich einen Vorrat „richtiger" Sätze über das Evangelium zulegen, die man dann zu jeder Zeit an jedem Ort in der gleichen Form äußern könnte, führt in die Irre. Ebenso, wie wir nicht ohne Vorverständnis verstehen können, so spielt eben auch unsere Lebenswelt für das Verstehen das Verständlichmachen des Glaubens eine Rolle.

Zur Vertiefung:

Lesen Sie die Erörterung des Paulus über das Essen von „Götzenopferfleisch" in 1. Kor 8. Offensichtlich findet sich diese Fragestellung so nicht in unserer Lebenswelt. Sehen Sie Möglichkeiten, das Anliegen des Paulus auch losgelöst vom konkreten Fall zu benennen und in Ihren eigenen Kontext zu übersetzen.

2.3 Verstehen und Glaube

Ein wesentlicher Faktor eines christlichen Vorverständnisses beim Bemühen um das Verstehen (besonders wenn es um die Bibel geht) ist bisher nicht eigens thematisiert worden. Gemeint ist der Glaube. Christen nähern sich ja der Bibel nicht als „neutrale" oder „objektive" Beobachter, sondern mit einem festen Standpunkt, als solche, die von der Sache, um die es in der Bibel geht, bereits existenziell betroffen sind. Unter dieser Voraussetzung bemühen sie sich um das Verstehen.

Jetzt wird genauer nach dem Verhältnis von Glauben und Verstehen gefragt.

Ich unterstelle einmal, die Bibel ist das einzige 2000 Jahre alte Buch, das Sie zuhause haben. Die Bibel ist für Christen etwas Besonderes. Christen lesen die Bibel unter der Voraussetzung des Glaubens an den dreieinigen Gott, den Schöpfer der Welt und den Erlöser Jesus Christus. Das ist zwar abgekürzt und formelhaft ausgedrückt, soll aber besagen, dass Glaube nicht die bloße Annahme der Existenz eines Gottes oder das „Für-Wahr-Halten" frommer oder wundersamer Aussagen bedeutet. Glaube im christlichen und biblischen Sinn ist das Vertrauen, dass ich Gott als einem persönlichen Gegenüber, das mich liebt, entgegenbringe.

Dabei glauben und bekennen wir, dass sich Gott, der unserer Erkenntnis prinzipiell verborgen ist, in der Bibel offenbart hat. Hier hören wir als Kirche und als einzelne unseren Gott zu uns reden. Unser Gott ist nicht stumm, sondern er redet zu uns, er lässt sich auf uns ein. Das bedeutet: Die Bibel ist das Wort Gottes. Dies lässt sich nicht wissenschaftlich beweisen, es ist ein Bekenntnis und Glaubenssatz. Wie verhalten sich dann Glaube und Verstehen zueinander? Dazu ein Zitat: *„Ich wollte etwas studieren, was mir erlauben würde, nur das zu sagen, was sich anhand von Dokumenten belegen ließ, um es von dem zu unterscheiden, was Sache des Glaubens blieb ..."* [2]

Das Zitat stammt von einem gewissen Jacopo Belbo – und den gibt es überhaupt nicht. Er ist die Hauptfigur in dem Roman „Das Foucaultsche Pendel" des italienischen Philosophen und Schriftstellers Umberto Eco. Dort fällt der Satz in einem anderen Zusammenhang, aber man könnte so etwas auch über die Theologie und das Bibelstudium, sowie über das Verstehen des christlichen Glaubens überhaupt sagen. Wichtig ist an diesem Satz, dass Glauben und methodisches Verstehen *unterschieden* werden müssen, dass aber dennoch Dinge anerkannt werden, die Sache des Glaubens *bleiben*. Hier wird also kein künstlicher Gegensatz zwischen Glaube und Verstehen aufgebaut. Beides sind zwei Seiten derselben Medaille. Beides muss auseinander gehalten, darf aber nicht strikt voneinander getrennt werden.

Ein verbreitetes Vorurteil lautet: Wo unser Verstehen aufhört, fängt das (vage) Glauben an, aber solange wir verstehen können, kommen wir ohne Glauben aus. Oder vulgärer: „Glaube heißt nicht Wissen!", ist also etwas für die Einfältigen und Unverständigen. Das vermeintlich fromme Gegenteil zu diesem einfachen Weltbild ist die Ansicht, dass der Glaube vollkommen am Verstand vorbei ginge. Die Vernunft sei eben eine Hure, die sich dem Meistbietenden andiene und Gott könne unser Verstand eh nicht erfassen. Oder simple: „Das kann man nicht verstehen, das muss man eben glauben." Ich habe bei-

2 Umberto Eco, Das Foucaultsche Pendel, dt. von Burkhard Kroeber, München/Wien 1989, S. 64.

de Positionen hier leicht karikiert, um deutlich zu machen, dass ich beide Sichtweisen für unangemessen halte und dass Glauben und Verstehen sehr wohl etwas miteinander zu tun haben.

Richtig ist, dass Glauben nicht über das Verstehen erzeugt wird. Das lebendige Vertrauen zu Gott ist ein Geschenk. „Ich glaube, dass ich nicht aus eigner Vernunft noch Kraft an Jesus Christus, meinen Herrn glauben oder zu ihm kommen kann, sondern der heilige Geist hat mich durch das Evangelium berufen, mit seinen Gaben erleuchtet, im rechten Glauben geheiligt und erhalten..." so Luther im Kleinen Katechismus. Man kann weder sich selbst noch anderen den Glauben im logischen Sinne einsichtig machen, sonst müssten ja mittels der richtigen Erklärung alle Menschen zum christlichen Glauben zu bringen sein. Nein, Gott selbst hat als heiliger Geist seine Finger im Spiel, wenn ein Mensch zum Glauben findet und dann auch dabei bleibt. Aber schon die Tatsache, dass dieser heilige Geist nicht per direkter Eingebung, sondern „durch das Evangelium" zum Glauben ruft, deutet auf das Thema Verstehen hin. Denn das Evangelium, die frohe Botschaft hat eine wieder erkennbare Form und einen wieder erkennbaren Inhalt.

Wenn auch Verstand und Vernunft das lebendige Vertrauen auf Gott, der seine Schöpfung liebt, nicht erzeugen können, so bemühen sich die Glaubenden doch von jeher, ihren Glauben, das, worauf er sich richtet (nämlich Gott) und das, woher er gespeist wird (nämlich Gottes Wort) so gut wie möglich zu verstehen. Der Glaube versucht, sich zu verstehen. Glaube gibt sich selbst und seiner Umwelt so weit wie möglich Rechenschaft und tritt in ein Gespräch ein über die Fragen der Zeit. Das beginnt in der Bibel. So sind viele Geschichten des Alten Testaments auch Auseinandersetzungen mit den Weltbildern der anderen Völker. Während die Babylonier den Sonnengott Marduk anbeten, erzählen die Israeliten davon, dass Gott bei der Schöpfung auch die „Lampen", nämlich Sonne und Mond gemacht habe (Gen 1,14–16). Oder wenn im Buch Jesaja polemisch darauf hingewiesen wird, dass eine Götterstatue aus demselben Holz geschnitzt ist, das man sonst zum Anfeuern des Herdes benutzt (und dass es mit einem solchen Gott dementsprechend nicht weit her sein kann vgl. Jes 44,15), dann ist das auch ein Appell an den gesunden Menschenverstand. Auch der Apostel Paulus tritt in einen verständigen Dialog mit seinem Gegenüber ein, etwa wenn er nach Apg 17 auf dem Areopag in Athen an die Statue für den unbekannten Gott anknüpft oder wenn er in seinen Briefen die Fragen seiner Gegner aufnimmt (vgl. Röm 9,14: „Was sollen wir nun hierzu sagen? Ist Gott ungerecht? Nein, sondern...").

In der frühen Christenheit setzt sich das fort. Der Beginn aller Theologie ist das Bemühen, auch mit den gebildeten Zeitgenossen in ein sinnvolles Gespräch einzutreten. So schreibt Justin der Märtyrer, einer der sog. Apologeten, die den Glauben gegen Angriffe und Anfragen auch mit gelehrten Schriften verteidigten, um das Jahr 130 n.Chr., er habe in allen Philosophien nach der Seligkeit gesucht, bis er im christlichen Glauben die „höchste Philosophie“ entdeckt habe.[3] Ein anderer Apologet, Minucius Felix verteidigt in seinem Dialog „Octavius“ den Glauben gegen allerlei Anschuldigungen. Er tut das in gebildeter und literarischer Form, die bei seinen Lesern auch auf das Verstehen zielt.[4] In der Scholastik des Mittelalters sind Theologie und Philosophie quasi deckungsgleich. Auch Martin Luther hat sich mit dem gebildetsten Philosophen seiner Zeit, Erasmus von Rotterdam, auf einen gelehrten Streit über die Frage des freien Willens eingelassen. Bis heute wird es in der Auseinandersetzung und im Gespräch mit anderen Weltbildern oder mit anderen Religionen darum gehen, dass Christen nachvollziehbar darlegen, was sie von Gott und dieser Welt unter der Bedingung des Glaubens verstanden haben. Gerade in einer pluralistischen Gesellschaft, in der alle möglichen Philosophien und Weltanschauungen scheinbar gleich berechtigt nebeneinander stehen, kommt es darauf an, dass der Glaube gesprächsfähig ist. Gerade dann, wenn der Gesprächspartner genau weiß, was er will, müssen Christen ihren eigenen Standpunkt verstanden haben und verständlich darlegen können. Sonst findet kein echter Dialog statt.

Glaube und Verstehen sind also nicht deckungsgleich, aber auch nicht komplett voneinander getrennt: Der Glaube versteht sich selbst. Er bemüht sich jedenfalls soweit es geht darum, auch wenn „Glaube“ im Sinne der Bibel eigentlich ein Beziehungsbegriff ist, eben dieses Vertrauen auf den lebendigen Gott. Aber solches Vertrauen ist keine inhaltsleere Lebenshaltung, sondern richtet sich auf konkrete Inhalte. In diesem Sinne kann Martin Luther das Glaubensbekenntnis im Kleinen Katechismus auch ganz einfach „den Glauben“ nennen. Die Christenheit unterscheidet die Haltung des Glaubens als ein Vertrauen (fides qua creditur) von den konkreten Glaubensinhalten (fides quae creditur). Mit diesen Inhalten sind z.B. Aussagen darüber gemeint, dass Gott die Welt geschaffen habe, in welcher Beziehung Jesus von Nazareth zu diesem Gott steht oder was die Botschaft dieses Jesus mit dem Leben der heutigen Menschen zu tun haben könnte. Darüber versucht die Christenheit in vernünftiger Weise Auskunft zu geben. Dazu gehört dann selbstverständlich auch das Bemühen, die Inhalte des Glaubens möglichst gut zu verstehen.

Man kann sich natürlich auch um das Verstehen z.B. der Bibel und ihrer Entstehung ganz ohne Glauben bemühen. Die vergleichende Religionswissenschaft tut das. Dieses Bemühen ist nicht illegitim; mir geht es allerdings um dasjenige Verstehen der Bibel und anderer Aus-

---

3 Vgl. Kurt Aland, Geschichte der Christenheit, Bd. 1 Von den Anfängen bis an die Schwelle der Reformation, Gütersloh 1980, S. 37f.

4 Vgl. Aland, Geschichte der Christenheit, Bd. 1 Von den Anfängen bis an die Schwelle der Reformation, S. 76f.

sagen über Gott und die Welt, das um des Glaubens willen geschieht und vom Glauben getragen wird. Erst unter dieser Voraussetzung ist z.B. die Bibelexegese als Teil der evangelischen (oder gleichermaßen: katholischen) Theologie zu verstehen und kann an einer Universität nicht in gleicher Weise im Fachbereich „Altorientalistik" betrieben werden.

Insofern setzt das Verstehen, um das es hier geht, immer Glauben voraus, wird von glaubenden Menschen getrieben. Daher ist dieses Verstehen nicht „objektiv". Das ist aber keine Art des Verstehens! Die Tatsache allein, dass man an nichts glaubt, bedeutet ja noch lange nicht, dass man die Bibel ohne Vorverständnis oder gar ohne Vorurteil liest. Für die „evangelische Hermeneutik" kommt es mir darauf an, dass Glaube als wichtiger Faktor des Vorverständnisses erkannt und anerkannt wird. Auch unser Glaube wird wie jedes Vorverständnis im Zirkel des Verstehens geklärt werden und insofern nicht unverändert bleiben. Dabei entstehen vielleicht auch Irritationen. Denn auch lieb gewordene Vorstellungen, die wir zu unserem Glauben gezählt haben, können sich als Vorurteile erweisen, wenn wir uns auf ein tieferes Nachdenken einlassen. Wenn z.B. jemandem zum ersten Mal aufgeht, das Moralvorstellungen, die als christlich galten, Produkt bestimmter Vorstellungen des 19. Jh.s sind und gar nicht so eindeutig in der Bibel stehen, wie man immer dachte. Verstehen im vorliegenden Zusammenhang hat zum Ziel: Der Glaube versteht sich selbst.

Zur Vertiefung:

1. Versuchen Sie den Begriff „Glaube" nach zwei Seiten hin zu entfalten!
2. Inwiefern spielt der Begriff „Verstehen" dabei eine Rolle?
3. Erinnern Sie sich an persönliche Erfahrungen, in denen ein tieferes Verstehen Einfluss auf Ihren Glauben hatte, sei es als Festigung, Anfechtung oder Bereicherung?

2.4 Das „allgemeine Priestertum"

Häufig hört man die Klage, wir lebten in einer „Pastorenkirche", was heißen soll, dass die Hauptamtlichen oft als allzu dominant empfunden werden. Manchmal hat man den Eindruck, die Art und Weise des Gemeindelebens steht und fällt mit der Art und Weise, wie ein Pfarrer sein Amt versieht – obwohl doch eine Gemeinde aus wesentlich mehr Menschen besteht als dem fest angestellten Theologen. Nach meinen Beobachtungen (denen keinerlei repräsentative Untersuchung zugrunde liegt!) liegt das oft an beiden: an den Gemeinden und den Pastoren. Von Seiten der Gemeinde kann es eine Versuchung sein, sich in allzu vielen Dingen auf den Pastor zu verlassen, womöglich mit der Begründung, der bekomme sein Tun schließlich bezahlt. Auf der anderen Seite scheinen Menschen mit einer ganz bestimmten Persönlichkeitsstruktur das Pfarramt anzustreben. Zudem kommt das Fach „Teamwork" im Theologiestudium nicht vor und vielleicht missversteht so ein „Amtsinhaber" auch gelegentlich seine geistliche Verantwortung, wenn er meint, alles in der Gemeinde leiten (oder wenigstens „begleiten") zu müssen. Burghard Krause beschreibt in diesem Zusammenhang den „Pastor Überall", dessen Name Programm ist: Er bläst mit im Posaunenchor, bringt dem Frauenkreis das Stricken bei, bildet zusammen mit seiner Frau die örtliche „amnesty-Gruppe", übt mehrere Krippenspiele ein und fährt „nach Feierabend" in den Baumarkt, um den Mörtel für die Kirchraumsanierung am Wochenende zu besorgen. Samstags zwischen 14.30 Uhr und 15.00 Uhr ist er nicht zu sprechen, weil er dann die Predigt vorbereitet. Ansonsten aber ist er rund um die Uhr ansprechbar...[5]

Krause nennt das übrigens einen „Alptraum von Gemeinde", auch wenn die karikierende Erzählweise zum Schmunzeln einlädt. Und wie gesagt: es gehören immer zwei dazu. Ein Pastor, der „macht", und eine Gemeinde, die ihn „machen lässt." Hier soll es nun nicht weiter um die vielerlei psychologischen Merkwürdigkeiten gehen, die sich vielleicht in evangelischen Pfarrhäusern tummeln, sondern um die Frage, ob man eigentlich Pfarrer oder Theologin sein muss, um Dinge des Glaubens oder die Bibel richtig zu verstehen. Manchmal scheinen sich Christinnen und Christen an Fragen des Glaubens deshalb nicht heranzutrauen, weil sie meinen, man müsste eigentlich Pfarrer sein, um dies oder jenes richtig verstehen zu können. Da ist natürlich insofern etwas Wahres dran, als dass Theologen durch ihre Ausbildung in vielen Fragen, die den Glauben und die Bibel betreffen, einen gewissen Informationsvorsprung haben. Von der Hand zu weisen ist allerdings eine Vorstellung, dass Pfarrer „irgendwie näher bei Gott" wären oder „mehr heiligen Geist" hätten als „normale" Christenmenschen und daher bessere Voraussetzungen zum Verstehen des Glaubens oder der Bibel mitbrächten.

Genau gegen solche Vorstellungen hat Luther einen Gedanken betont, der als Lehre vom „allgemeinen Priestertum", vom „Priestertum aller Gläubigen" oder „Priestertum der Getauften" zum festen Bestandteil der evangelischen Theologie geworden ist. Auf zwei Schriften, in denen Luther das „allgemeine Priestertum" entfaltet hat, ist besonders hinzuweisen. Zum einen ist dies „An den christlichen Adel

---

5 Vgl. Burghard Krause, Auszug aus dem Schneckenhaus. Praxisimpulse für eine verheißungsorientierte Gemeindeentwicklung, Neukirchen-Vluyn ^{2}1998, S. 183–186.

deutscher Nation von des christlichen Standes Besserung“ von 1520.[6] Der etwas umständliche Titel macht schon zweierlei klar: Luther wendet sich an den Adel, also an die Politik und nicht an die Kirche, will aber den christlichen Stand bessern, also die Kirche reformieren. Drei Jahre zuvor, am 31. Oktober 1517 hatte Luther mit der Veröffentlichung der 95 Thesen sozusagen den Startschuss für die Reformation gegeben. Nach einigem Hin und Her zwischen ihm und den Vertretern der römischen Kirche, wendet sich Luther an die deutschen Fürsten (ja sogar an den Kaiser selbst) und macht ihnen Vorschläge für die Reform der Kirche im Sinne des biblischen Evangeliums. Bevor Luther aber den Fürsten seine Reformvorschläge im Einzelnen darlegen kann, muss er ein grundsätzliches Problem lösen.

Die Frage, um die es dabei geht, ist wirklich knifflig und wird auch heute immer wieder diskutiert. Sie lautet: Dürfen weltliche Politiker der Kirche überhaupt in ihre Angelegenheiten hineinreden? Zu seiner Zeit – so sieht es Luther – hat die römische Kirche drei Mauern um sich herum gezogen, um sich gegen jede Reform immun zu machen. Der erste dieser Schutzwälle ist die Unterscheidung der Christen in einen „geistlichen Stand“, zu dem nur geweihte Priester, Bischöfe, Mönche oder der Papst gehören, und einen „weltlichen Stand“, dem alle übrigen Christen also auch die Fürsten zuzurechnen sind. Und der geistliche Stand ist so sehr vom weltlichen geschieden, dass er sich in geistlichen Dingen eben nicht hereinzureden lassen braucht. Die zweite Mauer, mit der sich die Kirche unangreifbar machen will, ist die Lehre, dass nur der Papst die Bibel verbindlich auslegen dürfe, dass also ein anderes Verständnis der Heiligen Schrift als das des Papstes von vornherein nicht gültig sein kann. Die dritte Mauer ist die Ansicht, nur der Papst dürfe ordnungsgemäß ein Konzil einberufen.

Bleiben wir bei der ersten „Mauer“, der Unterscheidung zwischen einem „geistlichen“ und einem „weltlichen Stand“ unter den Christen. Dahinter steckt die in fast allen Religionen geläufige Trennung in „Priester“ und „Laien“. Dabei kommt dem Priester aufgrund einer besonderen „Weihe“ oder Initiation (einer besonderen rituellen Einführung in die göttlichen Geheimnisse) eine Mittelstellung zwischen der Gottheit und den Menschen zu. Der Priester ist ein wenig dichter am Göttlichen dran als der „Laie“. Aufgrund dieser herausgehobenen Stellung kann er zwischen Gott und Menschen vermitteln. Ein „Laie“ wendet sich dann nicht direkt an Gott, sondern an den vermittelnden Priester. Auch im Alten Testament finden wir solche Vorstellungen, wenn z.B. nur der Hohepriester das Allerheiligste betreten und sich

6 Vgl. Luther Deutsch, Bd. 2: Der Reformator, hg. von Kurt Aland, Göttingen ^{2}1966, S. 157–170. In dieser populären Ausgabe, die bis heute vielfach nachgedruckt ist, wurden die Schriften Luthers behutsam in heutiges Deutsch übertragen und gelegentlich gekürzt. Die Sammlung ist auch in der Reihe „Digitale Bibliothek“ als Bd. 63 komplett auf CD-Rom erhältlich.

Gott nähern darf. Überträgt man diese Vorstellungen auf Geistliche der christlichen Kirche, dann können „weltliche“ Christen aufgrund ihres ganz anderen Standes Gott gegenüber die Priester auch nicht kritisieren. So ist die Kirche selbst bei offensichtlichen Missständen unangreifbar.

Hier erhebt Luther kräftig Einspruch; denn die Unterscheidung in „Priester“ und „Laien“ gibt es im neutestamentlichen Gottesvolk nicht! Durch Christus haben nun alle Christen Zugang zu Gott und dürfen ihn als „unsern Vater“ anreden. Symbolisiert wird das etwa dadurch, dass in der Kreuzigungsgeschichte nach Mk 15 erzählt wird, dass der Vorhang vor dem Allerheiligsten im Tempel zerriss. Luther beruft sich z.B. auf Joh 6,45, wo Jesus mit einem Zitat aus dem Buch Jesaja sagt: „Sie werden alle [und eben nicht nur die Priester!] von Gott gelehrt sein“ und immer wieder auf 1. Petr 2,9: „Ihr seid das auserwählte Geschlecht, die königliche Priesterschaft, das heilige Volk, das Volk des Eigentums, dass ihr verkündigen sollt die Wohltaten dessen, der euch berufen hat von der Finsternis zu seinem wunderbaren Licht.“ Zu dieser „königlichen Priesterschaft“ gehört für Luther, wer glaubt und getauft ist. Eine höhere Weihe gibt es nicht! So lautet ein Kernsatz in der Adelsschrift: „Denn was aus der Taufe gekrochen ist, das kann sich rühmen, dass es schon zum Priester, Bischof und Papst geweihet sei, obwohl es nicht einem jeglichen ziemt, solch Amt auszuüben.“ Zwar hat auch das Pfarramt seine besondere Aufgabe, und es soll sich niemand hervortun, dem dieses Amt nicht gegeben ist. Das aber gilt für andere Ämter genauso. Entscheidend ist, dass jeder Christ den Zugang zu Gott hat. In der Not ist jeder getaufte Gläubige in der Lage zu predigen, zu taufen, das Abendmahl auszuteilen oder die Sünden zu vergeben. Es fehlt einem getauften Christen dazu keinerlei höhere Weihe. Und wenn es ein Häuflein Christen in „eine Wüstenei“ verschlage, so könnten diese unter sich einen Fähigen zum Pfarrer machen und bräuchten dazu keine bischöfliche Ordination. Umgekehrt ist ein geweihter Priester auch kein Diener des Wortes mehr, wenn er etwas anderes treibt, als das Evangelium zu verkünden.

Luther hebt damit die Unterscheidung in einen geistlichen und in einen weltlichen Stand komplett auf. So gibt es nach evangelischem Verständnis weder „Priester“, noch „Laien“, es sei denn, man wollte sagen, dass alle Christen Priester sind, weil sie alle Zugang zu Gott haben im Glauben an Christus. Wenn man auch in der Evangelischen Kirche heute noch manchmal von „Laien“ spricht, dann kann das nur so zu verstehen sein, dass nach modernem Sprachgebrauch zwischen „Laien“ und „Profis“ unterschieden wird, nicht aber zwischen Laien und Priestern. Natürlich bringt ein Theologiestudium einen gewissen Zuwachs an Wissen in Fragen des Glaubens. Das bedeutet aber, dass Theologinnen, Pfarrer oder andere „christliche Profis“ hier einen Informationsvorsprung haben. Einen besonderen Stand vor Gott oder tieferen Einblick in Gottes Geheimnisse als der „Durchschnittsgetaufte“ haben sie deshalb aber noch lange nicht.

Die Einsicht in das „allgemeine Priestertum“ hat Folgen für die grundsätzliche Erkenntnisfähigkeit und die Möglichkeiten des Verstehens, die allen Christen gegeben ist; sei es im Hinblick auf die Bibel oder in Bezug auf die Lehre der Kirche. Bereits in der Adelsschrift geht Luther auf diese Folgen ein, wird drei Jahre später noch konkreter, in seiner Schrift: „Dass eine christliche Versammlung oder Gemeine Recht und Macht habe, alle Lehre zu beurteilen und Lehrer ein- und abzusetzen: Grund und Ursache aus der Schrift“ von 1523.[7] Auch hier enthält der Titel bereits die These.

Der Anlass für diese Schrift war ganz konkret: In der kursächsischen Stadt Leisnig an der Mulde war der größte Teil der Bürgerschaft vom Anliegen der Reformation überzeugt und hatte einen „evangelischen“ Pfarrer und einen „evangelischen“ Prediger eingesetzt, obwohl ein nahe gelegenes Zisterzienserkloster traditionell die Pfarrstelle der Stadt besetzte. Luther stellt klar, dass Kirche Jesu Christi nicht dort ist, wo nach altem Herkommen Pfarrstellen besetzt werden, sondern wo das Evangelium verkündigt wird. Dieses Evangelium ist der Maßstab für die Beurteilung christlicher Lehre. Beurteilen müssen aber die „Belehrten“ und nicht die „Lehrer“, sagt Luther, also die Hörer und nicht die Prediger. Insofern getaufte Christen die Stimme des guten Hirten hören (vgl. Joh 10), sind sie auch zur Beurteilung in der Lage. Luther dazu: „Meinst du, dass mir Gottes Wort deinem alten Brauch, Gewohnheit, Bischöfen weichen sollte? Nimmermehr! Darum lassen wir Bischöfe und Konzile beschließen und festsetzen, was sie wollen. Aber wo wir Gottes Wort für uns haben, solls bei uns stehen und nicht bei ihnen, ob es Recht oder Unrecht sei, und sie sollen uns weichen und unserem Wort gehorchen.“ Gottes Wort ist der Maßstab, und Luther hat ein großes Vertrauen in die prinzipielle Verstehbarkeit der Bibel. Das Wort Gottes ist allen Christen zugänglich!

„Denn das kann niemand leugnen, dass ein jeglicher Christ Gottes Wort hat und von Gott zum Priester gelehrt und gesalbt ist, wie Christus Joh 6,45 sagt: ‚Sie werden alle von Gott gelehrt sein‘ [...] Ists aber so, dass sie Gottes Wort haben und von ihm gesalbt sind, so sind sie auch schuldig, dasselbe zu bekennen, zu lehren und auszubreiten...“ so folgert Luther. Weil die christliche Gemeinde nicht ohne Lehre und Wort Gottes sein soll, hat sie das Recht, „geschickte“ Mitchristen zu Lehrern und Predigern zu berufen. „Höhere Weihen“ sind dazu nicht erforderlich, wohl aber der Maßstab des Wortes Gottes. Wo aber dieses Wort Gottes ist, da hat jeder Christenmensch sogar die Pflicht zum Zeugnis. Auch hier gilt wieder: Niemand soll sich hervortun. Wo ordentliche Pfarrer am Werke sind, hat alles seine

7 Vgl. Luther Deutsch, Bd. 6: Kirche und Gemeinde, S. 47–55.

Ordnung, aber im Umgang mit „Heiden“ und Nichtchristen ist für Luther jeder Christ gefordert. Ein moderner Gedanke, wie ich finde!

So gehört das „allgemeine Priestertum“ zu den Grund legenden Voraussetzungen evangelisch-lutherischer Hermeneutik. Der Glaube versetzt uns Christen vor Gott alle in den gleichen Stand. Wir sind in der Lage, die Kernaussage der Bibel, die frohe Botschaft der Gnade um Christi willen, zu verstehen. Das hebt Unterschiede in der Ausbildung und im Bildungsstand nicht auf. Aber es ermutigt auch: Wir Christen dürfen uns zutrauen, dass bei unserem Bemühen um das Verstehen von Bibel und Glaube etwas sinnvolles herauskommt, weil Gott uns das zutraut.

Zur Vertiefung

1. Was versteht man unter „allgemeinem Priestertum der Glaubenden“?
2. Der Theologe Manfred Josuttis schrieb ein Buch mit dem Titel „Der Pfarrer ist anders.“ Inwiefern ist diese Aussage berechtigt? Wie könnte man sie missverstehen?

3

Verstehen und Sprache

3.1 Spricht Gott Hebräisch?

All unser Verstehen geschieht im Medium der Sprache. Wir erschließen uns unsere Welt u.a. so, dass wir die Dinge benennen. In der Bibel gehört zum Auftrag des Menschen, diese Welt zu bebauen und zu bewahren, ausdrücklich dazu, den Tieren ihre Namen zu geben (vgl. Gen 2,19–20). Im Neuen Testament zeigt sich Jesu Macht über die bösen Geister darin, dass er ihre Namen nennen kann (vgl. z.B. Mk 5,9). In diesen biblischen Geschichten spielt der Zusammenhang von Benennen und Beherrschen eine wichtige Rolle: Was wir bezeichnen können, darüber verfügen wir auch. Dieser Zusammenhang lässt sich aber verallgemeinern: Wir erfahren und erschließen uns unsere Welt mittels der Sprache. Was wir bezeichnen können, das verstehen wir auch.

Die Sprachwissenschaftler und die Sprachphilosophen machen sich seit den Tagen Wilhelm von Humboldts Gedanken über den Zusammenhang von Sprache und Welterkenntnis, ja über den Zusammenhang von Sprache und Denken überhaupt. So stellt sich die Frage, ob sich in unterschiedlichen Sprachen auch eine unterschiedliche Art und Weise des Denkens und des Zugangs zur Welt ausdrückt. Stellen Sie sich eine Sprache vor, in der es zwar Worte für die Farben Gelb und Rot gibt, nicht aber Ausdrücke für Mischfarben wie Rosa oder Orange. Wie wird ein Mensch, der in dieser Sprache aufwächst, orange- oder rosafarbene Gegenstände wahrnehmen? Ähnlich kennt dieses Problem wohl jeder von dem Streit darüber, ob „Türkis“ nun mehr „Blau“ oder mehr „Grün“ ist, oder wo eigentlich die Grenze zwischen „Pink“, „Rosa“ und „Lila“ verläuft. In den Begriffen spiegelt sich ein bestimmtes Verständnis der Dinge. Gleichzeitig wird an diesem Beispiel deutlich, dass es gelegentlich schwierig ist zu entscheiden, wie die „Wirklichkeit“ außerhalb der Sprache „objektiv“ ist. Der Streit um das „Türkis“ endet doch allzu oft unentschieden. Dann wieder gibt es Kulturen, deren Wortschatz für ein bestimmtes Phänomen erheblich umfangreicher und differenzierter ist als unser mitteleuropäischer Vorrat an Begriffen für denselben Sachverhalt. Wer den Großteil seines Lebens in der Norddeutschen Tiefebene verbracht hat, vermag vielleicht zwischen zwei Arten von Schnee zu unterscheiden: dem pappigen und dem Pulverschnee. Wer dagegen regelmäßig Ski fährt, hat schon ein breiteres Spektrum von Bezeichnungen für unterschiedliche Sorten Schnee zur Verfügung. Das alles ist aber nichts gegen den sprachlichen Reichtum, der diesbezüglich dem Volk der Inuit (früher volkstümlich „Eskimos" genannt) zur Verfügung steht.

Auf diesem Phänomen basiert die Idee des Bestsellers „Fräulein Smillas Gespür für Schnee" von Peter Hoeg. „Fäulein Smilla", die Hauptfigur des Romans, ist eine gebürtige Inuit, lebt aber seit langem in einer schwedischen Großstadt. Aufgrund ihres Gespürs für Schnee ist sie die einzige, die hinter dem scheinbaren Unfalltod eines Nachbarjungen einen Mord entdeckt. Sie entnimmt das der Art und Weise der Spuren im Schnee am Tatort. Immer wieder beschreibt der Autor Peter Hoeg in Rückblenden die Kindheit Smillas im ewigen Eis und wie dort die Unterscheidung verschiedener Schneearten für die Menschen zu einer Überlebensfrage wird.

Nun ist diese Wahrnehmung der Welt anhand des unterschiedlichen Schnees nicht nur ein sprachliches Phänomen. Es ist bedingt durch den kulturellen Kontext der Menschen, durch Lebenserfahrung und die Erfordernisse des Überlebens unter den herrschenden Bedingungen. Aber diese ganz besondere Wahrnehmung der Welt ist eben auch, wie ich meine: sogar wesentlich von der Sprache geprägt. Wenn die Eltern ihre Erfahrungen und ihre Einsichten in die Phänomene ihrer Umwelt an ihre Kinder weitergeben wollen, müssen sie diese Dinge sprachlich bezeichnen können. Auch das Denken vollzieht sich in Begriffen, und die Art und Weise der sprachlichen Benennung hat wiederum Einfluss auf die Wahrnehmung der Welt. Die Sprache ist ein Spiegel des ganz eigenen Verhältnisses der Menschen zu ihrer Welt. Unser Verstehen wird wesentlich durch Sprache geprägt.

Das alles gilt in besonderem Maße auch für den christlichen Glauben, denn dieser ist in besonderer Weise an das Medium der Sprache gebunden. Ein Buch, nämlich die Bibel, stellt das wichtigste Medium des Christentums dar. Hierin ist die Ur-Kunde vom Handeln Gottes mit dieser Welt zu lesen, und dann – wo das in mündliche Verkündigung übergeht – auch zu hören. Und in dieser Bibel wird Gott als einer geschildert, zu dem das Reden wesensmäßig dazu gehört. Ein stummer Gott, der nicht spricht, sondern nur in Naturphänomenen oder als Garantie der Fruchtbarkeit erfahrbar wird, ist als Vater Jesu Christi nicht vorstellbar. Gleich am Anfang der Bibel heißt es, Gott habe die Welt geschaffen, indem er sprach: „Es werde Licht." Das ganze Alte Testament ist dann mit seinen Geschichten, Prophetenbüchern und Psalmen nicht anders zu lesen, als eine ununterbrochene Zwiesprache zwischen Gott und seinem Volk – meist als Streitgespräch. Im Neuen Testament wird Jesus Christus als das „Wort Gottes" bezeichnet, das „Fleisch wird", d.h. ganz und wirklich in diese Welt eingeht. Die ersten Christen haben die Kunde von ihrem Glauben durch das Wort ausgebreitet, wie es der Evangelist Lukas von den

Hirten auf dem Felde berichtet. So hat ein gewisser Paulus aus Tarsus weltweite Wirkung erlangt, indem er Briefe schrieb. In alledem haben die Christen ihren Gott bekannt als den unablässig zu den Menschen Redenden. „Nachdem Gott vorzeiten vielfach und auf vielerlei Weise geredet hat zu den Vätern durch die Propheten, hat er in diesen letzten Tagen zu uns geredet durch den Sohn" so fasst das der Hebräerbrief zusammen (Hebr 1,1f.).

Wenn es also zutrifft, dass unser Verhältnis zu dieser Welt und unser Denken vom Phänomen der Sprache entscheidend beeinflusst wird, und wenn zum christlichen Glauben die Sprache wesentlich dazugehört, dann lohnt es sich, ja dann ist es geradezu nötig, beim Bemühen um das Verstehen des Glaubens das Thema Sprache besonders zu bedenken. Es kommt darauf an, dass wir die Rolle erkennen, die die Sprache für unseren Glauben spielt, und dass wir umgekehrt mit der Sprache sorgfältig umgehen, wenn wir über unseren Glauben reden oder Dinge unseres Glaubens verständlich machen wollen.

Das Thema ist extrem umfangreich. Es reicht von einfachen praktischen Tipps der Marke „wie rede ich so, dass man mich versteht", über grammatische Fragen bis hin zu sprachphilosophischen Überlegungen oder einer Wort-Gottes-Theologie. Das kann hier natürlich nicht alles bedacht werden; wieder geht es in erster Linie darum, dass Dinge, die scheinbar selbstverständlich sind und daher oft nicht besonders bedenkenswert erscheinen, ins Bewusstsein rücken. In erster Linie werden Ihnen also wohl Dinge klarer werden, die immer schon in Ihrem Glauben eine Rolle gespielt haben – bisher aber vermutlich unbewusst.

Es beginnt mit einer simplen, aber häufig unbeachteten Tatsache: Die Bibel ist in anderen Sprachen geschrieben, als wir sie sprechen; das Alte Testament in Hebräisch und das Neue Testament in Griechisch. Was oben über das Gespür der Inuit für Schnee, das auch mit ihrer Sprache zusammenhängt, gesagt wurde, gilt natürlich auch für die Verfasser der biblischen Schriften und ihre Sprache. Hebräisch und Griechisch bedeutet nicht nur, dass der Urtext der Bibel in anderen Lauten daherkommt als eine deutsche Übersetzung. In der anderen Sprache steckt auch eine Art, diese Welt zu bezeichnen und damit zu verstehen. Eine Übersetzung wird sich daher nicht nur auf das Übertragen von Worten beschränken können, sondern muss die darin ebenfalls ausgedrückte Art des Verstehens ebenso bedenken.

Wir empfinden uns als Menschen auf einem Zeitstrahl: Hinter uns liegt die Vergangenheit, vor uns liegt die Zukunft und unser Standpunkt ist die Gegenwart. Dem entsprechen im Deutschen die sprachlichen Zeitstufen Präteritum, Präsens und Futur. Das gilt so oder ähnlich für alle europäischen Sprachen, die von der lateinischen oder altgriechischen Grammatik beeinflusst sind. Die entsprechenden grammatischen Kategorien gehen auf den griechischen Philosophen Aristoteles zurück. Man könnte sagen, dass sich hierin eine Weltsicht ausspricht, die den einzelnen Menschen als das redende Subjekt in den Mittelpunkt stellt. Wo ich bin, ist Gegenwart, worauf ich zurückblicke, ist Vergangenheit und wohin ich vorausblicke, ist Zukunft. Die Sprache stellt die entsprechenden Verbformen, eben Imperfekt oder Perfekt, Präsens und Futur zur Verfügung. Für unser Sprachempfinden ist klar: Unterschiedliche Zeitstufen werden durch unterschiedliche Verbformen ausgedrückt. Daher heißt das Verb in der älteren deutschen Grammatik auch „Zeitwort". In der Sprache des Alten Testaments, im biblischen Hebräisch, ist das ganz anders. Natürlich sollen auch im AT Geschichten, aus der Vergangenheit erzählt, Dinge über die Zukunft gesagt und Gott in der Gegenwart gelobt werden. Nur gibt es für diese drei Zeitstufen nicht drei entsprechende Verbformen, sondern nur zwei, die die Exegeten behelfsweise mit „Perfekt" und „Imperfekt" bezeichnen. Das Verb ist aber im biblischen Hebräisch gerade kein Zeitwort. Vielmehr dient das „Perfekt" offenbar dazu, abgeschlossene, in sich selbst gewichtige Handlungen zu bezeichnen, während das „Imperfekt" zum Ausdruck unabgeschlossener, abhängiger Handlungen dient. Dabei ist das Spannende, dass die Bibelauslegung auch nach einer zweitausendjährigen Geschichte immer noch nicht vollständig die Funktion dieser Verbformen geklärt hat. Ich will hier nicht in Spezialfragen der hebräischen Grammatik hineinführen. Wichtig ist: Die scheinbare Selbstverständlichkeit, dass ein Verb im Satz die Zeitstufe ausdrückt und damit eben ein „Zeitwort" ist, gilt so für das biblische Hebräisch offenbar nicht. Hier drückt sich in der Sprache auch ein anderer Zugang zur Welt aus: Das redende und erkennende Subjekt steht nicht unbedingt im Mittelpunkt.

Ein anderes Beispiel ist die auffällige Tatsache, dass es in der hebräischen Poesie, vor allem in den Psalmen, zwar keine Reime im modernen Sinne gibt, dafür aber häufig Wiederholungen des scheinbar selben Sachverhaltes innerhalb eines Verses. Der Fachausdruck für dieses Phänomen ist „parallelismus membrorum", die Parallelität der Vershälften. Typisch ist etwa Ps 103,10: „Er handelt nicht mit uns nach unsern Sünden / und vergilt uns nicht nach unsrer Missetat." Der Schrägstrich (/) zeigt die Versmitte an. Für unser, von Rationalität und auch Rationalisierung bestimmten Empfinden wird hier dasselbe zweimal gesagt. „Sünde" und „Missetat" sind Synonyme. Offenbar funktioniert das hebräische Sprachempfinden hier anders: Die Welt ist erst vollständig beschrieben, wenn verschiedene Aspekte (und seien die Nuancen noch so fein) der Wirklichkeit addiert werden. Wir sind ein perspektivisches Weltbild gewöhnt, in dem alle Dinge vom Standpunkt (der Perspektive) des subjektiven Betrachters geschildert werden. Die Sprache des Alten Testaments legt dagegen eine Sichtweise nahe, in der verschiedene Aspekte der Wirklichkeit zu einem Gesamtbild zusammengefügt werden – auch unabhängig von der subjektiven Perspektive. Man hat dies sehr treffend ein „aspektivisches Weltbild" genannt. Diese Weltsicht lässt sich anhand der Sprache erheben.

Zur Vertiefung:

Bei dem im Text genannten Beispiel des Schnees entspricht der sprachlichen Bezeichnung eine außersprachliche Wirklichkeit. Bedenken Sie, inwiefern das auch für abstrakte Begriffe wie „Liebe“, „Hass“ oder „Gerechtigkeit“ gilt. Trägt Sprache hier zur Weltgestaltung bei?

3.2 Das Problem der Übersetzung

Unausgesprochen scheint eine bestimmte Auffassung über das Verhältnis der Sprache zur Welt vorherrschend zu sein, nämlich dass Sprache schriftliche oder akustische Zeichen zur Verfügung stellt, um die Dinge zu benennen, die aber auch ohne diese Zeichen in einer „außersprachlichen Wirklichkeit“ existieren.[8] Die Sprache spiegelt die Wirklichkeit wider. Es ginge dann vor allem darum, für eine bestimmte „Sache“ einen angemessenen „Begriff“ zu finden. Die Übersetzung eines Textes (z.B. der Bibel) aus einer Sprache in die andere wäre dann eigentlich einfach: Die Hauptaufgabe bestünde darin, für einen Begriff in der Ausgangssprache den entsprechenden Begriff in der Zielsprache zu finden, der die außersprachliche „Sache“ genauso adäquat bezeichnet.

Aber schon ein flüchtiger Blick in ein zweisprachiges Wörterbuch zeigt, dass die Sache offenbar nicht so einfach liegt; denn für die meisten Wörter einer fremden Sprache liegen mehrere deutsche Übersetzungsmöglichkeiten vor, so dass man sich entscheiden muss (manche Begriffe lassen sich gar nicht oder nur behelfsmäßig übersetzen, wie z.B. das Lateinische Wort „virtus“, das in der Übersetzung „Kraft“ oder „Mut“ nur sehr unzureichend das wiedergibt, was in der stoischen Philosophie die Generaltugend ist!). Noch deutlicher wird das Problem, wenn man einmal einen Text im Internet von einem Übersetzungscomputer übertragen lässt. Heraus kommt meist ein Sprachchaos, das zwar belustigt, nicht aber eine Übersetzung darstellt. „Im Wortschatz der verschiedenen Sprachen wird also die Welt verschieden aufgegliedert.“[9] Dann aber stimmt die Theorie vermutlich nicht, nach der die Sprache bloß Zeichen zur Verfügung stellt, die die

8 Viele der hier dargelegten Einsichten verdanke ich Diethelm Michel, Interpretation und Übersetzung alttestamentlicher Texte, in: Möglichkeiten und Grenzen einer Revision des Luthertextes (Veröffentlichungen der Luther Akademie Ratzeburg, Bd. 1), Erlangen 1980, S. 69–84.

9 Michel, Interpretation, S. 72.

Wirklichkeit widerspiegeln. Vielmehr erlernen wir mit unserer Muttersprache auch eine „sprachlich fixierte Weltdeutung.“[10]

„Wir nennen die Rose eine Blume und sagen, am Apfelbaum befänden sich Blüten. Wenn man einen Deutschen nach dem Grund für diesen Unterschied fragen würde, würde er vermutlich etwa antworten, Blume sei eben nicht dasselbe wie Blüte, hier lägen in Wirklichkeit zwei verschiedene Erscheinungen vor. Wenn man aber Französisch lernt, stellt man mit einigem Erstaunen fest, dass ein Franzose zu beiden ‚fleur' sagt. Er differenziert hier nicht. Dies sicher nicht deshalb, weil die Rosen und Apfelbäume in Frankreich anders blühen als bei uns, sondern deshalb, weil die deutsche Sprache aus irgendwelchen Gründen hier eine Notwendigkeit zu differenzieren gesehen hat, die französische aber nicht.“[11]

Nun kann man sich zwischen Angehörigen lebender Sprachen durch Nachfrage darüber verständigen, was unterschiedliche Begriffe oder auch unterschiedliche Satzbauweisen in den verschiedenen Sprachen bedeuten. Für die Bibel geht dies nicht, da niemand mehr das biblische Hebräisch oder Altgriechisch spricht. Insbesondere die Grammatik der Sprache des Alten Testaments ist auch heute noch nicht in allen Einzelheiten erforscht. Schon zu Lebzeiten Jesu wurde diese Sprache nicht mehr gesprochen, sondern allenfalls noch im Kult verwendet. An die Stelle eines lebenden Sprechers muss also der Kontext innerhalb der Bibel treten, wenn man über die genaue Bedeutung bestimmter Begriffe oder auch bestimmter Satzkonstruktionen Auskunft erhalten will. Auch in diesem Sinne gilt der reformatorische Grundsatz, dass die heilige Schrift sich selbst auslegt.

Für die Übersetzung der Bibel sind diese Überlegungen deshalb von Interesse, weil es nicht bloß um eine möglichst wörtliche Wiedergabe des Urtextes gehen kann, sondern auch die in den Worten fixierte Weltdeutung in unsere Welt übertragen werden soll. Dabei ist zu berücksichtigen, dass nicht nur das Ausgesprochene, sondern auch das unausgesprochen mit Gemeinte übersetzt wird. Was ist etwa im Alten Testament mit Begriffen wie „Gnade“ oder „Gerechtigkeit“ gemeint?

Wenn wir „Gnade“ hören, dann ist das ein Ausdruck der Freundlichkeit und unverdienten Zuwendung dessen, der Gnade gewährt. Im griechischen Wort *charis* schwingt dies mit. Im Hebräischen sieht das aber etwas anders aus. Dort gibt es das Wort *chäsäd* für das die älteren Wörterbücher die Bedeutungen *Liebe, Gunst, Gnade, Güte, Wohlwollen, Barmherzigkeit* angeben. Nun hat eine Spezialuntersuchung vom Anfang des 20. Jh.s aber ergeben, dass das Wort eigentlich eine „gemeinschaftsgemäße göttliche und menschliche Verhaltensweise“ (Nelson Glueck) bezeichnet. Somit geht es also weniger um die mehr oder weniger freiwillige Freundlichkeit oder Huld eines

10 Michel, Interpretation, S. 73.
11 Michel, Interpretation, S. 73.

einzelnen, sondern um ein Verhalten, das den Regeln und Pflichten einer bestimmten Gemeinschaft entspricht. Daher schlagen neuere Wörterbücher für *chäsäd* vor: *die Gemeinschaftspflicht, Verbundenheit, Solidarität.* Ein einzelnes entsprechendes Wort gibt es im Deutschen nicht. Man muss aber berücksichtigen, dass in der Weltsicht der Hebräer die Gemeinschaft (das Gesagte gilt auch für die Gemeinschaft mit Gott) eine wesentlich größere Rolle spielte als das bei uns der Fall ist.

Im Hebräischen gibt es zwei Wörter für Gerechtigkeit: *sedeq* und *sedaqa*, von denen man lange Zeit annahm, das eine (*sedeq*) sei grammatisch maskulin und das andere (*sedaqa*) feminin, ansonsten bestünde aber Bedeutungsgleichheit. Neuere Untersuchungen haben ergeben, dass zwischen den Wörtern keineswegs nur ein Unterschied hinsichtlich des grammatischen Geschlechts besteht. Der Gedanke ist völlig nebensächlich. Vielmehr ist *sedaqa* ein Einzelbegriff zu dem Kollektivbegriff *sedeq*. Im Deutschen ist z.B. Stuhl ein Einzelbegriff, von dem man den Kollektivbegriff Gestühl ableiten kann, gleiches gilt für Stange und Gestänge, Balken und Gebälk usw. Im Gegensatz zum Deutschen kennt das Hebräische diese Unterscheidung auch für abstrakte Begriffe wie eben Gerechtigkeit. *sedeq* ist dann die Eigenschaft der Gerechtigkeit, während *sedaqa* „ein Stück" Gerechtigkeit bezeichnet, einen Erweis der Gerechtigkeit oder eine Gerechtigkeitstat. Entsprechend kann man zwar von *sedaqa* einen Plural bilden, nicht aber von *sedeq*. Das hat Bedeutung für die Übersetzung der Bibel: Bereits Martin Luther hat erkannt, dass Ps 31,2 „errette mich in deiner Gerechtigkeit" nicht angemessen verstanden wird, wenn Gerechtigkeit hier als richterliche Eigenschaft Gottes verstanden wird. In dieser Gerechtigkeit müsste Gott die Menschen verdammen. Vielmehr geht es um Gottes Heilstat, und in der Tat findet sich im hebräischen Text das Einzelnomen *sedaqa*. Luther kannte die Unterscheidung zwischen Einzel- und Kollektivbegriff noch nicht, daher übersetzt er einfach „Gerechtigkeit", aber aufgrund des Kontextes hat er den Sinn richtig erfasst.

An dem bisher Gesagten wird deutlich, dass sich Übersetzung und Interpretation von Texten nicht voneinander trennen lassen. Wer einen fremdsprachigen Text angemessen übersetzen will, kann sich nicht auf das mechanische Übertragen von Wörtern beschränken, sondern muss das Unausgesprochene, mit Gemeinte verstanden haben und auch dies in die eigene Sprache und Lebenswelt übersetzen. Insofern gilt: Jede Übersetzung ist bereits Interpretation! Das lässt sich gar nicht vermeiden, ja nur so wird man einem Text wirklich gerecht. Dann ist auch nicht in jedem Fall die wörtlichste Übersetzung die beste. Auf der anderen Seite darf aber eine Übersetzung auch nicht nur eine Übertragung dessen sein, was man in der Weltdeutung der fremden Sprache erkannt zu haben meint. Manche Versuche neuerer Bibelübersetzungen sind in den letzten Jahrzehnten hier vielleicht zu weit gegangen. Es wird auch klar, dass es über Interpretation und Übersetzung unter den Theologen immer Diskussionen und Meinungsverschiedenheiten geben wird, eben weil auch Dinge zur Debatte stehen, die nicht explizit gesagt werden, sondern implizit gemeint sind. Ein Ringen um den richtigen Weg ist dann auch Ausdruck dafür, dass Theologen ihr Geschäft mit Ernsthaftigkeit betreiben.

Dabei ist die Bibelübersetzung eine unaufgebbare Aufgabe für die Christen. So berichten Menschen, die daran arbeiten, die Bibel in bisher wenig erschlossene Sprachen zu übersetzen (wie etwa das Kalanga im südlichen Afrika), von dem Erstaunen der Leute, dass Gott plötzlich ihre Sprache spricht. So werden sich auch die Leute zur Zeit Luthers sehr gewundert haben, dass Gott tatsächlich Deutsch spricht.

Martin Luther selbst hat übrigens über seine Kriterien für die Übersetzung des Neuen Testaments reflektiert und Auskunft gegeben, z.B. in der Schrift „Ein Sendbrief vom Dolmetschen“ aus dem Jahre 1530.[12] Er behandelt darin den Einwand, in seiner berühmten und theologisch zentralen Übersetzung von Röm 3,28 habe er den Urtext in der Übersetzung verändert. Luther übersetzt: „So halten wir nun dafür, dass der Mensch gerecht wird ohne des Gesetzes Werke, allein durch den Glauben.“ Seine Kritiker werfen ihm vor, dass das berühmte „allein“ (sola fide) im Originaltext keine Entsprechung habe. Vielmehr sei es eine willkürliche Zufügung Luthers, die dazu führe, dass die Menschen keine guten Werke mehr tun wollten, da sie ja „allein durch den Glauben“ selig würden, obwohl Paulus das gar nicht geschrieben habe. Luther begründet seine Zufügung des Wortes „allein“ in zweifacher Hinsicht: 1. fordere die deutsche Sprache diese Verdeutlichung. So wie man beim Müller „allein“ (= nur) Mehl bekommt, nicht aber Geld, so werde man auch „allein“ (= nur) durch den Glauben selig. Mit zahlreichen Beispielen weist Luther darauf hin, dass es ihm darauf angekommen sei, verständliches Deutsch zu schreiben. Sprachliche Gründe sind also Ausschlag gebend. 2. sind aber auch theologische Gründe für diese Übersetzung anzuführen. Wenn man denn ertragen könne, dass Paulus schreibe „ohne des Gesetztes Werke“ (und Luther drückt hier sein Bedauern darüber aus, dass er nicht noch hinzugefügt habe „ohne die Werke jedes Gesetzes“), dann stelle das „allein durch den Glauben“ doch nur eine sachliche Verdeutlichung dar. Im Übrigen hat Luther nichts gegen gute Werke, nur gehören sie nicht in die Rechtfertigung des Menschen vor Gott.

Da das sola fide („allein durch den Glauben“) zu einer Art lutherischem Markenzeichen geworden ist, wiegt der Einwand, Paulus habe das ja gar nicht gesagt, schwer. Bis heute besteht hier ein grundlegender Unterschied zwischen der katholischen Lehre und dem evangelischen Bekenntnis. Umso deutlicher wird an diesem Beispiel, wie eng

12 Vgl. Luther Deutsch, Bd. 5: Die Schriftauslegung, S. 79–92.

Interpretation und Übersetzung zusammenhängen. Bereits die Übersetzung (und nicht erst eine evtl. folgende Auslegung) ist ein theologisches Geschäft. Bereits vor der Übersetzung eines biblischen Textes ist der Theologe gefordert, sich in die „sprachlich fixierte Weltdeutung" der biblischen Autoren hineinzuversetzen. Der Bibelleserin und dem Bibelleser bleibt die Aufgabe, diesen Vorgang des Verstehens nach- und immer neu mit zu vollziehen. Luther war in der Lage, sein Übersetzungs- und Interpretationsverfahren rechenschaftsfähig offen zu legen. Ja, Sachgründe spielen bei den Formulierungen des übersetzten Textes eine Rolle! Jede Übersetzung ist bereits Interpretation. Allerdings muss sich diese Interpretation am Kontext und im Zusammenhang der ganzen Bibel messen lassen. Es kommt eben darauf an, dass die Interpretation und dann auch die Übersetzung ihrem Text angemessen ist.

Zur Vertiefung:

Vergleichen Sie Röm 3,28 und Micha 6,8 in verschiedenen Bibelübersetzungen unter besonderer Berücksichtigung des revidierten Luthertextes von 1984 und der Einheitsübersetzung des katholischen Bibelwerkes. Weitere Übersetzungen sind etwa die „Gute Nachricht – die Bibel in heutigem Deutsch"; die Elberfelder Bibel; die Zürcher Bibel oder „Hoffnung für Alle". Viele Ausgaben finden sich im Internet unter www.bibelgesellschaft.de (Homepage der Deutschen Bibelgesellschaft) oder www.bibelwerk.de (Homepage des Katholischen Bibelwerks).

Röm 3,21–28 (Luther 84)	*Röm 3,2–28 (Einheitsübersetzung)*
21 Nun aber ist ohne Zutun des Gesetzes die Gerechtigkeit, die vor Gott gilt, offenbart, bezeugt durch das Gesetz und die Propheten	21 Jetzt aber ist unabhängig vom Gesetz die Gerechtigkeit Gottes offenbart worden, bezeugt vom Gesetz und von den Propheten:
22 Ich rede aber von der Gerechtigkeit vor Gott, die da kommt durch den Glauben an Jesus Christus zu allen, die glauben. Denn es ist hier kein Unterschied:	22 die Gerechtigkeit Gottes aus dem Glauben an Jesus Christus, offenbart für alle, die glauben. Denn es gibt keinen Unterschied:
23 sie sind allesamt Sünder und ermangeln des Ruhmes, den sie bei Gott haben sollten	23 Alle haben gesündigt und die Herrlichkeit Gottes verloren.
24 und werden ohne Verdienst gerecht aus seiner Gnade durch die Erlösung, die durch Christus Jesus geschehen ist.	24 Ohne es verdient zu haben, werden sie gerecht, dank seiner Gnade, durch die Erlösung in Christus Jesus.
25 Den hat Gott für den Glauben hingestellt als Sühne in seinem Blut zum Erweis seiner Gerechtigkeit, indem er die Sünden vergibt, die früher	25 Ihn hat Gott dazu bestimmt, Sühne zu leisten mit seinem Blut, Sühne, wirksam durch Glauben. So erweist Gott seine Gerechtigkeit durch die Vergebung der Sünden, die früher, in
26 begangen wurden in der Zeit seiner Geduld, um nun in dieser Zeit seine Gerechtigkeit zu erweisen, dass er selbst gerecht ist und gerecht macht den, der da ist aus dem Glauben an Jesus.	der Zeit seiner Geduld, begangen wurden; 26 er erweist seine Gerechtigkeit in der gegenwärtigen Zeit, um zu zeigen, dass er gerecht ist und den gerecht macht, der an Jesus glaubt.
27 Wo bleibt nun das Rühmen? Es ist ausgeschlossen. Durch welches Gesetz? Durch das Gesetz der Werke? Nein, sondern durch das Gesetz des Glaubens.	27 Kann man sich da noch rühmen? Das ist ausgeschlossen. Durch welches Gesetz? Durch das der Werke? Nein, durch das Gesetz des Glaubens.
28 So halten wir nun dafür, dass der Mensch gerecht wird ohne des Gesetzes Werke, allein durch den Glauben.	28 Denn wir sind der Überzeugung, dass der Mensch gerecht wird durch Glauben, unabhängig von Werken des Gesetzes.
Micha 6,6–8	*Mi 6,6–8*
6 „Womit soll ich mich dem HERRN nahen, mich beugen vor dem hohen Gott? Soll ich mich ihm mit Brandopfern nahen und mit einjährigen Kälbern? 7 Wird wohl der HERR Gefallen haben an viel tausend Widdern, an unzähligen Strömen von Öl? Soll ich meinen Erstgeborenen für meine Übertretung geben, meines Leibes Frucht für meine Sünde?“	6 Womit soll ich vor den Herrn treten, wie mich beugen vor dem Gott in der Höhe? Soll ich mit Brandopfern vor ihn treten, mit einjährigen Kälbern? 7 Hat der Herr Gefallen an Tausenden von Widdern, an zehntausend Bächen von Öl? Soll ich meinen Erstgeborenen hingeben für meine Vergehen, die Frucht meines Leibes für meine Sünde?
8 Es ist dir gesagt, Mensch, was gut ist und was der HERR von dir fordert, nämlich Gottes Wort halten und Liebe üben und demütig sein vor deinem Gott.	8 Es ist dir gesagt worden, Mensch, was gut ist und was der Herr von dir erwartet: Nichts anderes als dies: Recht tun, Güte und Treue lieben, in Ehrfurcht den Weg gehen mit deinem Gott.

3.3 Was man sagt und was man meint

Bei der Übersetzung spielt also nicht nur das wirklich Ausgesprochene, das Explizite, sondern auch das unausgesprochen mit Gemeinte, das Implizite eine Rolle. Beides muss verstanden werden, soll der Sinn eines Textes angemessen erhoben werden. Und beides muss beim eigenen Sprechen und Verständlichmachen bedacht werden. Wir sollten uns auch über das mit Gemeinte in unserem eigenen Sprachgebrauch Rechenschaft geben. Nicht nur beim Übersetzen, sondern selbstverständlich auch beim Gebrauch unserer eigenen Muttersprache spielt das Implizite eine Rolle; denn man kann immer mehr meinen als man sagt. Oft geht uns erst auf, warum wir bestimmte Äußerungen leichter verstehen als andere oder warum uns die eine Aussage irgendwie näher zu sein scheint als eine andere, wenn wir uns bewusst machen, was im Sprachgebrauch an so genannten Konnotationen mitschwingt. Das gilt für jeden Lebensbereich aber eben auch für den christlichen Glauben. So möchte ich das Gemeinte am Begriff der „Schöpfung" beispielhaft verdeutlichen, der ganz eindeutig einen christlichen oder jedenfalls religiösen Beiklang hat, obwohl nicht immer klar ist, ob der jeweilige Sprecher dies beim Gebrauch des Wortes „Schöpfung" auch beabsichtigt.

Am 30. Januar 2002 hat der Deutsche Bundestag auf die Frage, ob embryonale Stammzellen zu Forschungszwecken nach Deutschland importiert werden dürfen, mit „Nein, aber..." geantwortet. „Der Import humaner embryonaler Stammzellen ist für öffentlich wie privat finanzierte Vorhaben grundsätzlich verboten und nur ausnahmsweise für Forschungsvorhaben unter folgenden Voraussetzungen zulässig:...", heißt es in dem Kompromissantrag, der sich schließlich durchsetzen konnte. Es liegt in der Natur solcher Kompromisse, dass gleich, nachdem sie beschlossen wurden, das Ringen um die Interpretationshoheit über den Wortlaut einsetzt. So sprechen die Befürworter einer Forschung mit embryonalen Stammzellen von einem „ersten Schritt", auf den weitere folgen müssten. Kritiker, wie etwa der Mainzer Kardinal Karl Lehmann, nehmen dagegen schon einmal den Begriff „Dammbruch" in den Mund und befürchten den Verlust eines grundsätzlichen ethischen Konsenses in unserer Gesellschaft. Klar ist in jedem Fall: die Debatte geht weiter. Dabei ist die in dieser Debatte verwendete Sprache und Begrifflichkeit sehr aufschlussreich; denn mit Sprachbildern wird von uns Menschen Welt konstruiert und „Sinn produziert", wie das der Ägyptologe Jan Assmann formulierte.

Für einen Christen ist es spannend zu beobachten, wie in der Auseinandersetzung um die Gentechnik und das Für und Wider des Stammzellenimports von allen Seiten ganz selbstverständlich auf das Repertoire biblisch-christlicher Terminologie zurückgegriffen wird.

Zum einen geschieht dieser Rekurs ganz ausdrücklich: Zwei der drei Anträge, die dem Bundestag am 30. Januar 2002 zur Abstimmung vorlagen, argumentieren mit einem „christlich humanistischen Menschenverständnis“[13]. Lediglich der Antragstext der Import-Befürworter enthält keine vergleichbare Formulierung. Allerdings hat der Abgeordnete Peter Hintze als Vertreter dieser Gruppe in der Debatte darauf hingewiesen, *Gott* wolle, dass der Mensch eine Geschichte habe (dass folglich ein Embryo ohne Möglichkeit zur Geschichte kein Mensch ist). Zum anderen wird scheinbar beiläufig religiöse Begrifflichkeit gebraucht. Da wird nicht nur Heilung, sondern auch „Heil“ in Aussicht gestellt. Das kann man dann auch als „Verheißung“ verstehen. Andererseits warnte der Bundespräsident vor „falschen Propheten“ (J. Rau in einer Rede am 18. Mai 2001). Dabei ist es durchaus nicht so, dass in der Auseinandersetzung nur rational-säkulare Biologen ihren frommen Kritikern gegenüberstünden: „Ausgerechnet Wissenschaftler argumentierten mit uralten Vorstellungen israelischer Wüstenbewohner, nach denen das Menschsein mit dem ersten Strampeln im Mutterleib oder gar erst mit der Geburt beginnt. Und ausgerechnet die angeblich religionslastigen Kritiker stritten mit biologischen Argumenten“, stellte Christian Schwägerl in einem Beitrag für die *Frankfurter Allgemeine Zeitung* am Tag nach der Abstimmung im Bundestag fest. Schon bei der Entschlüsselung des menschlichen Erbgutes, des sog. Genoms formulierte der damalige Präsident Bill Clinton: „Heute lernen wir die Sprache, in der Gott Leben schuf.“

Damit ist ein Begriff auf dem Plan, der sich in Überlegungen über „das Leben selbst“ und „das Menschsein an sich“ scheinbar nahe legt und doch eminent religiös aufgeladen ist: Die Schöpfung oder das „Schaffen“ von Leben[14]. Dieser Begriff hatte auch Konjunktur, als es Ende der Achtziger Jahre um „Bewahrung der Schöpfung“ ging. Die Gefahr bei dem Begriff „Schöpfung“ ist allerdings, dass er in aktuellen Debatten jede eigene Bedeutung verliert und zum metaphysischen Kolorit für die eigentlichen Aussageabsichten wird. So kann das Reden von der „Schöpfung“, ihrer Bewahrung oder der „Ehrfurcht“ davor der religiösen Verstärkung der Kritik an der Gentechnik dienen. Der Begriff erhält so einen moralinsauren Beigeschmack. Auf der anderen Seite können Wissenschaftler ihr Forschen in der öffentlichen Debatte zu einem „Schaffen“ stilisieren. So dient das Wort „Schöpfung“ der mystischen oder religiösen Überhöhung des eigenen Tuns.

---

13 Alle Zitate stammen aus der *Frankfurter Rundschau* und der *Frankfurter Allgemeinen Zeitung* aus den Jahren 2001/2002.

14 Vgl. „Der Griff nach der Schöpfung: Eine Chronologie der Gentechnik“, *FAZ* vom 27.11.2001 und Gottfried Orth, „Lasst uns Menschen machen, ein Bild, das uns gleich sei“, *FR* vom 6.8.2001.

Bereits 1999 hatte der Kulturwissenschaftler Daniele Dell' Agli in der *Frankfurter Rundschau* die Verwendung des Begriffes „Schöpfung" als „kreationistisches Selbstmissverständnis des Homo sapiens" scharf kritisiert. „Dass die Natur eine Schöpfung sei, ist ein mentalitätsgeschichtlicher Sprengsatz, der immer noch seiner Entschärfung harrt. Denn wo es Schöpfung gibt, gibt es Schöpfer, also Macher", so Dell' Agli. Gerade dieses Machertum des Menschen lässt ihn immer wieder versuchen, über das „Unverfügbare" zu verfügen. „Eine Ethik des Unverfügbaren setzt demnach die Überwindung monotheistisch verfasster Religionen voraus." Statt von Schöpfung möchte Dell' Agli lieber von Natur reden. Aber auch der Begriff des „Unverfügbaren" ist seinerseits religiös oder doch metaphysisch konnotiert. Angesichts des allgemeinen Bemühens um „das Menschliche" entdecken die Diskutanten auf allen Seiten ihre christlich-abendländischen Wurzeln wieder – wenn gelegentlich auch in einem Gebrauch von biblischen Sprachbildern, der nicht immer reflektiert zu sein scheint.

Hier kann die Theologie und insbesondere die Bibelexegese mit ihrem Interesse an den „uralten Vorstellungen israelischer Wüstenbewohner" zu einer Klärung der Begrifflichkeit und damit zu einer Versachlichung der Debatte beitragen und dabei das in den Begriffen mit Gemeinte erhellen. Was also ist in der christlichen Tradition gemeint, wenn von „Schöpfung" die Rede ist?

Das Apostolische Glaubensbekenntnis, das bis heute jeden Sonntag in vielen Kirchen von den Christen gemeinsam gesprochen wird, beginnt mit den Worten „Ich glaube an Gott den Vater, den Allmächtigen, den Schöpfer des Himmels und der Erde". Martin Luther hat in seinem Kleinen Katechismus auf prägnante Weise klargestellt, was damit gemeint ist: „Ich glaube, dass *mich* Gott geschaffen hat samt allen Kreaturen, *mir* Leib und Seele, Augen, Ohren und alle Glieder, Vernunft und alle Sinne gegeben hat und noch erhält." Im Zuge von Luthers frühneuzeitlicher Entdeckung des Individuums wird noch einmal ganz deutlich: Schöpfung ist ein Beziehungsbegriff! Es geht um eine Verhältnisbestimmung zwischen Gott und Mensch. Die christliche Rede von der Schöpfung beschäftigt sich in erster Linie weder mit der Entstehung der Welt oder des Menschen in einer längst vergangenen Urzeit, noch mit Frage nach der Art und Weise des göttlichen Schaffens. Schöpfung ist eine relationale Größe; in der Sprache der christlichen Dogmatik: ein Glaubensartikel. Luthers Erklärung stellt klar: Schöpfung hat nicht nur in der Vergangenheit stattgefunden, sondern ereignet sich in Gottes gegenwärtigem Handeln an mir, das nur erglaubt werden kann. „Schöpfung" ist eine mögliche Umschreibung dafür, dass diese Welt und der Mensch in ihr mit Gott in einer guten Beziehung steht. In biblisch-christlicher Tradition ist hier der Gedanke an ein „Macher-Sein" des Menschen ausgeschlossen.

Ein Blick in die wichtigste literarische Hinterlassenschaft der „uralten israelischen Wüstenbewohner", das Alte Testament, bestätigt dieses Verständnis, das demnach nicht erst von Martin Luther konstituiert worden ist. Hier sei jetzt einmal nicht auf die allseits bekannten beiden Schöpfungsberichte am Anfang der Bibel abgehoben. Stattdessen ein Blick auf biblische Zusammenhänge, in denen das Reden von der Schöpfung ganz unvermutet auftaucht.

Das biblische Hebräisch verwendet für den Begriff „Schaffen" das Verb *bar'a*. Dieses Verb ist insofern ungewöhnlich, als es im gesamten Alten Testament ausschließlich mit Gott als Subjekt vorkommt. Schaffen in diesem Sinne kann der Mensch nicht. Umgekehrt ist mit der Erwähnung des „Schaffens" oder der „Schöpfung" immer auch gleich der Bezug zu Gott, dem Schöpfer hergestellt. Weiter fällt auf, dass Israel im Laufe seiner Religionsgeschichte erst relativ spät überhaupt von einem solchen „Schaffen" spricht. Noch der ältere der beiden Schöpfungsberichte in Gen 2,4ff. spricht schlicht davon, dass Gott Himmel und Erde „machte". Erst im babylonischen Exil, als Israel im sechsten vorchristlichen Jahrhundert der damaligen Großmacht unterliegt, die staatliche Souveränität verliert und in die Gefangenschaft muss, vergewissert es sich, dass sein Gott der Schöpfer dieser Welt ist. Gleichzeitig werden damit alle innerweltlichen und natürlichen Kräfte radikal säkularisiert. Mögen die scheinbar überlegenen Babylonier auch Sonne und Mond anbeten, Israel weiß: dies sind bloß die „Lampen", die unser Gott an den Himmel gesetzt hat (Gen 1,14–19). Das Entscheidende ist, dass dieses Schaffen für Israel nicht ein vergangenes Geschehen ist. Vielmehr setzt sich der Schöpfer mit seinem Volk in Verbindung. „So spricht Gott, der Herr, der die Himmel schafft und ausbreitet, der die Erde macht und ihr Gewächs, der dem Volk auf ihr den Odem gibt und den Geist denen, die auf ihr gehen: Ich, der Herr, habe dich gerufen in Gerechtigkeit und halte dich bei der Hand und behüte dich" so stellt sich Gott nach Jesaja 42,5f. seinem Volk gegenüber vor. Mit dem, der geschaffen hat, ist auch jetzt in der Not zu rechnen. Schöpfung ist Ausdruck einer Beziehung des Menschen zu Gott, in der der Mensch etwas von Gott erwartet. „Schaffe in mir, Gott, ein reines Herz, und gib mir einen neuen, beständigen Geist", wird im 51. Psalm gebetet, und der Beter rechnet offenbar damit, dass Gottes Schaffen sich konkret in der Veränderung des menschlichen Wesens erfahren lässt. Diese Haltung setzt sich auch im Neuen Testament fort. So schreibt Paulus im 2. Korintherbrief: „Gott, der sprach: Licht soll aus der Finsternis hervorleuchten, der hat einen hellen Schein in unsre Herzen gegeben, dass durch uns entstünde die Erleuchtung zur Erkenntnis der Herrlichkeit Gottes in dem Angesicht Jesu Christi " (2. Kor 4,6). Gottes schöpferisches Handeln findet sein Ziel noch lange nicht darin, dass es Licht wird, sondern erst in der Erkenntnis Gottes in Jesus Christus. In all diesen Texten wird von der Schöpfung nicht, oder jedenfalls nicht in erster Linie, als von einem vergangenen Geschehen geredet. Vielmehr interpretieren Menschen ihre *gegenwärtige* Lebenswelt und verstehen auch sich selbst und ihr Verhältnis zu ihrer Umwelt von diesem Terminus her. Der Begriff Schöpfung dient dazu, das zu verstehen, „was den Menschen ausmacht". Im Sinne der biblischen Tradition kann dann aber nicht von der Beziehung zum Schöpfer abgesehen werden.

Hier schließt sich ein Kreis: Die lutherische Kirche vertritt die scheinbar paradoxe Ansicht, dass das Bekenntnis der Erlösung der Menschheit in Jesus Christus sachlich dem Bekenntnis der Erschaffung der Welt durch Gott den Vater vorausgeht. Paradox ist diese Ansicht deshalb, weil doch die Schöpfung als Natur und Umwelt scheinbar jeder Frau und jedem Mann viel unmittelbarer zugänglich ist als die Frage, was Jesus von Nazareth mit Gott zu tun hat. Dennoch gilt: *Natur* und *Umwelt* sind dem Menschen zugänglich, nicht aber die *Schöpfung*, insofern dieser Beziehungsbegriff den Schöpfer voraussetzt. Erst wer bereit ist, einen Schöpfer zu denken, darf streng genommen von Schöpfung reden. Ein solches Verhältnis zu Gott dem Schöpfer wird aber *konstituiert* durch den Glauben an die Versöhnungstat Christi.

In verschiedenen Debatten lässt sich aber der Begriff „Schöpfung" benutzen, ohne dass die biblisch-christliche Bedeutung erkennbar wird, so dass die „Bewahrung der Schöpfung" zu einem Synonym für „Umweltschutz" wird oder in der Gentechnikdebatte das Wort zur Verstärkung der jeweils eigenen Position instrumentalisiert wird.

Deutlich wird einmal mehr, dass Sprache weit mehr ist als die Abbildung der Wirklichkeit. Vielmehr wird mit Sprache Einfluss auf die Gestaltung der Lebenswelt genommen. Für unser Verstehen und unser Bemühen um Verständlichkeit ist dies mit zu bedenken. Schließlich wird auch hier noch einmal deutlich: Verstehen ist ein aktives Geschehen.

Zur Vertiefung:

1. Achten Sie bei der Lektüre der Tageszeitung, eines Buches oder auch von Werbetexten auf die Verwendung religiöser oder biblischer Begrifflichkeit. Welcher Beiklang soll damit jeweils erzeugt werden?
2. Inwiefern ist auch Ihre eigene Sprache von solchen Begriffen geprägt und wie bewusst verwenden Sie „biblische Sprache": Was sagen Sie und was meinen Sie?

3.4 Sprechen ist Handeln

„Der Worte sind genug gewechselt – nun lasst uns Taten sehen", so sagt der Dichter und bringt damit zum Ausdruck, was viele Menschen mehr oder weniger verinnerlicht haben: dass nämlich Reden und Handeln zwei verschiedene Dinge sind. Aus dem Reden müssen irgendwann auch Taten folgen, sonst waren die Worte wirklich nur Schall und Rauch. Aber die Taten sind eben etwas anderes als das Sprechen. Schließlich ist ja auch der Bericht über ein Ereignis in Zeitung oder Fernsehen nicht das Ereignis selbst. Im bisherigen Verlauf dieses Kapitels, in dem es ja um das Verhältnis von Sprache und Verstehen geht, ist schon eine andere Auffassung angeklungen. Sprache erschließt die Welt in dem aktiven Vorgang des Verstehens. Ja, Sprache gestaltet die Welt durch die Benennung der Dinge mit. Aber Sprechen ist noch in einem sehr viel praktischeren Sinne Handeln.

Bei einem Zeitungsartikel mag die Unterscheidung zwischen einem Bericht über eine Sache und der Sache selbst noch einleuchten. Es gibt aber Handlungen, die ausschließlich oder doch wesentlich dadurch vollzogen werden, dass man spricht. Sagt etwa jemand den Satz „Hiermit eröffne ich die Versammlung", so ist die „Handlung" des Versammlungseröffnens nicht unabhängig vom Aussprechen des zitierten Satzes zu denken. Die Handlung besteht vielmehr im Sprechen. Genauso verhält es sich mit einem Versprechen, das gegeben wird. Auch hierbei gibt es keine „Handlung", die ohne das ausdrückliche Aussprechen (oder Niederschreiben, wenn das Versprechen in einem Brief gegeben wird) überhaupt in der Welt wäre. Beim Schenken ist es ähnlich. Zwar wird dabei auch ein Gegenstand von einer Person an die andere übergeben, aber erst ein Satz wie „Hiermit schenke ich dir meine Uhr" lässt die Übergabe eindeutig als Schenkung erkennen. Man könnte denselben Gegenstand ja auch zur Reparatur, zur Aufbewahrung oder leihweise übergeben. Von Ausnahmen abgesehen ist also die Handlung des Schenkens ohne Sprache nicht vollziehbar. Auch im Zusammenhang des Glaubens ist die enge Verflechtung von Sprechen und Handeln von erheblicher Bedeutung. So ist etwa die Taufe ohne den Satz „Hiermit taufe ich dich auf den Namen des Vaters des Sohnes und des heiligen Geistes" (oder einer anderen in der Christenheit allgemein anerkannten Formulierung) keine gültige Taufe, denn schon Luther wusste, dass es Wasser freilich nicht tut, „sondern das Wort, das mit und bei dem Wasser ist und der Glaube, der solchem Wort im Wasser vertraut." Bei einer Hochzeit ist dies ähnlich: Erst das deutliche Jawort von Braut und Bräutigam sowie eine Erklärung der Art „Hiermit erkläre ich euch zu Mann und Frau" machen eine Eheschließung aus. Ringe und Küsschen allein reichen dazu nicht.

Längere Zeit nahmen die Sprachwissenschaftler an, bei Fällen, wie sie eben geschildert wurden, handele es sich um einen Spezialfall sprachlicher Äußerungen. Dieser Spezialfall bestünde eben darin, dass Sprechen und Handeln zusammenfallen. Vom lateinischen Wort für „zusammenfallen" bezeichnete man dies dann als „Koinzidenzfall" (Erwin Koschmieder); andere nannten Sprachformen, die gleichzeitig eine Handlung darstellten, „performative Rede." Der Begriff geht auf den englischen Sprachphilosophen John Austin zurück, vor allem auf dessen gesammelte Vorlesungen, die 1962 erst nach Austins Tod unter dem Titel „Zur Theorie der Sprechakte" veröffentlicht wurden (engl.: „How to do things with words"). Austin nahm zunächst an, man müsse zwischen performativer und nicht performativer Rede unterscheiden, so dass es also ein Sprechen gäbe, das gleichzeitig Handeln ist, und solches, das über Handlungen berichtet. Für die performative Rede ließen sich dann beim Reden bestimmte Hinweise, sog. Indikatoren finden. In unseren Beispielen ist das Wort „Hiermit" ein solcher Indikator, ebenso die Rede in der 1. Person Singular. Immer wenn ein Sprecher also einen Satz mit „Hiermit" beginnt, sollte man aufmerksam für eine „Sprechhandlung" werden. Diese Unterscheidung ist relativ einleuchtend und hat bis heute eine weite Verbreitung gefunden. Aber Austin hat weiter gedacht. Schließlich gab er die Unterscheidung in performative und beschreibende Rede wieder auf, weil ihm klar wurde, dass *jede* Form des Sprechens auch eine bestimmte Form von Handlung darstellt. Die auf den ersten Blick erkennbaren Sprechhandlungen der Form „Hiermit mache ich..." sind dann bloß ein bestimmter Fall von Sprechakt. Austin nannte sie *explizit performative* Sprechakte. So entwickelte Austin die sog. Sprechakt- oder Sprechhandlungstheorie, die heute fester Bestandteil der Sprachwissenschaft ist. Andere Wissenschaftler, wie Karl Bühler oder John Searle haben hier weiter gefragt und die Sprache in verschiedene Sprechhandlungsklassen eingeteilt. Neben den neue Fakten schaffenden Handlungen („Hiermit eröffne ich..." Searle nennt sie *deklarative* Sprechakte) gibt es zu etwas auffordernde (*direktive*), etwas in Aussicht stellende (z.B. Versprechen; *kommissive*), eine Befindlichkeit ausdrückende (*expressive*) und über etwas berichtende (*repräsentative*) Handlungen.

Demnach lassen sich alle sprachlichen Äußerungen auch auf ihre Handlungsdimension befragen, denn Sprechen ist nach dem Soziologen Max Weber eine Form „sozialen Handelns." Es lohnt sich bei allem Bemühen um das Thema Verstehen, die Frage nach dem Verhältnis von Sprache und Handeln zu bedenken, wie besonders das Beispiel der „indirekten Sprechakte" zeigt. So ist z.B. der Satz „Es zieht" grammatikalisch betrachtet schlicht ein Aussagesatz oder eine Feststellung. Jede und jeder kennt aber Kontexte, in denen dieser Satz eine Aufforderung darstellt und eigentlich besagen soll: „Schließ bitte das Fenster." Hinter dem Aussagesatz verbirgt sich also ein direktiver Sprechakt, ein Appell oder gar ein Befehl. Das Wissen um solche Dinge hilft, das eigene Reden und die Aussagen des jeweiligen Gegenübers besser zu verstehen. Gleichzeitig wird deutlich, dass der Kontext, der Zusammenhang der Lebenswelt für das jeweilige Verständnis einer Sprechhandlung (und für deren Gelingen) entscheidend ist. So ist es keine gültige Taufe, wenn ein Kind seine Puppe tauft, und auch am Ende eines Liebesfilms sind die Hauptdarsteller nicht wirklich verheiratet, auch wenn deutlich ein Jawort zu hören war. Der Kontext schafft die Bedingungen, unter denen eine Sprechhandlung als geglückt betrachtet werden kann. Es deutet sich an, dass in dieser Hinsicht viele Dinge für ein angemessenes Verständnis zu berücksichtigen wären.

Man kann sprachliche Äußerungen, mündliche Rede oder schriftliche Texte, in verschiedener Hinsicht untersuchen. So lässt sich nach den Zeitstufen der Verben fragen, der Satzbau kann analysiert oder verschiedene Wortarten können differenziert werden. Die Sprechakttheorie, die in den Bereich der sog. Pragmatik gehört, befragt die Sprache in Hinblick auf ihre Handlungsdimension. Dabei geht es nicht darum, herkömmliche grammatische oder stilistische Untersuchungen durch etwas ganz Neues zu ersetzen, sondern die Pragmatik bereichert das Spektrum des Verstehens eben um die Erkenntnis, dass und wie jeweils Sprache am Prozess des sozialen Handelns teilhat. In der allgemeinen Sprachwissenschaft ist dies, wie gesagt, eine relativ neue Erkenntnis. Allerdings scheint es so, dass damit ein Sachverhalt auf moderne Weise beschrieben und reflektiert wird, der seit jeher Bestandteil der Botschaft der Bibel war. In der christlich-jüdischen Tradition spielt der Handlungsaspekt von Sprache insofern eine zentrale Rolle, als Gott selbst durch sein Sprechen handelt. In den Schöpfungsmythen des Alten Orients schaffen die Götter oft durch irgendwelche mythischen Handlungen, z.B. indem der große Urdrache „Tiamat" zerteilt wird und die Götter aus seinen Teilen die Erde formen. In der Bibel schafft Gott durch das Wort. „Gott sprach... und es wurde..." heißt es stets im ersten Schöpfungsbericht. Der Evangelist Johannes misst diesem Aspekt so großes Gewicht bei, dass er sein Evangelium mit den Worten beginnen lässt: „Im Anfang war das Wort, und das Wort war bei Gott, und Gott war das Wort. Dasselbe war im Anfang bei Gott. Alle Dinge sind durch dasselbe gemacht, und ohne dasselbe ist nichts gemacht, was gemacht ist" (Joh 1,1–3). Auch Jesus hatte zur Weltgestaltung kein anderes Mittel zur Verfügung als die Sprache. Bei Jesus beschränkt sich dies auf die mündliche Rede, denn er selbst hat ja nichts Schriftliches hinterlassen. Auch die Wundertaten Jesu vollziehen sich (von wenigen Ausnahmen abgesehen) stets dadurch, dass er spricht. Es ist eine der zentralen Inhalte des christlichen Glaubens: Gott wirkt durch sein Wort.

Nun ist das schöpferische Wort Gottes von ganz eigener Art, und das Geheimnis, das dahinter steckt, kann auch die Sprechhandlungstheorie nicht entschlüsseln. Aber Gottes Reden „an sich" ist uns auch nicht zugänglich, sondern der Niederschlag dieses Wortes in der Bibel. Für das Verständnis der Bibel ist allerdings die Frage nach der Handlungsdimension von Sprache hilfreich. Bisher ist diese Frage in der wissenschaftlichen Bibelauslegung erst anfänglich gestellt worden.

Nicht nur für die Person Christi, sondern für Gottes Wort überhaupt gilt der Satz aus dem Johannesevangelium: „Das Wort wurde

Fleisch und wohnte unter uns" (Joh 1,14). Gottes Wort geht ganz in diese Welt ein, damit es von Menschen verstanden wird. Das heißt auch, dass Gottes Wort als geschriebenes, biblisches oder als mündlich verkündigtes Wort den Bedingungen des menschlichen Verstehens überhaupt unterliegt. Nicht nur Christus, sondern auch die ganz menschlichen Boten Gottes überhaupt, die Propheten und Apostel und alle Christinnen und Christen nach ihnen, die von ihrem Glauben anderen Menschen Zeugnis ablegen, haben als Medium nur die Sprache. Da, wo Gott noch wundersame Taten beisteuert, wie die Plagen in der Geschichte vom Auszug aus Ägypten, ist das eine große Ausnahme. So ist das Bemühen um das angemessene Verstehen des Wortes Gottes immer ein Bemühen um das Verstehen von Sprache. Hierbei kann die Frage nach dem Verhältnis von Sprechen und Handeln weiterhelfen, ja sie ist vielleicht gerade für das Verstehen des christlichen Glaubenszeugnisses, das ja nur in Form von Sprache ergeht und zugleich als wirksam geglaubt und bekannt wird, besonders adäquat.

So lässt sich z.B. mit Hilfe der Sprechhandlungstheorie zeigen, dass bereits das biblische Hebräisch, die Sprache des Alten Testaments, bestimmte sprachliche Indikatoren kennt (wie das Wort „Hiermit" im Deutschen), um eine ausdrückliche Sprechhandlung kenntlich zu machen. Dies führt zu einem besseren Verständnis der Aussageabsicht der biblischen Texte und gelegentlich auch zu einer deutlicheren Übersetzung. So sagt z.B. in Sach 3,4 ein Engel Gottes zum Hohepriester Josua: „...Sieh her ich nehme deine Sünde von dir und lasse dir Feierkleider anziehen" (Lutherübersetzung von 1984). Das mit „Sich her" übersetzte Wort ist aber zusammen mit der verwendeten Verbform (dem sog. „Perfekt") im Hebräischen ein Indikator für eine bestimmte Sprechhandlung, so dass man genauer übersetzten kann: „Hiermit nehme ich deine Sünde von dir...", was als Sprechhandlung unserer heutigen gottesdienstlichen Absolution mit den Worten „Dir sind deine Sünden vergeben" entspricht. In diesem Falle handelt es sich nur um eine Nuance; an anderen Stellen trägt die Frage nach der Pragmatik Erhebliches zum Verstehen der Texte bei. Im Neuen Testament wird Psalm 2,7 mehrfach mit Bezug auf Jesus Christus zitiert. In der Lutherübersetzung lautet der Vers: „Du bist mein Sohn, heute habe ich dich gezeugt." Im Grunde ist dieser Satz im Deutschen unverständlich. Wie kann man zu jemandem sagen „Heute habe ich dich gezeugt?" Was für eine Vorstellung verbirgt sich dahinter? Die Übersetzung im Vergangenheitstempus: „ich habe dich gezeugt" folgt dem sog. hebräischen Perfekt. Nun zeigt sich aber, dass dieses „Perfekt" hier keinesfalls eine Zeitstufe ausdrücken will, sondern im vorliegenden Kontext als Indikator für eine Sprechhandlung dient. Zu übersetzen ist dann: „Du bist mein Sohn, hiermit zeuge [oder: gebäre] ich dich." Der Satz stammt vermutlich aus der Liturgie zur Inthronisation eines Königs in Jerusalem. Indem dieser Satz ausgesprochen wurde – vielleicht durch einen Priester – wurde vermut-

lich der Akt der Inthronisation auch vor Gott vollzogen. Eine Übersetzung in einem Vergangenheitstempus verstellt den Sinn.
Die Beobachtungen ließen sich weitertreiben. Vor allem sind die biblischen Texte auch im Hinblick auf uns, die Leser als ganz bestimmte Sprechhandlungen gestaltet worden. Die Art, wie der biblische Wortlaut beim Leser ankommt, ist auf diese Weise vorstrukturiert. Durch die Verwendung ganz bestimmter Sprechhandlungen steuern die Propheten, Evangelisten oder der Apostel Paulus, ob uns ihr Gotteswort eher aufrütteln, mahnen oder trösten soll. Weil wir als heutige Leserin oder Leser mindestens 2000 Jahre Abstand zu den biblischen Schriften haben, eine andere Muttersprache sprechen und auch in einem anderen Kulturraum leben, fallen uns diese Dinge nicht unmittelbar ins Auge. Aber ein Nachfragen nach dem Verhältnis von Sprechen und Handeln erweitert die Möglichkeiten des Verstehens. Besonders ist darauf zu achten, wie wir selbst bewusst oder unbewusst bestimmte sprachliche Mittel einsetzen, um bei unserem Gegenüber eine bestimmte Reaktion zu erreichen; oder aber wir selbst sollen mit bestimmten Sprechhandlungen zu bestimmten Verhaltensweisen bewegt werden. Wir nehmen aktiv oder passiv durch den Gebrauch unserer Sprache am „sozialen Handeln“ teil.

Zur Vertiefung:

1. Achten Sie in ihrem täglichen Sprachgebrauch auf sog. „indirekte Sprechakte“ (gesagt wird: „Es zieht“; gemeint ist: „Mach das Fenster zu!“).
2. Lesen Sie das 12. Kapitel des Römerbriefes. Hiermit beginnt der „mahnende“ Teil dieser Schrift (Kap. 1–11 sind der „lehrende“ Teil). Mit welchen *sprachlichen* Mitteln bringt Paulus den mahnenden Charakter seiner Worte zum Ausdruck?
3. Achten Sie in einem oder mehreren Gottesdiensten darauf, wie mit Sprache neue Fakten konstituiert werden. Ein Beispiel ist die Formulierung: „Hiermit taufe ich dich...“, wodurch der Täufling zu einem Getauften und damit zum Gemeindeglied wird. Wie viele andere Beispiele finden Sie?

4

Verstehen und Geschichte

4.1 Was ist Geschichte?

Fordert man einen Menschen auf, die Augen zu schließen und sich den Verlauf der Zeit vorzustellen, so stellt sich bei den meisten das Bild einer Linie oder eines Strahls ein. Der Standpunkt des erkennenden Subjekts ist die Gegenwart, vor ihm (oder ihr) liegt die Zukunft, im Rücken hat der Betrachter die Vergangenheit. Was die Zukunft bringen wird, ist nicht immer gewiss, aber die Vergangenheit scheint unverrückbar festzuliegen. Unter der Kategorie der Geschichte betrachten wir die vergangenen Ereignisse als eine Kette von objektiv und nachträglich unveränderbaren Ereignissen. Es lässt sich fragen, wie es wirklich war, verändern kann man aber nichts mehr. So nahe liegend diese Definition von Geschichte zunächst erscheinen mag: Bei intensiverem Nachdenken entpuppt sie sich als naiv. Zunächst ist es bemerkenswert, dass der Begriff „Geschichte" im Singular als Bezeichnung für die Kette aller zurückliegender Ereignisse noch gar nicht alt ist, sondern erst seit dem 17. Jh. begegnet. Eine wissenschaftliche Geschichtsbeschreibung als Bemühen, die Ereignisse der Vergangenheit möglichst objektiv, also ohne positive oder negative Wertung darzustellen (sozusagen Geschichtsschreibung als Darstellung davon, „wie es wirklich war"), kam erst seit dem 18. Jh. auf. Bis heute ist Geschichtsschreibung keineswegs objektiv, auch wenn die historische Wissenschaft dieses Ziel anstreben mag.

Um sich diesen Sachverhalt zu veranschaulichen, genügt der Vergleich eines heute handelsüblichen Schulbuches für das Fach Geschichte mit einem solchen aus der ehemaligen DDR oder aus der Zeit der nationalsozialistischen Diktatur. So wird man die Geschichte ein und desselben Territoriums in Mitteleuropa mal als eine Folge von Klassenkämpfen, dann wieder als eine Kette von Ereignissen, die durch die Überlegenheit des deutschen Volkes geprägt sind, dargestellt finden. Und wer sagt uns, dass die bundesrepublikanische Geschichtsschreibung des Jahres 2004 in fünfzig Jahren noch als unparteiische oder gar objektive Darstellung der Ereignisse erscheinen wird?

Dafür, dass es sich so verhält, gibt es Gründe. Wer Geschichte darstellen will, muss aus der Fülle der geschehenden Ereignisse auswählen; denn nicht alles, was passiert, wird später als Teil der Geschichte berichtet. Dass Sie sich gerade mit diesem Text befassen, ist für Sie hoffentlich anregend, aber der Tatbestand wird wohl kaum je in einem Geschichtsbuch verzeichnet sein. Es wird also ausgewählt, und für diese Auswahl braucht man Kriterien. So war Geschichtsschreibung lange die Darstellung der Handlungen sog. „großer Männer" (Frauen immer nur am Rande, und auch das ist ein Auswahlkriterium!), also solcher Personen, deren politisches oder militärisches Handeln Einfluss auf das Geschick und die Entwicklung ihrer Zeit und Umwelt ausübte, wie z.B. Alexander d. Gr., Cäsar; Karl d. Gr., oder Napoleon. Bei der Auswahl und der darauf folgenden Darstellung der Geschichte dieser Leute und ihrer Taten findet implizit immer auch eine Wertung statt. So lässt sich Napoleon militärhistorisch als geschickter Stratege beschreiben, andererseits aber auch als jemand, der Europa mit Krieg überzogen und so viel Leid über unzählige Menschen gebracht hat. In der Regel ergeben erst unterschiedliche Aspekte zusammen genommen ein angemessenes Gesamtbild. Neue Fragestellungen fördern neue Antworten und damit neue Erkenntnisse zutage. So kann man heute Napoleon mit einer Art „historischer Psychologie" auf die Motive seines Handelns hin untersuchen. Oder es lässt sich mit einer „mentalitätsgeschichtlichen" Fragestellung das Bild einer Zeit malen, das eben nicht nur von vermeintlich großen Männern, sondern von den Stimmungen, Wahrnehmungen und Anschauung auch und gerade der scheinbar „kleinen Leute" geprägt ist.

Insgesamt wohnt der Frage nach der Geschichte immer auch ein hermeneutisches Interesse inne, d.h.: aus den geschichtlichen Entwicklungen heraus soll auch die eigene Gegenwart besser verstanden werden. Dabei besteht die Gefahr, dass Geschichtsschreibung Teil einer Ideologie wird, die dann vor allem dazu dient, die eigene Existenz als vermeintlich notwendige Folge einer historischen Entwicklung zu legitimieren. Demnach ist bei dem Bemühen, Geschichte zu verstehen und darzustellen, immer wieder eine Reflexion der eigenen Motive nötig. So vollzieht sich auch die Geschichtswissenschaft in einem hermeneutischen Zirkel und gehört zu dem Bemühen des Menschen, sich selbst und seine Welt zu verstehen.

Die Rolle, die das Thema Geschichte für den christlichen Glauben und die biblische Überlieferung spielt, ist kaum zu überschätzen. Nicht nur, weil der christliche Glaube die Weltgeschichte der letzten 2000 Jahre wie kaum ein anderer Faktor bestimmt hat, sondern vor allem, weil sich der Glaube auf geschichtliche Ereignisse zurück bezieht und weil die Bibel bereits im Alten Testament immer wieder Gottes Handeln in der Geschichte bezeugt. Für das Verstehen des Glaubens ist es wichtig, möglichst genau wahr zu nehmen, *wie* die Bibel mit dem Thema Geschichte umgeht, welchen Stellenwert die „Geschichtlichkeit" bestimmter Ereignisse für den Glauben hat und nach welchen Kriterien die Bibel Geschehen auswählt und wertet.

Wer heute das Inhaltsverzeichnis der Lutherbibel aufschlägt, bekommt den Eindruck, Geschichte sei überhaupt das leitende Thema dieses Buches. Es erstreckt sich von der Weltschöpfung im Buche Genesis (dem 1. Buch Mose) bis zum Weltende in der Apokalypse (der Offenbarung des Johannes). Altes und Neues Testament sind für sich jeweils nach dem Schema „Vergangenheit – Gegenwart – Zukunft“ gegliedert. Im AT folgen auf die „Geschichtsbücher“ (Gen bis 2. Chronik) die „Lehrbücher und Psalmen“ und schließlich die „Propheten“. Dies wiederholt sich im NT mit der Abfolge von Evangelien, Briefen und Offenbarung. Dies gilt wie gesagt für die Lutherbibel (und andere Übersetzungen). Allerdings finden sich zu diesem „geschichtlich“ orientierten Aufbau der Bibel Alternativen. So ist die hebräische Fassung des Alten Testaments nach einem ganz anderen Prinzip aufgebaut. Dort folgen auf die Gesetzbücher (die „Tora“) die Propheten und dann erst die (Lehr-)Schriften. Und auch die Zuordnung der einzelnen biblischen Schriften zu diesen Teilen des Kanons ist anders, als es ein deutschsprachiger Leser aus seiner Bibel gewohnt ist. Im hebräischen AT zählen die Samuels- und Königsbücher keineswegs zu den „Geschichtsbüchern“ (die Kategorie gibt es nicht), sondern zu den sog. „früheren Propheten.“ Die Chronik und die Bücher Esra und Nehemia werden unter den Schriften eingeordnet. Dabei handelt es sich bei dieser unterschiedlichen Anordnung keineswegs um eine bloße Nebensache. Vielmehr drückt sich in der Reihenfolge auch eine inhaltliche Gewichtung aus. Für die jüdische Schriftauslegung ist bis heute die Tora (die fünf Bücher Mose) das wichtigste an der Bibel. Die Propheten und die „Schriften“ folgen mit abnehmender Bedeutung. Die ersten Christen haben die Gliederung der alten griechischen Übersetzung der hebräischen Bibel aufgegriffen, weil damit die Propheten, die vor allem als Ankündiger des Christus verstanden wurden, den abschließenden Höhepunkt bilden. Schon diese unterschiedlichen Möglichkeiten, die Bibel zu gliedern und damit auch in bestimmter Weise zu interpretieren, nötigt zu der Fragestellung, wie das Thema „Geschichte“ in der biblischen Überlieferung verankert ist und welche Rolle es für das Gesamtverständnis spielt.

Zunächst einmal ist als bemerkenswert festzuhalten, dass sich die biblische Überlieferung in so gut wie allen ihren Teilen auf geschichtliche Ereignisse bezieht und dass in der Bibel selbst ein Bewusstsein dafür überliefert ist, dass sich gesellschaftliche, politische, ja auch religiöse Verhältnisse im Laufe der Zeit radikal verändern können. Für Menschen mit einem modernen Geschichtsbewusstsein ist dies eine schlichte Selbstverständlichkeit. Im Alten Orient aber ist das Bewusstsein für historischen Wandel ein herausragendes Merkmal Israels, das es von so gut wie allen Nachbarvölkern unterscheidet. Dies wird im Einzelnen im nächsten Abschnitt betrachtet.

Gemeinsam ist den Verfassern der alt- und neutestamentlichen Schriften die Überzeugung, dass Gott im Verlauf der Geschichte handelt. Geschichtliche Dinge werden berichtet, weil sich daran das Verhältnis Gottes zu seinem Volk Israel bzw. zum neutestamentlichen Gottesvolk der Glaubenden aufzeigen lässt. Dabei wird das Bekenntnis ausgedrückt, dass Gott in der Geschichte handelt. Der Glaube bezieht sich auf historische Ereignisse, sei es der Auszug Israels aus Ägypten oder das Leben, Sterben und Auferstehen des Jesus von Nazareth.

Dies bedeutet aber nicht, dass alle biblischen Berichte sozusagen eins zu eins historische Fakten wieder geben, so „wie es wirklich war" (noch einmal sei daran erinnert, dass eine so verstandene Geschichtswissenschaft höchstens 250 Jahre alt ist). Vielmehr kommen moderne Historiker oft zu einem Bild der Ereignisse, das sich von den biblischen Berichten unterscheidet. Das liegt vor allem daran, dass auch die biblischen Schriftsteller aus der Fülle der Ereignisse bestimmte Dinge für ihre Darstellung ausgewählt und dann auch bewertet haben. Das Kriterium hierfür ist das Verhältnis der Menschen zu Gott und Gottes zu den Menschen. Abgekürzt gesagt: Der Bibel geht es um den Glauben an Gott. Dieser Glaube ist wesentlich an historische Ereignisse gebunden, aber diese Ereignisse müssen vom Glauben interpretiert werden, damit aus ihnen etwas über das Gottesverhältnis der Menschen erfahrbar wird. Die Bibel will nicht „objektiv" geschichtliche Fakten bieten, sondern Glauben wecken oder stärken.

Dazu ein Beispiel: Die Bibelausleger sind sich einig, dass es im AT ein großes Geschichtswerk gibt, das die Bücher Deuteronomium (5. Buch Mose), Josua, Richter, Samuel und Könige umfasst. Man nennt dies das „Deuteronomistische Geschichtswerk" (DtrG), weil die Gesetze des 5. Buches Mose den entscheidenden Maßstab für die Beurteilung der geschilderten Ereignisse abgeben. Darin wird ein großer Erzählfaden gespannt von der Landnahme der Israeliten, über die Gründung eines Staates und die Geschichte des Königtums bis hin zum babylonischen Exil, das im Jahre 586 v. Chr. begann. Dieses große Werk ist sicher über einen längeren Zeitraum hinweg entstanden, aber in der endgültigen Form kann es nicht vor den letzten geschilderten Ereignissen in 2. Kön 25 vollendet worden sein. Das DtrG stellt insgesamt die Frage: „Wie konnte es dazu kommen, dass wir Gottes Heilsgabe an uns, das Land Israel, wieder verloren haben?" und beantwortet dies mit der Geschichte. Immer wieder hat Israel seinen Gott verlassen und damit die Maßstäbe, wie sie z.B. im 5. Buch Mose zu finden sind, gebrochen. Daher hat Gott schließlich sein Wort, das die bösen Folgen dieses Tuns angekündigt hatte, wahr gemacht. Bei der Darstellung wird ausdrücklich ausgewählt und gewertet. Öfter begegnen in dem Werk Sätze wie 2. Kön 16,19: „Was aber mehr von Ahas zu sagen ist, was er getan hat, siehe, das steht geschrieben in der Chronik der Könige von Juda." Diese mehrfach erwähnte „Chronik der Könige von Juda" hat also (neben anderen) den Verfassern als Quelle gedient. Es gäbe mehr zu berichten über diesen

König Ahas, aber das liegt nicht im Interesse dieses Werkes. Leider ist die „Chronik der Könige von Juda“ (nicht zu verwechseln mit den biblischen Chronikbüchern) für immer verloren gegangen. Dann wieder begegnen ausdrückliche Wertungen, wie diese über den König Joas von Israel: „Und er tat, was dem Herrn missfiel, und ließ nicht ab von allen Sünden Jerobeams...“ (2. Kön 13,11). Hier wird eine historische Person an ihrem Gottesverhältnis gemessen – und für zu leicht befunden.

Am Ende ist diese gar nicht „objektive“, sondern am Maßstab des Glaubens messende Darstellung von Geschichte kein Mangel, sondern eine große Leistung. So wird nämlich deutlich: Israel sitzt nicht aus weltpolitischen Zufällen im Exil oder gar deshalb, weil der Sonnengott Marduk der siegreichen Babylonier Gott, den Herrn besiegt hätte. Vielmehr ist Gottes Wort eingetreten. Er ist der Handelnde in der Geschichte. Sein Wort ist zuverlässig, auch wenn es Gericht androht. Darin liegt aber für Israel Hoffnung: Sein Gott sitzt im Regiment und wird das Schicksal seines Volkes wieder wenden.

So bietet die biblische Überlieferung nicht bloß *Darstellung* von Geschichte, sondern deren *Deutung* vom Standpunkt des Glaubens aus. Dies gilt z.B. auch für die Evangelien, die nicht bloß Fakten archivieren, sondern Glauben wecken wollen. Diese Deutung durch das Wort ist für den Glauben unabdingbar; denn Gottes Handeln ist aus der Geschichte nicht unmittelbar ersichtlich oder ableitbar. Wo dies versucht wurde, führte es in die Irre, wie im „Täuferreich von Münster“ oder in der Überhöhung Hitlers als „von Gott gesandter Führer.“ Es gilt der lutherische Grundsatz, dass Glaube durch nichts als „allein durch das Wort“ geweckt wird. Dieses Wort hat allerdings einen Bezug zur Geschichte.

Zur Vertiefung:

Lesen Sie sorgfältig Lk 1,1–4. Hier gibt uns ein Verfasser einer biblischen Schrift sozusagen Einblick in seine Werkstatt und in seine Arbeitsweise. Der erwähnte Theophilus war vermutlich der Finanzier des Lukas. Bedenken Sie folgende Aspekte: War Lukas Augenzeuge des Lebens Jesu? Woher hat er seine Informationen? Was ist das Ziel seines Evangeliums? Inwiefern gibt sich Lukas als Historiker zu erkennen und inwiefern als Theologe?

4.2 Geschichte in der Bibel

„Das Alte Testament ist ein Geschichtsbuch" lautet ein berühmt gewordener Satz des großen Alttestamentlers Gerhard von Rad.[15] Nach den Ausführungen im letzten Abschnitt kann dieser Satz nicht in dem Sinne verstanden werden, als ob es sich beim Alten Testament (oder der Bibel insgesamt) um ein Werk handelte, dass einem heutigen Schulbuch im Fach Geschichte vergleichbar wäre. Es geht eben nicht um die vermeintlich objektive Darstellung, sondern Israel legt ein Glaubenszeugnis ab vom Handeln seines Gottes in der Geschichte des Volkes. Nach den tatsächlichen geschichtlichen Ereignissen fragen die „Geschichte Israels" als Teildisziplin der alttestamentlichen, bzw. die „neutestamentliche Zeitgeschichte" als Teildisziplin der neutestamentlichen Exegese. Das Bild der geschichtlichen Ereignisse, das hier zutage tritt, unterscheidet sich gelegentlich deutlich von der Schilderung der biblischen Überlieferung. Gerhard von Rad hat darauf aufmerksam gemacht, dass diese Spannung auszuhalten ist. Die biblische Überlieferung muss nach ihrer eigenen Aussageabsicht befragt werden, will man sie angemessen verstehen. Da, wo die Bibel darauf festgelegt wird, dass jedes darin geschilderte Ereignis auch „genau so passiert" sein müsse, oder gar, dass die Bibel als „falsch" erwiesen sei, wenn die Historiker eben zu einem anderen Bild gelangen, wird an der Intention der Bibel selbst vorbei gefragt. Es geht ja nicht um eine verlaufsgenaue Archivierung von Geschichte, sondern um Glaubenserfahrungen. Dennoch spielt Geschichte in der Bibel eine wesentliche Rolle, die wahr zu nehmen ist, wenn man die Texte angemessen verstehen will. Zwei Aspekte sind hier zunächst zu beachten: 1. Israels Gott Jahwe handelt in der Geschichte. 2. Mit diesem Gottesbild „entdeckt" Israel sozusagen ein Geschichtsbewusstsein. In Israel wird wie nirgends sonst in der altorientalischen Umwelt der Verlauf der Zeit selbst zum Medium, in dem sich der Glaube „abspielt." Die heute selbstverständliche Einsicht, dass die Zeit vergeht und dass sich Dinge im Laufe der Zeit verändern, wird in Israel in einzigartiger Weise zum Gegenstand des Nachdenkens und Verstehens. Dies hat sich in den biblischen Schriften niedergeschlagen und kann von heutigen Lesern darin wieder entdeckt werden.

Das Grundbekenntnis Israels lautet im ersten Gebot: „Ich bin der Herr, dein Gott, der dich aus Ägyptenland geführt hat, aus der Knechtschaft" (Ex 20,2/Dtn 5,6). Hier wird Israels Gott geradezu durch eine geschichtliche Tat definiert. Zwar fördern auch in Israels Umwelt die Götter gelegentlich das Kriegsglück ihrer Völker und

15 Gerhard von Rad, Das Alte Testament ist ein Geschichtsbuch, in: Claus Westermann (Hg.), Probleme alttestamentlicher Hermeneutik, TB 11, München 1960, S. 11–17.

handeln somit in gewisser Weise „geschichtlich", aber nirgends ist die Bindung des Wesens eines Gottes an sein geschichtliches Handeln so eng wie in den Zeugnissen des Alten Testaments. Und die große Tat, an der Gottes Zuwendung zu seinem Volk sichtbar wird, ist eben die Befreiung aus Ägypten und die Gabe des Landes Kanaan. Offenbar scheint es in Israel selbst eine derart enge Verknüpfung des Gottes Jahwe mit seinem Geschichtshandeln gegeben zu haben, dass nicht mehr ganz klar war, ob dieser Gott auch für andere Bereiche des Lebens „zuständig" und „kompetent" ist.

Irgendwann hat in Israels Geschichte ein Wechsel von einer nomadischen oder halbnomadischen Existenz zur Sesshaftwerdung und damit zum Ackerbau stattgefunden. Dies gilt, wenn nicht für Israel als ganzes, so doch für nicht unerhebliche Bevölkerungsanteile. Das Alte Testament bewahrt die Erinnerung daran, indem es von den Patriarchen Abraham, Isaak und Jakob erzählt, die halbnomadisch leben, und natürlich in der Überlieferung von der Wüstenwanderung und der Inbesitznahme des Landes Kanaan. Menschen, die Ackerbau betreiben, erfahren in besonderer Weise die Abhängigkeit von Witterung und Fruchtbarkeit des Landes. Stets hat man in der Antike versucht, durch einen entsprechenden Kult für die Götter diese Dinge positiv zu beeinflussen. Nun scheint sich in Israel die Frage gestellt zu haben, ob Jahwe, der Gott der Geschichte, auch die Fruchtbarkeit garantieren kann, oder ob es nicht vielleicht besser ist, daneben auch noch dem kanaanäischen Fruchtbarkeitsgott Baal zu opfern. Warum sollte nicht beides gehen: Jahwe für die Geschichte und Baal für die Fruchtbarkeit? Diese Darstellung verkürzt natürlich einen relativ komplizierten religionsgeschichtlichen Sachverhalt, aber ähnlich scheint es sich über Jahrhunderte in Israel zugetragen zu haben. Noch lange nach der Sesshaftwerdung und der staatlichen Konsolidierung Israels bekämpft der Prophet Hosea eindrücklich eine solche Vermengung der Religionen, oder aus der Perspektive des Propheten: eine Mischung aus Glaube und Aberglaube. Im Namen Gottes sagt der Prophet über die untreue „Ehefrau" Israel: „Aber sie will nicht erkennen, dass ich es bin, der ihr Korn, Wein und Öl gegeben hat und viel Silber und Gold, das sie dem Baal zu Ehren gebraucht hat" (Hos 2,10). Jahwe ist es also, der auch die Fruchtbarkeit des Landes schenkt, und dieser Gott wird von Hosea ausdrücklich durch sein Geschichtshandeln definiert: „Ich aber, der Herr, bin dein Gott von Ägyptenland her..." (Hos 12,10). Hosea ist vermutlich der erste, der den radikalen Anspruch formuliert, dass Gott der Herr der Geschichte auch der Herr der Schöpfung ist. Definiert aber wird er durch sein Geschichtshandeln.

Mit dieser engen Verknüpfung des Wesens von Israels Gott Jahwe mit seinem Geschichtshandeln, besonders mit der Herausführung aus Ägypten und der Landgabe, ist nun auch ein besonderes Verständnis von Zeit gegeben. Ja, eigentlich entdeckt Israel auf diese Weise – ganz anders als seine Nachbarvölker – erst den Verlauf von Zeit oder eben: es entdeckt Geschichte. Ein biblischer Text, der in dieser Hinsicht spannend ist, ist das sog. „kleine geschichtliche Credo." Es findet sich im 5. Buch Mose im 26. Kapitel. Der Text enthält ein Gebet oder Glaubensbekenntnis (Credo), das ein Bauer im alten Israel sprechen sollte, wenn er seine Erntedankgaben einmal im Jahr im Jerusalemer Tempel darbrachte. Einig Verse daraus seien hier zitiert:

„Dann sollst du anheben und sagen vor dem HERRN, deinem Gott: Mein Vater war ein wandernder Aramäer und zog hinab nach Ägypten und war dort ein Fremdling mit wenig Leuten und wurde dort ein großes, starkes und zahlreiches Volk. Aber die Ägypter behandelten uns schlecht und bedrückten uns und legten uns einen harten Dienst auf. Da schrieen wir zu dem HERRN, dem Gott unserer Väter. Und der HERR erhörte unser Schreien und sah unser Elend, unsere Angst und Not und führte uns aus Ägypten mit mächtiger Hand und ausgerecktem Arm und mit großem Schrecken, durch Zeichen und Wunder, und brachte uns an diese Stätte und gab uns dies Land, darin Milch und Honig fließt." (Dtn 26,5–9)

Auf den ersten Blick rekapitulieren diese wenigen Verse die Geschichte Israels, so wie man sie kennt, wenn man einen halbwegs soliden Kindergottesdienst genossen hat. Dennoch ist dieser Abschnitt für die Exegeten aufregend. Zunächst bekennt das Volk Israel hier, dass seine Vorfahren „wandernde Aramäer" waren, das heißt, Abraham, Isaak und Jakob waren Nomaden und eben nicht Besitzer des Landes Israel. Ja, die Bezeichnung Aramäer hält noch die Einsicht fest, dass diese Leute „völkerkundlich" nicht einmal als Israeliten im strengen Sinn zu sehen sind (von Abraham wird ja auch berichtet, dass er ursprünglich aus dem Zweistromland kam). Sodann hält das Credo fest, dass Israel erst zu einem Volk *geworden* ist und dass auch das Land Israel erst zu einem bestimmten Zeitpunkt als Gabe Gottes empfangen wurde, dass also das Volk Israel keineswegs immer schon fest mit dem Land verbunden war, auch wenn das Land, „in dem Milch und Honig fließen", im AT die zentrale Heilsgabe Gottes an seine Leute ist. Dies ist, wie gesagt, für den, der mit biblischen Geschichten vertraut ist, keine neue Einsicht.

Im Vergleich mit den Völkern, die Israel im Alten Orient umgaben, besonders mit den politischen und kulturellen Großmächten in Ägypten und im Zweistromland (Assyrien und Babylon) ist dies aber eine radikal neue, ja eine innovative Sicht der Dinge. Im Alten Ägypten beispielsweise war es selbstverständlich, dass die gottgleichen Pharaonen und ihre Untertanen in Ägypten autochthon sind, also „immer schon" im Land am Nil leben. Denn dies entspricht dem ewigen unwandelbaren Willen der Götter. Die Schöpfung selbst fand so zu sagen in Ägypten statt, und seither herrscht der mythologisch ewig gleiche Urzustand. Eine Veränderung ist nicht denkbar, sondern würde die Grundfesten des Universums erschüttern. Dagegen beinhaltet Israels Weltbild die Aussicht auf mögliche Veränderungen. So, wie

Gott das Land gegeben hat, kann er es auch wieder nehmen. Auch für Israel ist der Verlust des Landes eine Katastrophe, aber nicht das Ende der Schöpfung. Gott kann auch im Exil an seinem Volk handeln. Ähnlich verhält es sich mit staatlichen oder gesellschaftlichen Institutionen wie dem Königtum. Während im Zweistromland ein Schöpfungsbericht mit den Worten beginnt „Am Tage als das Königtum vom Himmel herabstieg", das Königtum also göttlich und ewig ist, weiß Israel davon zu berichten, dass es einmal keinen König hatte, dass sich seine Könige gemessen am Willen Gottes auch nicht bewährt haben und dass es nach dem Exil eine andere Staatsform ohne Könige gab. Weil das Land oder auch die Könige in Israel radikal entgöttlicht sind, gerät auch mit geschichtlichen Veränderungen nicht eine vermeintlich göttliche Weltordnung ins Wanken, sondern Gott kann auch in den Veränderungen handeln.

So können die Propheten in radikaler Weise das Ende des Staates ankündigen (vgl. Am 8,2); dann aber im Exil auch ein radikal neues Handeln Gottes zur Rettung des Volkes verheißen (vgl. Jes 43,19; 48,6), bis dahin, dass der König der neuen Supermacht, der Perser Kyros, im Namen Jahwes als „mein Gesalbter" bezeichnet wird (vgl. Jes 44,24 – 45,8). Etwas wirklich „Neues", das nicht seit der Schöpfung zur Welt dazu gehört, war aber weder in Babylon, noch in Ägypten denkbar. Dort vollzog sich das von den Göttern gewollte Dasein im Idealfall in einem ewigen, guten Kreislauf, wie ihn z.B. der immer gleiche Wechsel der Jahreszeiten als Analogie darstellt. Israel aber entdeckt in seiner Weltsicht die Dynamik eines Glaubens an Gott, der die Zeitläufe übersteht und in allen Veränderungen trägt. Der Glaube hängt nicht an Heilsgütern wie dem Land oder dem Königtum (all das wird radikal säkularisiert), sondern an Gottes Offenbarung in seinem Wort, im Gesetz und den Propheten. Dieses Wort erst macht die Wechselfälle der Geschichte durchsichtig auf Gottes Handeln darin.

An ein solches Geschichtsverständnis knüpft das Neue Testament an, und nur im Rahmen eines solchen Geschichtsverständnisses ist ein Satz wie Hebr. 1,1f. denkbar: „Nachdem Gott vorzeiten vielfach und auf vielerlei Weise geredet hat zu den Vätern durch die Propheten, hat er in diesen letzten Tagen zu uns geredet durch den Sohn." Es gibt also ein „Vorzeiten", so dass das Reden Gottes im Sohn nicht zeitlos geschieht, sondern in eine bestimmte Zeit hinein, die der Verfasser als „diese letzten Tage" versteht. Der Sohn ist ein wirklicher, geschichtlicher Mensch. Das betont das Johannesevangelium auf seine Weise mit der Formulierung „das Wort ward Fleisch" (Joh 1,14). Der Ausdruck „Fleisch" bezeichnet hier das tatsächliche Eingehen in diese Welt. Das bezieht sich auch auf einen konkreten Ort und eine konkrete Zeit. Der Apostel Paulus schreibt im Galaterbrief: „Als aber die Zeit erfüllt war, sandte Gott seinen Sohn, geboren von einer Frau und unter das Gesetz getan" (Gal 4,4). Christus hat also einen konkreten geschichtlichen Ort. Diesen Gedanken drückt auch die Formulierung „geboren von einer Frau“ aus. Es geht Paulus nicht um die Jungfrauengeburt, sondern um die geschichtliche Menschlichkeit des Jesus von Nazareth. Wie kaum ein anderer der neutestamentlichen Autoren hat wohl der Evangelist Lukas das Phänomen der Geschichte bemüht, um die Ereignisse um Jesus von Nazareth verstehbar zu machen. Er verfasste ein Doppelwerk bestehend aus dem Lukasevangelium und der Apostelgeschichte. Dabei hat Lukas, der nach eigener Auskunft vermutlich kein Augenzeuge war, sorgfältiges historisches Quellenstudium betrieben. Aber auch sein Ziel ist es nicht, ein historisches Schulbuch zu schreiben, sondern Glauben zu stärken. Dazu entfaltet er ein eigenes Konzept von Geschichte. Die Ereignisse um Christus wurzeln im alttestamentlichen Gottesvolk. Das Lukasevangelium beginnt und endet im Tempel; Jesus beginnt seine öffentliche Wirksamkeit mit einer „Antrittspredigt“ über den Propheten Jesaja. In den Ereignissen um Jesus Christus kommt Gottes erlösende Zuwendung zu den Armen und Verlorenen letztgültig zum Vorschein. Dies wird von den Aposteln und von Paulus bis an die Enden der damaligen bekannten Welt verkündigt. Wobei Paulus dem Schicksal seines Herrn in Rom nachfolgt, so dass der Zeuge für Christus selbst zum Angeklagten wird. Der entscheidende Gedanke: Gottes Handeln mit seinen Leuten geht über Christi Himmelfahrt hinaus weiter im Zeugnis der Glaubenden. Schließlich wird im NT der Fortgang der Geschichte selbst zum Problem, als die angekündigte Wiederkunft Christi länger als erwartet ausbleibt. Paulus bedenkt dieses Problem im 1. Thessalonicherbrief, mahnt zur Nüchternheit und weist damit die Christen in den vernünftigen Gottesdienst im Alltag der Welt. So wird die Geschichte bis heute zu dem Raum, in dem sich der christliche Glaube bewähren soll; wenn auch das Neue Testament schließlich ein Ende der Geschichte kennt, wenn Christus wiederkommt und das „himmlische Jerusalem“ offenbart wird.

So verstehen Christen ihren Glauben bis heute nicht als eine Sammlung von „überzeitlichen“ oder gar „zeitlosen“ Wahrheiten, sondern stets bezogen auf Gottes geschichtliches Handeln; wenn auch erst das Wort dieses als Gottes Handeln erkennbar werden lässt. Sicher ist das moderne Geschichtsbewusstsein wesentlich auch von der Entdeckung der Geschichte in der biblischen Überlieferung mitgeprägt.

Zur Vertiefung:

1. In der Fassung des 1. Gebotes im Kleinen Katechismus fehlt der Halbsatz, „„der dich aus Ägypten geführt hat, aus der Knechtschaft“. Wie verändert sich das Verständnis
2. Inwiefern findet sich „Geschichte“ im Glaubensbekenntnis?

4.3 Geschichte der Überlieferung

Es ist nicht nur so, dass die biblische Überlieferung vom geschichtlichen Handeln Gottes berichtet, dass somit der Inhalt der Bibel in weiten Teilen auf die Geschichte bezogen ist und von einem Gott erzählt, dessen Wesen geradezu in seinem Geschichtshandeln besteht. Vielmehr findet die Überlieferung selbst unter bestimmten geschichtlichen Bedingungen statt, hat selbst eine Geschichte. Es gehört zum angemessenen Verstehen des christlichen Glaubens dazu, dass man die Geschichte der Überlieferung und ihre geschichtliche Bedingtheit wahrnimmt. Die moderne Bibelexegese verwendet einen Großteil ihrer Mühen eben darauf, die Geschichte der Überlieferung der biblischen Schriften nachzuvollziehen und zu verstehen. Eine Reihe methodischer Fragestellungen stehen den Auslegern dabei als Handwerkszeug zur Verfügung, die insgesamt unter der Überschrift „historisch-kritische Exegese" zusammengefasst werden. War und ist eine der Hauptaufgaben dieser wissenschaftlichen Auslegung, den *ursprünglichen* Wortlaut und Sinn eines biblischen Textes zu erheben, so kommt mehr und mehr auch die Bedeutung der fortschreitenden Überlieferung in den Blick. Eine biblische Geschichte, ein Psalm, ein Prophetenwort oder ein Gleichnis ist eben nicht nur zu einem bestimmten Zeitpunkt für einen bestimmten Hörer- oder Leserkreis verkündigt oder aufgeschrieben worden, sondern diese Worte sind durch die Zeiten überliefert worden, weil jeweils neue Hörer oder Leser aus ihnen ein Wort Gottes vernommen haben, das in ihre je eigene Zeit hinein zu sprechen schien. Dieser Überlieferungsprozess hat in den Texten selber Spuren hinterlassen. Das Gotteswort ist nicht unter Glas gestellt worden, sondern wurde in neuen Zeiten aktualisiert oder auch neu kommentiert, so wie heute noch eifrige Bibelleser zuweilen ihre Bibel mit allen möglichen Kommentaren und handschriftlichen Anmerkungen versehen. Und auch eine Predigt ist ja im Grunde nichts anderes als die Aktualisierung eines biblischen Textes in eine neue Gemeindesituation hinein. Heute sind allerdings Text und Kommentar deutlich unterschieden und werden auch methodisch streng voneinander getrennt.

In den Zeiten der Entstehung der biblischen Schriften war das offenbar anders. Damals wurden die Aktualisierungen in den bereits vorliegenden Text eingetragen oder angefügt, so dass sich beispielsweise im vorliegenden biblischen Wortlaut des Buches Jesaja nicht nur die Worte des historischen Propheten, sondern auch die Aktualisierungen seiner Schüler und späterer Frommer finden, die der Meinung waren, ganz im Sinne Jesajas zu reden. Zumindest in unserem heutigen Alten Testament gibt es so gut wie kein Buch, das in einem Zuge von einem einzigen Verfasser niedergeschrieben wurde. Generationen von Glaubenden haben Gottes Stimme an sie aus den Worten des Gesetzes und der Propheten herausgehört, darüber nachgedacht und eben auch ihre Einsichten dem alten Wortlaut hinzugefügt. Lange Zeit über empfand man dies als problematisch: Wenn sich Texte im Buch eines Propheten fanden, die gar nicht „echt“ waren, weil sie gar nicht auf den „historischen“ Propheten zurückgingen, waren dann diese Worte nicht auch „weniger wert“ oder „weniger wahr“? Auch die wissenschaftliche Exegese orientierte sich lange am Bild der großen dichterischen Persönlichkeit á la Goethe oder Schiller. Alles, was von späteren „Epigonen“ zugefügt wurde, erhielt weniger Aufmerksamkeit vonseiten der Ausleger. Spätere Fortschreibungen galten als „zweite Wahl“. Diese Sicht der Dinge wird dem Wesen der biblischen Texte nicht gerecht und hat sich glücklicherweise vollständig geändert. Die Grundlage hierfür beruht auf der simplen Einsicht: „Früher hat man anders erzählt als heute.“[16] Vorstellungen wie unser „Copyright“ auf geistiges Eigentum gab es im Alten Orient nicht. So sind auch Fortschreibungs- und Aktualisierungsprozesse, die die Exegese in den biblischen Büchern entdeckt, nicht Zeichen einer nachträglichen „Verfälschung“ eines „Originals“, sondern vielmehr Ausdruck einer bleibenden Wertschätzung des Wortlautes. Dahinter steckt die Überzeugung: Dieses (vielleicht schon sehr alte) Wort hat uns heute immer noch etwas zu sagen! Im Grunde fängt damit bereits innerhalb der Bibel ein Prozess an, der bis heute weitergeht. Und so gehört zur Bibelauslegung neben der historischen Fragestellung nach dem ursprünglichen Sinn eines Textes auch immer die Frage nach der Auslegungs- und Wirkungsgeschichte. Wie ist ein Text durch die Zeiten verstanden worden und wie verstehen wir ihn heute? Entscheidend für das Verstehen der Glaubenden ist am Ende immer der *Inhalt* eines Textes, nicht die Frage der historischen Verfasserschaft (die wird im Laufe der Forschungsgeschichte auch recht unterschiedlich beantwortet). So kann man sich auch der Auseinandersetzung mit biblischen Aussagen heute nicht deshalb entziehen, weil es sich dabei um „spätere Zusätze“ handelt.

Wie sich das Verständnis biblischer Texte im Laufe der Zeit entwickelt, lässt sich immer dann gut erkennen, wenn innerhalb der Bibel auf ältere Texte Bezug genommen oder wenn diese in einem neuen Zusammenhang sogar zitiert werden. Am deutlichsten ist dies zu erkennen, wenn innerhalb des Neuen Testaments auf alttestamentliche Texte Bezug genommen wird. Hier ist dann gleichzeitig ein entscheidender Faktor für ein neues oder verändertes Verstehen der alten Texte anzunehmen: Die Verfasser der neutestamentlichen Schriften

16 So lautet der erste Satz bei Diethelm Michel, Überlieferung und Deutung in der Erzählung von Isaaks Opferung (Gen 22), in: ders., Studien zur Überlieferungsgeschichte alttestamentlicher Texte, hg. von A. Wagner, R.G. Lehmann, A. Diesel, J.F. Diehl und A. Behrens, TB 93, Gütersloh 1997, S. 89–92.

interpretieren das Alte Testament im Lichte Jesu Christi, seines Kreuzestodes und seiner Auferweckung.

Ein Beispiel ist die Art und Weise, wie Paulus im Römer- und im Galaterbrief auf die Figur des Abraham Bezug nimmt. Er tut das in Gal 3 und Röm 4. In beiden Fällen geht es Paulus darum, dass bereits Abraham aus Glauben vor Gott gerecht wurde und nicht (wie man bei einem alttestamentlichen Frommen annehmen könnte), weil er so vorbildlich das Gesetz erfüllt hätte. Der Schlüsseltext ist für Paulus jeweils Gen 15,6, den er wie folgt wiedergibt: „Abraham glaubte Gott, und das rechnete der ihm zur Gerechtigkeit an." Obwohl im AT im Zusammenhang mit Abraham von Christus nicht die Rede ist (Abraham glaubte Gottes Nachkommenverheißung), nimmt Paulus den Abraham genau hierfür als Zeugen in Anspruch. Zwei Bemerkungen lassen dabei erkennen, dass Paulus sowohl der historische Abstand zu Abraham einerseits, als auch die Einordnung des alten Bibelwortes in einen neuen Verkündigungszusammenhang sehr wohl bewusst war:

Paulus schrieb an die Galater, weil diese aufgrund der Predigt nicht näher benannter Leute in der Gefahr waren, ihre christliche Freiheit zu verspielen. Offenbar hatten Wanderprediger die neuen Christen in der Landschaft Galatien dazu aufgefordert, sich entsprechend dem alttestamentlichen Gesetz beschneiden zu lassen; denn das Gesetz sei durch Christus nicht aufgehoben und habe sich mit dem Glauben nicht erledigt. Paulus führt dagegen Abraham als Beispiel des Glaubenden an und argumentiert zur Rolle des Gesetzes: *„Ich meine aber dies: Das Testament, das von Gott zuvor bestätigt worden ist, wird nicht aufgehoben durch das Gesetz, das vierhundertdreißig Jahre danach gegeben wurde, so dass die Verheißung zunichte würde*" (Gal 3,17). Mir geht es um die Bemerkung der „vierhundertdreißig Jahre", die das Gesetz nach Abrahams Glaube verkündigt wurde. Entscheidend ist nicht die historische Zuverlässigkeit der Zahl (Paulus hat sie wohl aus Ex 12,40), sondern beeindruckend ist die geschichtliche Argumentation des Paulus. Der Glaube hat einen *historischen* Vorrang vor dem Gesetz. Das heißt, dass Paulus auch der historische Abstand zwischen seiner Zeit und dem Glauben des Abraham bewusst war, dass Gott also auch dem Abraham nicht einfach eine „zeitlose" Wahrheit mit auf den Weg gab. Im Römerbrief verarbeitet Paulus diesen Abstand ausdrücklich mit einer hermeneutischen Reflexion. Er schreibt über Abrahams Glauben in Röm 4,21–24: *„Abraham wusste aufs allergewisseste: was Gott verheißt, das kann er auch tun. Darum ist es ihm auch zur Gerechtigkeit gerechnet worden'* (Gen 15,6). *Dass es ihm zugerechnet worden ist, ist aber nicht allein um seinetwillen geschrieben, sondern auch um unsertwillen, denen es zugerechnet werden soll, wenn wir glauben an den, der unsern Herrn Jesus auferweckt hat von den Toten.*" Am Ende seines Nachdenkens über Abraham hält Paulus noch einmal fest, dass dessen Geschichte auch „um unsertwillen" aufgeschrieben wurde. Damit betont Paulus noch einmal, dass die Bibel nicht Geschichte konservieren will, sondern dass das Berichtete Anspruch erhebt, in jeder Generation neu als relevantes Wort Gottes verkündigt und angeeignet zu werden. Paulus erkennt den historischen Abstand zu Abraham an und greift bewusst über diesen Abstand hinaus auf Abraham zurück. Er kommt von Christus her und macht Abraham so zum Zeugen für Christus. Damit ist er heute noch ein Beispiel für einen vergegenwärtigenden Umgang der Christen mit dem Alten Testament, ja mit der Bibel überhaupt.

Aber auch innerhalb des Alten Testaments spielt die Geschichte der Überlieferung für das Verstehen der Texte eine erhebliche Rolle. Als Beispiel soll hier Psalm 2 dienen, in dem sich der berühmte Satz „Du bist mein Sohn, hiermit zeuge ich dich“ findet. Der Psalm ist ursprünglich wahrscheinlich eine Art „liturgisches Formular“ für die Einführung eines judäischen Königs in Jerusalem. Nun ist aber der 2. Psalm auch noch überliefert und gebetet worden, als es längst keine Könige mehr in Juda und Jerusalem gab. Der Text ist auch nicht in einem königlichen Archiv als „alte Akte“ verschwunden, sondern die Überlieferung geschah vermutlich in Israels Gottesdienst. Zudem musste der Text abgeschrieben werden zu einer Zeit, in der Schreibmaterial eine wertvolle Seltenheit und professionelle Schreiber dünn gesät und viel beschäftigt waren. Es stellt sich die Frage, warum man mit großer Mühe und Sorgfalt ein Formular zur Inthronisation des Königs überliefert, obwohl es schon lange gar keinen König mehr gab und sich Israel auch mit diesem Zustand abgefunden hatte. Die Antwort ist mit an Sicherheit grenzender Wahrscheinlichkeit darin zu finden, dass im Laufe der Zeit ein Wechsel im Verständnis des Psalms aufgetreten ist. Israel gelangte zu der Einsicht: Was hier über den „Herrn und seinen Gesalbten“ gesagt wird, das zielt nicht (mehr) auf einen irdischen König, sondern hier geht es um den Messias. Als die Psalmen Israels schließlich im Psalter gesammelt werden, erhält unser Text einen denkbar populären Ort: Zusammen mit Psalm 1, in dem das Gesetz gelobt wird, wird er zur Leseanleitung des ganzen Psalters. Schon durch die Stellung von Psalm 1 und 2 zu Beginn der ganzen Sammlung wird deutlich, dass die Themen „Gesetz“ und „Messias“ die Aufmerksamkeit und das Verständnis des Lesers und Beters leiten sollen. An dieses messianische Verständnis knüpft dann das Neue Testament an, wenn es Ps 2 etwa im Zusammenhang der Taufe Jesu zitiert (vgl. Mt 3,17 oder Apg 13,33). Die neutestamentlichen Autoren gehen aber nicht willkürlich mit dem Text um, sondern knüpfen an eine Entwicklung an, die bereits im AT festzustellen ist.

So lassen sich in der Geschichte der Überlieferung für Texte wie Psalm 2 mitunter mehrere Sinnebenen ausmachen. Es gibt ein „ursprüngliches“ Verständnis und dann ein je aktuelles für das Leben der jeweils Glaubenden. Israel hat sich und den Text nicht auf ein Verständnis und somit auf eine bestimmte geschichtliche Situation festgelegt. Vielmehr ist der Text mit den Glaubenden durch die Zeit gewandert und ist als jeweils aktuelles Gotteswort lebendig geblieben. Die historische Exegese, die vor allem am modernen Geschichtsbewusstsein geschult ist, bewahrt die Kirche davor, jeden Bibeltext in jeder Situation willkürlich zu aktualisieren. Oft macht die Erforschung des ursprünglichen Sinnes eines Textes seine Fremdheit und den historischen Abstand bewusst. Manche biblischen Texte bleiben in dieser Hinsicht sperrig und unzugänglich. Es gehört aber zur Auslegung als Teil der christlichen Theologie dazu, die biblischen Worte in der heutigen Gegenwart zum Sprechen zu bringen.

Mir geht es hier vor allem darum, die geschichtlichen Prozesse, die bei der Überlieferung und unserem Verstehen der Bibel ablaufen, bewusst zu machen. Es ist oft nicht eine Frage von „richtig" oder „falsch", sondern eine des historischen Standpunkts, die unser Verständnis biblischer Aussagen von denen anderer Zeiten unterscheidet. Auch für das private Bibellesen oder in einem Bibelkreis lohnt es sich, *zwei* Fragen zu stellen: 1. Was wollte ein bestimmter Bibeltext ursprünglich zu wem sagen? Für die Beantwortung dieser Frage sind in der Regel Hilfsmittel wie eine Erklärungsbibel, ein Kommentar oder eine kompetente Gesprächspartnerin nötig. 2. Hat mir/uns dieser Text in unserer Lebenssituation etwas zu sagen; wenn ja: was? Wo sich Bibelauslegung nicht ausschließlich als Religionsgeschichte, sondern als Teil der christlichen Theologie versteht, wird ihr Nachdenken immer um beide Fragen kreisen.

Zur Vertiefung:

Die Geschichte der Überlieferung und der Auslegung biblischer Texte ist im Grunde nicht mit der Entstehung der Bibel in der heute vorliegenden Form abgeschlossen. Versuchen Sie sich dem Phänomen des geschichtlichen Wandels von Verstehen zu nähern, indem Sie einmal eine alte Predigt (z.B. aus dem 19. Jh.) zur Kenntnis nehmen. Sie werden in der Regel dabei sowohl ein bekanntes Bibelverständnis wieder entdecken, als auch Ihnen fremde Auffassungen vorfinden.

4.4 Die Wahrheit in der Zeit – „Alles fließt"?

„Alles fließt" ist ein Spruch, der dem griechischen Philosophen Heraklit zugeschrieben wird. Gelegentlich nimmt der Satz als populäre Volksphilosophie einen fatalen Unterton an, im Sinne von: Alles ändert sich, nichts ist von Dauer, und was gestern noch galt, ist heute längst überholt. So ähnlich nölte in den 60er Jahren Bob Dylan sein „Times they are achanging" ins Mikrofon. Je nach Standpunkt wird die Veränderung dann als „Aufbruch in die neue Zeit" gefeiert oder als „Untergang des Abendlandes“ bejammert. Klar ist jedenfalls: Alles ist relativ, und die Wahrheit ist im Fluss. Nach allem, was hier über den Verlauf der Geschichte und die Geschichte der Überlieferung gesagt wurde, scheint das auch für den Glauben und die biblische Tradition so zu gelten. Das, was gestern so galt, wird heute aktualisiert oder neu interpretiert. Das könnte man dann soweit treiben, dass ein durch die Zeiten wieder erkennbarer Kern im biblisch-christlichen Glauben gar nicht zu finden wäre. Zum Ende des Kapitels über den Zusammenhang von Verstehen und Geschichte soll es daher um das Verhältnis von Wandel und Beständigkeit, von Kontinuität und Diskontinuität bei unserem Verstehen des Glaubens gehen. Bei näherem Hinsehen ist denn dieses Verhältnis allerdings etwas komplexer als das schlichte „Alles fließt“.

Bleiben wir dazu zunächst noch einen Augenblick bei Heraklit. Dieser Philosoph aus dem 6. vorchristlichen Jh. hat nur wenig Geschriebenes hinterlassen. Seine Aussprüche galten schon den berühmten Denkern, die kurz nach ihm lebten, als „dunkel“. Man empfand das Bedürfnis, das, was man von Heraklit verstanden hatte, auf kurze prägnante Formeln zu bringen. So stammt der Spruch „Alles fließt“ wohl auch nicht von Heraklit selbst, sondern entstand als Kurzformel für etwas, das „der Dunkle“ eigentlich ganz anders ausgedrückt hatte. Heraklit sagte sinngemäß: „Wir steigen heute zwar in dieselben Flüsse, in denen wir auch gestern gebadet haben, aber es sind doch nicht dieselben Flüsse.“ Denn da ja inzwischen das Wasser in Richtung Meer weiter floss, trägt der Fluss zwar noch denselben Namen, aber in seinem Bett fließt inzwischen anderes Wasser. Es ist verständlich, dass jemand diesen Gedankengang mit der Formel „Alles fließt“ abkürzen möchte, aber das Moment der Kontinuität geht dabei verloren. Es ist ja eben doch noch derselbe Fluss. So bietet der „originale“ Heraklit vielleicht doch ein angemessenes Bild für das Verhältnis von geschichtlichem Wandel und beständigem Glaubensinhalt beim Verstehen des Glaubens.

Dass die Überlieferung des christlichen Glaubens innerhalb der Bibel und auch in der Kirchengeschichte bis heute geschichtlichen Wandlungen unterliegt, kann nicht bezweifelt werden. Die Frage ist nun, inwieweit diese Geschichte mit ihren Wechselfällen des Verstehens und der Interpretation auch den Kern der Glaubensaussagen trifft oder ob es so etwas wie eine „christliche Wahrheit“ gibt, die durch und trotz aller geschichtlichen Wechselfälle Bestand hat. Denn hat man den geschichtlichen Wandel im Verstehen erst einmal wahrgenommen, kann diese Einsicht auch irritierend wirken.

Dies beginnt bereits in der Bibel selbst. Wenn Jesus etwa in der Bergpredigt sagt: „Ihr habt gehört, dass gesagt ist (Ex 21,24): ‚Auge um Auge, Zahn um Zahn.’ Ich aber sage euch, dass ihr nicht widerstreben sollt dem Übel, sondern: wenn dich jemand auf deine rechte Backe schlägt, dem biete die andere auch dar“ (Mt 5,38f.), dann würde die moderne Predigtlehre vielleicht festhalten, Jesus predige hier „gegen den Text", jedenfalls vom historischen Sinn des alttestamentlichen Wortes her. In der Bergpredigt verschärft und radikalisiert Jesus durchweg das Gesetz des alten Bundes. Er tut das mit der Autorität des göttlichen Gesetzesgebers. Dennoch muss die Auslegung hier einen Wandel im Verständnis des Gesetzestextes festhalten. In Jesu Worten selbst wird dies durchweg deutlich markiert durch die antithetische Formulierung: „Ihr habt gehört, dass zu den Alten gesagt ist... ich aber sage euch..." Ficht hier nicht Gottes Wort gegen Gottes Wort? Nun mag man sich damit helfen, dass in Jesus eben Gott selbst auf dem Plan ist und dass gleichsam auf einer neuen Stufe der Offenbarung auch Altes außer Kraft gesetzt werden kann. Es bliebe dann freilich immer noch die Frage, woran die Christenheit erkennt, welche alttestamentlichen Gebote beispielsweise den Christen nicht mehr treffen oder auf welche Weise sie im Lichte des Neuen Testaments neu zu verstehen sind. Das Problem setzt sich erst recht in der Kirchengeschichte fort, wo ebenfalls immer wieder radikale Reinterpretationen der biblischen Überlieferung zu beobachten sind. Die Autorität Christi oder der neutestamentlichen Autoren ist hier ja nicht mehr in Anspruch zu nehmen, etwa wenn Martin Luther in einem berühmten Ausspruch weite Teile des alttestamentlichen Zeremonial- und Kultgesetzes als „der Juden Sachsenspiegel" bezeichnet, der eben zu einer anderen Zeit, an einem anderen Ort nicht mehr einfach so gilt, sondern durch den nun gültigen „Sachsenspiegel" (oder das preußische Landrecht oder das bürgerliche Gesetzbuch oder... oder...) abgelöst wird.

Auch die Fassung der Zehn Gebote, wie sie Luther im kleine Katechismus bietet, stellt eine Neuinterpretation des biblischen Wortlautes von Ex 20/Dtn 6 dar. Bestimmte hermeneutische Entscheidungen führen zu teilweise deutlichen Eingriffen in den Text. So wird, wie oben schon erwähnt, die Formel „...der dich aus Ägypten geführt hat, aus dem Hause der Knechtschaft" beim ersten Gebot weggelassen. Dahinter steckt die Überzeugung, dass der Gott Israels sich in Christus endgültig als Herr der ganzen Menschheit erwiesen hat, so dass die Zugehörigkeit zum Volk Israel, zur Schar derer, die von ihrem Gott aus Ägypten befreit wurden, nicht mehr Voraussetzung ist, um zur Gemeinschaft der Glaubenden zu gehören. Insofern ist diese Entscheidung vom Standpunkt des christlichen Glaubens her sachgemäß. Es bleibt aber die Tatsache, dass hier aus hermeneutischen Gründen, die den geschichtlichen Wandel berücksichtigen, in den Wortlaut der biblischen Überlieferung eingegriffen wurde. Ähnlich verhält es sich mit dem Wegfall des zweiten Gebotes nach biblischer Zählung, das in dem Verbot von Götterbildern besteht. Die lutherische Tradition streicht dieses Gebot ersatzlos und argumentiert so, dass Gott sich in Christus selbst „bildlich" offenbart habe. Auf einen neutestamentlichen Wortlaut kann sich diese Interpretation freilich nicht berufen, und so ist der Wegfall des Bilderverbots unter verschiedenen christlichen Konfessionen bis heute umstritten.

Immer wieder finden sich in der Geschichte Interpretationen, die zu gewissen Zeiten den Theologen oder den Glaubenden viel bedeuten und sich doch im Laufe der Zeit deutlich verändern oder gar ganz verschwinden. Dazu wieder ein Beispiel. Am Ende der Sündenfallgeschichte in Gen 3 straft Gott die Schlange mit folgenden Worten: „Und ich will Feindschaft setzen zwischen dir und der Frau und zwischen deinem Nachkommen und ihrem Nachkommen; der soll dir den Kopf zertreten, und du wirst ihn in die Ferse stechen" (Gen 3,15). In der christlichen Interpretation ist dieser Text lange Zeit auf Christus gedeutet worden. Man fand hierin das sog. „Protevangelium", also eine Art Vorstufe der frohen Botschaft im AT. Der Nachkomme der Frau (im Singular!) wurde als Christus interpretiert, der am Kreuz den Teufel besiegt („den Kopf der Schlange zertritt"). Sie aber „sticht ihn in die Ferse", d.h. Christus stirbt. Aus Sicht der historischen Exegese des Alten Testaments spricht nichts für diese bis heute beliebte Deutung. Im Zusammenhang von Gen 3 symbolisiert weder die Schlange den Teufel, noch bezieht sich „der Nachkomme" der Frau auf den Messias oder eine historische Einzelperson. Die Geschichte soll ursprünglich erklären, warum der Mensch in Gottes guter Schöpfung mit so vielen Widrigkeiten, u.a. auch mit tödlichen Schlangen zu kämpfen hat. Auch innerhalb des NT findet sich keine Auslegung des Verses auf Christus hin. Diese Deutung ist Teil der christlichen Auslegungsgeschichte.

So steht christlicher Glaube hinsichtlich der Überlieferung immer in der Spannung von Kontinuität und Diskontinuität. Einerseits vollzieht sich die Überlieferung und ihre Auslegung im Medium der Geschichte, ist geschichtlich bedingt und historischen Wandlungen unterworfen. Andererseits vollzieht sich darin immer die Begegnung mit demselben Gott, wird Glaube an den Vater, den Sohn und den heiligen Geist geweckt. Dazu gehört, dass es in allen Veränderungen auch Konstanten gibt, die die Christen von heute im selben Glauben mit den Glaubenden früherer Generationen verbindet, sodass seit mittlerweile 2000 Jahren dieselbe Bibel gelesen und fast annähernd so lange dasselbe Bekenntnis gebetet wird. Hier ist noch einmal daran zu erinnern, *warum* die Christenheit überhaupt die Bibel und andere Formulierungen des Glaubensinhalts überliefert: Es geht nicht um die Konservierung oder Wiederholung historischer Ereignisse, sondern um den Glauben als aktuelles Vertrauen auf Gott. Die Überlieferung ist ihrem Wesen nach nicht Geschichtsdarstellung, sondern in erster Linie Verkündigung, Zeugnis und Bekenntnis. Für den christlichen Glauben hat die Überlieferung ihren Brennpunkt und ihr sachliches (besser: ihr personales) Zentrum in Jesus Christus, dem Sohn Gottes. So kommt die Überlieferung nur zu ihrem Ziel, wenn die Begegnung des heutigen Lesers oder der heutigen Hörerin mit dem personalen Zentrum

Jesus Christus gelingt, d.h.: Glaube geweckt wird. Die alten Glaubensinhalte sollen sich auch heute noch als relevant erweisen. Dass dieses „Sich-relevant-erweisen" gelingt (Glaube geweckt wird), ist Wirken des Heiligen Geistes. Es wird nicht abgesichert oder garantiert durch die Behauptung der historischen Zuverlässigkeit der biblischen Überlieferung oder durch das Beharren auf einer bestimmten Lehre über eine ganz bestimmte göttliche Entstehung der Heiligen Schrift. Dass es eben Gott der heilige Geist ist, der den Glauben weckt (vgl. Luthers Erklärung zum 3. Glaubensartikel im Kleinen Katechismus) und so die Relevanz der Inhalte der Überlieferung für heutige Christen erweist, ist eine Glaubens- oder Bekenntnisaussage.

Paulus beschreibt das Ziel aller seiner Verkündigung im 2. Korintherbrief damit, „dass durch uns entstünde die Erleuchtung zur Erkenntnis der Herrlichkeit Gottes in dem Angesicht Jesu Christi" (2. Kor 4,6). Das Ziel der Überlieferung ist und bleibt also, in Christus Gott selbst zu erkennen, wobei „erkennen" hier nicht einen rein rationalen Vorgang bezeichnet, sondern auf Glauben zielt. Paulus fährt fort: „Wir haben aber diesen Schatz in irdenen Gefäßen, damit die überschwängliche Kraft von Gott sei und nicht von uns" (Vers 7). So hat die Überlieferung selbst eine irdische und zerbrechliche Gestalt, die eben auch geschichtlichen Wandlungen und Interpretationen unterworfen ist. Dies gilt es wahrzunehmen und dabei doch den bleibenden „Schatz" immer neu zu entdecken und zum Vorschein zu bringen.

Der Glaube, der auf Gottes Handeln in Christus beruht, und durch Gottes Handeln im heiligen Geist geweckt wird, eröffnet den Christen demnach die Freiheit, die Überlieferung in ihren geschichtlichen Veränderungen ohne ideologische Scheuklappen wahrzunehmen. Denn der Glaube beruht nicht auf der Behauptung der historischen Zuverlässigkeit aller biblischer Berichte oder in der Annahme, alle Kapitel des Jesajabuches müssten auch tatsächlich von einer geschichtlichen Person desselben Namens verfasst worden sein, sondern auf der existenziellen Erkenntnis der Relevanz der überlieferten *Inhalte*, vor allem in Hinblick auf das Gottesverhältnis des Menschen im Spannungsfeld von Sünde und Gnade. Auf diesem Grund stehend bemüht sich der Glaube darum, sich selbst und die christliche Überlieferung so gut wie möglich zu verstehen. Dazu gehört auch die Wahrnehmung feststellbarer geschichtlicher Wandlungen. Wie bereits gesehen, sind diese geschichtlichen Veränderungen am biblischen Text selbst und im Laufe der Auslegungsgeschichte notwendiger Bestandteil dessen, dass Gottes Wort durch die Zeit für immer neue Generationen in immer neuen Situationen als Quelle des Glaubens an Christus relevant wurde. Die Christen wiederholen ihre wesentlichen Traditionen nicht nur, sondern können nicht darauf verzichten, sie in jeweils neuer Gestalt zu sagen, wenn die Überlieferung auch in der jeweiligen Gegenwart zu ihrem Ziel kommen soll. Daher ist die Theologie ein ebenso unendliches Geschäft, wie die Geschichte, in der sie steht.

Gleichzeitig stellt die Überlieferung den Christen in eine Gemeinschaft, in ein „Wir". Christsein spielt sich nicht im luftleeren Raum ab und ist keine Sache nur „zwischen Jesus und mir." Vielmehr konstituiert der Geist Gottes, der im einzelnen Menschen Glauben wirkt, immer auch die Gemeinschaft der Glaubenden, die Kirche. Diese Gemeinschaft erstreckt sich räumlich, aber auch zeitlich, wenn wir als Christinnen und Christen heute neu einstimmen in das Bekenntnis der Kirche früherer Zeiten und uns die Überlieferung aneignen. Auch der Prozess des Verstehens der Überlieferung in ihrer Geschichtlichkeit vollzieht sich in der Gemeinschaft der Christen. Er vollzieht sich als kritische Aneignung der alten Überlieferung auf der Grundlage des Glaubens an Christus. In vieler Hinsicht ist dieses Bemühen um die kritische Aneignung der Überlieferung ein kontroverses Geschehen. Um viele Einzelheiten der kirchlichen Lehre oder auch der biblischen Überlieferung wurde gestritten, wird gestritten und wird gestritten werden. Etwa darum, welche biblischen Weisungen unter veränderten Bedingungen heute noch als verbindlich gelten, oder in welcher Form sie heute verbindlich sein können. Unterschiedliche Weisen des Verstehens, unterschiedliche Voraussetzungen usw. spielen dabei eine Rolle. Dieses Geschehen ist so lange nicht bedrohlich für den Glauben, solange es sich in der Gewissheit vollzieht, dass der Glaube selbst am Ende nicht von dem Gelingen unseres Verstehens abhängig ist. Auf dem Grund dieses Glaubens können wir Christen uns aber gelassen um das Verstehen des Glaubens und auch der geschichtlichen Wandlungen unserer Überlieferung bemühen. Es wird die Bedingungen unserer eigenen Existenz immer neu erhellen.

Zur Vertiefung:

In der Schilderung der Passion Jesu im Johannesevangelium wird eine Begegnung zwischen Jesus und Pilatus geschildert. Pilatus will dabei dem Wesen des Angeklagten auf die Spur kommen. Im Laufe des Gesprächs sagt Jesus: „Ich bin dazu geboren und in die Welt gekommen, dass ich die Wahrheit bezeugen soll. Wer aus der Wahrheit ist, der hört meine Stimme." Daraufhin beendet der gebildete Römer Pilatus scheinbar schulterzuckend das Gespräch mit der Frage: „Was ist Wahrheit?" (vgl. Joh 18,28–38). Vermutlich verstehen Jesus und Pilatus hier unterschiedliche Dinge unter dem Begriff Wahrheit. Finden Sie Hinweise auf das Verständnis Jesu, wenn Sie auch Joh 14,6 berücksichtigen: „Ich bin der Weg, die Wahrheit und das Leben; niemand kommt zum Vater denn durch mich"?

5

Moderne Möglichkeiten des Bibelverstehens

5.1 Historisch-kritische Exegese

Im folgenden Kapitel sollen verschiedene moderne Möglichkeiten des Verstehens der Bibel vorgestellt und kritisch gewürdigt werden. Es wird sich dabei einmal mehr zeigen, dass die Fragen, die an die Bibel gestellt werden, die Antworten mitbestimmen. Das ist prinzipiell nicht falsch oder unredlich, solange rechenschaftsfähig dargelegt wird, mit welcher Zielrichtung man sich um das Verstehen der Bibel bemüht. Dann können die unterschiedlichen Zugänge zur Schrift offen bewertet und kritisch miteinander verglichen werden. Es zeigt sich dann, dass sich verschiedene hermeneutische Ansätze nicht unbedingt ausschließen müssen, sondern unterschiedliche eigene Aspekte zu einem Gesamtverständnis der Heiligen Schrift beitragen.

Aus verschiedenen Gründen soll hier mit der historisch-kritischen Bibelauslegung begonnen werden. Zum einen ist dies diejenige exegetische Methode, die sich vor allem mit der Geschichte und der geschichtlichen Entwicklung des Bibeltextes befasst, sodass hier direkt an das letzte Kapitel angeknüpft werden kann. Zum anderen bezeichnet das Label „historisch-kritische Exegese" *die* wissenschaftliche Standardzugangsweise zur Bibel. Wenn heute im Rahmen der Theologie von „Exegese" die Rede ist, dann ist so gut wie immer die historisch-kritische Fragestellung gemeint. Dies gilt für evangelische wie für katholische Bibelwissenschaftler, und auch die jüdische Exegese der hebräischen Bibel bedient sich weit gehend dieser Methodik. Das Ziel dieser Art der Auslegung besteht vor allen Dingen darin, die Geschichte eines Bibeltextes nachzuvollziehen. Im Idealfall ergibt sich daraus das Wissen, was der Autor eines biblischen Textes, seinen ersten Lesern (oder Hörern) *ursprünglich* mitteilen wollte, welche Textteile evtl. später hinzugefügt wurden und welche Absicht die Verfasser dieser Zusätze verfolgten. Es geht also im Grunde immer um ein geschichtliches Interesse an einem Bibeltext, um das möglichst genaue Verstehen der Absichten des Verfassers und des historischen Kontextes, in den hinein ein solches Bibelwort zuerst gesagt wurde. Dieses Ziel im Auge zu behalten, ist wichtig, für eine angemessene Auseinandersetzung mit dieser und anderen Methoden. Es wäre ja unangebracht, der historisch-kritischen Exegese vorzuwerfen, dass an ihrem

Ende noch nicht eine Predigt oder ein Kindergottesdienstentwurf steht, wenn dies gar nicht die Absicht der Fragestellung ist. Andererseits ist es für den Glauben und die Theologie unter den Bedingungen des heutigen Geschichtsbewusstseins unerlässlich, sich auf die historische Fragestellung einzulassen. Auf diesem Wege sichert die Exegese, dass die Texte das Ihre sagen können und der Glaubende nicht in sie hineinliest, was er sowieso schon wusste.

Exegese wird vor allem im Rahmen der Theologie als Wissenschaft betrieben, angesiedelt an Universitäten oder Hochschulen. Obwohl hier keine Wissenschaftstheorie entfaltet werden kann und in der Hoffnung, einen komplizierten Sachverhalt nicht allzu sehr zu simplifizieren, müssen doch kurze Anmerkungen zum Thema Wissenschaft und Glaube gemacht werden. Gott selbst ist seinem Wesen nach der rational wissenschaftlichen Betrachtung des menschlichen Geistes entzogen. Das gilt spätestens seit der Aufklärung als Selbstverständlichkeit. Der Glaube bekennt allerdings, dass sich Gott den Menschen offenbart, d.h., er tritt aus der Verborgenheit der Transzendenz heraus und zeigt sich unter den Bedingungen dieser Welt. Vor allen Dingen geschieht dies in der geschichtlichen Person des Jesus von Nazareth und den Schriften des Alten und Neuen Testaments, von denen die Glaubenden bekennen, dass Gott selbst in ihnen zu vernehmen ist. Diese Offenbarungsmittel Gottes, also die Person Jesu und die Schriften der Bibel, sind nun allerdings der wissenschaftlichen und vernünftigen Betrachtung zugänglich; denn Jesus war ein richtiger Mensch aus Fleisch und Blut, und die Texte der Bibel sind wirkliche innerweltliche Schriftstücke, mit Tinte auf Papier geschrieben und unter den Bedingungen dieser Welt überliefert. Obwohl also die Tatsache, dass Jesus Gottes Sohn und die Bibel das Wort Gottes ist, als solche der wissenschaftlichen Erklärung nicht zugänglich ist, kann andererseits die Biographie Jesu wie jede andere mit den Mitteln der Geschichtswissenschaft dargestellt und die Bibel wie jedes andere Buch mit dem Instrumentarium der Exegese erforscht werden. Gegenstand der Theologie überhaupt und der Exegese im Besonderen ist also *nicht Gott* und sein Handeln *selbst*, sondern das menschliche *Reden über* Gott, besonders im Alten und Neuen Testament. Dies bedeutet eine gewisse Beschränkung für jedes hermeneutische Bemühen um die Bibel.

Innerhalb ihrer Möglichkeiten soll die historisch-kritische Exegese mit der größtmöglichen Sorgfalt verfahren. Das begründet auch ihr Bemühen um Wissenschaftlichkeit. Diese Wissenschaftlichkeit besteht in zwei Dingen: 1. Die historisch-kritische Exegese kommt zu ihren Ergebnissen mit Hilfe einer rechenschaftsfähigen Methodik. 2. Die Ergebnisse der Exegese müssen intersubjektiv vermittelbar und zu begründen sein. Beide Faktoren hängen eng miteinander zusammen. Zu beiden Aspekten sollen nun noch einige Anmerkungen gemacht werden, auch wenn hier keine Wissenschaftstheorie dargelegt wird:

1. Die historisch-kritische Methode ist genau genommen eine Mehrzahl einzelner methodischer Schritte der Untersuchung und Auslegung von Texten, die sich im Laufe der letzten 250 Jahre entwickelt haben und stets verfeinert und erweitert werden. Hier kann nicht in alle diese Methoden eingeführt werden; nur so viel: Die Exegese beschäftigt sich mit der Überlieferung der Textgestalt durch die Jahrhunderte (sog. Textkritik), sucht nach Spuren von Wachstum oder späterer Ergänzungen, die der Text vor seiner heute bekannten Endgestalt erfahren hat (Literarkritik) und fragt nach den Gründen, warum solche Ergänzungen oder Kombinationen ursprünglich selbständiger Einzeltexte vorgenommen wurden (Redaktionsgeschichte). Daneben werden einzelne Abschnitte daraufhin untersucht, ob sie Exemplar bestimmter Gattungen oder Textsorten sind (Formgeschichte). Gelegentlich lässt sich zeigen, dass biblische Texte ihren „Sitz im Leben" eigentlich in der mündlichen Verkündigung hatten und erst nachträglich aufgeschrieben wurden. So lässt sich für manche Texte oder Abschnitte der Bibel noch ein konkreter „historischer Ort" feststellen, also ein geschichtlicher Kontext, in dem ein Text ursprünglich entstand. Dieser Kanon an Fragestellungen wächst oder verändert sich wie gesagt ständig.

2. Die Ergebnisse, die auf diese Weise gewonnen werden, müssen intersubjektiv vermittelbar sein. Das bedeutet zunächst ganz schlicht, dass Exegese keine Geheimwissenschaft ist, sondern ein erlernbares und nachvollziehbares Handwerk. Ein Exeget muss sich im Prinzip von jedem interessierten Menschen die Frage gefallen lassen „Wie kommst du zu diesen oder jenen Aussagen?" Diese Frage muss beantwortbar sein. Natürlich sind Exegeten auf ihrem Gebiet Fachleute, und manche Aussage über einen biblischen Text ist Ergebnis langer Forschungsarbeit. Manches lässt sich dann nicht in fünf Minuten darlegen. Das verlangt schon intensiveres Interesse. Dennoch sind die Exegeten auf Nachfragen und geduldiges Zuhören angewiesen, damit sie zur verständlichen Formulierung ihrer Ergebnisse genötigt sind. Umgekehrt sind interessierte Christenmenschen aufgefordert, bestimmte exegetische Schlussfolgerungen nicht einfach als befremdlich abzulehnen, sondern nachzufragen und nachvollziehbare Antworten zu erwarten. Das entscheidende Kriterium für die Beurteilung einer Exegese ist immer der Text selbst. Jede Auslegung muss auf Beobachtungen am Text bzw. auf begründeten Schlussfolgerungen aus solchen Beobachtungen beruhen

Hier können nicht alle Fragen behandelt werden, die sich um die moderne Exegese und ihr Verhältnis zum Glauben der Christenheit drehen, aber anhand der beiden Komponenten „historisch" und „kritisch" sollen die hermeneutischen Implikationen der Methode beleuchtet werden. Also: Was und wie wird verstanden, wenn die historisch-kritische Exegese die Bibel befragt?

Den größten Anstoß an der historisch-kritischen Exegese bietet sicherlich die Komponente *kritisch*. Soll oder darf man denn am Wort Gottes herumkritteln? Täte man das als Bibelausleger, hätte man das Wort „kritisch" missverstanden. In der wissenschaftlichen Theologie weiß man darum, dass das Wort kritisch von dem griechischen Wort *krinein* kommt, und das heißt zunächst soviel wie „genau unterscheiden". Eben dies ist gemeint, wenn von historisch-kritischer Exegese gesprochen wird: Es geht um das genaue Hinsehen, das Unterscheiden eines vom anderen und das Wahrnehmen jeder Kleinigkeit am biblischen Text. Mit einem Herummäkeln hat das nichts zu tun.

Allerdings sollen wir uns schon trauen, das, was dasteht, auch tatsächlich wahrzunehmen. Das klingt simpler als es ist. Wenn man z.B. mit dem festen Vorverständnis die Bibel liest, die Heilige Schrift sei „frei von Widersprüchen“ (und die christliche Dogmatik hat dies in der Tat lange Zeit gelehrt) und dann begegnet doch ein Widerspruch beim Bibellesen, ist man u.U. genötigt, seiner Auffassungsgabe zu misstrauen oder aber man muss den Begriff „Widerspruch“ neu definieren. Dagegen ist die Exegese bemüht, zunächst „kritisch“ (also: ganz genau und ohne dogmatischen Filter) wahrzunehmen, was tatsächlich da steht. Vielleicht können ja gerade Dinge entscheidende Verstehenshilfen geben, die auf den ersten Blick nicht in ein vorgefasstes Konzept passen. Als Beispiel sei die Geschichte von der Versuchung Jesu genannt. Sie ist zweimal überliefert, bei Matthäus und Lukas jeweils im 4. Kapitel. Liest man beide Fassungen nacheinander, fällt ein signifikanter Unterschied in der Reihenfolge der geschilderten Ereignisse auf:

Matthäus 4:	Lukas 4:
1. Jesus soll Steine zu Brot machen	1. Jesus soll Steine zu Brot machen
2. Er wird auf den Tempel geführt	2. Er wird hoch hinauf geführt
3. Er wird auf einen sehr hohen Berg geführt.	3. Er wird auf den Tempel geführt.

Bei Matthäus endet die Versuchungsgeschichte auf einem hohen Berg, bei Lukas auf dem Tempel. Nach den Gesetzen einer formalen Logik kann nur eins von beiden stimmen. Aber darum geht es nicht. Die Evangelisten bieten keine Video- oder Audioaufzeichnung vom Leben Jesu, sondern sie legen Zeugnis ab, das zum Glauben einladen soll. Dabei geben sie ihren jeweiligen Evangelien eine genau durchdachte Struktur. So spielen bei Matthäus Berge als Ort der Offenbarung eine besondere Rolle (Bergpredigt Mt 5–7; Missionsbefehl auf einem Berg Mt 28), während Lukas sein Evangelium im Tempel beginnen und enden lässt, um die Kontinuität der Christen zum alten Gottesvolk zu betonen. Es wird deutlich, wie auch das genaue Hinsehen bei Kleinigkeiten das Verstehen fördern kann. Wer versuchen würde, aufgrund seiner frommen Vorstellungen davon, wie das Wort Gottes zu sein habe, eine logische Harmonie zwischen Mt und Lk herzustellen, dem bliebe Wesentliches verborgen. Im Gegensatz hierzu ist die historisch-kritische Exegese bemüht, alles am Text wahrzunehmen – auch die Unstimmigkeiten – und nach einem Grund dafür zu suchen. Es geht um Verstehen nicht um Kritisieren im landläufigen Sinne.

Bibelauslegung ist auch *historisch*. Die Bibel hat eine Geschichte. Sie vereinigt in sich Texte, die zu unterschiedlichen Zeiten von unterschiedlichen Menschen – Propheten oder Evangelisten – für ganz unterschiedliche Hörer oder Leser verfasst wurde. Diese Texte sind dann überliefert und gesammelt worden. Das Matthäusevangelium und die

Schöpfungsgeschichte stehen ja nicht schon immer zusammen in einem Buch. Diese Geschichte der biblischen Texte, die Ausdruck der Geschichte von Menschen mit Gott ist, hat ihre Spuren hinterlassen. Danach fragt die Exegese und sie fragt auch danach, wie uns diese Spuren zum Verstehen der ganzen Bibel helfen können. Die Tatsache, dass ein Text immer weiter überliefert wurde und letztlich auch mich erreicht hat, drückt die Gewissheit aus, dass das Wort nicht erledigt war, nachdem es die ersten Hörer gehört hatten, sondern das Gott über die Zeiten hinweg immer wieder aus diesem Wort spricht. Auch diese Erkenntnis gehört zur historischen Exegese. Dass Gott aber in einem je bestimmten Bibelwort auch *mich* anspricht, das kann die Exegese nicht „machen".

Dass Bibelauslegung *historisch* ist, hat aber noch eine andere Seite: Nicht nur die Bibel hat eine Geschichte und nicht nur die biblischen Texte wurden zuerst in ganz bestimmte geschichtliche Situationen hineingesprochen, sondern auch wir, die Bibelleser, Predigthörer und Exegeten von heute leben in einer ganz bestimmten geschichtlichen Situation. Wir lesen die Bibel eben mit unseren Augen und nicht mit den Augen unserer Eltern, unserer Kinder oder unserer Nachbarn. Das ist nicht unerheblich. Die Auslegung und ihre Methoden ändern sich im Laufe der Jahrhunderte. So war es z.B. vor Martin Luther für alle Theologen selbstverständlich, dass jedes Bibelwort außer seinem wörtlichen auch noch einen von Gott verborgenen, geheimen Sinn hat, den die Gelehrten erst entdecken müssten. (Also wenn etwa jede biblische Geschichte, in der Wasser vorkommt, auf die Taufe deuten soll – egal in welchem Zusammenhang sie steht). Luther hat uns gelehrt, das zu verstehen, was da steht und nicht das, was verborgen ist. Aber auch wir heute lesen die Bibel nicht mehr in allen Dingen mit den Augen Luthers und des 16. Jahrhunderts.

So kommt historisch-kritische Bibelauslegung nach bestimmten methodischen Spielregeln zu bestimmten, aber auch begrenzten Ergebnissen. Wenn aber z.B. ein Bibelwissenschaftler öffentlich äußert, die Auferstehung Jesu sei „widerlegt", weil sie mit den Mitteln der Geschichtswissenschaft nicht zu erweisen sei, dann überschreitet die historische Exegese hier ihre eigenen Grenzen. Denn ein geschichtlich einmaliges Geschehen wie die Auferstehung kann die Wissenschaft natürlich weder beweisen noch widerlegen (genauso wie die Existenz Gottes), da ihr Instrumentarium ein solches Geschehen nicht erfassen kann. Darüber hinaus scheint es ein zunehmendes Problem, dass die historische Exegese mehr als sie es tut, den Bezug zur christlichen Theologie und zum christlichen Glauben suchen sollte. Die Beschäftigung mit dem Alten Orient ist faszinierend. Man kann sich aber auch ganz in ihr verlieren. Erst das Gespräch mit anderen Fächern der Theologie unterscheidet christliche Exegese von Religionswissenschaft.

Menschen versuchen zu recht immer auch nach anderen Möglichkeiten, die Bibel zu verstehen und die Bedeutung für das eigene Leben zu entdecken. Dennoch behält die historisch-kritische Exegese ihr (begrenztes) Recht, weil sie uns hilft zu erkennen, was die biblischen Schriften selbst sagen wollten und wollen und uns so davor bewahrt, in der Bibel nur das zu entdecken, was wir eh immer schon wussten. Sie wird durch die Jahrhunderte in der Kirche mit großem Aufwand betrieben um des Glaubens willen. Die methodisch kontrollierte und rechenschaftsfähige Bibelauslegung ist heute ein unaufgebbarer Teil des Bemühens des Glaubens, sich selbst zu verstehen. Die Frage nach dem ursprünglichen Textsinn begleitet jeden Umgang mit der Bibel, so dass andere hermeneutische Zugänge nicht unbedingt als eine Alternative, sondern als eine Ergänzung zur historischen Bibelauslegung zu betrachten sind. Umgekehrt lernt die historisch-kritische Exegese immer auch dazu. So ist ihr Methodenkanon in den letzten Jahrzehnten ständig erweitert worden, z.B. durch eine kanonische Bibelauslegung, die den vorliegenden Endtext wieder stärker als die ursprünglichen Vorstufen gewichtet, oder durch Fragen der biblischen Theologie, die bestimmte Themen bewusst durch beide Testamente verfolgt. Leider erreicht mancher Schatz, den die Bibelforscher heben, nicht oder erst sehr spät das allgemeine Bewusstsein der Christen in den Gemeinden. Das vermehrte Gespräch zwischen Bibelwissenschaft und Kirche wird am Ende beide Seiten befruchten.

Zur Vertiefung:

Historisch-kritische Exegese lebt davon, dass sie Beobachtungen am Text macht und diese möglichst zu einem Gesamtbild zusammenfügt. Sie können dies nachvollziehen. Lesen Sie dazu Gen 1 und Gen 2 und beantworten Sie folgende Leitfragen: Was wird im ersten Kapitel berichtet, was im zweiten? In welcher Reihenfolge werden die Dinge im ersten Kapitel berichtet, in welcher im zweiten? Wie würden Sie den Stil der beiden Kapitel jeweils beschreiben? Wo wird Gott mit der Bezeichnung HERR versehen, wo heißt er schlicht Gott? Wo wird Gottes Handeln als „schaffen" bezeichnet, wo als „machen"? Welche Rolle spielt das Wasser in Gen 1 und welche in Gen 2? Notieren Sie sich Ihre Beobachtungen (vielleicht in einer Tabelle)! Warum, denken Sie, kommt die historisch-kritische Exegese aufgrund dieser *Beobachtungen am biblischen Wortlaut* zu der Schlussfolgerung, dass hier *zwei* ursprünglich selbständige Texte vorliegen?

5.2 Dogmatischer Bibelgebrauch

Im Zuge einer zunehmenden Spezialisierung und Arbeitsteilung hat sich die evangelische Theologie in fünf Teildisziplinen aufgeteilt. Neben der alttestamentlichen und neutestamentlichen Exegese sind dies die Kirchengeschichte, die Praktische Theologie (die wiederum u.a. in Predigtlehre, Seelsorge und Liturgik zu differenzieren ist) und die Systematische Theologie, die vor allem die Bereiche Ethik und Dogmatik umfasst. Alle diese Teilbereiche der christlichen Theologie, nicht nur die Exegese, beziehen sich auf die Bibel. Allerdings stehen je eigene Fragestellungen im Vordergrund, so dass es zu unterschiedlichen Ansätzen des Verstehens kommt. Die Dogmatik versucht nicht in erster Linie, die Bibel geschichtlich zu verstehen, sondern hat die Aufgabe, die christliche Lehre (das „Dogma“) verbindlich und rechenschaftsfähig zu reflektieren und darzustellen. Hier werden Aussagen darüber getroffen, wer Gott ist und wie sein Verhältnis zu dieser Welt und uns Menschen zu bestimmen ist. Dazu werden biblische Aussagen, die aus ganz unterschiedlichen Schriften und Teilen des Alten oder Neuen Testaments stammen können, unter einem bestimmten „Thema“ (z.B. „Gott“ oder „Rechtfertigung“) systematisch zusammengestellt. Geht es also der historisch-kritischen Exegese der Bibel vor allem um die „Autoren und ihre Welt“ („Wer wollte wem wann was sagen?‘“), so fragt die Dogmatik nach der „Sache“ der Heiligen Schrift („Was sagt die Bibel über Gott, über Sünde und Gnade...?“).[17] Die Darstellung der Dogmatik zielt auf aktuelle Relevanz, d.h., sie stellt den Glauben der Kirche in einer zeitgemäßen Form dar und tritt mit der heutigen Welt und Gesellschaft in Wissenschaft, Kultur, Kunst oder Politik in ein Gespräch ein. Unbeschadet ihres eigenen Anspruchs, Aussagen über Gott zu treffen, die ihrem Wesen nach nicht wirklich neu sind, sondern an die christliche Tradition unter Einschluss der biblischen Aussagen anknüpfen, ist demnach auch Dogmatik geschichtlich bedingt. Daher betreibt jede Kirche aktuell systematische Theologie. Diese Geschichtlichkeit ist auch für den Umgang der Dogmatik mit der Bibel nicht außer Acht zu lassen.

Hinsichtlich des Umgangs der Dogmatik mit der Bibel sind zwei Aspekte zu unterscheiden. Zum einen gibt es ein Reden *über* die Hei-

---

17 Ich orientiere mich für diese Unterscheidung an Oeming, Biblische Hermeneutik. Oeming kategorisiert die verschiedenen von ihm dargestellten hermeneutischen Ansätze nach: 1. „an den Autoren und ihren Welten orientierten“, 2. „an den Texten und ihren Welten orientierten“, 3. „an den Lesern und ihren Welten orientierten“ und 4. „an der Sache und ihrer Welt orientierten Methoden“. Diese vier Orientierungen stehen nicht beziehungslos nebeneinander, sondern bilden nach Oeming ein „hermeneutisches Viereck“. Die Kategorien sind in sich nicht immer ganz eindeutig, aber als Schneise durch den „Dschungel“ vielfältiger Hermeneutik doch hilfreich.

lige Schrift, denn die „Lehre von der Schrift“ ist selbst ein Gegenstand der Dogmatik. Zum zweiten werden die übrigen Themen des christlichen Glaubens von der Bibel her und mithilfe ihres Wortlautes dargestellt. Es gibt also einen *Gebrauch* der Bibel in der Dogmatik, der auf der Schriftlehre fußt und in gewisser Weise von ihr abhängig ist.

Die Frage einer Lehre über die Bibel und ihres Verhältnisses zur historisch orientierten Schriftauslegung wird uns weiter unten noch beschäftigen. Hier nur einige kurze Anmerkungen. In gewisser Hinsicht ist die Schriftlehre „typisch evangelisch“, vielleicht gar „typisch lutherisch“; denn sie wurzelt im Prinzip „sola scriptura“ („allein die Schrift“), nach dem allein die Bibel die Quelle für verbindliche Aussagen über das Heil der Menschen vor Gott sein kann. Dieses Prinzip grenzt sich von der römisch-katholischen Lehre ab, nach der die Bibel nur ein Element unter mehreren im Strom der verbindlichen kirchlichen Tradition ist. So kann z.B. auch der Papst Dogmen, also verbindliche kirchliche Lehren, erlassen, die nicht unbedingt in der Bibel begründet sein müssen. Dem hielt Luther das Gewicht des Wortes Gottes entgegen. Er selbst und die lutherischen Bekenntnisschriften entwickeln keine ausgefeilte Lehre über die Bibel. Einen Artikel „Über die heilige Schrift“ (lat.: „de sacra scriptura“) sucht man in den Bekenntnisschriften vergeblich, wenn auch aus ihrem Gebrauch der Schrift auf ein bestimmtes Verständnis zurück geschlossen werden kann. Erst im Zeitalter der Konfessionalisierung (ab dem Ende des 16. Jh.s) und der sog. „lutherischen Orthodoxie“ wird das Bedürfnis, die Autorität der Bibel mit einer entsprechenden Lehre zu begründen, ernorm groß und der Artikel *„de sacra scriptura*“ wird zum Kennzeichen und Prüfstein jedes dogmatischen Entwurfs. Im Kern stand die Frage, inwiefern davon zu reden sei, dass die Bibel Gottes Wort sei, und welche Eigenschaften sich daraus für die Bibel ergäben. Festzuhalten bleibt einstweilen, dass die Bibel die wichtigste Quelle der Dogmatik ist und dass sich alles Reden über Gott und den Stand des Menschen vor Gott auf die Heilige Schrift zu beziehen hat. Denn christlicher Glaube beruft sich auf das Wort Gottes als letzter Instanz, nicht auf „die Kirche“ oder subjektiver Instanzen wie das eigene Gewissen, die eigene Vernunft oder das eigene Empfinden. Insofern gehört die Lehre von der Schrift in der Regel in die sog. „Prolegomena“, in denen die Grundlagen und Voraussetzungen aller Dogmatik dargelegt werden.

Es gibt zu diesem Verfahren auch Alternativen. So setzt der Theologe F.D.E. Schleiermacher in seiner Dogmatik von 1830[18] nicht bei Gottes Reden in der Bibel ein, sondern beim Menschen als erkennen-

18 Vgl. Friedrich D.E. Schleiermacher, Der christliche Glaube. Nach den Grundsätzen der evangelischen Kirche im Zusammenhang dargestellt, hg. von M. Redeker, Berlin ^{7}1960 (zwei Bände).

dem und verstehendem Subjekt, das sich zugleich seines Glaubens gewiss ist. Konsequenterweise nennt er sein Werk dann auch nicht „Dogmatik“, sondern „Glaubenslehre“. Die an sich richtige Erkenntnis, dass Dogmatik ihre Einsichten nicht ausschließlich aus der Bibel gewinnt und auch von anderen Reflexionsprozessen als dem Schriftstudium bestimmt wird, führt gelegentlich zu einer übermäßigen Abwertung der Rolle der Bibel für den christlichen Glauben. Manfred Oeming nennt hier F. Wagner, der Themen in der Bibel vermisst, die für die gegenwärtige Theologie unverzichtbar scheinen und daher ganz von der Forderung abrückt, Theologie müsse schriftgemäß sein. Oeming vergleicht dies mit der Einladung zu einem Fußballspiel, bei dem man keinen Ball benutzen darf[19]; denn vermutlich ist es doch nicht möglich, über den christlichen Glauben zu reden, ohne dass der zentralen Ur-Kunde dieses Glaubens dabei eine herausgehobene Stellung zukommt.

Die Bibel ist kein dogmatisches Lehrbuch, das seine Aussagen unter thematischen Überschriften wie „über Gott“, „über die Sünde“, „über die Person Christi“ etc. ordnet. Sie erzählt Geschichten, überliefert Prophetenworte, Psalmen oder Apostelbriefe. Daher hat die Dogmatik immer die Aufgabe, bei ihrer Darstellung einzelner Topoi des christlichen Glaubens die unterschiedlichen biblischen Aussagen zu systematisieren. Dabei werden z.T. Worte in einen Zusammenhang gestellt, die in der Bibel räumlich und zeitlich ursprünglich weit voneinander getrennt waren. Dieses Verfahren ist nicht unproblematisch. So findet sich in der Bibel an keiner Stelle eine wirklich ausgeführte Trinitätslehre, mit Aussagen über das dreieinige Wesen Gottes. Sucht nun die dogmatische Theologie nach Belegen für oder biblischen Hinweisen auf diese zentrale christliche Lehre über Gott, die ja auch die Struktur des Nicänischen oder Apostolischen Bekenntnisses prägt, so stößt sie einerseits auf Aussagen wie Mt 28,19: „Darum gehet hin und machet zu Jüngern alle Völker: Taufet sie auf den Namen des Vaters und des Sohnes und des Heiligen Geistes“ oder 2. Kor. 13,13: „Die Gnade unseres Herrn Jesus Christus und die Liebe Gottes und die Gemeinschaft des Heiligen Geistes sei mit euch allen!“ Diese „trinitarischen Formeln“ kommen dem Thema Dreieinigkeit recht nahe, auch wenn weder im Matthäusevangelium noch bei Paulus eine regelrechte „Lehre“ zu finden ist. Ein Vers wie Joh 10,3o, Jesus spricht: „Ich und der Vater sind eins“ deutet so etwas wie Trinität vielleicht noch von ferne an, obwohl genau genommen nur eine „Dualität“ von Vater und Sohn ausgesagt wird. Fraglich ist dann aber endgültig, ob auch z.B. Gen 1,26: „Und Gott sprach: Lasset uns Menschen machen, ein Bild, das uns gleich sei“ in irgendeiner Form von einer „Mehrheit“ in Gott spricht, nur weil hier das Wort „uns“ in Gottes „Selbstgespräch“ verwendet wird. Der berühmte reformierte Systematiker Karl Barth hat

19 Vgl. Oeming, Biblische Hermeneutik, S. 141f. Anm. 4.

aber den Vers genau in diesem Sinne verstanden: In Gen 1,26 spricht die Dreieinigkeit mit sich selbst. Die historische Exegese kann dieses Verständnis der Stelle nicht bestätigen. Andere Dogmatiker sehen auch in dem dreimal Heilig der Seraphen in Jes 6,3 ein Lob des dreieinigen Gottes. Spätestens hier überwindet eine allegorische Auslegung den historischen Textsinn.

Auf diese Art und Weise sammelt die Dogmatik biblische „Belegstellen" für ein Thema (sog. *dicta probantia*). Man kann die Befürchtung hegen, dass die Bibel so zu einer Art „Steinbruch" für Beweise der kirchlichen Lehre wird. Heute noch sind ein Großteil der fett gedruckten Verse in unseren Lutherbibeln die ehemaligen Belegstellen der orthodoxen lutherischen Dogmatik aus dem 16. bis 18. Jh. Dabei werden aber die Stellen aus dem ursprünglichen Zusammenhang derjenigen biblischen Schrift, in der sie stehen, herausgenommen. Möglicherweise werden einzelne Aussagen dann im Zusammenhang eines dogmatischen Themas gegenüber ihrem Sinn im ursprünglichen Kontext anders oder neu verstanden. Schlägt man einmal alle Belegstellen in der Bibel nach, die oft in Dogmatiken als lange Reihe in Klammern oder in Fußnoten die Aussagen zu bestimmten Themenbereichen vervollständigen sollen, so leuchtet der Gebrauch dieser oder jener Aussage unter Umständen nicht ein. Es besteht die Gefahr, dass die Dogmatiker zuerst ihr Thema finden und dann nach passenden biblischen Belegen für eine Aussage suchen. Darüber hinaus ist zu fragen, ob bei diesem Gebrauch eigentlich allen biblischen Schriften – also dem Hohenlied ebenso wie dem Römerbrief – dieselbe Relevanz und Bedeutung zuzumessen ist. Der Exeget wundert sich dann gelegentlich über diesen Gebrauch der Bibel, der ganz in einem hermeneutischen Zirkel aus „Thema" und „biblischem Beleg" gefangen ist. Hier kann und muss die Bibelwissenschaft gelegentlich Einspruch erheben. Warum bestimmte Bibelstellen von einem Dogmatiker herangezogen werden und andere nicht, ist auch nicht immer ganz klar. So kommt etwa der lutherische Dogmatiker Werner Elert bei seiner Behandlung des Themas Schöpfung beinahe ohne jede Bezugnahme auf das Alte Testament aus.[20]

Andererseits ist der skizzierte Gebrauch der Bibel durch die Dogmatik von der Überzeugung getragen, dass es zwischen den einzelnen biblischen Schriften eben einen grundsätzlichen Sachzusammenhang gibt. Dieser besteht unter anderem in der Annahme, dass in der ganzen Bibel derselbe Gott redet und bezeugt wird. Dieser Gott, der als Schöpfer, Erlöser und Vollender der Welt aus der Bibel in ihrer Gesamtheit zu erkennen ist, zielt in seinem Reden in allen biblischen Schriften auf den Glauben der Menschen. Dieses gemeinsame Ziel und dieser innere Zusammenhang bestehen prinzipiell zwischen den

20 Vgl. Werner Elert, Der christliche Glaube. Grundlinien der lutherischen Dogmatik, Erlangen ^{6}1988, S. 247–260.

einzelnen biblischen Schriften trotz erkennbarer geschichtlicher Unterschiede und Entwicklungen. Dieser Zusammenhang ist von den Glaubenden durch die Zeiten bekannt und erfahren worden; er ist der Grund für die Überlieferung der einzelnen biblischen Schriften und ihrer Sammlung zum vorliegenden Kanon des Alten und Neuen Testamentes. Dieser Zusammenhang muss sich bei gewissenhafter Auslegung in den biblischen Schriften selbst erkennen und nachvollziehen lassen. Es gehört zur Exegese dazu, das Ziel der Überlieferung des biblischen Wortlautes zu entdecken und zu beschreiben, das neben dem ursprünglichen historischen Sinn eben darin besteht, Glauben in der Gegenwart bei heutigen Leserinnen und Lesern zu wecken. So mag es zu einem fruchtbaren Gespräch zwischen den theologischen Teildisziplinen gehören, dass einerseits die Dogmatik die Exegese nach ihrem spezifischen Beitrag im Ganzen der christlichen Theologie befragt. Umgekehrt wird die Exegese die Dogmatik zu einem immer neuen und immer wieder genauen Hinsehen in die biblischen Bücher nötigen.

Wenn es den oben angesprochenen Sachzusammenhang zwischen unterschiedlichen biblischen Büchern tatsächlich gibt (und ich bin fest davon überzeugt), dann darf er nicht nur behauptet werden, sondern muss sich stets neu nachvollziehbar aufweisen lassen, ohne dass dadurch die erkennbaren Unterschiede zwischen dem Hohenlied und dem Römerbrief eingeebnet werden. Auch dies ist Aufgabe der Dogmatik, die sich hier eng mit den Fragen der sog. „Theologie des Alten Testaments" und der „Theologie des Neuen Testaments" berührt. So sind Exegese und Dogmatik zum Wohle der ganzen Theologie darauf angewiesen, immer neu in einen kritischen und doch fruchtbaren Dialog einzutreten. Bleibt dieses Gespräch aus, verharrt Exegese möglicherweise in religionsgeschichtlichen Betrachtungen, während der Dogmatik (trotz vieler Belegstellen) der biblische Grund verloren zu gehen droht, so dass sie zur Religionsphilosophie im schlimmsten Fall zur Ideologie wird.

Zur Vertiefung:

> Im zwanzigsten Jahrhundert scheint der Riss zwischen Exegese und Dogmatik besonders tief zu sein. Aber es finden sich Theologen, die in ihrer Person und ihrem Werk den Dialog neu angestoßen haben. So verfasst der Dogmatiker Karl Barth auch einen Kommentar zum Römerbrief, während die Exegeten Rudolf Bultmann oder Gerhard von Rad je auf ihre Weise das Gespräch mit der Systematik angestoßen und gepflegt haben. Immer noch informativ: Heinz Zahrnt, Die Sache mit Gott. Die protestantische Theologie im 20. Jh., München 1966, worin eine Reihe (systematischer) Theologen kritisch gewürdigt werden.

5.3 Tiefenpsychologische Bibeldeutung

Kaum ein Phänomen hat das Bild und die Wahrnehmung des modernen Menschen von sich selbst so sehr geprägt wie die neuere Psychologie. Die Vorstellungen von „Ich“, „Es“ und „Überich“ aus der Psychoanalyse Siegmund Freuds, vor allem aber die Einsichten in das Unterbewusstsein des Menschen, in das durch allerhand Verdrängungsprozesse unangenehme Dinge verschoben werden, die dann als Belastungen der Psyche doch wiederkehren, sind allgemein im Bewusstsein der heutigen Menschen verbreitet. Annahmen und Erkenntnisse über die Seele des Menschen, die den verschiedenen Schulen der Psychologie entstammen, prägen bewusst oder unbewusst unser Weltbild. Kaum ein Lebensbereich bleibt hiervon unberührt, und so findet die Psychologie auf verschiedenen Wegen Eingang in Theologie und Glaube. Vor allem die Seelsorge lässt sich von unterschiedlichen Formen der Beratung, Gesprächsführung oder auch der Therapie anregen und weiterhelfen. In der Form der sog. Pastoralpsychologie hat sich in der Praktischen Theologie geradezu ein eigenes Arbeitsfeld herausgearbeitet, in dem es um die Verbindung von Seelsorge und Psychologie geht. Zahlreiche Pfarrer nehmen heute nach entsprechender Zusatzausbildung auch die Tätigkeit eines Beraters für verschiedene Lebensbereiche wahr. Der Bedarf ist offenbar groß.

Aber auch in die Auslegung der Bibel sind von Anfang an Impulse der Psychologie eingeflossen. So fand man etwa in den alttestamentlichen Prophetenbüchern Berichte über Visionen oder andere außergewöhnliche Erlebnisse, die scheinbar die Propheten in psychologisch außergewöhnlichen Zuständen schilderten. Berühmt geworden ist Hermann Gunkels Satz aus dem Jahre 1915: „Das Grunderlebnis aller Prophetie aber ist die ‚Ekstase‘.“[21] Dieser Alttestamentler richtete große Hoffnungen auf die noch junge Psychologie, von der er annahm, sie könne jetzt „mit den exakten Mitteln der Wissenschaft“[22] die geheimen Erfahrungen der Propheten zur Darstellung bringen. Dahinter steckte vielleicht auch die optimistische Hoffnung, die Psychologie könnte zeigen, *wie* die Propheten das Wort Gottes als Vision oder Audition empfingen, so dass auf diese Weise der Akt der Offenbarung selbst greifbar würde. Die Hoffnung konnte sich nicht erfüllen; denn den Auslegern liegen ja nicht die Bewusstseinszustände der Propheten unmittelbar vor, sondern literarische Texte als späterer Niederschlag ihres Erlebens oder ihres Nachdenkens. Ein direkter psychologischer Rückschluss ist da nicht möglich.

---

21 Hermann Gunkel, Einleitung zu Hans Schmidt, Die großen Propheten, SAT II/2, Göttingen 1915, S. XXI. Dieser Aufsatz gilt bis heute als Meilenstein in der Prophetenforschung.

22 Gunkel, Einleitung, S. XX.

Dennoch ist die Psychologie seit den 80er und 90er Jahren für das Verstehen der Bibel wieder enorm einflussreich geworden. Denn viele Menschen empfinden die vorherrschende historisch-kritische Exegese als zu geschichtlich orientiert und als bloßes Nachfragen nach vergangenen Ereignissen. Sie sehnen sich nach Möglichkeiten, die hilfreiche, vielleicht sogar heilende Bedeutung der biblischen Geschichten für ihr eigenes Leben unmittelbar zu entdecken. Hier knüpft die tiefenpsychologische Bibelauslegung mit einer eigenen Hermeneutik an. Obwohl er längst nicht der einzige Vertreter dieser Richtung ist, hat vor allem Eugen Drewermann dieser Auslegung zu neuer Popularität verholfen.

Diese Weise der Bibelauslegung beruht auf der Tiefenpsychologie Carl Gustav Jungs, für die ebenso wie für Freuds Psychoanalyse die Unterscheidung von Bewusstsein und Unterbewusstsein Grund legend ist. Während Freud allerdings jede Religion als autoritäre Fremdbestimmung des Menschen ablehnte, ist in Jungs System durchaus Platz für Religion und Mythologie. Denn beides hat für Jung einen festen Platz im „kollektiven Unbewussten" (bzw. Unterbewusstsein) der Menschheit. Darunter versteht der Begründer der Tiefenpsychologie einen Schatz von Bildern, Vorstellungen und Empfindungen, der jedem Menschen als eine Art kulturelles Erbgut von Geburt an mitgegeben zu sein scheint. C.G. Jung war bei seiner Tätigkeit als Psychiater in der Schweiz darauf aufmerksam geworden, dass ihm Patienten immer wieder Bilder aus ihren Träumen schilderten, die so oder ähnlich auch in den Mythen und Erzählungen weit entfernter, vor allem aber längst vergangener Kulturen vorkamen. Wie sich in den Träumen die Inhalte des individuellen Unterbewusstseins einen Weg in das Bewusstsein des Menschen suchen, so offenbar auch das kollektiv Unbewusste. Indem man bei der Deutung dieser Bilder von ihrer Oberfläche, der „Objektstruktur", in die Tiefendimension, die „Subjektstruktur", vordringt, vollzieht sich der Prozess der „Individuation." Dabei handelt es sich um eine Art Persönlichkeitsklärung oder –bildung. Das Bewusstsein des Menschen, das ICH macht sich auf den Weg zu seinem SELBST, dem Unbewussten. Das unbewusste Selbst ist dem bewussten Ich eigentlich verschlossen. Hierin finden sich die verdrängten Seiten unseres Menschseins, aber auch Bilder des kollektiven Unterbewusstseins, das für jeden Einzelnen bisher ungeahnte Möglichkeiten der Persönlichkeitsentwicklung enthält. Ziel ist ein ausgeglichener („integrierter") Mensch, der sowohl seine Schattenseiten annehmen als auch neue Möglichkeiten, die bisher in ihm schlummerten, entdecken kann. Diesen Prozess nennt Jung „Wandlung." Er vollzieht sich z.B. auf dem Wege der Deutung von Bildern aus Träumen oder Mythen.

Wichtige anthropologische Voraussetzung ist die Spannung, die in jedem Menschen herrscht, zwischen der Neigung zur Introvertiertheit oder Extrovertiertheit, zwischen weiblichen (Anima) und männlichen

(Animus) Persönlichkeitsanteilen, vor allem aber zwischen dem „Ich“ und dem „Schatten.“ Das Bild vom Schatten verkörpert für Jung die dunklen Seiten jeder Persönlichkeit, wie Ängste oder Verfehlungen, die entweder ins Unterbewusste verdrängt oder auf einen anderen Menschen projiziert werden. Beide Verhaltensweisen hält Jung für defizitär. Ziel ist es, dem „Schatten“ ins Auge zu schauen und so die „Wandlung“, den Weg vom Ich zum Selbst zu vollziehen. Analogien zu religiösen Vollzügen wie Beichte und Absolution, Sterben, Auferstehen und Neuschöpfung drängen sich auf.

Nun lässt sich das Interpretationsmuster von Objekt- und Subjektstruktur durchaus auch auf die Auslegung biblischer Texte übertragen, wenn auch C.G. Jung selbst (das sei ausdrücklich vermerkt) keinerlei Anstalten in dieser Richtung unternommen hat. Er hat seine „analytische Psychologie“, wie er selbst das Verfahren nannte, nicht als Bibelhermeneutik verstanden. Dennoch lässt sich auch für bestimmte Bibeltexte eine Oberflächen- und eine Tiefenstruktur erheben. Auf der Oberfläche oder Objektebene schildert ein Text Ereignisse, die sich zwischen den handelnden Personen abspielen. In der Tiefe oder der Subjektebene wird dieses Geschehen durchsichtig für Vorgänge in der menschlichen Seele. Der Leser ist aufgefordert, sich mit einer „Ich-Figur“ zu identifizieren und sich mit ihr im Laufe der Geschichte auf den Weg zu seinem eigenen Selbst zu machen. Dabei wird der moderne Mensch durch die Interpretation der biblischen Bilder genötigt (man könnte auch sagen: es wird dem Leser ermöglicht), sich mit seinen eigenen Schattenseiten auseinanderzusetzen. Etwa wenn in Gen 4 Kain als Ich-Figur gewählt wird, der der Frage Gottes ausweicht und schließlich seinen Bruder Abel erschlägt, dann ließe sich im Sinne einer tiefenpsychologischen Bibelauslegung fragen, welche Abel-Anteile in uns erschlagen werden und ob sich Wege für einen Neuanfang eröffnen.

Die Geschichte von Jakobs Kampf am Jabbok bietet sich geradezu an für eine Auslotung der psychologischen Tiefenstruktur einer biblischen Geschichte. Auf der Objektebene wird berichtet, wie Jakob aus der Fremde heimkehrt und sich auf die Begegnung mit seinem Bruder Esau rüstet, den er Jahre zuvor um sein Erstgeburtsrecht betrogen hatte. Nachdem er Frauen und Kinder vorausgeschickt hat, schickt Jakob sich bei Nacht an, den Jabbok zu überqueren. Dort wird er von einem geheimnisvollen Mann überfallen, in dem die historische Exegese seit langem das religionsgeschichtliche Motiv des „Flussdämons“ erkannt hat, der die Furt bewacht. Das Ringen der beiden dauert bis an den Morgen. Vor dem Licht aber muss der „Dämon“ die Stätte verlassen. So sagt Jakob den berühmten Satz „Ich lasse dich nicht, es sei denn du segnest mich“ (Gen 32,27). Der Mann hatte Jakob vorher auf die Hüfte geschlagen und ihm einen bleibenden Gelenkschaden zugefügt, aber nun segnet er ihn, offenbart sich als der Gott Israels und gibt Jakob den neuen Namen „Israel.“ So kommt Jakob schließlich ans andere Ufer und begegnet tatsächlich seinem Bruder. Trotz der berechtigten Angst vor diesem gelingt ihm die Aussöhnung.

Auf der Subjektebene (oder in der Tiefenstruktur) ist die Geschichte voller Symbolbilder des kollektiv Unbewussten. Die Dunkelheit steht für eine der Schattenseiten der Hauptperson Jakob, die sich dem Leser als Ich-Figur zur Identifikation anbietet: Dunkelheit steht für Jakobs Angst, der er sich nicht stellen will (daher der hilflose Versuch, Frauen und Kinder dem Bruder entgegen zu schicken). Der Fluss ist ein Übergang, symbolisiert eine Situation der Entscheidung. Jakob muss sich Esau und damit vor allem seinem eigenen Betrug stellen, wenn er je damit fertig werden will. „Dämonen" sind überall in der Religionsgeschichte Bilder für Mächte, die den Menschen besetzen. Jakob kämpft mit sich selbst, er will die Dunkelheit überwinden. In der Tat scheut der Dämon das Licht. Entscheidend ist, dass Jakob eben kämpft, bis der Morgen tatsächlich anbricht. Der Kampf ist hart und geht nicht ab, ohne dass Jakob bleibende Schäden davonträgt. Aber am Ende steht er ihn durch und wird ein neuer Mensch, symbolisiert durch den neuen Namen Israel. Im Ringkampf des Jakob und seiner Begegnung mit seinem Bruder (Brüder stehen in der Tiefenpsychologie oft für konträre Anteile in ein und derselben Person) findet das Ich zum Selbst, indem es seine Schattenseiten annimmt und überwindet. Am Ende ist Jakob eine „integrierte" Persönlichkeit. Als Zugabe darf der Leser erfahren, dass in der Person des „Dämons" eigentlich Gott selbst am Werke war, der im Ringkampf dabei ist und am Ende durch den Akt des Segnens und des Namenswechsels Zukunft verheißt. Methodisch ist darauf zu achten, dass der Weg vom Ich zum Selbst, der in der biblischen Geschichte nur wenige Verse und kurze Zeit umfasst, im Leben des Lesers, der von dem Text zu einer ähnlichen „Wandlung" angestoßen wird, lange Zeiträume in Anspruch nehmen kann.

In den Kategorien M. Oemings gedacht, handelt es sich bei der tiefenpsychologischen Auslegung um eine „an den Lesern und ihren Welten orientierten Methode". Genau hierin liegt die größte Stärke dieses hermeneutischen Zugangs. Es wird unmittelbar Nähe zwischen dem Text und dem Leser hergestellt. Der „garstige Graben der Geschichte" (Lessing), den die historische Kritik oft erst richtig bewusst macht, wird überwunden, ja er verschwindet in der Erkenntnis: Dieser Jakob bin ich selbst! Eine zweite Stärke besteht darin, dass rein rationales, „verkopftes" Verstehen zugunsten einer ganzheitlichen Betrachtung in den Hintergrund tritt. Erfahrung, Einfühlungsvermögen und existenzielle Betroffenheit sind gefragt. Bevor man dieses Verfahren von einem bestimmten dogmatischen Standpunkt aus prinzipiell kritisiert, sollte man sich klar machen, dass im Grunde jeder fromme Bibelkreis eine ähnliche Zielrichtung verfolgt, wenn dort auch nicht das „Ich" zum „Selbst" findet und vom „kollektiven Unterbewusstsein" nie die Rede ist.

Eine Reihe kritischer Anfragen lassen sich an die tiefenpsychologische Hermeneutik stellen. So ist zum einen zu sehen, dass sich längst nicht alle biblischen Texte für eine solche Interpretation eignen. Erzählungen lassen sich leichter auf eine subjektive Tiefenstruktur befragen als Gesetzestexte, Weisheitssprüche oder Paulusbriefe. Sodann ist nach dem Umgang mit den Texten zu fragen: Ist wirklich die Tiefenstruktur das Wesentliche? Wollen Texte nicht auch das Geschehen auf der Objektebene berichten? Wo erhebt man noch, was wirklich in den Texten steckt, und wo fängt die freie Assoziation und Interpretation an? Schließlich besteht die Gefahr, dass die Identifikationen mit aktuellen menschlichen Befindlichkeiten ins Allgemeinmenschliche, vielleicht gar ins Banale abrutschen. Wenn dies auch sicher vor allem dort geschieht, wo „eben mal" tiefenpsychologisch interpretiert wird, ohne dass entsprechende Kenntnisse der Voraussetzungen und Methoden vorliegen. Schließlich ist die Jungsche Tiefenpsychologie von Voraussetzungen geprägt, die an eine eigene „Weltanschauung" grenzen. Um es salopp zu sagen: Muss ich eigentlich ans „kollektiv Unbewusste" glauben? Und zu guter letzt: Gott ist in dem System grundsätzlich entbehrlich. Als Bilder des kollektiven Unterbewusstseins können grundsätzlich ebenso gut Märchen und Mythen wie die Bibel dienen. Der entscheidende Vorgang spielt sich immer innerpsychisch auf dem Weg vom Ich zum Selbst ab, während der christliche Glaube gerade festhält, dass Gottes Reden ein Anstoß von außen ist. Dabei wird dem Menschen etwas komplett Neues über sich und sein Leben mitgeteilt, dass noch nicht irgendwo in ihm schlummert.

Insgesamt schließen diese Kritikpunkte nicht aus, dass eine einfühlsame Annäherung mithilfe psychologischer (es muss nicht immer *tiefen*-psychologisch sein) Fragestellungen verschiedene Texte neu aufschließt, ja für den einzelnen ganz neu zum Reden bringt. Insgesamt würde ich eine tiefenpsychologische Hermeneutik nicht für eine revolutionäre Alternative zu anderen Deutungsmöglichkeiten, sondern für eine punktuell mögliche Ergänzung halten. Die Fragestellung bedarf unbedingt der Ergänzung durch die historische Exegese, damit auch anhand des geschichtlichen Textsinns deutlich wird, dass es in der Vielfalt der biblischen Überlieferung um weit mehr geht, als dass der Mensch seine Angst überwindet oder zu sich selbst findet, wenn dies auch (in anderer Begrifflichkeit und ergänzt um den Aspekt des Gottesverhältnisses) als ein zentrales Anliegen immer wieder deutlich wird.

5.4 Feministische Bibellektüre

Es ist im Laufe der Überlegungen zum Thema Hermeneutik im allgemeinen und zum Verstehen der Bibel im besonderen schon mehrfach angeklungen, dass die Fragen, die an einen Bibeltext gestellt werden, die Art der Antworten erheblich mit bedingen. Das ist überhaupt nicht zu vermeiden und es ist auch prinzipiell nicht unangemessen, solange die Fragestellungen, die an die Bibel herangetragen werden, offen gelegt und immer neu kritisch reflektiert werden. Dies gilt für jede Form der Bibelauslegung und eben auch für die feministische Exegese, um die es im Folgenden gehen soll. Hierbei wird die Bibel bewusst aus der Perspektive von Frauen gelesen, die danach fragen, inwiefern die biblischen Vorstellungen über das Verhältnis von Mann und Frau, vor allem aber, wie die zweitausendjährige (vor allem männliche) Auslegung dazu gedient hat, Frauen auf bestimmte Rollen festzulegen, die scheinbar göttlich legitimiert sind und doch nur männlichem Herrschaftsstreben entspringen. Ziel ist also die Befreiung der Frau aus falschen Abhängigkeiten sowie das gleichberechtigte Miteinander von Männern und Frauen auch in Theologie und Kirche. Es gibt heute feministische Theologinnen in der katholischen und den evangelischen Kirchen, aber auch im Judentum.

Der Begriff „Feminismus“ ist in unterschiedlicher Weise ein Reizwort. Während die einen hierin den Aufbruch in eine neue „Heilszeit“ der selbst bestimmten Weiblichkeit erblicken, sehen die anderen darin den Generalangriff auf ihr bisheriges Weltbild, fühlen sich in die E-cke gedrängt oder fürchten um ihre bisherige Rolle. So halten die einen das Siegel „Feminismus“ als solches für ein Prädikat, wohingegen die anderen kategorisch alles ablehnen, was unter dieser Flagge segelt. Mit einem einfachen „dafür“ oder „dagegen“ ist es allerdings nicht getan, wenn man (und frau natürlich) sich mit dem Phänomen der feministischen Bibellektüre angemessen auseinandersetzen will. Es muss dann zunächst darum gehen, das Anliegen und die Art und Weise eines Umgangs mit der Bibel aus bewusst weiblicher Perspektive wahrzunehmen, bevor sich jeder und jede ein Urteil bildet. Dafür ist schon die Beobachtung wichtig, dass es „die“ feministische Hermeneutik so gar nicht gibt, sondern dass sich hier verschiedene Zugangsweisen zur Bibel differenzieren lassen. Manfred Oeming unterscheidet in seiner Einführung drei Typen, und eine neuere Überblicksdarstellung der feministischen Exegese bietet fünf verschiedene hermeneutische Ansätze.[23]

Die hier schon oft betonte Geschichtlichkeit der Bibel bringt es mit sich, dass sie auch bestimmte Vorstellungen über das Verhältnis von Mann und Frau transportiert, die heute zum Teil ganz andere sind. So hatten die „Patriarchen“ des Alten Testaments mehrere Haupt- und Nebenfrauen, die sie mit einem „Brautpreis“ käuflich erworben hat-

23 Vgl. Oeming, Biblische Hermeneutik, S. 129–139 und Marie-Theres Wacker, Geschichtliche, hermeneutische und methodische Grundlagen, in: L. Schottroff / S. Schroer / M.-Th. Wacker, Feministische Exegese, Forschungserträge zur Bibel aus der Perspektive von Frauen, Darmstadt 1995, S. 3–79.

ten. Auch das 9. und 10. Gebot zählen die Ehefrau ganz selbstverständlich zum Besitz des Mannes usw. Vor allem aber ist die Bibel wohl zum überwiegenden Teil von Männern geschrieben und dann auch ausgelegt worden, so dass die Perspektive des Mannes auch im Hinblick auf die Bibel stets als die „normale" verstanden wurde. In der feministischen Hermeneutik nehmen Frauen dies zunächst wahr, machen nachdrücklich darauf aufmerksam und ziehen dann teilweise recht unterschiedliche Schlüsse daraus.

Für *eine* Richtung feministischer Theologie ist die Bibel samt ihrer männlich dominierten Auslegung unrevidierbar frauenfeindlich. Das Gottesbild, das dort vermittelt wird, ist so durch und durch männlich und die kirchlichen Traditionen und Institutionen sind so maskulin dominiert, dass für die Entfaltung weiblicher Spiritualität kein Raum mehr bleibt. Vertreterinnen dieser Richtung wenden sich daher von der alten Bibel ab, suchen nach einem neuen Kanon heiliger Texte, mit denen sich Frauen identifizieren können. Dabei wird aus Gott „die Göttin" und anstelle der „Theo-logie" als Rede (oder Lehre) von Gott tritt eine „Thea-sophie" als Weisheit von der Göttin. Dem herrschenden Patriarchat wird das Ideal eines Matriarchats entgegengesetzt, das als weibliche, friedliche, liebevolle und weise Lebensform in ferner Vergangenheit einmal existiert haben soll. Vertreterinnen dieser Richtung feministischer Theologie, die ja eigentlich keine Theologie mehr ist, definieren sich selbst gelegentlich als „postchristlich". Aus Sicht der etablierten Theologen und Kirchenchristen lassen sich leicht Beispiele dafür finden, dass dieses Spektrum feministischer Hermeneutik als kritischer Gesprächspartner nicht mehr zu erkennen ist, da das Trennende überwiegt. Zu beachten ist aber immer, dass es sich hierbei nur um einen kleinen Ausschnitt aus der feministischen Theologie insgesamt handelt, die weiterhin zur sachlichen Auseinandersetzung nötigt. Was an klarer Abgrenzung gegen eine „Spiritualität des ewig Weiblichen", die Verehrung altorientalischer Göttinnen oder ähnlichem nötig ist, hat Manfred Oeming noch einmal in wünschenswerter Deutlichkeit auf den Punkt gebracht.[24] Hier soll es daher nicht um eine Polemik gegenüber einer extremen Spielart feministischer Hermeneutik gehen.

Die meisten feministischen Theologinnen verstehen sich selbst als in der biblischen Tradition stehend. Sie wollen den befreienden Im-

---

24 „Die These vom Urmatriarchat in biblischer Frömmigkeit, das von finsteren Männern der frühjüdischen und frühkirchlichen Theologiegeschichte heimtückisch ausgerottet worden sei, ist blühender Unsinn; die Auffassung vom Hohenlied als Ishtar-Kultdrama ist höchst unwahrscheinlich. Die Grenzen des Akzeptablen sind mit der Wiederauferstehung von exotischen Liebesgöttinnen und Kräuterhexen sowie von primitivem Aberglauben [...] weit überschritten. Im Namen weiblicher Spiritualität wird in *dieser* Ausformung Feministischer Theologie ein antibiblisches Neuheidentum etabliert, das kein Christ und keine Christin mittragen darf" (Oeming, Biblische Hermeneutik, S. 138f.).

puls des Evangeliums auch für die Emanzipation der Frau von männlicher Bevormundung fruchtbar machen. Dazu gehört in erster Linie, die Wurzeln der herkömmlichen Strukturen im Verhältnis von Männern und Frauen in der biblischen Überlieferung selbst und dann in der kirchlichen Auslegungstradition sichtbar zu machen. Sodann gilt es, „verschüttete" Texte in der Bibel wieder zu entdecken, in denen es in besonderer Weise um die Wertschätzung der Frauen oder um weibliches Selbstverständnis und den Glauben von Frauen geht. Konsequente und bewusste Lektüre der Bibel aus der Perspektive von Frauen ist das Proprium dieses Zugangs. Dazu bedient sich feministische Exegese keiner eigenen Methode (auch hier geht es vor allem um historische Rekonstruktion mit Mitteln der herkömmlichen Exegese), aber sie liest die Bibel bewusst „parteiisch" aus der Sicht von Frauen. Es geht also einerseits um die Aufdeckung von Strukturen der Ungerechtigkeit zwischen Männern und Frauen und darum, die Bibel als Quelle des Glaubens und der Spiritualität für Frauen neu zu entdecken.

Wer einmal mit dieser Perspektive die Schrift und ihre Auslegungsgeschichte besieht, macht erstaunliche, ja erschreckende Beobachtungen. Denn bis in die jüngste Vergangenheit sind bestimmte Vorurteile von Männern über Frauen in die Interpretation hinein geflossen. Immer wieder wird z.B. Eva, die sich im Paradies von der Schlange verführen ließ, als Beispiel für das verdorbene Wesen der „Frau an sich" herangezogen. So schreibt etwa Gerhard von Rad zur Rolle Evas: „Die Verführte wird zugleich zur Verführerin. Damit soll wohl angedeutet werden, dass das Weib den dunklen Lockungen und Geheimnissen, die unser umschränktes Leben umlagern, unmittelbarer gegenübersteht, als der Mann. In der Geschichte des Jahweglaubens haben gerade die Frauen immer wieder einen Hang zu dunklen Afterkulten gezeigt."[25] Hier wird verallgemeinert im Hinblick auf „die Frau an sich", die gleich noch zur „Täterin" gemacht wird. Nichts davon steht im Text! Ja, Gott macht das „Schuldverschiebespiel" gerade nicht mit, das Adam schon begonnen hat. Auch Paulus hält fest, dass die Sünde „durch Adam" in die Welt kam (vgl. Röm 5). Ich habe dieses Beispiel gewählt, weil selbst ein wirklich „großer" Exeget wie von Rad (den ich sehr schätze) hier offenbar einem Vorurteil aufsitzt und weil hier nicht „finsteres Mittelalter" vorliegt: Der Kommentar ist bis heute in aktuellen Auflagen im Buchhandel erhältlich. Die Tendenz, die sich hier abzeichnet, ist schon sehr alt und hat vermutlich an einigen Stellen sogar zu einem verändernden Eingriff in den Bibeltext selbst geführt: So schreibt Paulus in Röm 16,7: „Grüßt Andronikus und Junias, meine Stammverwandten und Mitgefangenen, die berühmt sind unter den Aposteln und schon vor mir in Christus gewesen

25 Gerhard von Rad, Das erste Buch Mose / Genesis, ATD 2–4, Göttingen [8]1967, S. 73.

sind.“ In der hier gebotenen Lutherübersetzung ist Junias ein Männername. Dazu findet sich bei Ulrich Wilckens die Anmerkung: „Während sämtliche Väter bis ins Mittelalter hinein selbstverständlich in Junia die Frau des Andronikus gesehen haben, hat sich das seit dem 13. Jh. […] schlagartig geändert; und seit Luthers Übersetzung […] ist in der protestantischen wie in der katholischen Exegese mit wenigen vereinzelten Ausnahmen ein männlicher Name ‚Junias' gelesen worden, obwohl es einen solchen in der gesamten Literatur sonst [!] nicht gibt.“[26] Der weibliche Vorname Junia dagegen ist häufig in der Antike. Aber offenbar war eine Frau als „Apostel“ nur schwer erträglich. Die neueste Ausgabe der Lutherübersetzung weist jetzt in einer Anmerkung auf den Sachverhalt hin. Auch dies dürfte eine Frucht feministischer Exegese sein, die in mancher Hinsicht sensibilisieren und den Blick schärfen kann.

Dies gilt nicht nur für das Aufweisen solcher „Schwachstellen“ männlicher Exegese, sondern auch für die Neu- und Wiederentdeckung des besonderen Umgangs Jesu mit den Frauen, von glaubenden Frauen als Identifikationsfiguren oder auch für den Hinweis, dass Gott im AT und NT eben nicht nur als „Vater“, sondern auch als „Mutter“ geschildert wird (vgl. Jes 66,13). So fällt besondere Aufmerksamkeit auf die namentliche Aufzählung einiger Jüngerinnen Jesu in Lk 8,1–3. Auch das Bekenntnis der Marta in Joh 11,27 bekommt in der Perspektive von Exegetinnen eine besondere Bedeutung. Sie bekennt: „Ja, Herr, ich glaube, dass du der Christus bist, der Sohn Gottes, der in die Welt gekommen ist.“ Dies entspricht beinahe wörtlich dem Bekenntnis des Petrus (Mk 8,29; Mt 16,16; Lk 9,20; Joh 6,69), das in seiner Bedeutung für die Theologie der Evangelien kaum überschätzt werden kann. Im Markusevangelium bildet die Erkenntnis, dass Jesus der Christus ist, die formale und sachliche Mitte. Hier, in Joh 11, wird diese Einsicht von einer Frau festgehalten. Besonders beeindrucken kann auch die sorgfältige Wahrnehmung von Frauengestalten und Frauenschicksalen im Alten und Neuen Testament, die scheinbar vergessene biblische Geschichten vor allem deshalb neu zum sprechen bringt, weil hier aus der Perspektive von Frauen gelesen wird (vgl. 2. Sam 13).

Dabei gibt es innerhalb der feministischen Exegese durchaus einen kritischen Dialog, z.B. über die „Befürchtung, historische Arbeit, die mit einer parteilich-feministischen Option verbunden sei, könne die antiken Sachverhalte nicht mehr adäquat wahrnehmen und verwechsele historisch-exegetische Rekonstruktion mit systematisch-theologischer Legitimation für die Forderung heutiger feministischer

26 Ulrich Wilckens, Der Brief an die Römer (Röm 12–16), EKK VI/3, Zürich/Neukirchen ^{3}2003, S. 135, Anm. 647.

Theologinnen“[27] (so eine Kritik von Feministinnen an Feministinnen).

Eine entscheidende Leistung feministischer Exegese scheint mir im Moment darin zu bestehen, dass konsequent auf die Geschlechterdifferenz beim Verstehen biblischer Texte aufmerksam gemacht wird. Unser biologisches Geschlecht (engl.: „sex“) und vor allem die gesellschaftliche und kirchliche Rolle, in die wir von daher hineingewachsen sind (engl.: „gender“) prägen als Teil unseres Vorverständnisses unser Verstehen mit. Dies bewusst zu machen, bedeutet einen Erkenntnisfortschritt. Oder: „Frauen lesen anders – Männer auch!“ Im Idealfall erschließen sie sich ihre Welt und ihr Verstehen gegenseitig. Wie bei jedem Vorverständnis besteht auch hier die Gefahr, dass es sich verselbständigt und das Verstehen komplett dominiert. Sicher: Die biblischen Texte und ihre Auslegung transportieren auch ein bestimmtes Verständnis des Verhältnisses von Mann und Frau. Aber ihr eigentliches Thema ist (ein wenig plakativ gesagt) das Verhältnis von Gott und Mensch (beiderlei Geschlechts). Es wird nicht immer ganz klar, inwiefern die Texte in feministischer Hermeneutik auf diesen Aspekt hin befragt werden und somit ihr eigentliches „Thema“ zur Sprache bringen können. Wie kann sich feministische Exegese im Ganzen der christlichen Theologie verorten und wie steht sie zu den grundlegenden Bekenntnissen des christlichen Glaubens? So kann die feministische Perspektive unser Verstehen der Bibel um einen wichtigen Aspekt erweitern. Aber es ist ein Aspekt, noch nicht das ganze Bild. Insbesondere da, wo in starker Vereinfachung die Gleichung „weiblich = gut“ aufgemacht wird (wenn etwa freudig entdeckt wird, dass die Frauen im Alten Israel in ihrer privaten Frömmigkeit neben Jahwe noch der Göttin Aschera opferten) oder wo aus „Feminismus“ eine eigene Konfession zu werden scheint, ist die ideologiekritische Auseinandersetzung zu suchen.

Zur Vertiefung:

Lesen Sie in 2. Sam 13 die Geschichte der Vergewaltigung der Tamar durch ihren Halbbruder Amnon und tauschen Sie sich nach Möglichkeit mit einem Partner/einer Partnerin anderen Geschlechts über ihre Leseeindrücke aus.

Nachbemerkung

Die vier Zugangsweisen, die in den Abschnitten des zurückliegenden Kapitels beschrieben wurden, stellen nur einen kleinen Ausschnitt aus der Fülle unterschiedlicher Ansätze moderner Bibelhermeneutik dar.

---

27 Wacker, Feministische Exegese, S. 45 als Referat der Kritik von Lone Fatum und Carolyn Osiek an Elisabeth Schüssler-Fiorenza.

Insbesondere die Auseinandersetzung mit neueren literaturtheoretischen oder rezeptionsästhetischen Zugängen scheint mir lohnend. Meines Erachtens kommt dem Miteinander von historisch-kritischer Exegese und der systematisch-theologischen Reflexion über die Schrift im Zusammenhang des christlichen Bekenntnisses heute eine Grund legende Funktion zu. Dabei sind beide Verstehensweisen aufeinander angewiesen. Die Dogmatik bedarf der historischen Forschung an der Bibel, damit ihre Aussagen nicht geschichtslos und die Bibel nicht zum „Steinbruch" vermeintlicher Belegstellen wird. Umgekehrt hat die Exegese die ständige kritische Rückbindung an Bekenntnis und christliche Lehre nötig, damit sie sich als Teil der rechenschaftsfähigen Selbstreflexion des christlichen Glaubens von der Religionsgeschichte abhebt. Methodisch hat sich die Exegese in den letzten 200 Jahren als extrem lernfähig erwiesen. Sie integriert neue Fragestellungen, ohne ihr Ziel, die historische Erforschung des Schriftsinns, aus den Augen zu verlieren (gewisse methodische Moden, die die eine oder andere Fragestellung überstrapazieren, darf man dann gelassen vorbeigehen lassen!). Eine wirkliche Alternative, die die Bibel „ganz anders" und nicht mehr in der historischen Perspektive auslegt, ist angesichts des modernen Geschichtsbewusstseins nicht in Sicht. Aber Tiefenpsychologie, Bibliodrama, feministische Hermeneutik o.a. bieten hier und da zusätzliche hilfreiche, gelegentlich (je nach Standpunkt) auch ärgerliche Impulse. Die kritische Sichtung dieser Fülle, die doch wohl mehr Reichtum als Last ist, bleibt dem Bibelleser nicht erspart.

6

Das Verhältnis von Altem und Neuem Testament

6.1 Braucht die Kirche das Alte Testament?

Die Frage mag dem unbefangenen Bibelleser seltsam erscheinen. Sind wir doch gewohnt, dass es sich bei der Bibel um die „ganze Heilige Schrift des Alten und Neuen Testaments“ handelt, wie der Untertitel mancher Bibelausgabe lautet. Auch Jesus sowie die neutestamentlichen Autoren haben selbstverständlich das Alte Testament als ihre „Heilige Schrift“ verstanden (ein NT gab es ja noch nicht). Dennoch ist in der Christenheit beinahe von Anfang an die Notwendigkeit des Alten Testaments infrage gestellt worden. Aus unterschiedlichen Gründen hat es bis ins 20. Jh. immer wieder Bestreitungen des ersten Teils der Bibel gegeben.

Der erste bedeutende christliche Gegner des Alten Testaments ist ein Mann namens Marcion, ein aus Kleinasien stammender Reeder, der in der jungen Kirche in der ersten Hälfte des 2. Jh.s zu einigem Einfluss gekommen war (besonders wohl als Sponsor der Gemeinde in Rom). Marcion hing einer Spielart der sog. Gnosis an, einer religiös-philosophischen Weltanschauung, die uns heute fremd vorkommt, damals unter den Christen aber einige Verbreitung fand. Demnach herrscht in der Welt ein strenger Dualismus, eine Zweiteilung zwischen sich ausschließenden Prinzipien wie Licht und Finsternis, Geist und Fleisch usw. Jesus ist in dieser Vorstellungswelt der vollkommene Sohn eines vollkommenen Erlösergottes. Dieser Erlösergott ist aber nicht denkbar als Schöpfer dieser realen Welt, die so offensichtlich unvollkommen ist. Eine Folgerung davon ist, dass der Schöpfergott des Alten Testaments, der so sehr in unvollkommenen irdischen Dingen verhaftet ist wie z.B. der wechselvollen und sündhaften Geschichte des Volkes Israel, nicht der Vater Jesu Christi sein kann. Das ist vielmehr ein anderer Gott. Daher sind auch dessen Schriften nicht als heilige Schriften der Jesus-Anhänger anzusehen. So lässt Marcion allein das Lukasevangelium und 10 von ihm „gereinigte“ Paulusbriefe als Bibel gelten. Das Alte Testament wird komplett abgeschafft, wobei ein antijudaistischer Unterton nicht zu überhören ist. Paradoxerweise (und zum Glück) ruft Marcion mit seiner Forderung als Reaktion der jungen Kirche ein Bekenntnis zum Alten Testament und zu verschiedenen neutestamentlichen Schriften hervor. Im Jahre 144 n.

Chr. wird Marcion aus der Kirche ausgeschlossen; die von ihm gegründete Sekte besteht aber noch bis ins 6. Jh. Ungewollt hat er die Kirche zur Reflexion ihres Verhältnisses zum AT herausgefordert und damit die christliche Kanonbildung befördert. Bis heute ist nicht ganz klar, wann die Sammlung der Schriften der Hebräischen Bibel abgeschlossen war. Noch zu Jesu Lebzeiten scheint auch im Judentum zumindest die Zugehörigkeit des Hohenliedes und Kohelets („Prediger Salomos") zum Kanon noch umstritten gewesen zu sein. Auch eine vollständige Aufzählung der Schriften, die heute zum Neuen Testament gehören, findet sich erstmals im 3. Jh.

Noch Martin Luther beklagt in seiner Vorrede zum Alten Testament von 1523: „Das Alte Testament achten etliche geringe, weil es dem jüdischen Volk allein gegeben und fortan zuende sei und nur von vergangenen Geschichten schreibe. Meinen, sie haben genug am Neuen Testament..."[28] Luther selbst war ein großer Freund und Ausleger des Alten Testaments, was ihm u.a. dadurch erleichtert wurde, dass er konsequent christologisch auslegte, d.h. Jesus Christus, der ja so erst im Neuen Testament auftaucht, im AT angekündigt fand, oder auch andere Dinge auf Christus hin deutete (von der Auslegung des sog. Protevangeliums in Gen 3 war oben bereits die Rede[29]).

Der traurige Tiefpunkt der Ablehnung des AT wurde in Deutschland 1933 erreicht, als bei einer Kundgebung der Deutschen Christen im Berliner Sportpalast der Gauobmann Krause die „Befreiung vom Alten Testament mit seiner jüdischen Lohnmoral, von diesen Viehhändler- und Zuhältergeschichten" forderte. Wie bei Marcion schlug aber diese Forderung in der Bekennenden Kirche und den lutherischen Kirchen zumeist in ein erneutes Festhalten am ersten Kanonteil um.

Die gewichtigste Anfrage an den Stellenwert des Alten Testaments für den christlichen Glauben und an eine Verhältnisbestimmung von Altem und Neuem Testament erfolgte aber wohl nicht aus theologischen oder ideologischen Gründen, sondern ergab und ergibt sich aus der konsequent historischen Betrachtung der Texte. Die Exegese der letzten 250 Jahre hat vor allem die historische Eigenständigkeit der alttestamentlichen Überlieferung sowie ihren geschichtlichen und sachlichen Abstand zum Neuen Testament und vor allem zu weiten Teilen der kirchlichen Rezeption ans Licht gebracht. So ist z.B. das zentrale Heilsgut für die Glaubenden des AT nicht das ewige Leben, sondern die Gabe des guten Landes Israel, ganz diesseitig verstanden. Ein Leben nach dem Tod oder eine Auferstehung der Toten begegnet im AT nur am Rande. Segen bedeutet das Mitsein Gottes und in erster

28 Luther Deutsch, Bd. 5: Die Schriftauslegung, S. 9.

29 Diese Deutung von Gen 3,15 findet sich beispielsweise bei Martin Luther, Eine Unterrichtung, wie sich die Christen in Mose schicken sollen (1525), in: Luther Deutsch, Bd. 5 Die Schriftauslegung, S. 93–109, hier S. 103. Diese Schrift lässt darüber hinaus einen sehr differenzierten Umgang Luthers mit dem Alten Testament erkennen. Davon wird noch zu reden sein.

Linie die Vermehrung irdischen Glückes (Nachkommen, Vieh, Landbesitz). Gott ist in erster Linie der Gott des Volkes Israels. Daher gibt es auch inneralttestamentlich den Gedanken der Mission allenfalls andeutungsweise. Vor allem aber begegnet Jesus Christus nicht im Alten Testament. Diejenigen Stellen, die das NT und die Christenheit als Weissagungen seines Kommens verstanden haben, *können* auch anders verstanden werden, wie die jüdische Auslegung bis heute zeigt, oder sind ursprünglich nicht als Ankündigungen des Messias gemeint gewesen. So bedeutet der hebräische Text von Jes 7,14 nicht, dass eine Jungfrau schwanger wird, sondern dass eine junge Frau (die Königin) einen Thronfolger gebären wird.

Diese und andere Beobachtungen machen zunächst den Abstand zwischen AT und NT bewusst. Der Alttestamentler Antonius H. J. Gunneweg hat dies auf die Formulierung gebracht, das Alte Testament sei „vor-christlich." Schon Luther hatte klar erkannt und scharf formuliert, dass nicht alles im Alten Testament einfach auch den Christen gelte. Berühmt geworden ist sein Satz: „Mose ist der Juden Sachsenspiegel"[30] aus seiner Unterrichtung, wie sich die Christen in Mose schicken sollen, also darüber, inwiefern das AT auch uns Christen gilt. Die alttestamentlichen Gesetze gelten für die Christen nach Luther nur, insofern sie einem allgemeinen Naturrecht entsprechen (wie die 10 Gebote) oder als vernünftig in hiesige Verhältnisse übertragen werden können (Luther nennt die Gabe des Zehnten), nicht aber schon deshalb, weil sie Gottes Wort sind: „Man muss nicht allein ansehen, ob es Gottes Wort sei, ob es Gott geredet habe, sondern vielmehr, zu wem es geredet sei, ob es dich treffe oder einen andern."[31] Aus dem allen ergibt sich für den christlichen Glauben und die Theologie die Notwendigkeit einer hermeneutischen Reflexion über das Alte Testament: In welchem Verhältnis steht es zum NT? Inwiefern ist es auch uns als Wort Gottes gesagt, oder anders: Gibt es über den „historischen Zufall" der Anknüpfung des Neuen an das Alte Testament hinaus einen sachlichen/theologischen Grund dafür, dass das AT den ersten Teil der christlichen Bibel bildet?

Die Exegese hat sich besonders seit dem Beginn des 20. Jh.s auf verschiedene Weise dieser Aufgabe gestellt. Zu einer vergleichsweise radikalen Lösung gelangte der Neutestamentler Rudolf Bultmann. Für ihn ist das Handeln Gottes in Christus etwas radikal Neues. In der Begegnung mit Christus ist die Existenz des Menschen „eschatologisch" betroffen, das heißt, der Mensch ist letztgültig mit Gott konfrontiert. Im Glauben an Christus öffnet sich diese Wirklichkeit endgültig zu Gottes Welt hin. Diesen eschatologischen, endgültigen Charakter der Begegnung mit Gott findet Bultmann im AT nicht. Er untersucht die Vorstellungen von „Bund", „Königsherrschaft Gottes" und „Volk

30 Luther Deutsch, Bd. 5: Die Schriftauslegung, S. 100.
31 Luther Deutsch, Bd. 5: Die Schriftauslegung, S. 104.

Gottes" im Alten Testament und kommt zu dem Schluss, dass nirgends die endgültige Begegnung mit Gott realisiert ist. Immer wartet man darauf, dass noch etwas Neues kommt. Insgesamt kommt das Alte Testament so nicht an sein Ziel, bleibt im ganzen Gesetz und ist das „Dokument eines Scheiterns." Aber in diesem „Scheitern" liegt auch eine „Verheißung"; denn der Glaubende weiß: es kommt noch etwas. So behält für Bultmann das AT seinen Wert als negative Folie für das NT.[32]

Diese Position konnte sich nicht durchsetzen; denn zum einen entspricht die von Bultmann allenthalben festgestellte „Vorläufigkeit" keinesfalls dem Selbstverständnis der Texte und zum anderen bleibt völlig unberücksichtigt, dass es eine ganze Reihe alttestamentlicher Texte gibt, die auch die Christen unmittelbar ansprechen und betreffen. In der Schöpfungsgeschichte, im Dekalog oder dem 23. Psalm finden unzählige Christen gerade ihren Glauben formuliert. Nun kann andererseits die persönliche Betroffenheit nicht zum Kriterium theologischer Urteilsbildung werden. Was den einen unmittelbar angeht, lässt den anderen vielleicht kalt. Und was ist mit den Texten im AT, die niemanden existenziell ansprechen (die Frage stellt sich auch fürs NT!)? Vielmehr muss die Hermeneutik des Alten Testaments zu einer rechenschaftsfähigen und überindividuell formulierbaren Bestimmung des Verhältnisses von AT und NT kommen.

Ich möchte dazu zwei Voraussetzungen nennen, die meines Erachtens für ein christliches Verständnis des Alten Testaments offen dargelegt werden müssen:

1. Wir lesen das AT um Christi willen und von Christus herkommend. Das hat Bultmann zu Recht betont. Das heißt: Das grundlegende Heilsereignis der Christen ist nicht die Befreiung aus Ägypten und die Gabe des Landes, sondern die Erlösung durch Christus am Kreuz und die individuelle Zueignung in der Taufe. Christus muss nicht mithilfe des AT als der Messias „bewiesen" werden, sondern vom Glauben an Christus als den Sohn Gottes her erkennen wir nun in bestimmten alttestamentlichen Texten den Hinweis auf ihn. Der Ausgangs- und Stand-Punkt einer christlichen Lektüre des Alten Testaments ist also das Neue Testament.

2. Dabei ist vorausgesetzt, dass der Gott, der in den alttestamentlichen Texten redet, der Vater Jesu Christi ist. Dass in beiden Testamenten derselbe Gott redet, entbindet nicht von der sorgfältigen Frage danach, wer der (ursprüngliche) Adressat eines bestimmten Bibelwortes ist. Aber Christen entdecken nun im AT Aspekte „ihres" Gottes, die sich so im NT nicht finden und die doch für das christliche Reden von Gott nicht entbehrlich sind.

32 Vgl. Rudolf Bultmann, Weissagung und Erfüllung, in: C. Westermann (Hg.), Probleme Alttestamentlicher Hermeneutik, TB 11, München 1960, S. 28–53.

Dies sind nicht in erster Linie historische Urteile, sondern Glaubenssätze, bewusste Formulierungen eines christlichen Vorverständnisses bei der Lektüre des AT. Die eigentliche hermeneutische Arbeit beginnt mit der Formulierung solcher Voraussetzungen erst. Auch ist historisch natürlich nicht zu erweisen, dass das Alte Testament *notwendigerweise* auf das Neue zuläuft. Die jüdische Schriftauslegung zeigt, dass es auch anders geht. Aber auch innerchristlich werden neuerdings Alternativen formuliert zu einem Verstehen des AT, das bewusst von einem konfessionell christlichen Standpunkt aus geschieht.

So weist der katholische Alttestamentler Erich Zenger mit Nachdruck darauf hin, das Alte Testament könne „in sich" bestehen und bedürfe der Ergänzung durch das NT nicht. Daher müssten auch Christen den ersten Kanonteil zunächst so verstehen, als ob es kein Neues Testament gäbe. AT und NT würden erst danach in der Perspektive des Lesers in einen innerkanonischen Dialog eintreten, sich gegenseitig fruchtbar ergänzen oder widersprechen. Zenger erhofft sich davon auch einen unbefangeneren Dialog zwischen Christen und Juden, da ja nun die Christen die jüdische Bibel nicht von vornherein christologisch vereinnahmten. Um die Vorstellung zu vermeiden, das jüdische Verständnis der Schrift sei „veraltet", schlägt Zenger eine Umbenennung von Altem in „Erstes Testament" vor.[33]

Der Ansatz birgt eine Reihe von Problemen, vor allem aber scheint er eine neue Spielart der Auffassung zu sein, Verstehen könne so geschehen, dass man sich von einem Vorverständnis komplett frei macht. Meines Erachtens kann und soll aber christliche Theologie und Exegese das Vorverständnis „Christus" nicht ablegen. Besser, es wird von vornherein klar formuliert und immer wieder kritisch reflektiert, als dass es sich „durch die Hintertür" einschleicht. Dies kann auch dem christlich-jüdischen Dialog gut tun.

Zur Vertiefung:

Lesen Sie sorgfältig das 3. Kapitel des zweiten Korintherbriefes. Dort begegnet zum ersten Mal die Formulierung „altes Testament." Versuchen Sie anhand des Kontextes, eine oder mehrere Bedeutungen der Wendung „altes Testament" bei Paulus zu erschließen!

33 Vgl. Erich Zenger u.a., Einleitung in das Alte Testament, Stuttgart ^{4}2001, S. 11–35.

6.2 „Verheißung und Erfüllung“ und „Typologie“

Bereits im Neuen Testament findet sich nicht nur eine Art oder Methode der Anknüpfung an das Alte Testament. Vielmehr liegen unterschiedliche Modelle vor, wie die neutestamentlichen Schriftsteller das Handeln Gottes in Christus als Fortführung der im AT verkündigten Botschaft verstehen. So betont der Evangelist *Lukas* (der zugleich als Verfasser der Apostelgeschichte gilt) die *heilsgeschichtliche Kontinuität* zwischen alttestamentlichem und neutestamentlichem Gottesvolk. Sein Evangelium beginnt und endet im Tempel im Jerusalem, dem Ort der Gegenwart Gottes. Im Eingangsteil finden sich mit dem Lobgesang des Zacharias, der Maria und des Simeon drei hymnische Texte, die formal und inhaltlich an die Psalmen anknüpfen. In der Apostelgeschichte wird der Übergang des Evangeliums von Israel an die Heiden bewusst als Neuerung thematisiert. Ausgangspunkt aller Verkündigung bleibt Jerusalem. Der Evangelist *Matthäus* stellt das Leben Jesu in betonter Weise nach dem Schema *Verheißung und Erfüllung* dar. Immer wieder kommentiert er Geschehnisse aus Jesu Leben mit den Worten „... dies geschah, damit erfüllt würde, was von dem Propheten XY gesagt wurde...“ *Paulus* findet zwischen AT und Christusbotschaft *typologische Entsprechungen*: So wie durch Christus die ganze Welt gerettet wird (Antitypos), so ist sie einst ganz durch Adam (Typos) verloren gegangen (vgl. Röm 5). Ähnlich verfährt der *Hebräerbrief*: Wie der Melchisedek ein besonderes Priestertum anvertraut bekam (Typos vgl. Gen 14), so ist Christus in besonderer Weise Hohepriester für uns (Antitypos vgl. Hebr 7). Bei *Paulus* findet sich aber auch die Methode der *Allegorese*, nach der hinter dem wörtlichen Sinn einer alttestamentlichen Schriftstelle noch ein geheimer „geistlicher“ Sinn zu entdecken ist, wenn z.B. der Durchzug der Israeliten durch das Schilfmeer auf die Taufe zu deuten ist oder der Felsen in der Wüste bereits Christus gewesen sein soll (vgl. 1. Kor 10). Solche Allegorien bietet auch der Hebräerbrief in Hülle und Fülle.

Diese Liste, die sich leicht noch um anderes erweitern ließe, zeigt im vorliegenden Zusammenhang folgendes: Erstens ist bereits innerhalb des Neuen Testaments nicht nur eine einzige Möglichkeit gegeben, an das alttestamentliche Zeugnis von Gott anzuknüpfen. Vielmehr gibt es offenbar eine gewisse Bandbreite der Annährungen an das Alte Testament. Zweitens ist auch zu bedenken, dass heute nicht einfach eine oder mehrere Methoden oder hermeneutische Ansätze aus dem Neuen Testament übernommen werden können, wenn denn die alttestamentlichen Texte auch ihre ursprüngliche Botschaft sagen sollen, bzw. ihren historischen Textsinn nicht einfach einbüßen dürfen. Dann ist z.B. wahrzunehmen, dass manche Texte, die der Evangelist Matthäus von Christus her als Weissagung wahrnimmt, inneralttestamentlich gar nicht als Verheißung gemeint waren. Eine allegorische

Deutung alttestamentlicher Texte scheint zu sehr von der Phantasie des jeweiligen Auslegers abzuhängen. Schon Luther hat sie daher im Grundsatz abgelehnt (im Einzelfall aber dennoch betrieben) und stattdessen für den Wortsinn einer Bibelstelle plädiert. Dennoch haben an die neutestamentlichen Leseweisen des Alten Testaments auch verschiedene moderne christliche Exegeten angeknüpft. Wie dies unter den Bedingungen heutiger Bibelwissenschaft rechenschaftsfähig geschehen kann, soll am Beispiel neuerer Verwendungen des Schemas „Verheißung und Erfüllung" und der „Typologie" gezeigt werden. Die dargestellten Positionen bilden zwar nicht mehr den aktuellsten Stand der Debatte, waren aber über lange Zeit beherrschend und üben bis heute gewaltigen Einfluss auf die christliche Hermeneutik des AT aus.

„Wohl, das Alte Testament läßt sich nicht anders lesen, als das Buch einer ständig wachsenden Erwartung", so Gerhard von Rad am Beginn seiner hermeneutischen Überlegungen in seiner „Theologie des Alten Testaments."[34] Mit der Formulierung der „ständig wachsenden Erwartung" greift von Rad das Thema Verheißung und Erfüllung unter einer neuen Perspektive auf. Es geht nun nicht mehr lediglich darum, dass sich im AT „Verheißungen" vor allem des Messias finden, die dann im NT als „erfüllt" betrachtet werden können (vor allem in Christus). Vielmehr lässt sich bereits innerhalb des Alten Testaments eine wachsende Spannung erheben, die sich aus dem produktiven Miteinander von Verheißungen Gottes und deren Eintreffen ergibt. So wird etwa dem Abraham verheißen, er solle „ein großes Volk" werden und seinen Nachkommen solle das Land Kanaan als Besitz gehören (vgl. Gen 12,2+7). Isaak und Jakob gegenüber werden diese Verheißungen Gottes wiederholt, ja die gesamte Erzvätererzählung des Buches Genesis erhält durch das Thema Verheißung ihre treibende Dynamik und ihren Spannungsbogen: Wie wird es Gott gelingen, seine Verheißung zu erfüllen angesichts all der geschilderten Wirrungen und Irrungen? Schließlich geschieht die Landnahme unter Josua und die alten Verheißungen könnten gleichsam als „erfüllt" abgehakt werden. Aber die Verheißung ist weiter tradiert worden und hat neue oder erneuerte Erwartungen aus sich entlassen. Als Israel im Jahre 587 v.Chr. ins babylonische Exil musste, ist die Landverheißung ganz neu gehört worden. Aber auch nach der Rückkehr aus der Verbannung konnte die mühsame Wirklichkeit im nachexilischen Israel die großen Erwartungen nicht wirklich erfüllen, so dass eine neue Erwartung nach heilvollem Handeln Gottes erwuchs. Ähnlich verhielt es sich mit dem Königtum. In 2. Sam 7 ergeht die Verheißung ewiger Herrschaft auf dem Throne Davids, aber das „real existierende Königtum" in Israel erweist sich als durch und durch menschlich und

34 Gerhard von Rad, Theologie des Alten Testaments, Bd. 2: Die Theologie der prophetischen Überlieferungen Israels, München ^{9}1987, S. 339.

führt das Volk schließlich in die Katastrophe des Exils. So wird die alte Verheißung neu gehört. Nur ein Messias, der die Königsherrschaft Gottes aufrichtet, schien die Weissagung wirklich erfüllen zu können. Wenn also die neutestamentlichen Autoren dann Christus als die letztendliche Erfüllung alttestamentlicher Verheißungen verstehen, so knüpfen sie methodisch eigentlich nur an einen Prozess an, der bereits inneralttestamentlich zu beobachten ist, und zwar ist dieser Vorgang der fortschreitenden Neuinterpretation der historisch-kritischen Exegese zugänglich. Von diesem Standpunkt aus erscheint das Vorgehen der neutestamentlichen Schriften weit weniger willkürlich als zunächst anzunehmen ist. Dies gilt, auch wenn die Exegese in einzelnen Fällen nicht immer nachvollziehen kann, warum gerade dieser oder jener Text im NT als „Verheißung" gedeutet wird. „Das, was die Theologie Weissagung nennt, ist doch einfach die Entdeckung, daß die alten Worte mit ihrer Aussage bis hin zu Christus reichen, ja, daß sie erst in ihrer Bezogenheit auf ihn zu ihrer eigentlichen Aussage kommen. Der Unterschied ist nur der, daß die Alten vor allem auf diesen letzten, durch Christus aktualisierten Gehalt der alten Worte ausgingen, während wir, geschichtlicher geschult, um beide Verstehensmöglichkeiten wissen, die christliche und die vorchristlich-alttestamentliche."[35]

Der Ansatz von Rads war lange Zeit prägend für die evangelische Hermeneutik des Alten Testaments, hat aber auch einige scharfe Kritiker gefunden. So warf Antonius Gunneweg seinem Kollegen von Rad vor, das Alte Testament würde bei ihm zu einer zweitrangigen „Vorstufe" des Neuen Testaments. Dabei verlören die einzelnen Texte ihren ganz eigenen geschichtlichen Sinn und würden zu vorläufigen Punkten auf einer Linie, die erst im Neuen Testament und bei Christus wirklich interessant würde. „Die Linie hat keinen Eigenwert"[36], so bringt Gunneweg seine Kritik an einer vermeintlichen theologischen Überhöhung (überlieferungs-)geschichtlicher Linien auf den Punkt. Gunneweg selber möchte einen rechenschaftsfähigen Zusammenhang zwischen Altem und Neuem Testament (neben einem vom AT bestimmten „Sprachraum") vor allem in einer „Existenztypologie" zwischen den Testamenten sehen. Hierbei handelt es sich um eine Spielart der ursprünglich von R. Bultmann dargelegten existenzialen Interpretation biblischer Texte. Allerdings vermag Gunneweg Bultmanns Urteil über das AT als „Dokument des Scheiterns" nicht zu teilen. Vielmehr müssten alttestamentliche Texte zunächst historisch-kritisch verstanden und dann auf ihr Daseinsverständnis hin befragt werden, das als solches mit dem neutestamentlichen und auch mit dem modernen Daseinsverständnis des Menschen verglichen und ins Gespräch ge-

35 Rad, Theologie, Bd. 2, S. 408f.

36 Antonius H. J. Gunneweg, Vom Verstehen des Alten Testaments. Eine Hermeneutik, GAT 5, Göttingen ^{2}1988, S. 170.

bracht werden könne. „Es ist ja möglich, die sich gleich bleibenden oder auch sich wandelnden Daseinshaltungen, die sich in den alttestamentlichen Überlieferungen artikulieren, religionshistorisch zu beschreiben, sie zu interpretieren, mit gegenwärtigen Daseinshaltungen zu vergleichen und zu konfrontieren und theologisch an der neutestamentlichen Botschaft zu messen."[37]

Damit steht Gunneweg, trotz mancher kritischer Anmerkungen, selbst wohl auf der Seite derjenigen Exegeten, die den Zusammenhang zwischen AT und NT in einer typlogischen Entsprechung sehen. Unter der Voraussetzung, dass in beiden Testamenten derselbe Gott redet, „sieht die Typologie die Analogie der Offenbarung Gottes und des menschlichen Existierens vor ihr."[38] Auch wenn im Alten Testament im Wortsinn von Christus noch nicht die Rede ist, besteht eine Strukturanalogie im Dasein des Menschen vor Gott. Auch der alttestamentliche Mensch sieht sich selbst, Gott und die Welt in der Spannung von Sünde und Vergebung. Daher können viele Psalmen von Christen spontan als typische Äußerungen auch ihrer Klage, ihrer Buße und ihres Lobes verstanden werden. Daher erscheint ein Wort wie Jes 43,1 „Fürchte dich nicht, ich habe dich erlöst..." unmittelbar ansprechend, und daher wird ein antiker Mensch wie Abraham zum typischen Glaubenden (vgl. Gen 15,6 und die Interpretation bei Paulus in Gal 3 bzw. Röm 4). Auf diese Weise bringt das Alte Testament eigene Aussagen für das Glaubensleben der Christen ein, die so im NT nicht zu finden sind.

So gilt zwar für die christliche Frage nach „typischen" Äußerungen des Glaubens im Alten Testament, dass Christen immer schon vom Neuen Testament herkommen und immer schon vom Glauben an Christus her das AT verstehen wollen. Von dieser Voraussetzung her kann gesagt werden, das Alte Testament könne nur vom Neuen her richtig verstanden werden. Damit dieser Satz aber nicht falsch wird, muss er immer ergänzt werden durch die Aussage: Das Neue Testament kann nur vom Alten her *vollständig* verstanden werden. Denn der Glaube an Christus ist nicht „vom Himmel gefallen", sondern der Vater Jesu Christi ist derselbe Gott, der schon vorher in der Geschichte an Menschen gehandelt hat. Was im AT „typisch" für den Glauben ist, ergänzt das Neue Testament notwendigerweise. Erst ein Blick von beiden Seiten ergibt das vollständige Bild.[39]

Man kann gegen die Typologie einwenden, dass nicht klar wird, wie man eigentlich eine „Daseinshaltung" „hinter" den Texten metho-

---

37 Antonius H. J. Gunneweg, Biblische Theologie des Alten Testaments. Eine Religionsgeschichte Israels in biblisch-theologischer Sicht, Stuttgart 1993, S. 31.

38 Hans Walter Wolff, Zur Hermeneutik des Alten Testaments, in: C. Westermann (Hg.), Probleme Alttestamentlicher Hermeneutik, TB 11, München 1960. S. 140–180, hier S. 170.

39 Vgl. Diethelm Michel, Israels Glaube im Wandel. Einführungen in die Forschung am Alten Testament, Berlin 1968, S. 288.

disch sauber erhebt. Hier scheint allzu viel an der Intuition der Bibelleser oder Ausleger zu liegen. Auch spricht ja ein Wort wie Jes 43,1 ursprünglich nicht zu einem frommen Individuum, sondern zum Volk Israel in der Verbannung. Bleibt hier nicht doch der historische Textsinn auf der Strecke? Überdies könnte die Suche nach „Typischem“ im AT zu einer (subjektiven) Auswahl führen, die alles unbeachtet lässt, was der eigenen Daseinshaltung fremd erscheint. Dennoch wird bewusst oder unbewusst in der christlichen Auslegung des AT bis heute viel „typologisiert“, was schon darin begründet sein dürfte, dass christlicher Glaube und Theologie das AT nie nur als historisches Dokument begreift, sondern nach Anknüpfungspunkten für die Interpretation der eigenen Lebenswelt vor Gott fragt. Und schon Luther sah eine Möglichkeit der christlichen Interpretation des Alten Testaments in den vielen Beispielen des Glaubens, aber auch des Unglaubens, die sich darin finden – auch eine Art typologische Exegese.[40]

Die dargelegten Möglichkeiten der Verhältnisbestimmung von Altem und Neuem Testament haben die (evangelische) Theologie auf diesem Feld in den letzten Jahrzehnten mit geprägt. Sie deuten jedenfalls die Komplexität des Problems an, das seither immer wieder neu in Dogmatik und Exegese durchdacht wurde und wird. Dazu abschließend noch einmal Diethelm Michel:

„Der von Christen geglaubte Zusammenhang AT-NT ist so vielfältig und geheimnisvoll, daß man alle Versuche, ihn zu erfassen und darzustellen, als tastende Annäherungen begreifen sollte. Hier ist etwas, was unser Denken übersteigt und was also zu immer neuem Durchdenken herausfordert. Eines aber sollte klar sein: Für Christen wird das, was ihren Glauben begründet, im Neuen Testament berichtet. Sie lesen das Alte Testament als ein für ihren Glauben relevantes Buch, weil es als mit der durch das Neue Testament gesetzten Norm übereinstimmend angesehen werden kann. Insofern hat das Neue Testament für das Alte eine normative Funktion. Andererseits ist aber gerade wegen der erkennbaren (und zu glaubenden) geschichtlichen Entwicklung das Neue Testament nicht frei schwebend, gewissermaßen im luftleeren Raum entstanden, sondern als Fortführung der im Alten Testament berichteten Gottesoffenbarung. Deshalb können Christen auf das Alte Testament nicht verzichten. Es hat ‚fundamentale‘ Bedeutung für das Neue Testament, insofern gerade die Besonderheiten, die das Neue Testament von seiner Umwelt unterscheiden (Geschichtsverständnis, Ethik, Monotheismus), aus dem Alten Testament stammen. In diesem Sinne hat das Alte Testament für das Neue fundamentale Bedeutung; ohne Schaden können Christen nicht auf das Alte Testament verzichten.“[41]

---

40 Vgl. Luther Deutsch, Bd. 5: Die Schriftauslegung, S. 107.

41 Diethelm Michel, Annäherungen. Gedanken zum Problem der fundamentalen Bedeutung des Alten und der normativen Bedeutung des Neuen Testaments, in:

Zur Vertiefung:

Rekapitulieren Sie die hier dargestellten Möglichkeiten der Verhältnisbestimmung von AT und NT mit Stärken und Schwächen anhand folgender Zitate: „Wohl, das Alte Testament läßt sich nicht anders lesen, als das Buch einer ständig wachsenden Erwartung“ (Gerhard von Rad). „Die Typologie sieht die Analogie der Offenbarung Gottes und des menschlichen Existierens vor ihr“ (Hans Walter Wolff).

6.3 Altes und Neues Testament in „Theologischer Reflexionsgeschichte“

Die Hermeneutik des Alten Testaments befasst sich eigentlich immer mit der Frage, inwieweit das Alte Testament als ein christlicher Text gelesen werden kann, wie also für die christliche Gemeinde hier ein gegenwärtig geltendes Wort zu hören ist, wenn gleichzeitig die Einsicht in die Geschichtlichkeit der Texte nicht aufgegeben werden soll. Dass es nun für die Lösung dieser Fragestellung eine Fülle unterschiedlicher Ansätze gibt, hängt vor allem mit der einen Tatsache zusammen, die der christlichen Kirche und Theologie in den vergangenen zweihundert Jahren immer deutlicher ins Bewusstsein getreten ist: Das Alte Testament ist, ebenso wie das Neue, ein historisch bedingter Text. Es ist zu einer bestimmten geschichtlichen Zeit entstanden und redet zu konkreten Menschen, die unter bestimmten geschichtlichen Bedingungen lebten. Hier steht nicht ein Wort Gottes als zeit-lose Wahrheit unverrückbar da. Vielmehr sagen z.B. die Propheten das Wort Gottes in einer bestimmten und bestimmbaren historischen Situation als Zeitansage für ihre Zeitgenossen. Für den Exegeten geht es nicht mehr an, etwa ein Prophetenwort kommentarlos neben eine Aussage Jesu aus dem Matthäusevangelium oder ein Pauluszitat zu stellen, um daraus eine überzeitliche aber ebenso ahistorische theologische Wahrheit zu erheben. Vielmehr ist die Tatsache, dass uns aus der Bibel heute über einen Abstand von zweitausend Jahren hinweg immer noch Gottes Wort für unsere Zeit und unser Leben erreicht, selbst als ein geschichtliches Phänomen wahrzunehmen. Theologische Schriftauslegung richtet ihr Augenmerk zunehmend auf die Auslegungs- und Wirkungsgeschichte biblischer Texte und versucht den Weg nachzuzeichnen, auf dem ein Wort Gottes aus der Bibel über

---

ders., Studien zur Überlieferungsgeschichte alttestamentlicher Texte hg. von A. Wagner, A. Müller, R.G. Lehmann, A. Diesel, J.F. Diehl und A. Behrens, TB 93, Gütersloh 1997, S. 69–88, hier S. 88.

seinen ursprünglichen historischen Ort hinaus bleibenden Relevanz für die Glaubenden durch die Zeiten gewonnen hat und neu gewinnt.

Ich möchte diesen Weg, den biblische Aussagen durch die Zeiten nehmen, als *Theologische Reflexionsgeschichte* bezeichnen und diese an einigen alttestamentlichen Beispielen nachzeichnen. Im Zuge einer solchen Theologischen Reflexionsgeschichte kann es geschehen, dass einem alttestamentlichen Text ursprünglich intendierte Aussagegehalte „abhanden" kommen bzw. an Relevanz verlieren. Dafür werden neue Sinndimensionen des Textes durch neue inneralttestamentliche oder gesamtbiblische Kontexte erschlossen. Noch einmal sei in diesem Zusammenhang an Gerhard von Rad angeknüpft: Erkennt die wissenschaftliche Exegese in zunehmenden Maße den historischen Charakter der biblischen Texte, so gewinnt sie für von Rad damit gleichzeitig die Erkenntnis, dass die Geschichte der Ort und das Kontinuum göttlichen Redens und Handelns ist. Damit bedeutet aber die Erkenntnis der Geschichtlichkeit der Bibel nicht lediglich einen Verlust der Unmittelbarkeit zu biblischen Texten, die nun als historisch bedingt erkannt werden, sondern zugleich einen Gewinn: Gott redet eben nicht „über-zeitlich", sondern in diese Zeit und Welt hinein. Dann aber wird die geschichtliche Entwicklung, die sich in alttestamentlichen Texten erkennen lässt, selbst zu einer für Theologen und Christen spannenden Angelegenheit. Dann lassen sich in Texten oder Themenkomplexen des AT *geschichtliche Entwicklungen* aufzeigen, die *theologisch relevant* sind und die sich auf die konkrete Geschichtlichkeit der Einzeltexte ausgewirkt haben. Dabei darf nicht der historisch ursprüngliche Sinn eines Textes gegen seinen theologischen Stellenwert im Rahmen einer geschichtlichen Entwicklung ausgespielt werden. Vielmehr können sowohl die konkreten Texte als auch die Entwicklungslinie, die die Konkretheit der Texte ja mit bedingt, als theologisch relevant betrachtet werden. Dies gilt natürlich nur insofern, als sich die eben erwähnte theologische Reflexion auf exegetischem Wege sichtbar machen lässt. Dass dies möglich ist, soll im Folgenden an zwei Beispielen verdeutlicht werden.

Das erste Beispiel soll noch einmal Psalm 2 sein, von dem ja oben schon die Rede war. Dieser Psalm hatte seinen ursprünglichen Sitz im Leben wohl bei der Inthronisation eines neuen Königs in Jerusalem. Im NT ist Ps 2 dann in verschiedener Hinsicht auf Jesus als den Christus gedeutet worden (auf ihn wird z.B. bei der Taufe Jesu angespielt, vgl. Mt 3,17ff.). In rein historisch-kritischer Perspektive muss diese Aufnahme des Psalms als Weissagung ziemlich willkürlich anmuten, denn der Text wollte ursprünglich keine Ankündigung des Messias sein. Dennoch hat die neutestamentliche messianische Interpretation eine alttestamentliche Vorgeschichte. Um dies zu verdeutlichen, muss auf die Überlieferungsgeschichte des Psalters eingegangen werden. Die Psalmen, die uns das AT überliefert, sind nicht aus „historischem Interesse" gesammelt worden, sondern weil sie einen Sitz im Leben des alten Israel hatten, weil mit ihnen gebetet wurde. Warum ist dann aber ein Text wie Ps 2, der ursprünglich vielleicht in das Thronbesteigungsritual, nach dem Ende des Königtums und der Zerstörung Jerusalems 587 v. Chr. in Israel bewahrt worden und nicht, wie sicher viele andere Psalmen, in Vergessenheit geraten? „Hier zeigt sich ein für das Verständnis der Königspsalmen wichtiger Tatbestand: die Königspsalmen sind in einem bestimmten Stadium des Sammlungsprozesses einzeln aufgenommen und einzeln Sammlungen an- oder zugefügt worden; offenbar nicht mehr in ihrer ursprünglichen kultischen Bedeutung für den jeweils regierenden König, sondern schon in der *sekundären messianischen* Deutung.“[42]

Dass diese Deutung des Psalms auf den Messias „sekundär“ ist, also gegenüber dem ursprünglichen Sinn nachträglich erfolgte, lässt sich auch am Wortlaut von Ps 2 verdeutlichen. Ich drucke den Text der ersten drei Verse des Psalms hier einmal so ab, dass das „Versmass“ des hebräischen Wortlautes erkennbar wird:

„1 Warum toben die Heiden
und murren die Völker so vergeblich?
2 Die Könige der Erde lehnen sich auf, /
und die Herren halten Rat miteinander
wider den HERRN und seinen Gesalbten:
3 ‚Lasset uns zerreißen ihre Bande
und von uns werfen ihre Stricke!‘“

Es fallt dann auf, dass die Verse 1 und 3 (wie *alle* übrigen Verse auch) zweigliedrig sind, während Vers 2 in einem dritten Glied eine inhaltlich bedeutsame Erweiterung enthält. Die meisten Ausleger nehmen an, dass es sich bei dem Satz „wider Jahwe und seinen Gesalbten“ um eine spätere Zufügung handelt, die aus einer Zeit stammt, in der Ps 2 bereits im Hinblick auf den „Messias“, eben den Gesalbten, verstanden wurde. So ließe sich der geschichtliche Bedeutungswandel auch mit dem Handwerkszeug der Exegese aufzeigen. Ähnliches gilt für V. 12. Dort könnte die Formulierung „Wohl allen, die auf ihn trauen!“ eine spätere Zufügung sein und zwar aus einer Zeit, in der bereits Ps 1 und Ps 2 die Sammlung der Psalmen eröffneten. Die Wendung „Wohl allen, die auf ihn trauen!“ wäre dann eine bewusste Anknüpfung an Ps 1,1 : „Wohl dem, der nicht wandelt im Rat der Gottlosen...“ Dafür spräche außer dem „Versmass“ von Ps 2,12 zweierlei: Zum einen sind im Hebräischen „Wohl-Sprüche“ fest geprägte und bewusst gesetzte Sprachformen, und zum zweiten sind solche „Stichwortanknüpfungen“ zum Zwecke der Verbindung unter-

42 Claus Westermann, Zur Sammlung des Psalters, in: ders., Forschung am alten Testament. Gesammelte Studien, TB 24, München 1964, S. 336–343, hier S. 342 [Hervorhebung von mir].

schiedlicher Texte im AT ein durchaus geläufiges Mittel. Sind beide Psalmen, wie angedeutet, miteinander verbunden, so deutet das darauf hin, dass nicht nur Ps 1 (Tora), sondern auch Ps 2 (Messias) als eine Art Überschrift/Leseanleitung für den ganzen Psalter gedacht gewesen ist. Dann aber wäre die Messiasvorstellung im AT doch bedeutender, als in der historischen Exegese bisweilen angenommen wird.

Sicher lässt sich darauf verweisen, dass das eben in Anschlag gebrachte messianische Verständnis von Ps 2 sekundär ist. Ich frage allerdings, ob man sich nach den obigen Überlegungen exegetisch allein auf das Erheben des *ursprünglichen* Sinnes eines Textes beschränken darf, wenn sich bereits *inneralttestamentliche* Neuinterpretationen aufweisen lassen. Geschichtlicher Wandel (das Königtum in Israel verschwindet) schlägt sich als theologische Reflexion (Königspsalmen werden messianisch gedeutet) in alttestamentlichen Texten theologisch relevant nieder.

Das Thema der messianischen Interpretation der Königspsalmen leitet über zum Beispiel der Messiaserwartung. Gegenüber der vorkritischen Schriftauslegung, die diese Texte vorbehaltlos als eine zusammenhängende Perlenkette von Voraussagen des Christus verstanden hat, steht man heute in der Exegese bei dem Begriff des Messias und den damit verbundenen „messianischen Weissagungen“ (gedacht ist hier vor allem an die „klassischen“ Texte aus Jes 9; 11; Jer 23; Mi 5; Sach 9) vor einer Reihe von Problemen. In Frage steht u.a. die sachliche Zusammengehörigkeit, da z.B. in keinem dieser Texte der Terminus „Messias“ auftaucht. Die hier angesprochenen Texte gehören darüber hinaus nicht alle zu einer literarischen Gattung, und auch von daher muss der summarische Begriff „messianische Weissagungen“ sicher mit Vorsicht gebraucht werden.

Wenn auch die messianischen Weissagungen nicht alle zu einer literarischen Gattung gehören, so lassen sich doch Beziehungen unter ihnen und auch theologische Entwicklungen beim Motiv der Messiaserwartung aufzeigen.[43] Selbst als ein Text wie Ps 2 messianisch verstanden worden ist, ist dabei doch wohl an die Inthronisation eines Königs aus dem Geschlecht Davids gedacht worden, der als endzeitlicher Herrscher die Völker „mit einem eisernen Zepter wie Töpfergeschirr“ (V. 9) zerschlägt. Dies ändert sich bei der Messiaserwartung, die in der Folge hieraus erwuchs. In Jes 9,1–6 wird zwar noch jemand auf dem Thron Davids (V. 6) eingesetzt und erhält als König Thronnamen (V. 5). Allerdings tritt ansonsten eine auffällige „Humanisierung“ zu Tage. Nicht mehr die Völker selbst, sondern nur ihr Kriegswerkzeug wird vernichtet (V. 3f.), und das ist *Jahwes* Werk. Der ver-

43 Vgl. zum folgenden Werner H. Schmidt, Die Ohnmacht des Messias. Zur Überlieferungsgeschichte der messianischen Weissagungen im Alten Testament, in: U. Struppe (Hg.), Studien zum Messiasbild im Alten Testament, SBAB 6, Stuttgart 1989, S. 67–88.

heißene Herrscher selbst ist ein Friede-Fürst (V. 5). Daneben tritt in den folgenden messianischen Weissagungen ein stark oppositionelles Element hervor gegen die jeweiligen irdischen Regenten über Israel. Der verheißene Herrscher stammt nicht mehr aus der Hauptlinie des Hauses David, sondern aus einem Wurzelspross (Jes 11,1), aus der kleinen Stadt Bethlehem (Mi 5,1), oder der verheißene König wird gegenüber dem damals herrschenden Zedekia „Jahwe unsere Gerechtigkeit" (Jer 23,6) heißen, was im Hebräischen ein polemisches Wortspiel mit dem Namen Zedekia ist. Gleichzeitig wird die in Jes 9 zu erkennende Humanisierung in späteren Texten ausgeweitet. Aus dem eisernen Zepter (Ps 2,9) wird der „Stab seines Mundes" (Jes 11,4). Das Motiv verändert sich weiter: An die Stelle der irgendwie politisch gedachten Herrschaft eines Königs tritt das „Weiden" (Mi 5,3) eines „Hirten" (Ez 34,23). Schließlich, in Sach 9,9f., ist der Messias selbst zum Armen geworden, dem geholfen werden muss. Seine letzte Aufgabe ist es, das Heil zu *verkünden* (V. 10). Diese Verkündigung gilt jetzt aber aller Welt, bis an die Enden der Erde. Damit ist die Weltherrschaft aus Ps 2,8 in einem ganz anderen Sinne erhalten geblieben: In Niedrigkeit herrscht der Gesalbte über die ganze Erde.

In Hinblick auf die Hermeneutik des AT gilt nach diesen Beispielen: Alttestamentliche Texte, Textkomplexe oder Motive haben nicht nur *einen* Sitz im Leben, erlauben nicht nur *eine* historisch-kritisch sachgemäße Exegese. *Viele alttestamentliche Texte, Textkomplexe oder Motive sind in der Endgestalt Produkt einer theologischen Reflexionsgeschichte.* Und diese theologische Reflexionsgeschichte lässt sich mit Mitteln der historischen Exegese nachvollziehen. Das heißt auch: Biblische Texte wollen gedeutet werden, aber sie wollen auch selbst die Existenz des Lesers deuten. Ist dies geschehen, legen aber die „ausgelegten Ausleger" ihr nun neu gewonnenes Verständnis eines Textes in denselben hinein. Ich möchte aufgrund dessen, was ich über theologische Reflexionsgeschichte angemerkt habe, von einer reflektierten *Veränderung* des theologischen Gehalts alttestamentlicher Texte sprechen. Daran konnten die neutestamentlichen Schriftsteller vor allem *methodisch* anknüpfen. In der vielfältigen Bewegung theologischer Reflexion bietet das Alte Testament dann sozusagen eine ganze Reihe „loser Enden" an, die das Neue Testament als Zeugnis auf Christus hin aufgreifen kann. Damit wird gesamtbiblisch legitimerweise an eine Denkbewegung angeknüpft, die sich schon inneralttestamentlich erheben lässt. Dass die neutestamentliche die *einzige* legitime Fortsetzung des Alten Testamentes ist, kann in *historischer* Perspektive mit Blick auf das Judentum *nicht* gesagt werden. Christliche Theologie kann nur *bekennen*, dass Jesus Christus das endgültige Wort Gottes ist.

Im Rahmen eines christlichen Verstehens des Alten Testaments, das rechenschaftsfähig geschehen soll, würde ich demnach von einem „Aufeinanderzu" der beiden Testamente sprechen: Als Christen versuchen wir das AT bewusst unter der Voraussetzung des Glaubens an Christus und vom NT herkommend zu verstehen. Dabei ist darauf zu achten, dass nicht „christliche“ Inhalte in das AT hineingelesen werden, die ihm fremd sind oder gar dem ursprünglichen Textsinn entgegenstehen. Gleichzeitig ist aber mit den Mitteln der historischen Exegese bereits innerhalb des AT eine fortlaufende theologische Reflexionsgeschichte zu erheben, die auf einer gewissen „Offenheit“ vieler Texte für eine Neuinterpretation beruht. In dieser Bewegung kommt uns das AT entgegen. An diese Bewegung hat auch das Neue Testament angeknüpft.

Diethelm Michel hat einmal drei Kriterien für eine sinnvolle und zeitgemäße christliche Hermeneutik des AT aufgestellt: „1. Das Alte Testament soll für den *Christen* Bedeutung haben. 2. Das Alte Testament soll in seinem *ursprünglichen* Sinn Bedeutung haben. 3. Das *ganze* Alte Testament soll Bedeutung haben.“[44] Offenlegung des Vorverständnisses, methodische Rechenschaftsfähigkeit sowie Vermeidung einer willkürlichen Auswahl sind mit diesen Kriterien angesprochen. Insofern sind sie prinzipiell richtig. Allerdings wird eine auf das gegenwärtige Leben der Leserinnen und Leser zielende Auslegung de facto immer in Auswahl geschehen. Dabei wird es Fremdes und Unzugängliches geben, auch wenn man an dem Bekenntnis festhält, dass in der ganzen Bibel Gottes Wort zu hören ist. Noch immer kann Luthers differenziert durchdachte Unterrichtung, wie die Christen sich in Mose schicken sollen, samt der Formulierung, Bestimmtes sei „der Juden Sachsenspiegel“ hier als hilfreich gelten. Dass wir immer selektiv wahrnehmen (auch im Hinblick auf das Neue Testament), ist immer wieder Anlass für das Geschäft der theologischen Hermeneutik überhaupt. Zugleich überliefert die Christenheit in ihrem Kanon immer auch fremde und anstößige Texte und gibt gerade so dem Worte Gottes die Möglichkeit, ehemals Fremdes neu zu Gehör zu bringen und so Anstöße für das Leben zu geben.

Zur Vertiefung:

Schlagen Sie die Bibelstellen, die in diesem Abschnitt zitiert wurden, in ihrem Kontext nach und versuchen Sie das Phänomen der „theologischen Reflexionsgeschichte“ nachzuvollziehen. Bedenken Sie in diesem Zusammenhang den lutherischen Auslegungsgrundsatz „die Heilige Schrift interpretiert sich selbst“, bzw. „die Heilige Schrift ist ihr eigener Ausleger.“

44 Michel, Israels Glaube im Wandel, S. 286.

6.4 „Altes Testament" und „Jüdische Bibel" – christliches und jüdisches Verstehen

Die Sammlung von heiligen Schriften, die den ersten Teil der christlichen Bibel bildet, hat eine doppelte Nachgeschichte erfahren; einmal im Judentum, für das diese Schriften die ganze „Jüdische Bibel" darstellen, und andererseits im Christentum, das die Bezeichnung „Altes Testament" für denselben Textbestand eingeführt hat. Die Christen lesen das AT im Wesentlichen von der Offenbarung Gottes in Christus her, wie sie das Neue Testament berichtet, während im Judentum ganz eigene Auslegungstraditionen (vor allem der Talmud) die Hermeneutik bestimmen. Der Blick auf die jüdische Bibelauslegung bedeutet für die christliche Hermeneutik des Alten Testaments die bleibende Mahnung, dass man auch ganz anders verstehen und auslegen kann. Dies nötigt zu genauer Reflexion und Kommunikation der eigenen Hermeneutik. Gleichzeitig tritt stärker ins Bewusstsein, dass auch Christen von der jüdischen Auslegung der Bibel lernen können, ohne dass damit gleich das Bekenntnis zu Jesus als dem Christus infrage steht. Dies ist prinzipiell auch in der Kirchengeschichte immer wieder geschehen. Auch die Reformatoren haben hinsichtlich der hebräischen Sprache, aber auch in Fragen der Auslegung Rat bei Rabbinern gesucht. Allerdings wird dies alles überschattet z.B. durch Äußerungen des späten Martin Luther, die als grob antijudaistisch bezeichnet werden müssen und von denen sich auch lutherische Kirche deutlich distanzieren muss. Nach einer leidvollen Geschichte, in der die christliche Kirche der jüdischen Auslegung jede Berechtigung abgesprochen oder gar das Existenzrecht des jüdischen Volkes geleugnet hat, und insbesondere nach dem rassistisch motivierten Völkermord an den europäischen Juden im 20. Jh., empfinden es viele Christen und insbesondere auch Bibelausleger als einen Akt der Umkehr, die jüdische Auslegung respektvoll wahrzunehmen und wo möglich den partnerschaftlichen Dialog zu suchen.

Insbesondere auf dem Gebiet der historisch-kritischen Auslegung ist das Gespräch zwischen jüdischen und christlichen Exegeten heute relativ unkompliziert. Dabei gelten für alle dieselben wissenschaftlichen Spielregeln, und Glaubensunterschiede stehen nicht im Vordergrund. Eine neue deutschsprachige Kommentarreihe zum AT aus dem Herder Verlag dokumentiert dieses Miteinander. Hier legen sowohl christliche (evangelische und katholische) als auch jüdische Exegetinnen und Exegeten die Bücher des AT aus.[45] Dass auch historisch-

45 „Herders Theologischer Kommentar zum Alten Testament"; vgl. als Beiträge von jüdischer Seite z.B. Moshe Greenberg, Ezechiel 1–20, Freiburg i.Br. 2001 oder Sarah Japhet, 1 Chronik, Freiburg i.Br. 2002.

kritische Exegese nicht wirklich „objektiv" ist, war schon angemerkt worden.

Wenn oben davon die Rede war, dass „Altes Testament" oder „Jüdische Bibel" zwei unterschiedliche Bezeichnungen für dieselbe Schriftensammlung seien, dann gilt das zwar für den Umfang, nicht aber für die Anordnung der einzelnen biblischen Bücher. Entgegen einer landläufigen Meinung ist die Reihenfolge, in der man Dinge anordnet, keineswegs beliebig, sondern beinhaltet bereits ein gewisses Verständnis. Während die deutschen Übersetzungen die Schriften nach dem Schema „Vergangenheit – Gegenwart – Zukunft" anordnen, teilt die Jüdische Bibel in „Gesetz – Propheten – Schriften" ein. Nach den Anfangsbuchstaben der Hebräischen Wörter Tora – Nebiim [Sg. Nabi] – Ketubim wird im Judentum das Kunstwort TeNaK als Bezeichnung der Bibel gebildet. Gesprochen wird dieses Wort allerdings „*Tenach*", da K im Hebräischen die Lautform CH haben kann. Auch bei der Zuordnung einzelner biblischer Schriften zu einem dieser drei Blöcke unterscheiden sich Christentum und Judentum voneinander:

Jüdische Bibel/Tenach	*Lutherbibel*
I. Weisung (Tora) Bereschit („Am Anfang"); Schemot („Namen"); Wajikra („Und er rief"); Bemidbar („In der Wüste"); Debarim („Worte")	*I. Geschichtsbücher* Gen; Ex; Lev; Num; Dtn (1. – 5. Mose;) Josua; Richter; *Rut*; 1. Samuel – 2. Könige; 1. – 2. Chronik; Esra; Nehemia; *Ester*
II. Propheten (Nebiim) *1. „Frühere Propheten"* Josua; Richter; 1.Samuel – 2.Könige *2. „Spätere Propheten"* Jes; Jer; Hes; „Zwölfpropheten"	*II. Schriften* Hiob; Psalmen; Sprüche (Proverbien); Prediger (Kohelet); Hoheslied (Canticum)
III. Schriften (Ketubim) Psalmen; Hiob; Proverbien; „Fünf Megillot": Rut; Cant; Koh; Thr; Ester; Daniel; Esr; Neh; 1. -2. Chronik	*III. Propheten* Jes; Jer; *Klagelieder (Threni)*;Hes (Ez); *Daniel*; „Zwölfpropheten"

Die fünf Bücher Mose heißen im hebräischen Text jeweils nach einem Wort aus dem ersten Satz des Textes. Sie bilden die Tora, werden nicht als Teil von „Geschichtsbüchern", sondern als „Weisung" verstanden und sind sowohl ihrer Stellung als auch ihres theologischen Gewichtes nach im Judentum „einsame Spitze." Propheten und Schriften sind nicht nur in der Reihenfolge, sondern auch sachlich nachgeordnet. Sie gelten als Auslegung der Tora. Dies wird auch durch bewusste Bezugnahmen an markanten Stellen deutlich gemacht. So endet etwa der Bibelteil „Propheten" in Mal 3,22ff. insgesamt mit der Mahnung: „Gedenkt an das Gesetz meines Knechtes Mose, das ich ihm befohlen habe auf dem Berge Horeb für ganz Israel, an alle Gebote und Rechte! ...". Die „Schriften" beginnen im Hebräischen Kanon in Psalm 1 mit dem Lob der Gesetzestreue. Demnach dient die

Lektüre aller Propheten (zu denen auch die Bücher Samuel und Könige als „frühere Propheten" zählen) der Erinnerung an das Gesetz, und das „Nachsinnen über die Tora" soll auch das Beten der Psalmen durchziehen. Fünf Bücher werden als Texte für besondere jüdische Feste (Megillot = „Festrollen") zusammengestellt: Rut/Wochenfest; Canticum/Passah; Kohelet/Laubhüttenfest; Klagelieder/Gedenken der Tempelzerstörung; Ester/Purimfest.

Die Abfolge der biblischen Bücher, wie sie die Lutherbibel bietet, orientiert sich an der antiken griechischen Übersetzung des AT, der sog. „Septuaginta". Luther war allerdings, was den Umfang seines AT anging, dem hebräischen Kanon gefolgt. Die Septuaginta beinhaltet darüber hinaus noch in etwa diejenigen Schriften, die nach Luther als „apokryph" gelten, wie das Buch Jesus Sirach oder die Makkabäerbücher. Die römisch-katholische Kirche rechnet diese Schriften im Vollsinn zum Alten Testament. Sie finden sich daher auch selbstverständlich in der Einheitsübersetzung und werden nicht in besonderer Weise gekennzeichnet.

Interessant ist im vorliegenden Zusammenhang vor allem die jüdische Hermeneutik und Auslegung, die nach Abschluss des Kanons einsetzte.[46] Auch die nachbiblische jüdische Hermeneutik ist vor allem durch die Vorordnung und die Wichtigkeit der Tora bestimmt und geschieht in erster Linie als erläuternde Auslegung des Pentateuchs (der fünf Bücher Mose) und der darin enthaltenen Gesetze. So kommt zur schriftlichen nun eine „mündliche Tora", die vor allem in zwei Weisen geschieht. Da ist zum einen die sog. *Halacha*, was vom hebräischen Wort *halach* = gehen/wandeln kommt und worin vor allem die Gebote der Bibel für das tägliche Leben, den Lebenswandel erläutert und vertieft werden. Daneben tritt die *Haggada* (von hebräisch *higgid* = erzählen), eine narrative Form der Auslegung, die vielfältige Erzählungen, Gleichnisse, Legenden, Streitgespräche usw. umfasst. Hiebei geht es um erzählerische Interpretation, und der Phantasie und Kreativität der Ausleger sind kaum Grenzen gesetzt. Später werden die halachischen Gesetzesinterpretationen schriftlich in der sog. *Mischna* und haggadische Traditionen in Kommentaren (den *Midraschim*) oder erläuternden Übersetzungen (den *Targumim*) gesammelt. Die weitere Diskussion und Auslegung der Mischna (also der Interpretationen des Gesetzes für den Alltag) findet im 5. bzw. 7. Jh. eine Zusammenfassung im sog. Jerusalemer bzw. Babylonischen *Talmud*. Dabei kommt vom Mittelalter an dem Babylonischen Talmud größeres Gewicht zu.

Auf der Basis von Talmud und Midrasch erlebt die jüdisch-rabbinische Exegese im Mittelalter einen gewissen Höhepunkt. Zwar kommt dabei viel auf das Einfühlungsvermögen, die Lebenserfahrung oder die kreative Phantasie der großen Ausleger (wie z.B. der Rabbi-

46 Vgl. Berg, Ein Wort wie Feuer, S. 386–404.

nen Salomon ben Isaak genannt Raschi, 1040–1105 oder Moses Maimonides 1135–1204) an, aber es gelten auch gewisse Auslegungsregeln: Ein Text muss zunächst auf seinen *peschat*, den wörtlichen Sinn, befragt werden, bevor ein *remes*, eine erzählerisch-allegorische Auslegung erfolgt oder im *derasch* nach ethischer Anwendung gefragt wird. Schließlich können Philosophen oder Mystiker (z.B. Kabbalisten) noch einen *sod*, einen geheimen, verborgenen Sinn erheben. Für die vier hermeneutischen Grundfragen von peschat, remes, derasch und sod hat sich das Merkwort PaRDeS eingebürgert. Der „vierfache Schriftsinn“ der mittelalterlichen christlichen Exegese, die nach „literarischer“, „moralischer“, „allegorischer“ und „anagogischer“ (verborgen, die himmlischen Dinge betreffend) Bedeutung eines Bibeltextes fragt, findet hierin ein Vorbild.

Wichtig sind für das Verständnis der rabbinischen Auslegung der Jüdischen Bibel einige hermeneutische Eckwerte: Es gibt nicht die eine autoritative jüdische Lehrmeinung. Auslegung verläuft im Dialog verschiedener Schulen, und Streitfälle um die Interpretation werden gelegentlich mit demokratischen Mehrheiten entschieden. Es wird narrativ ausgelegt, wobei in freier Nacherzählung biblischer Geschichten auch Details oder ausschmückende Episoden dazu erfunden werden, von denen der Urtext nicht redet. Dabei gilt: Die Offenbarung ist nicht abgeschlossen. In der Auslegung der Weisen und der Umsetzung ereignet sich Reden Gottes immer neu. Die Auslegung soll lebenspraktisch sein. Vor allem geht es um ein Verstehen der Bibel im Hier und Jetzt. Daraus folgt zum einen, dass Auslegung immer neu geschieht. Zum anderen heißt dies aber, dass es der rabbinischen Auslegung nicht vor allem um die Erhebung eines historischen Textsinns oder um das Verstehen des ursprünglich im biblischen Text Gemeinten in seinem altorientalischen Umfeld geht. Auch wenn der Wortsinn, der peschat, einen gewissen Vorrang genießt, besteht das Hauptziel der Auslegung doch darin, den Text für die gegenwärtige Lebenswelt der Leser fruchtbar zu machen.

Noch einmal: *Die* jüdische Auslegung der Bibel gibt es nicht. Unterschiedlich und in dauernder Kommunikation mit anderen Exegeten wird ausgelegt. So finden sich im Pentateuchkommentar des mittelalterlichen Gelehrten Raschi genaue philologische und sachliche Anmerkungen, die beinahe heute noch gut in einen historisch-kritischen Kommentar passen, die aber die moderne Exegese auf jeden Fall mit Gewinn zur Kenntnis nehmen kann. Dann finden sich im Talmud auch narrative Auslegungen wie die Folgende zur Ehe des Propheten Hosea in Hos 1:

„Der Ewige, gepriesen sei er, sagte zu Hosea: ‚Deine Kinder haben gesündigt.‘ Darauf hätte Hosea antworten können: ‚Es sind deine Kinder, Kinder derer, die du liebtest, Kinder Abrahams, Izhaks und Jaakobs; erbarme dich Ihrer.‘ Nicht nur, dass er solche Worte nicht sprach, vielmehr sprach er: ‚Ewiger Gott des Weltalls!

Die ganze Welt ist dein. Ersetze sie durch ein anderes Volk!' – Der ewige Gott, gepriesen sei er, überlegte: ‚Was soll ich mit diesem alten Mann tun? Ich werde ihn heißen, eine Hure zu ehelichen und Kinder der Hurerei mit ihr zu zeugen, und dann werde ich ihn heißen, sie davonzujagen, so werde ich Israel davonjagen.' Und es steht geschrieben: ‚Gehe hin und nimm dir eine Hure zum Weibe und zeuge Kinder der Hurerei. Und er ging hin und nahm Gomer, die Tochter Diblayims...' (Hos 1,2–3).
Als ihm zwei Söhne und eine Tochter geboren worden waren, sprach er Ewige, gepriesen sei er, zu Hosea: ‚Hast du nicht von Mosche, deinem Lehrer, gelernt? Als ich zu ihm gesprochen hatte, trennte er sich von seinem Weib. So musst auch du handeln.' Hosea aber antwortete: ‚Ewiger des Universums! Ich habe Kinder mit ihr, ich kann sie nicht davonjagen oder mich von ihr trennen.' Der Ewige sprach zu ihm: ‚Dein Weib ist eine Hure und deine Kinder sind Kinder der Hurerei; du weißt nicht einmal, ob es wirklich deine Kinder sind. Und doch weigerst du dich, sie zu verlassen. Wie also sollte ich Israel gegenüber handeln? Es sind die Kinder jener, die ich als Erben eingesetzt habe, die Kinder Abrahams, Izhaks und Jaakobs, und eines der vier Besitztümer, die ich mir in meiner Welt zugelegt habe: Die Thora, Himmel und Erde, den Tempel und Israel. Und doch sagtest du mir, ich sollte es durch ein anderes Volk ersetzen!'
Als Hosea begriff, dass er gesündigt hatte, erhob er sich, um Gnade für sich zu erbitten. Der Ewige, gepriesen sei er, sprach zu ihm: ‚Bevor du Gnade für dich erbittest, erbitte Gnade für Israel.'"[47]

Nicht nur, dass dieser ganze Dialog im Hoseabuch nicht berichtet wird: Auch der Sinn der zeichenhaften Ehe des Propheten besteht nun in einer pädagogischen Maßnahme Hosea gegenüber. In der Bibel ist es ein Zeichen für Israel! Dennoch steckt viel Weisheit und Lebenspraktisches in dieser Auslegung.

Im Wahrnehmen der jüdischen Auslegung kann die christliche Exegese einmal mehr deutlich erkennen, wie sehr Christentum und Judentum auf demselben Grund wurzeln. Viele Einzelbeobachtungen, aber auch viele erzählerische Elemente können die christliche Auslegung bereichern. Von der fast schon demokratischen Offenheit, die nicht auf der unumschränkten Gültigkeit der eigenen Interpretation beharrt, kann die christliche Exegese lernen, vor allem aber von dem steten Bemühen der Auslegung, das Wort der Bibel im Hier und Heute aktuell zur Sprache zu bringen. Vielleicht gelingt zunehmend auf diesem Gebiet ein bereicherndes Miteinander zwischen Juden und Christen in gegenseitigem Respekt und gleichberechtigtem Geben und Nehmen. Andererseits ist auch jüdische Auslegung eben Auslegung, die unter bestimmten hermeneutischen Voraussetzungen geschieht. Diese Auslegungspraxis ist historisch betrachtet gegenüber der christlichen Exegese nicht einfach die „natürliche" oder „genuine" Fortsetzung des Alten Testaments. Viele Auslegungen im Talmud sind kei-

47 Aus dem Babylonischen Talmud, Traktat Pesachim, Fol. 87 a/b (bPes 87 a/b), hier zitiert nach Rosemarie Micheel / Manfred Oeming, Erkennen – lieben – umkehren. Sieben Texte aus dem Buch Hosea, Texte zur Bibel 19, Neukirchen-Vluyn 2003, S. 42.

neswegs näher am Ursprungssinn alttestamentlicher Texte als neutestamentliche Auslegungen, die in historischer Perspektive heute als allegorisch erscheinen. Von daher scheint es auch nicht nötig, dass sich die christliche Auslegung unter die 70 verschiedenen Möglichkeiten einreiht, die einmal im Talmud für die Auslegung der Bibel genannt werden (so ein Vorschlag von H. K. Berg). Würden sich dann nicht Christen in eine Interpretationsgemeinschaft gleichsam hinein „mogeln", zu der sie nun einmal nicht gehören? Auch scheint es mir umgekehrt wenig hilfreich für den jüdisch-christlichen Dialog, wenn Christen das AT so lesen, „als ob es das Neue Testament nicht gäbe." Wir werden als Christen von konfessionellen Bedingtheiten unseres Vorverständnisses ebenso wenig frei werden, wie wir unser Getauftsein ablegen können. Wissenschaftlich-exegetisch verläuft der Dialog inzwischen relativ reibungslos quer zu den Grenzen der christlichen Konfessionen und der Religionen Christentum und Judentum. Im interreligiösen Dialog liegt zum einen viel an der offenen und klaren Reflexion des eigenen Vorverständnisses, wobei für uns Christen andererseits wahrzunehmen ist, dass wir als Heiden und damit als „wilde Ölzweige" durch den Glauben auf den „Ölbaum Israel" gepfropft wurden (vgl. Röm 11,17–24).

Zur Vertiefung:

1. Rekapitulieren Sie die Unterschiede im Aufbau der Jüdischen Bibel und des Alten Testaments unter Berücksichtigung der Bezeichnung Tenach!
2. Verdeutlichen Sie sich noch einmal die Bedeutung der Begriffe Halacha, Haggada, Midrasch und Talmud!
3. Lesen Sie in Ruhe die Kapitel 9–11 des Römerbriefs und versuchen Sie nachzuvollziehen, wie Paulus mit der Frage des Verhältnisses der Kirche zu Israel umgeht!

Multimediatipp:

Am 05. Juli 2002 fand in Mainz das Symposion „Hermeneutik des Alten Testaments aus Sicht des Judentums, des Christentums und des Islams" statt. Die Referate von Manfred Oeming (Prof. für Altes Testament), Henry Brandt (Landesrabbiner in Niedersachsen) und Halima Krausen (Islamwissenschaftlerin) sind unter www.isatex.de als Videomitschnitt zu sehen. „ISATEX" bezeichnet das Internetprojekt „Informationsstelle Alttestamentliche Exegese".

7

Die Bibel – Gottes Wort verstehen

7.1 Unser Gott redet – die Götzen schweigen

„Die Götzen sind stumm, aber der Herr redet. Der Gott der Bibel ist der redende Gott, von dem ‚Und Gott sprach: es werde Licht' auf dem ersten Blatt der Bibel bis zu dem ‚Es spricht, der solches bezeugt: Ja, ich komme bald' auf ihrem letzten Blatt." So beginnt Hermann Sasse seine „Studien zur Lehre von der Heiligen Schrift", die F.W. Hopf 1981 aus dem Nachlass herausgegeben hat.[48] Sasse macht damit auf einen entscheidenden Wesenszug des biblischen Gottes aufmerksam: Er redet. Der Gott der Juden und Christen offenbart sich nicht durch Blitz und Donner, er wirkt nicht durch Naturphänomene oder „strahlende Steine" und er bindet seine Gegenwart auch nicht an bestimmte heilige Plätze. Gott wendet sich den Menschen zu, indem er sie anspricht. Er ist da anwesend und dort erfahrbar, wo sein Wort zu hören ist.

Dem Reden Gottes entspricht auf Seiten der Menschen das Verstehen. Denn Gott redet nicht in unverständlichen Zaubersprüchen oder magischen Formeln, sondern so, dass Menschen die Inhalte seiner Rede hören und verstehen können, auch wenn der Wortlaut der Bibel erst in die jeweilige Landessprache übersetzt werden muss. Angeblich geht der Ausdruck „Hokuspokus" auf ein volkstümliches Missverstehen der Worte „hoc est corpus meum" zurück. Der Satz stammt aus der lateinischen Messe und bedeutet „dies ist mein Leib." Wenn so aus den Einsetzungsworten des Abendmahls ein magisches Sprüchlein wird, dann ist das Verstehen des Wortes Gottes gründlich schief gegangen. Ob in der Liturgie, in der Predigt oder im Text der Bibel: Gott will verstanden werden. Man könnte sagen: Das Wesen Gottes als eines Redenden zieht die Aufgabe der Hermeneutik notwendigerweise nach sich.

Christen glauben und bekennen, dass die gute Botschaft eine Kraft Gottes ist, die Glauben wirkt und selig macht (vgl. Röm 1,16). Darin unterscheidet sich Gottes Wort von allem anderen Menschenwort. Es ist ein *wirksames* Wort. Aber auch diese Wirksamkeit hat das Wort

---

48 Herrmann Sasse, Sacra Scriptura. Studien zur Lehre von der Heiligen Schrift, Erlangen 1981, S. 11.

Gottes aufgrund seines *Inhaltes*, nicht wegen seiner völlig einmaligen Beschaffenheit. Wenn Gottes Wort wirklich Fleisch wurde, d.h. in die Bedingungen unseres Menschseins einging, dann sollen seine Inhalte im Alten und Neuen Testament von uns auch verstanden werden. Und dieses Verstehen unterliegt zunächst den Bedingungen allen menschlichen Verstehens. Wir dürfen uns damit einige Mühe geben und die Aufgabe mit Sorgfalt angehen. Dabei gilt: Dass wir etwas von der Bibel verstehen, garantiert noch nicht, dass Glaube gewirkt wird, aber die Wirksamkeit des Wortes Gottes geschieht doch nicht völlig ohne unser Verstehen!

Als Christen und zugleich als Menschen unserer Zeit stecken wir in einem Dilemma. Auf der einen Seite vertrauen wir auf Gott und bekennen ihn als Schöpfer, Erlöser und Vollender der Welt und der ganzen Menschheit. Wir akzeptieren dabei, dass unser Verstand und unsere Rationalität an Grenzen stoßen. Gott selbst ist unseren fünf Sinnen nicht zugänglich. Wir können ihn nicht sehen oder vorführen. Er lässt sich mit naturwissenschaftlichen Mitteln nicht beweisen (oder widerlegen). Der Glaube überschreitet die Grenzen unserer rationalen und materiellen Welt. Wir akzeptieren, dass es mit Gottes Welt mehr gibt, als wir begreifen, erarbeiten oder uns verfügbar machen können. Unser Glaube bezieht sich sozusagen auf eine „transrationale" Dimension der Wirklichkeit. Unser Verstehen stößt an Grenzen.

Auf der anderen Seite ist damit eben nur Gott wirklich Gott. Alle Dinge dieser Welt, die in anderen Religionen oder in früheren Zeiten als göttlich galten sind für Christen absolut profan. Im jüdisch-christlichen Weltbild ist diese Welt und sind wir Menschen in ihr entzaubert. Wir können uns und unsere Umwelt mit den Mitteln unseres Verstandes erkennen und verstehen. Wir leben auch als Christen in dieser Welt unter den Bedingungen und Gesetzen der Vernunft. In Formulierungen wie „Gottes Wort" oder „Gott redet" treffen beide Aspekte, die die Wirklichkeit der Christen bestimmen, aufeinander: Glaube und Verstehen. Gerade im Nachdenken über den Begriff „Gottes Wort" bewährt sich die Definition von christlicher Hermeneutik als Verstehen des Glaubens. Denn „Gott" an sich ist unserem Verstehen und Begreifen nicht verfügbar. „Worte" und „Rede" aber müssen zu verstehen, zu reflektieren und dann auch auszulegen sein, wenn ihre Erwähnung nicht vollkommen absurd sein soll. So versuchen Glaube und Theologie mit der Formulierung „Wort Gottes" dem Geheimnis auf die Spur zu kommen, dass Gott aus seiner „transrationalen" und jenseitigen Welt ins rational erfassbare Diesseits hineinwirkt. Das kann man auch Offenbarung nennen; darauf beruht Glaube insgesamt.

Wenn aber Gott so redet, dass er im Diesseits zu vernehmen ist, dann unterliegt dieses Reden prinzipiell den Bedingungen jeden menschlichen Verstehens. Dies ist wesentlich darin begründet, dass uns Gottes Reden nicht unmittelbar als Himmelsstimme oder innere

Eingebung erreicht, sondern stets vermittelt durch menschliches Reden. Gott redet durch Menschen in dieser Welt, sein Wort geht ganz in diese Welt ein, was das Johannesevangelium mit der Formulierung „das Wort wurde Fleisch“ (Joh 1,14) umschreibt. So wird das Reden Gottes zum Gegenstand theologischer Reflexion und des Verstehens der Glaubenden. Und so können die Christen sich selbst und anderen Rechenschaft darüber geben, in welcher Weise sie das „Wort Gottes“ verstehen.

Dazu gehört zunächst, dass die Christen darlegen, in welcher Gestalt das „Wort Gottes“ konkret in dieser Welt zu finden ist. Wie die Chemiker etwa für das Vorkommen von Wasser verschiedene „Aggregatzustände“ unterscheiden, so differenziert die Theologie zwischen unterschiedlichen Erscheinungsformen des Wortes Gottes in dieser Welt. Zuerst ist Jesus Christus das Fleisch oder Person gewordene Wort Gottes. In seinem Reden und Handeln, in seinem Sterben und Auferstehen ist Gott selbst zu vernehmen. Die Person Christi ist der Grund für alles christliche Reden von Gott überhaupt. Dann wird die Bibel als Wort Gottes bezeichnet, weil die Christen bekennen, dass in den Schriften des Alten und Neuen Testaments Gottes Stimme zu hören ist. Hier folgen die Christen dem Judentum, das bereits seine Bibel, vor allem aber die Tora als Reden Gottes verstand. Schließlich zielt nach christlichem Verständnis Gottes Wort als Anrede in Gesetz und Evangelium immer neu darauf ab, bei den Menschen jeder Generation Glauben zu wecken und zu stärken. So versteht die christliche Theologie auch die mündliche Verkündigung der frohen Botschaft, vor allem in der Predigt als Wort Gottes. Hierher gehören auch die beiden evangelischen Sakramente Taufe und Abendmahl, die nichts anderes sein wollen als sichtbares Wort. Auch hier geht es um Verkündigung der guten Nachricht. Luther hat das unnachahmlich prägnant in seinen Erklärungen im Kleinen Katechismus auf den Punkt gebracht. „Wasser tut's freilich nicht, sondern das Wort Gottes, das mit und bei dem Wasser ist, und der Glaube, der solchem Worte Gottes im Wasser traut“ (dritte Tauffrage) und: „Essen und Trinken tut's freilich nicht, sondern die Worte, die da stehen: Für euch gegeben und vergossen zur Vergebung der Sünden“ (dritte Abendmahlsfrage).

Von der mündlichen Verkündigung als Wort Gottes soll unten noch die Rede sein, wenn das Verstehen im Gottesdienst angesprochen wird. Hier geht es jetzt vor allem darum, was die Bezeichnung der Bibel als „Wort Gottes“ bedeutet. Die Reformatoren hatten sich in ihrem Bemühen um die Erneuerung der Kirche gegenüber dem Papst eben auf die Bibel als der einzigen göttlichen Autorität berufen. „Allein die Schrift“ (lat. „sola scriptura“) wurde zur Losung, wenn es um die Begründung kirchlicher Lehren ging. So kommt in der evangelischen Christenheit der Frage, inwiefern die Bibel das Wort Gottes ist, von jeher höchste Priorität zu. Die Frage gewinnt noch in dem Maße an Gewicht, in dem in der Moderne die historische Bedingtheit der biblischen Schriften ins Bewusstsein tritt. Auf der einen Seite erkennt die Theologie das geschichtliche Gewordensein und damit sozusagen ganz die menschliche Seite der Bibel, auf der anderen Seite bekennt sie, dass darin Gottes Wort zu hören ist. Die möglichst genaue Reflexion des Umstandes, dass es eben Gottes Wort ist, das in den menschlichen Worten der Bibel zu hören ist, und dass insofern die Bibel kein Buch wie jedes andere ist, ist nach wie vor *die* zentrale hermeneutische Aufgabe der evangelischen Theologie und des christlichen Glaubens überhaupt. In diese Denkbewegung wollen die folgenden Überlegungen mit hinein nehmen, ohne dass dabei alle Fragen angeschnitten oder gar beantwortet werden könnten. Die Frage nach dem Wort Gottes begleitet Christinnen und Christen wohl ihr ganzes Leben und führt auch immer neu in das Durchdenken der eigenen Existenz, weil es sich dabei auch um die Frage handelt, wie Gott uns erreicht und wie wir etwas über Gott selbst erfahren können.

Zunächst ist festzuhalten, dass mit der bloßen Feststellung, die Bibel sei Gottes Wort, eigentlich noch keine hinreichend klare Aussage getroffen wurde. Denn je nach der eigenen Prägung und Frömmigkeit bringen auch Christen ganz unterschiedliche Auffassungen und Definitionen darüber mit, was unter „Wort Gottes" zu verstehen sei. Die einen setzen dies in erster Linie mit naturwissenschaftlicher Richtigkeit und historischer Tatsächlichkeit gleich. Das soll heißen: Wenn die Bibel Gottes Wort ist, dann bedeutet das nach dieser Auffassung in erster Linie, dass alle geschilderten Ereignisse genau so stattgefunden haben und dass alle naturwissenschaftlichen Aussagen z.B. über die Weltentstehung im wörtlichen Sinne als „richtig" zu gelten haben. Per Definition kann dann die Naturwissenschaft nicht zu anderen Bildern der Weltentstehung kommen, als sie diesem Weltbild entspringen. Allerdings beharrt kein noch so konsequenter „Kreationist" darauf, dass die Erde eine Scheibe sei, obwohl dies zweifellos in Gen 1 vorausgesetzt wird. Man kann diese Sicht der Dinge je nach dem eigenen Standpunkt als „bibeltreu" oder als „biblizistisch" bewerten. Festzuhalten ist aber, dass Maßstäbe wie die, die ich „historisch zutreffend" oder „naturwissenschaftlich richtig" genannt habe, von außen an die Bibel herangetragen werden. Es sind Definitionen des „Wortes Gottes", die keineswegs traditionell christlich sind. Vielmehr sind solche Maßstäbe selbst zutiefst rationalistisch und erst nach der Aufklärung denkbar. Oben war schon davon die Rede, dass Geschichtswissenschaft im Sinne davon, was tatsächlich, also vermeintlich objektiv passiert ist, erst ein Kind der Moderne ist. In der Bibel hat man ganz anders erzählt. Ein Beharren darauf, dass alles, was in der Bibel berichtet wird, auch tatsächlich so passiert sei, kommt nicht nur hier und da mit der modernen Wissenschaft in Konflikt, sondern widerspricht auch dem Selbstverständnis der Texte. So wird in Gen 1 der Mensch als Krone der Schöpfung nach allem anderen geschaffen. Im folgenden Kapitel heißt es aber, zuerst sei der Mann, dann die Pflanzen und Tiere und dann erst die Frau von Gott gemacht worden. „Objektiv" oder formal logisch kann nicht beides gleichzeitig so passiert sein. Aber die Bibel ist offenbar nicht interessiert an einem logisch korrekten Bericht über die Entstehung der Erde. Hier geht es vor allem um das Zeugnis, dass der Gott Israels auch der Weltschöpfer ist. Die Bibel kann sich demnach nicht nach unseren Vorstellungen davon richten, wie das Wort Gottes zu sein hat, sondern wir lernen umgekehrt aus dem Hören und dem Lesen der Bibel etwas über das Wesen des Wortes Gottes. Unsere Wahrnehmung darf dabei nicht durch vorher festgelegte Definitionen gefiltert werden.

Ein anderes Verständnis davon, inwiefern die Bibel das Wort Gottes ist, zielt auf die existenzielle Betroffenheit der Glaubenden. Sie wurde vor allem von dem reformierten Theologen Karl Barth vertreten und lautet vereinfacht: Die Bibel *wird* für mich zum Wort Gottes, wo es mich trifft und so zur Umkehr oder zum Glauben an Gott bewegt. Das ist insofern sachgemäß, als dass die Bibel als Gottes Wort eben auf Glaube und Umkehr der Menschen zielt. Sie ist kein Geschichts- und kein Märchenbuch, sondern legt es je aktuell auf die Begegnung des Menschen mit Gott an. Problematisch ist die Barthsche Definition insofern, als die Bibel eben auch von (geschichtlichen) Ereignissen berichtet, wie dem Leben, Sterben und Auferstehen Jesu Christi, deren Wahrheit und Relevanz die Christenheit zunächst vor jeder persönlichen Betroffenheit behauptet. Zudem besteht bei der Redeweise, die Bibel werde zum Wort Gottes dort, wo es „trifft", die Gefahr eines Eklektizismus, einer willkürlichen Auswahl, die bestimmte biblische Traditionen dauerhaft ausblendet. Und schließlich kann der einzelne sich gegen das „Betroffenwerden" auch sperren.

So hat die lutherische Kirche daran festgehalten, dass die Bibel insgesamt als Wort Gottes zu hören ist (wenn auch das Wort Gottes mehr ist als die Bibel!). Dies ist aber eine Glaubensaussage und nicht irgendwie „objektiv" feststellbar. Außerdem bleibt die Nötigung zur differenzierten Wahrnehmung der biblischen Wortlaute. Nicht alles gilt jederzeit allen. Die biblischen Schriften haben jeweils einen ganz eigenen Charakter, schon weil sie z.T. in großen zeitlichen Abständen voneinander entstanden sind. Dies alles gilt es sorgfältig wahrzunehmen. Noch einmal sei verwiesen auf Martin Luthers Unterrichtung, wie sich die Christen in Mose schicken sollen: „Es ist alles Gottes Wort, wahr ist es, aber Gottes Wort hin, Gottes Wort her, ich muss wissen und acht haben, zu wem das Wort Gottes geredet wird. [...] Man muss nicht allein ansehen, ob es Gottes Wort sei, ob es Gott geredet habe, sondern vielmehr, zu wem es geredet sei, ob es dich treffe oder einen andern."[49]

---

49 Luther Deutsch, Bd. 5: Die Schriftauslegung, S. 104.

Das Bekenntnis zur Bibel als Wort Gottes entbindet nicht von sorgfältiger historischer Exegese. Wenn die Auslegung heute zu dem Ergebnis kommt, der Pentateuch sei nicht, wie früher vorausgesetzt, von Mose verfasst, sondern wahrscheinlich Ergebnis eines langen Wachstums- und Redaktionsprozesses oder das Buch Jesaja stamme in seiner Endgestalt nur zum kleineren Teil von dem Propheten aus dem 8. Jh. v.Chr. oder einige der Paulusbriefe seien vermutlich von Schülern und nicht von dem Apostel selbst verfasst, dann bedeutet dies nicht, dass hier in Abrede gestellt wird, dass die Bibel Gottes Wort ist. Vielmehr handelt es sich bei solchen und anderen Dingen um historische oder literaturgeschichtliche Urteile, für die mehr oder weniger plausible Argumente beigebracht werden und über die diskutiert werden kann. Keinesfalls ist mit solchen Feststellungen ein inhaltliches oder gar theologisches Urteil über die Aussagen der jeweiligen Schriften verbunden. Ein Satz wie „Fürwahr er trug unsere Krankheit und nahm auf sich unsere Schmerzen" (Jes 53,4) bleibt für die Christen ein zentraler alttestamentlicher Text und ein Wort Gottes, auch wenn er von einem uns namentlich unbekannten Propheten gesprochen wurde, den die Exegese aus Verlegenheit „Deuterojesaja" nennt. Die genaue historische Exegese hilft, die menschliche Seite des Wortes Gottes besser zu verstehen.

Gott redet durch Menschen zu Menschen. Insofern ist die Bibel den Bedingungen des menschlichen Verstehens unterworfen. Aber es ist eben Gott, der hier redet. Insofern ist die Bibel für Christen kein Buch wie jedes andere. Es werden nicht nur geschichtliche Dinge berichtet, sondern hier geschieht Anrede an jeden einzelnen, die auf Glauben zielt. Dabei hat die Bibel nun einmal ihre ganz eigene Gestalt. Die einzelnen Schriften sind zu bestimmten Zeiten an bestimmten Orten entstanden. Sorgfältig betrachtet die christliche Auslegung diese Prozesse und versucht sie zu erhellen. Aber die Theologie gibt sich solche Mühe mit der Bibel, weil sie eben ein besonderes Buch ist: Die Ur-Kunde unseres Glaubens, dasjenige Wort, von dem christlicher Glaube überhaupt angestoßen wird. Dieser Glaube ist das Ziel des Wortes Gottes und ohne Glauben ist das Bekenntnis, die Bibel sei das Wort Gottes, nicht möglich.

Zur Vertiefung:

Notieren Sie sich, was Ihnen bei dem Satz einfällt, „die Bibel ist Gottes Wort". Welche persönlichen Erfahrungen spielen dabei eine Rolle

7.2 „Schrift und Bekenntnis“ – Gottes Wort als Regel und Richtschnur der Theologie

Auch wenn die Aussage, die Bibel sei das Wort Gottes, wie im vorangegangenen Abschnitt dargelegt, unterschiedlich interpretiert und ausgelegt werden kann, so ist damit doch in jedem Fall der Anspruch einer außergewöhnlichen Autorität verbunden. Die Inhalte der Bibel sind als Wort Gottes für die Glaubenden von besonderer Verbindlichkeit. Sie sind hinsichtlich ihres normativen Anspruchs von allen anderen Äußerungen des Glaubens zu unterscheiden, seien es solche von „Kirchenvätern“ oder Theologen, seien es kirchliche Traditionen, Verlautbarungen oder Ordnungen oder seien es selbst die Bekenntnisse. Alle diese und auch alle vergleichbaren Aussagen müssen sich, was ihren Wahrheitsgehalt und ihre Gültigkeit angeht, an der Schrift messen lassen. Mit dem Anspruch und der Gewissheit, dass wesentliche Teile der kirchlichen Tradition zu Beginn des 16. Jh.s eben nicht mit der Bibel übereinstimmten und dass umgekehrt wesentliche biblische Aussagen in Lehre und Leben der Kirche jener Zeit nicht vorkamen, kritisierten die Reformatoren die geltenden geistlichen Autoritäten bis hin zum Papst und zu Konzilsaussagen. So gehört bis heute zu den Grundlagen so gut wie jeder evangelischen Kirche die Berufung auf das Wort Gottes als Quelle und Norm des christlichen Glaubens. Von daher wird klar, dass die Frage, warum und inwiefern die Bibel Gottes Wort und damit von besonderer Autorität ist, unabdingbar zum Bemühen um das Verstehen des Glaubens gehört. Bevor im nächsten Abschnitt eine kritische Würdigung der sog. Schriftlehre in der Dogmatik erfolgt, soll es hier zunächst um die lutherischen Bekenntnisse und ihr Verhältnis zu Bibel gehen.

Die römisch-katholische Kirche hat übrigens die Kritik der eigenen Position durch die Autorität der Schrift insofern ernst genommen, dass sie auf dem Konzil von Trient (1545–1562) das Verhältnis von Schrift und Tradition eigens geklärt hat. Allerdings kommt die katholische Kirche dort zu dem Schluss, dass die Schrift als ein Stück der kirchlichen Tradition unter vielen zu betrachten ist. Zudem bedürfe die Bibel der Auslegung und sei in vielen Teilen auch mehrdeutig. Nur dem kirchlichen Lehramt, insbesondere in Gestalt der Bischöfe und des Papstes, kommt die Autorität zu, darüber zu entscheiden, welche Auslegung die richtige sei. Eine in diesem Sinne offizielle kirchliche Interpretation ist verbindlich und kann nicht mehr mit der Bibel in der Hand hinterfragt werden. Hinter dieser Position steckt einerseits die zutreffende Einsicht, dass es auch auf evangelischer Seite immer wieder Auseinandersetzungen um das richtige Verständnis bestimmter biblischer Aussagen gab und gibt. Zudem bringt es der ständige Fortschritt der exegetischen Forschung mit sich, dass zuweilen auch früher als unumstößlich betrachtete Verstehensweisen wieder revidiert werden müssen. Andererseits ist der Anspruch eines kirchlichen Lehramtes als letztgültige Interpretationsinstanz nur als autoritative Setzung zu rechtfertigen. Dieser Anspruch ist nicht in einer außergewöhnlichen Sachkenntnis oder dergleichen begründet und als solcher nicht kommunikabel. Man kann ihn akzeptieren oder ablehnen, aber eine kritische Auseinandersetzung etwa auf der Basis abweichender Einsichten in den Inhalt der Bibel ist systemimmanent nicht vorgesehen und wohl auch nicht denkbar. Übrigens sollte das Alter der Entscheidungen des Konzils von Trient nicht zu der Annahme verführen, es handele sich dabei um veraltete Ansichten. Vielmehr wird in den Konzilsaussagen bis heute die gültige und verbindliche Lehre der römisch-katholischen Kirche ausgedrückt, nicht nur in der Frage des Verhältnisses von Schrift und Tradition. Auch in neuesten ökumenischen Diskussionen beruft sich das katholische Lehramt auf die Entscheidungen des „Tridentinums", zuletzt etwa in der Diskussion um die Gemeinsame Erklärung zur Rechtfertigungslehre, in der Frage, inwiefern auch evangelische Kirchen im Vollsinn Kirche sind oder anlässlich des ökumenischen Kirchentages 2003 bei der Begründung der Ablehnung eines gemeinsamen Abendmahles von katholischen und evangelischen Christen.

Demgegenüber gibt es in der evangelischen Christenheit kein „Amt" und keine andere Institution, die über oder gleichwertig neben der Schrift stünde. Die Bibel ist höchste Norm des christlichen Glaubens aufgrund ihres Inhaltes, des Evangeliums von Jesus Christus. Dieses Evangelium schafft erst kraft des Heiligen Geistes Glauben und damit Kirche und konstituiert alle anderen Lebensäußerungen der Kirche. Teilweise bereits vor dem Konzil von Trient legten die evangelischen Christen ihre Auffassung von den zentralen Glaubensinhalten in den sog. Bekenntnissen dar. Hier soll es vor allem um die Bekenntnisschriften der Evangelisch-Lutherischen Kirche[50] gehen und insbesondere darum, welches Verständnis der Bibel ihnen zugrunde liegt und wie sie selbst ihr Verhältnis zur Bibel bestimmen.

Oben war bereits darauf hingewiesen worden, dass ein Bekenntnis die Aussagen der Bibel zu bestimmten Themen und Fragen des Glaubens systematisiert und dann als verbindliche und rechenschaftsfähige Formulierung des Glaubens einer Kirche gelten kann. Die offensichtliche oder vermeintliche Mehrdeutigkeit der Bibel macht eine solche

---

50 Die wissenschaftliche Ausgabe der Originaltexte ist: Die Bekenntnisschriften der Evangelisch-Lutherischen Kirche, Göttingen [10]1986. Daneben gibt es eine Ausgabe, in der die lateinischen Texte ins Deutsche übersetzt und die deutsche Sprachform des 16. Jh.s dem heutigen Sprachgebrauch angeglichen wurde. Sie trägt den Titel: Unser Glaube. Die Bekenntnisschriften der evangelisch-lutherischen Kirche, hg. vom Luth. Kirchenamt der VELKD, Gütersloh 1986 (seither mehrere Neuauflagen). Diese kommentierte und günstige Taschenbuchausgabe sei allen Interessierten zur Anschaffung empfohlen. Allerdings bietet sie aus der Konkordienformel nur einen Auszug.

Systematisierung ebenso nötig, wie die Frage, welche biblischen Aussagen als zentral zu gelten haben und welche dagegen von untergeordnetem Gewicht sind. Insbesondere bei der Beschäftigung mit dem Alten Testament war ja schon mehrfach die Frage begegnet, welches biblische Wort zu wem gesagt ist und bleibende Verbindlichkeit auch für die christliche Kirche beansprucht. Nun gelten aber Aussagen des lutherischen Bekenntnisses nicht als Festlegung eines kirchlichen Lehramtes, sondern verstehen sich als Zusammenfassung der biblischen Aussagen selbst. Das heißt, hier wird festgehalten, was die Bibel selbst als ihren zentralen (gegenüber weniger gewichtigen) Inhalt versteht usw. Aus diesem Selbstverständnis des Bekenntnisses als Ausfluss des biblischen Gotteswortes folgt notwendig, dass den Bekenntnisschriften ein bestimmtes Verständnis dieses Wortes zugrunde liegen muss. Ja, es wäre eigentlich zu erwarten, dass die Bekenntnisschriften an zentraler Stelle über die Art und Weise ihres eigenen Verstehens der Schrift Auskunft geben.

Es ist daher äußerst bemerkenswert, dass die lutherischen Bekenntnisschriften diese Erwartung im Wesentlichen enttäuschen. Einen Artikel „über die Heilige Schrift“ oder „über das Wort Gottes“ sucht man vergeblich. Wohl aber lässt sich aus der Art und Weise, wie die Bekenntnisschriften die Bibel zitieren oder zur Begründung bestimmter Aussagen heranziehen, etwas über das zugrunde liegende Schriftverständnis erfahren. Auch die drei altkirchlichen Bekenntnisse, das Apostolische, Athanasianische und Nicänische Glaubensbekenntnis, die bewusst Teil der Lutherischen Bekenntnisschriften sind, um die Verbindung der Lutheraner mit der allgemein anerkannten christlichen Tradition zu verdeutlichen, legen nichts über die Bibel dar. Lediglich das Nicänum zählt zu den Werken des Heiligen Geistes, dass er „durch die Propheten geredet“ habe. Hier wird ein allgemein christliches Grundverständnis von den apostolischen und prophetischen Schriften der Bibel ausgedrückt, an das auch die lutherischen Bekenntnisse anknüpfen: In den Verfassern der biblischen Schriften hat Gott selbst in Gestalt des Heiligen Geistes geredet. Das biblische Wort ist nicht nur Menschenwort, sondern von Gott gewirkt. Hieran knüpfen auch das Augsburgische Bekenntnis und die Apologie an. In der Bibel ist Gott selbst zu hören. Im Unterschied zu den Theologen der nächsten Generationen verzichten die Verfasser der Bekenntnisse aber auf alle Überlegungen darüber, *wie* denn der heilige Geist in oder durch die Schriftsteller gewirkt habe. Eine Inspirationslehre wird nicht entfaltet.

Die erste evangelische Gesamtausgabe, das Konkordienbuch von 1580 umfasst als lutherische Bekenntnisschriften die drei altkirchlichen Bekenntnisse, die CA und ihre Apologie, Martin Luthers Großen und Kleinen Katechismus, die Schmalkaldischen Artikel (aus Luthers Feder) samt Melanchthons Traktat über die Gewalt des Papstes und schließlich die Konkordienformel von 1577. Nicht alle diese Schriften sind an denselben Adressatenkreis gerichtet, und nicht alle darin enthaltenen Aussagen liegen auf derselben Ebene, aber gemeinsam ist doch im Verständnis der Bibel folgendes: Alle Aussagen über den Glauben müssen in der Bibel begründet sein und sich am biblischen Wort messen lassen. Dieses Wort hat Vorrang auch vor altehrwürdigen Theologenmeinungen. Diese Autorität ist in den Bekenntnisschriften nie rein formal, etwa durch das geistgewirkte Zustandekommen der Bibel („Inspiration"), sondern stets inhaltlich begründet. Der Glaube hat einen „ersten oder Häuptartikel" (vgl. Schmaldkald. Art. Teil 2, Art. 1), weil die Bibel einen zentralen Inhalt hat, nämlich das Evangelium von der Rechtfertigung des Menschen umsonst, um Christi Willen durch den Glauben (vgl. CA Art. IV). Nur, wo dieses Evangelium gehört wird, entsteht Glauben und werden alle anderen Glaubensaussagen überhaupt erst sinnvoll. Nur von diesem Evangelium her erschließt sich ein angemessenes Verständnis der ganzen Schrift. Damit dieser Glaube geweckt wird, ist Gottes Wort als Gesetz und Evangelium zu verkündigen und zu hören (Apologie Art. IV). Dieser Verkündigung und damit dem Glauben wollen die Bekenntnisschriften dienen. Sie sind keine theologische Spekulation und schon gar kein Selbstzweck. Vielmehr zielen sie auf die Gewissheit des einzelnen Glaubenden und die Tröstung der angefochtenen Gewissen. Insofern die Bekenntnisse die zentrale Botschaft der Rechtfertigung einerseits aus der Schrift zusammenfassen und andererseits nun als hermeneutische Hilfe für das Verständnis der ganzen Schrift zur Verfügung stellen, sind sie vielmehr Verkündigung als Dogmatik. Die Bekenntnisschriften arbeiten das evangelische Zentrum der ganzen Bibel heraus und werden so zur Leseanleitung für die Bibel: Das Evangelium soll der Mensch aus der Schrift hören. Erst wo Gottes Wort als Gesetz dem Menschen seine grundsätzliche Gottesferne bewusst macht und der Zuspruch des Evangeliums ihn hier heraus in die Gemeinschaft mit Gott ruft und so seines Angenommenseins gewiss macht, wird die Bibel richtig verstanden.

Weil die Bekenntnisse in dieser Form das Zentrum des biblischen Gotteswortes herausstellen, sind sie für die Kirchen, in denen sie angenommen sind, verbindliche Aussage des Glaubens, so dass die Geistlichen dieser Kirche bei ihrer Ordination dazu verpflichtet werden können, das in den Bekenntnissen als zentral bezeugte Evangelium weiterzugeben. Umgekehrt haben Christinnen und Christen den Anspruch, eben dieses Evangelium von den Pfarrern und Theologinnen ihrer Kirche zu hören.

Einzig die letzte der lutherischen Bekenntnisschriften, die Konkordienformel von 1577, thematisiert das Verhältnis von Schrift und Bekenntnis und das besondere Gewicht des biblischen Wortes eigens im sog. „Summarischen Begriff": „...es bleibt allein die Hl. Schrift der einzige Richter und die einzige Regel und Richtschnur, nach der als einzigem Prüfstein alle Lehren gemessen und beurteilt werden sollen und müssen, ob sie gut oder böse, richtig oder unrichtig sind. Die anderen Symbole [= Bekenntnisse] aber und herangezogenen Schriften sind nicht Richter wie die Hl. Schrift, sondern allein Zeugnis und Erklärung des Glaubens, wie in der jeweiligen Zeit die Hl. Schrift in strittigen Artikeln des Glaubens in der Kirche Gottes von den damals Lebenden verstanden und ausgelegt wurde und die widersprechenden Lehren verworfen und verdammt wurde.“

Also auch den Bekenntnisschriften selbst kommt demnach lediglich eine abgeleitete Autorität zu. Als Zusammenfassung des zentralen Evangeliums sind sie zwar verbindlich; immer aber müssen sich die Bekenntnisse an der Schrift neu messen lassen. Insbesondere in Kirchen, die ein ausgeprägtes konfessionelles Bewusstsein und eine bewusste Bekenntnisbindung haben, ist die Gefahr des hermeneutischen Zirkels zu beachten, nach dem die Schrift so sehr vom Bekenntnis her gelesen wird, dass die immer neue kritische Lektüre des Bekenntnisses von der Schrift her nicht mehr möglich erscheint. Da, wo der Glaube „Schrift und Bekenntnis“ gemäß verkündet und gelebt werden soll, ist stets auf den Vorrang der Schrift zu achten. Das ist das Selbstverständnis des Bekenntnisses und nur dies ist bekenntnisgemäß.

Andererseits erheben die lutherischen Bekenntnisschriften den Anspruch, nicht bloß zufällige und letztlich historisch überholte Aussagen des 16. Jh.s zu enthalten, sondern das Evangelium, das bis heute weiterzuerzählen und zu hören ist. Dies entbindet nicht von der historischen Lektüre der Bekenntnisschriften, die auch manches Zeitbedingte zum Vorschein bringen wird. Aber der Anspruch bleibt, dass die Kernaussagen auch heute noch kommunizierbar sind und ihre Relevanz erweisen werden, weil das biblische Evangelium bis heute nicht überholt ist. Es bleibt auch und gerade dort, wo konfessionelles Bewusstsein zu Recht gepflegt wird, die Aufgabe der zeitgemäßen Übersetzung des im Bekenntnis bezeugten biblischen Evangeliums. Es lässt sich dann m.E. aber erweisen, dass auch heute noch das Augsburger Bekenntnis oder Luthers Kleiner Katechismus zu einer hilfreichen Leseanleitung für die Bibel werden kann. Das Bekenntnis ist und bleibt aber eine Verstehenshilfe, die in den Umgang mit der Bibel selbst hineinführen will.

Zur Vertiefung:

1. Lesen Sie den „Summarischen Begriff“ der Konkordienformel, z.B. in der Ausgabe „Unser Glaube“!
2. Erheben Sie, welche Rolle die Bibel für die Augsburger Konfession spielt anhand der Aussagen im „Beschluss des ersten Teils“, einem Text nach dem Artikel 21 (der Text findet sich im Anhang des EG).

7.3 Die „Lehre von der Schrift" und das historische Schriftverständnis

Die theologiegeschichtliche Epoche, die mit dem Konzil von Trient und auf lutherischer Seite mit der Entstehung der Konkordienformel ihren Anfang nahm, nannte man lange das Zeitalter der Orthodoxie, zumindest was die evangelischen Kirchen betraf. Denn vor allem seit dem frühen 17. Jh. prägen Auseinandersetzungen um die rechte (griechisch: orthos) Lehre (griechisch: doxa) das kirchliche Leben und die Theologie. Bezeichnenderweise ist bereits die Konkordienformel entstanden, um *innerlutherische* Streitigkeiten zu klären. Nachdem die Position gegenüber der römischen Kirche hinreichend klar dargelegt schien, kam es nun darauf an, die eigene Konfession in oft schmerzhaften Auseinandersetzungen nach innen und nach außen zu festigen, dogmatisch zu klären und in allen Einzelheiten zu durchdenken. So spricht man in der Kirchengeschichte heute auch eher vom Zeitalter der Konfessionalisierung als von Orthodoxie, jedenfalls für das späte 16. und das beginnende 17. Jh. In der römisch-katholischen Kirche kam es mittels der Beschlüsse des Trienter Konzils, die man als schlagkräftige und sichere Antwort auf die Anfragen der Reformation verstand, relativ schnell zu einer Festigung der eigenen Position und zu einem Bewusstsein des eigenen theologischen (wenn man so will: „konfessionellen") Standpunktes.

Die evangelische Kirche zerfiel nicht nur in die lutherische und die reformierte Richtung. Vielmehr war auch den Lutheranern mit Luthers Tod im Jahr 1546 eine große Integrationsfigur verloren gegangen. So kam es innerhalb der lutherischen Kirchen zu unterschiedlichen theologischen Strömungen und Schulen, deren Unterschiede trotz des großen Einigungswerkes, das die Konkordienformel darstellte, mit der Zeit eher größer wurden. In den hieraus folgenden dogmatischen (also auf die Fragen der richtigen kirchlichen Lehre gerichteten) Streitigkeiten und Auseinandersetzungen nahm die „Lehre von der Heiligen Schrift" einen besonderen Stellenwert ein. Dies aus zwei Gründen: Zum einen musste die lutherische Theologie auf die Entscheidungen des Tridentinums reagieren. Wenn dort festgestellt wurde, dass die Bibel der Auslegung bedürfe, die letztgültige Auslegung aber nur dem Papst und den Bischöfen zukomme, dann musste evangelischerseits dargelegt werden, inwiefern die Bibel als Wort Gottes klar und verständlich sei und sich selbst auslege. Andererseits sollten auch dogmatische Auseinandersetzungen innerhalb der lutherischen Christenheit allein aufgrund der Bibel entschieden werden. So hatte man es in der Konkordienformel bekannt und so war es in allen übrigen Bekenntnissen vorausgesetzt. Also war die Darlegung dessen, was der Verfasser von der Bibel als Wort Gottes hält, die vornehmste Aufgabe jeder Dogmatik.

Die lutherische oder auch „altprotestantische" Orthodoxie (in dieser Hinsicht unterscheiden sich lutherische und reformierte Dogmatik nicht wesentlich) nimmt sich also der Frage an, warum die Bibel die höchste Autorität in Glaubensdingen und inwiefern davon zu reden ist, die Heilige Schrift sei Gottes Wort. Diese Fragen werden so beantwortet, dass über die *göttliche Entstehung* der Bibel Auskunft gegeben wird, dass bestimmte *Eigenschaften* der Schrift beschrieben und dass bestimmte *Auslegungsgrundsätze* festgelegt werden. Dabei sind diese drei Dinge eng miteinander verknüpft.

So wird die Autorität der Bibel vor allem begründet mit der sog. Lehre von der Verbalinspiration. Die Kernaussage lautet: Die Bibel ist in Glaubensdingen verbindlich, weil sie von Gott eingegeben wurde. Damit aber verlagert sich die in der Reformation dargelegte und in den Bekenntnisschriften vorausgesetzte inhaltliche Begründung der Verbindlichkeit der Schrift für den Glauben („die Bibel ist in Glaubensdingen verbindlich, weil sie das Evangelium enthält") auf eine formale Seite. Zugespitzt: Noch vor dem Verstehen irgendeines Inhaltes, ja noch vor dem Hören des Evangeliums muss die Anerkennung der Autorität der Bibel aufgrund ihrer wunderbaren göttlichen Entstehung stehen. Die Dogmatiker verwenden auf die Reflexion des Inspirationsvorganges große Mühe. Im Extremfall wird festgestellt, dass die Persönlichkeiten der biblischen Autoren beim Verfassen ihrer Texte vollkommen ausgeschaltet bzw. vom heiligen Geist ergriffen waren. Die Propheten und Apostel waren demnach nur „Griffel des Heiligen Geistes", der als eigentlicher Schreiber zu gelten hat. Es deutet sich an, dass ein historisches oder differenziertes Rückfragen nach den Eigenarten der Verfasser der biblischen Schriften in diesem Konzept nicht nur überflüssig ist, sondern in unangemessener Weise das Dogma der Inspiration in Frage stellt.

Aus dieser göttlichen Entstehung ergab sich für die Dogmatiker, dass man der Heiligen Schrift bestimmte Eigenschaften zuschreiben konnte. Die Zahl und die Bezeichnung dieser Eigenschaften differiert je nach dem, welche Dogmatik man zur Hand nimmt. Hier seien vier genannt: 1. Der Bibel kommt absolute *Autorität* in Glaubensdingen zu. 2. Sie ist im Hinblick auf diese Glaubensdinge *perfekt* und *ausreichend.* Eine Ergänzung durch andere Traditionen ist nicht nötig; das Heilsnotwendige steht in der Bibel. 3. Hinsichtlich dieser heilsnotwendigen Dinge ist die Bibel auch *klar und deutlich.* Das Wesentliche muss nicht erst durch kirchliche Auslegung ans Licht gebracht werden. 4. Die Bibel ist *wirksam.* Durch die Kraft des heiligen Geistes bewirken das gelesene oder gehörte Gesetz Sündenerkenntnis und das Evangelium Glauben an Gott. Aus der Lehre von der Verbalinspiration und den Eigenschaften der Schrift ergaben sich verschiedene Auslegungsgrundsätze, von denen die wichtigsten lauten: Die Bibel interpretiert sich selbst (*sacra scriptura sui ipsius interpres*) und muss nicht von außen „erhellt" werden. Dabei sind die zunächst „dunklen" (also schwer verständlichen) Schriftstellen von den „hellen“ her zu interpretieren.

Das positive Anliegen dieser orthodoxen Schriftlehre und insbesondere der These der Verbalinspiration ist die Betonung, dass die Bibel aus sich heraus klar und deutlich das Evangelium verkündigt und zum Glauben ruft, ja Glauben wirkt. Dies alles, weil Gott selbst der Urheber und Inhalt der Schrift ist. Eine weitere, etwa auf wenige Träger des kirchlichen Lehramtes beschränkte Tradition ist nicht nötig, um dieses Evangelium aus der Bibel zu vernehmen.

Gleichzeitig bringt eine strenge Verbalinspirationslehre eine ganze Reihe von Problemen mit sich. Da ist zunächst die Frage, woher die Dogmatiker eigentlich wissen, dass und wie die Bibel von Gott inspiriert wurde. Die biblischen Autoren sind sehr zurückhaltend mit Auskünften über die Art und Weise, wie sie zu ihren Aussagen gekommen sind. So sehr, dass die Frage der Inspiration eigentlich kein Thema der Bibel selbst ist. Hinzu kommt die seit 200 Jahren wachsende Erkenntnis, dass die meisten biblischen Bücher in der vorliegenden Gestalt nicht das Produkt einer inspirierten einzelnen Persönlichkeit, sondern das Ergebnis langer Wachstums- und Redaktionsprozesse sind, die ihrerseits wiederum als Zeichen einer die Generationen überdauernden Wertschätzung und Aktualität des biblischen Wortes in Israel und der christlichen Gemeinde gelten können. Dennoch ist das Bekenntnis der Glaubenden, dass in der Schrift nicht nur Menschen, sondern durch diese Menschen eben Gott selbst redet, bereits älter als das Christentum. Zumindest für Teile des AT, besonders die Gesetze des Pentateuch, finden sich solche Aussagen bereits im Judentum des 4. Jh.s v. Chr. Auch die Septuaginta, die Übersetzung des AT ins Griechische gilt als von Gott eingegeben. Schließlich finden sich zwei Stellen im Neuen Testament, die für eine Inspirationslehre stets als Belege angeführt werden. Dies ist zum einen 2. Tim 3,16: „Denn alle Schrift, von Gott eingegeben, ist nütze zur Lehre, zur Zurechtweisung, zur Besserung, zur Erziehung in der Gerechtigkeit“ und zum anderen 2. Petr 1,19–21: „Umso fester haben wir das prophetische Wort, und ihr tut gut daran, dass ihr darauf achtet als auf ein Licht, das da scheint an einem dunklen Ort, bis der Tag anbreche und der Morgenstern aufgehe in euren Herzen. Und das sollt ihr vor allem wissen, dass keine Weissagung in der Schrift eine Sache eigener Auslegung ist. Denn es ist noch nie eine Weissagung aus menschlichem Willen hervorgebracht worden, sondern getrieben von dem Heiligen Geist haben Menschen im Namen Gottes geredet.“ Allerdings ist auch hier über den Vorgang der Inspiration nichts gesagt. Außerdem ist zu fragen, welche Schriften hier als „von Gott eingegeben“ bezeichnet werden. Aus der Sicht der neutestamentlichen Autoren kann damit nur das Alte Testament gemeint sein, wobei die Frage, welchen Umfang der alttestamentliche Kanon damals hatte, noch gar nicht im Blick ist. Schließlich aber handelt es sich bei der Begründung der Inspirationslehre mit 2. Tim 3 und 2. Petr 1 um einen unerlaubten hermeneutischen Zirkel. Wenn die Bibel als Begründung für die Autorität der Heiligen Schrift herangezogen wird, dann ist bereits vorausgesetzt, was eigentlich erst begründet werden soll.

Der gewichtigere Einwand ist allerdings ein theologisch-hermeneutischer: Die Lehre von der Verbalinspiration versucht die Autorität der Bibel zu begründen, indem sie noch vor jedem Inhalt und jedem Sachgrund des Evangeliums auf die göttliche Entstehung zurückgreift. Damit wird versucht, die Gültigkeit der Bibel in Glaubensfragen gleichsam zu verobjektivieren. Man hat auch davon gesprochen, dass die Lutheraner mit dieser Lehre dem römisch-katholischen Lehramt einen „papierenen Papst" entgegengesetzt hätten. Nun aber ist die Aussage, die Bibel sei Gottes Wort, immer eine Äußerung des Glaubens. „Objektiv" oder unter Absehung des Glaubens ist sie nicht denkbar. So wird im 20. Jh. ausgerechnet ein konservativer Lutheraner zu einem scharfen Kritiker der Lehre von der Verbalinspiration. Werner Elert äußert in seiner Dogmatik, die Lehre von der Verbalinspiration entziehe dem Glauben den Boden, indem sie hinter das Evangelium rein formal auf das Zustandekommen der Bibel abhebe. Er scheut sich nicht, in diesem Zusammenhang den Begriff „Irrlehre" zu gebrauchen. Ja er stellt fest, die Behauptung, beim Zustandekommen des biblischen Wortlautes seien die Persönlichkeiten der Autoren völlig unbeteiligt gewesen, grenze an Gotteslästerung.[51] In der Tat bedeutet es einen Erkenntnisgewinn, wenn die Eigenarten der einzelnen biblischen Schriftsteller immer besser erkannt und verstanden werden. Gott nimmt für die Verkündigung seines Wortes Menschen in den Dienst, auch mit ihren Eigenarten. Das führt dazu, dass uns in der Bibel ein Buch vorliegt, das in einem Zeitraum von ca. 1500 Jahren entstand und erkennbare Brüche und historische Unterschiede aufweist. Dies aber ist offenbar die Art, wie „Offenbarung" sich ereignet hat. Wir haben den Schatz nur in irdenen Gefäßen.

Schließlich besteht die Gefahr, dass die Lehre *über* die Schrift der Lektüre der Schrift stets übergeordnet wird. Jedes Lesen der Bibel und vor allem jede Exegese hat dann der geltenden Schriftlehre zu entsprechen. Dann aber fördert die Auslegung der Bibel prinzipiell nichts mehr zutage, was die Dogmatik nicht eh schon wusste. Gleichzeitig werden dabei alle biblischen Aussagen beinahe unterschiedslos (weil alle inspiriert) auf dieselbe Stufe gehoben. Ein differenziertes Urteil wie das oben angeführte Luthers, wonach es nicht nur darum gehe, dass die Bibel Gottes Wort sei, sondern man auch fragen müsse, zu wem es denn gesagt sei, ist dann fast nicht mehr möglich. Der Systematiker Gerhard Ebeling fasst dieses Problem so zusammen:

---

51 Vgl. Werner Elert, Der christliche Glaube. Grundlinien der lutherischen Dogmatik, Erlangen ^{6}1988, S. 171.

„...daß die heilige Schrift durch die Dogmatik domestiziert wurde, obwohl diese so betont im Zeichen des Schriftprinzips stand. Nicht daß nicht biblisches Material in Menge darin verarbeitet wurde! Aber die Frage, nach welchem Gesichtspunkt das theoretisch in sich völlig gleichberechtigte biblische Material dogmatisch ausgewählt und strukturiert wurde, erhielt ihre Antwort nicht eigentlich von der Schrift selber her, sondern durch den faktischen Anschluß an die dogmatische Tradition. Für das Verfahren der Dogmatik hatte das Schriftprinzip somit die seltsame Folge, daß die Schrift zwar reichlich zum Belegen dogmatischer Aussagen diente, das Auslegen biblischer Aussagen jedoch keine dogmatischen Folgen hatte. Die zementierte Autoritätsstellung der Bibel diente der Zementierung der Dogmatik und in gewisser Weise deren Abschirmung gegen die Bibel. Die Auflösung der Orthodoxie stand darum im Zeichen einer biblischen Kritik an der Dogmatik und in deren Gefolge alsbald im Zeichen einer völligen Emanzipation der Bibelwissenschaften von der Dogmatik...“[52]

So kann der bloße Hinweis auf Inspiriertheit der biblischen Schriften nicht mehr als hinreichender Grund für die besondere Verbindlichkeit der heiligen Schrift für den Glauben und ihren Charakter als Wort Gottes gelten. Gleichzeitig hält die Christenheit grundsätzlich an dem Bekenntnis fest, dass Gottes Geist in den Worten der Bibel zu vernehmen ist, dass diese Bibel im Grundsatz aus sich heraus verständlich ist und dass das Evangelium tatsächlich Glauben wirkt, wo es verkündigt und gehört wird. Auch unter Absehung einer Lehre von der Verbalinspiration sind dies Grundvoraussetzungen des evangelischen Bibelverstehens. Davon muss im nächsten Abschnitt noch die Rede sein.

Zur Vertiefung

1. Versuchen Sie die Leistungen und Probleme der sog. Lehre von der Verbalinspiration zu benennen!
2. Lesen Sie die Aussagen über „die Schrift“ in 2. Tim 3 und 2. Petr 1 im jeweiligen Kontext nach und versuchen Sie zu beschreiben, welche Sachverhalte die Verfasser mit diesen Aussagen ansprechen und klären wollten!

7.4 Das Ziel der Bibel

Wo sich Menschen darum bemühen, die Bibel als das Wort Gottes zu verstehen, oder danach fragen, inwiefern die Heilige Schrift auch Gottes Wort genannt werden kann, da ist im Grunde das Bekenntnis vorausgesetzt, dass in den Schriften der Bibel nicht nur Menschen, sondern eben Gott selbst zu vernehmen ist. Dieses Bekenntnis wurzelt seinerseits im Glauben. Wer die Bibel nicht bloß als ein Stück Literatur, als historische Quelle oder religionsgeschichtliches Dokument,

52 Gerhard Ebeling, Dogmatik des christlichen Glaubens 1, Tübingen 1979, S. 33.

sondern auch als aktuelle Anrede Gottes verstehen will, macht sich an diese Aufgabe als ein Betroffener oder eine Betroffene, als ein glaubender Mensch. Hieraus ergibt sich ein neuer Aspekt dessen, was in der Formulierung „Verstehen des Glaubens“ unter „Verstehen“ zu fassen ist. Denn einerseits ist dieses Verstehen ein Teil derjenigen Begegnung mit Gott bzw. seinem Wort, die Glaube erst konstituiert. Denn Glaube entsteht in der Anrede durch Gottes Wort, das in hörbaren, lesbaren und eben verstehbaren Worten geschieht, sei es beim Hören einer Predigt oder bei der Bibellektüre. Dabei ist es nicht vom intellektuellen Vermögen des Einzelnen abhängig, dass ein Mensch von einem Bibelwort oder einer Predigt tatsächlich existenziell betroffen wird. Vielmehr ist dies ein Wirken des heiligen Geistes. Aber dieser Akt der Begegnung mit Gott, der zum Glauben führt, geschieht doch auch nicht völlig ohne menschliches Verstehen, wenn denn dabei Worte im Spiel sind. Auf der anderen Seite bezeichnet „Verstehen“ für diejenigen, die vom Wort Gottes existenziell betroffen sind, das intellektuelle Nachvollziehen des Glaubens und seiner Quellen, seines Grundes im Wort Gottes. Insofern fragt der Glaube auch danach, wie die Bibel als Wort Gottes bezeichnet werden kann. Das ist insbesondere die Aufgabe der Dogmatik. Sie stellt sich aber auch jedem glaubenden Menschen, der seinen Glauben verstehen und verständlich machen möchte.

Auch wenn danach gefragt wird, inwiefern die Bibel als Wort Gottes bezeichnet werden kann, steht das „Verstehen des Glaubens“ in der Spannung zwischen „Subjekt“ und „Objekt“ oder zwischen „Innen“ und „Außen“; denn jemand, der seinen Glauben und die Bibel als dessen wichtigste Quelle verstehen will, steht dem Gegenstand seines Interesses nicht in einem naturwissenschaftlichen Sinne als unbeteiligter Beobachter gegenüber. Vielmehr soll der Wortlaut der Bibel verstanden werden als etwas, das den Betrachter oder die Betrachterin unmittelbar angeht. Dabei liegt die Bibel einerseits natürlich auch als ein „äußeres“, gleichsam „objektiv“ gegebenes Wort vor. Und insofern bemühen sich auch glaubende Ausleger um ein möglichst genaues und sachliches Verstehen des Wortlautes, seiner Entstehung, sowie seiner historischen und religionsgeschichtlichen Einordnung. Zugleich aber geschieht dieses Verstehen immer um des Glaubens willen, insofern der Glaube das Interesse des Betrachters an der Bibel geweckt oder doch in eine bestimmte Richtung geprägt hat. Dabei zielen die biblischen Aussagen nach ihrem Selbstverständnis immer darauf ab, Glauben an Gott zu wecken und zu stärken. Biblische Texte sind nie aus „historischem“ Interesse überliefert worden, weder im Judentum, noch in der Christenheit. Darüber hinaus bestimmt der Glaube als eine Haltung, die die gesamte Existenz des Menschen umfasst, das Verhältnis des Glaubenden zu sich selbst und zur Welt und damit eben auch zur Bibel als der Quelle und Ur-Kunde des Glaubens. Dies also ist zuerst festzuhalten: Die Frage nach der Bibel als Gottes Wort ist immer eine Frage des Glaubens. „Objektiv" kann diese Frage weder gestellt noch beantwortet werden. Keine noch so fein durchdachte „Schriftlehre" vermag die Behauptung, die Bibel sei Gottes Wort, zu „beweisen" oder so einsichtig zu machen, dass einem unvoreingenommenen Betrachter kein Zweifel daran mehr möglich wäre. „Die Bibel ist Gottes Wort" – das bleibt immer ein Glaubenssatz.

Diese Spannung zwischen „subjektiver" und „objektiver" Betrachtungsweise, zwischen „innerer" Betroffenheit und „äußerem" Verstehen berührt sich eng mit der theologischen Unterscheidung von *„extra nos"* und *„pro me"* des Heils. Diese lateinischen Ausdrücke wollen folgendes besagen: Das, was zu unserem Heil nötig ist, was also zu einem Leben in einer gelingenden Beziehung zu Gott, zu seinem Nächsten und sich selbst führt, findet der Mensch nicht in sich selbst. Es geschieht außerhalb (lat. „extra") von uns (lat. „nos"), in Christus. Gegen alte und neue Bemühungen, der Mensch könnte sich selbst durch Versenkung in sich selbst erlösen, hält der christliche Glaube fest, dass so etwas wie Erlösung nur als von außen, genauer von Gott auf uns zu kommendes Geschehen denkbar ist. Luther fasst dies im Kleinen Katechismus so zusammen, dass der Christ nicht „aus eigener Vernunft noch Kraft" an Christus als den Herrn glauben kann. Ebenso wenig wie ein Mensch sich selbst von einer Schuld freisprechen oder sich selbst Vergebung zusagen kann, machen wir unser Heil vor Gott nicht selbst. Dieses „Heil" ist ein Geschenk und insofern ist das sog. *„extra nos"* eine Entlastung davon, sich Liebe und Erlösung mit Meditation, guten Taten oder sonst irgendeiner Leistung erarbeiten zu müssen. Andererseits bleibt ein außerhalb des Menschen stattfindendes Heilsgeschehen solange für den einzelnen völlig bedeutungslos, solange sein eigener Anteil an der Sache nicht erkennbar und erfahrbar wird. Daher gehört zu der außerhalb meiner selbst stattfindenden „Erlösung" unbedingt die Erkenntnis, dass sie für (lat. „pro") mich (lat. „me") geschieht. Die lutherische Kirche hat stets beides festgehalten und nur im Zusammenspiel beider Aspekte ein angemessenes Verstehen des Glaubens erkannt: Der Glaube beruht auf etwas, das außerhalb von uns geschehen ist, vor allem auf dem Leben, Sterben und Auferstehen Jesu Christi. Aber Glaube entsteht nur da, wo in mir das Vertrauen geweckt wird, dass dies alles *für mich* geschehen ist.

Das Verständnis der Bibel als Gottes Wort ist damit vergleichbar. Die Heilige Schrift spricht mich als ein äußeres Wort an, das nach allen Regeln der Vernunft auch verstanden werden kann. Aber als Wort Gottes führt mich die Bibel eben zu der Erkenntnis, dass es darin in einem ganz grundsätzlichen Sinne um mich geht. Erst von dieser Gewissheit her ist ein Verstehen der Bibel als Wort Gottes von Belang.

Auch die altprotestantische Schriftlehre wusste um diese Dinge. Hier wurde davon gesprochen, das Wissen darum, dass die Bibel Gottes Wort sei, beruhe auf einem Zeugnis des Heiligen Geistes im Herzen des Menschen, so dass diese Gewissheit ein Geschenk von außen ist, dass aber doch im Innern des Menschen relevant wird. Hier liegt auch das unaufgebbare Wahrheitsmoment der Aussage, die Schrift sei „wirksam", insofern sie nämlich durch ihre verkündigten oder gelesenen Inhalte bei den Hörern und Lesern Glaube wirkt. Dies ist allerdings viel weniger ein zu glaubender Lehrsatz, als vielmehr ein Erfahrungssatz des Glaubens. Schließlich sei hier noch einmal an Karl Barth erinnert, der davon sprach, die Bibel werde dem einzelnen Glaubenden zum Worte Gottes. Allerdings scheint die Formulierung, die Bibel erweist sich als Wort Gottes, angemessener zu sein als die Redeweise vom „Werden zum" Wort Gottes. Denn um des „extra nos" des Heils willen wird die evangelische Dogmatik daran festhalten, dass der Glaube des einzelnen nicht das Wort Gottes konstituiert. Wohl aber ist die Aussage, die Bibel sei das Wort Gottes, immer eine Aussage des Glaubens. Dieser hermeneutische Zirkel ist unvermeidbar, muss aber immer von neuem durchdacht werden, damit die beschriebene Spannung sich nicht unangemessen in bloße „Subjektivität" oder vermeintliche „Objektivität" auflöst.

Das Bekenntnis zur Bibel als Wort Gottes beruht also weder auf einer autoritär gesetzten Verbalinspirationslehre (oder irgendeine andere Aussage über die göttliche Entstehung der Schriften des Alten und Neuen Testamentes), noch in möglichst genauen historischen oder religionsgeschichtlichen Einsichten. Vielmehr ist dies ein Glaubenssatz, der darauf beruht, dass Jesus Christus als der zentrale Inhalt der Bibel zum Ziel des eigenen Vertrauens geworden ist. Dieses Vertrauen umfasst die ganze Existenz. Die Gewissheit, dass die Bibel Gottes Wort ist, bedeutet weder die Zustimmung zu einer bestimmten „Inspirationstheorie", noch folgt daraus, dass man alle in der Bibel geschilderten Ereignisse prinzipiell für historisch zutreffend hält, einer bestimmten Meinung über die Verfasserschaft einzelner biblischer Schriften anhängt oder was dergleichen mehr ist. Es ist vor allem die Gewissheit, dass im Wort der heiligen Schrift Gott der Schöpfer, Erlöser und Vollender der Welt zu hören ist. Sein Wort spricht mich von *außen* an, aber es meint *mich.*

Auf der Grundlage dieser Glaubenserfahrung sagt die Christenheit dann auch aus, dass in den biblischen Schriftstellern Gottes Geist gewirkt hat, auch wenn dies weder die persönlichen Eigenarten dieser Verfasser ausgeschaltet, noch hier und dort historische Ungenauigkeiten oder Brüche in der Darstellung vermieden hat. Eine Theorie, nach der die Apostel und Propheten bloß ein „Diktat" des Heiligen Geistes wortgetreu wiedergegeben haben, kommt nicht mehr in Frage. Ebenso wird die christliche Theologie auf der Grundlage der Gewissheit, die Bibel sei Gottes Wort, die genaue historisch-kritische Erforschung dieser Bibel betreiben, schon um immer neu der Gefahr entgegenzuwirken, während der Auslegung in die Bibel immer nur die eigenen Gedanken hineinzulesen. Dabei braucht die Exegese keine Angst vor irgendwelchen historischen oder „kritischen" Ergebnissen ihrer Arbeit zu haben. Die Frage, ob die Bibel das Wort Gottes ist, hängt nicht davon ab, ob der Epheserbrief nun tatsächlich von Paulus oder vielleicht doch eher von einem Schüler im Namen des Apostels verfasst wurde. Keine Art von Theologie muss den Charakter der Heiligen Schrift als Gotteswort retten, sondern das Wort Gottes trägt jedes theologische Bemühen. Da, wo sich Theologinnen und Theologen selbst immer neu auf die Begegnung mit dem Gotteswort, das Glauben weckt und stärkt, einlassen, kann dies eine Entlastung sein in aller Unsicherheit wissenschaftlichen Arbeitens.

„Auch die theologische Exegese muß sich ebenso um die innere Solidarität mit den biblischen Autoren bemühen wie der Interpret profaner Schriften mit deren Verfassern. Sie hat wie dieser als erste Frage zu beantworten, *was* der Verfasser ‚gemeint' hat. *Theologische* Exegese wird sie dadurch, daß sie das Wort der biblischen Schriften als Wort Gottes versteht. Dieses Verfahren findet statt, wenn der Hörer oder Leser, also auch der Exeget, von dem Wort getroffen wird. Um die Heilige Schrift zu verstehen, muß man also nicht nur ermitteln, was gemeint ist, sondern auch, wer gemeint ist, nämlich kein anderer als der Leser und Exeget selber. Die Bereitschaft, sich selbst gemeint zu wissen, ist der Glaube."[53]

Das alles ist im vorliegenden Zusammenhang notwendigerweise und auch ein bisschen pauschal gesagt. Wie es um das Verhältnis von existenzieller Betroffenheit durch den Glauben einerseits und das Verstehen der Bibel andererseits bestellt ist, muss zum einen in der eigenen Erfahrung nachvollzogen werden. Zum anderen ist aber auch die Vielfalt der biblischen Überlieferung zu bedenken. Nicht jedes Bibelwort spricht spontan an, vieles ist auf Anhieb schwer verständlich, und längst nicht von jeder Seite der Bibel ist ein persönlicher Bezug herzustellen. Das ist aber auch nicht gemeint. Theologische Exegese muss sich im Vollzug bewähren. Wichtiger als jede Lehre über die Schrift ist der tatsächliche Umgang mit dem Wortlaut der biblischen Schriften. Bis hierher ist jedenfalls deutlich, dass das Verhältnis der Christen zu ihrer Glaubensurkunde bewusst oder unbewusst relativ komplex und vielschichtig ist. Diese Komplexität will hermeneutische Reflexion erhellen. In den folgenden beiden Kapiteln werden theologische und anthropologische Grundannahmen der evangelisch-lutherischen Theologie aufgezeigt, die das Verstehen der Bibel mitbestimmen.

53 Elert, Der christliche Glaube, S. 194.

Zur Vertiefung:

1. Haben Sie eine Stelle oder Geschichte in der Bibel, die Sie besonders schätzen? Versuchen Sie, so genau wie möglich zu beschreiben, warum und auf welche Weise Sie gerade dieser Vers/diese Geschichte anspricht!
2. Beschreiben Sie die bleibende Berechtigung, der orthodoxen Lehraussage, die Heilige Schrift habe die Eigenschaft der Wirksamkeit! Gibt es dazu Anknüpfungspunkte aus Ihrer eigenen Erfahrung?
3. Wenn die persönlichen und theologischen Eigenarten der Verfasser und Tradenten („Überlieferer“) deutlich zu erkennen sind, inwiefern lässt sich dann von einer Inspiration durch den heiligen Geist reden?
4. Notieren Sie am Ende dieses Kapitels noch einmal, welche Bedeutung der Satz für Sie hat: „Die Bibel ist das Wort Gottes“!

8

Theologische Leitlinien beim Bibelverstehen

8.1 Die Mitte der Schrift

Obwohl nach dem bisher Gesagten also der Glaube als ein gewisser „subjektiver“ Faktor für das Bibelverstehen der Christenmenschen nicht nur nicht vermeidbar, sondern geradezu unentbehrlich ist, darf dies nicht dazu verführen, das Verstehen der heiligen Schrift durch glaubende Menschen als subjektivistisch oder gar willkürlich anzusehen. Dies war ja schon dadurch abgewehrt, dass immer wieder der Nutzen methodisch kontrollierter Exegese nicht nur für die wissenschaftlichen Theologen, sondern auch für die Kirche insgesamt betont wurde. Der Hinweis auf das Spannungsverhältnis von „Innen“ und „Außen“, das der theologischen Unterscheidung von „extra nos“ und „pro me“ des Heils korrespondiert, hatte dies im letzten Abschnitt erneut zur Sprache gebracht. So geschieht nicht nur die historische Exegese nach methodisch kontrollierten, wissenschaftlichen Spielregeln, sondern jedes christliche Verstehen folgt bestimmten Regeln, die auch intersubjektiv dargelegt und vermittelt werden können. Dazu gehören z.B. die schon erwähnten Auslegungsgrundsätze innerhalb einer konfessionellen Gemeinschaft. Dann aber gibt es Grundannahmen innerhalb solcher Gemeinschaften, die nicht bloß Hilfen für die praktische Auslegung sind, sondern als Leitlinien jedes Verstehen der Schrift lenken und orientieren. Einige dieser Leitlinien, die sich innerhalb der evangelisch-lutherischen Konfession im Laufe der Zeit herausgebildet und entwickelt haben, seien nun dargelegt. Dabei ist zu bedenken, dass auch diese hermeneutischen Grundannahmen nicht in sich selbst ruhende Gesetze sind, sondern immer wieder darauf hin befragt werden müssen, ob sie ihrem Gegenstand (also der Bibel und ihrem rechten Verständnis) angemessen sind, und wie sie unter veränderten historischen oder theologischen Bedingungen sachgemäß angewandt werden können.

Die erste hermeneutische Leitlinie einer lutherischen Theologie, die hier genannt werden soll, ist die Aussage, dass die Bibel eine Mitte hat. Gemeint ist damit nicht das, was in der Lutherbibel als Buch genau in der Mitte steht. Das wäre in einer Ausgabe ohne Apokryphen wohl der Psalter. Nein, hier wird festgehalten, dass die Bibel nach evangelischem Verständnis ein sachliches, man könnte auch sagen ein personales Zentrum hat: Das Evangelium von Jesus Christus ist der zentrale Inhalt der Bibel. Dieses Evangelium soll gehört werden, wenn Menschen in der Bibel lesen oder von der Bibel etwas hören. Erst wenn dieses Evangelium bei den Hörern oder Lesern ankommt, ist der eigentliche Sinn der Bibel als Wort Gottes erkennbar. Dahinter steht die Glaubenserfahrung, dass die Bibel das Wort Gottes bezeugt, nicht aber viele Wörter Gottes, die zu jeder Lebenslage und –frage von der Parkplatzsuche, über die Geldanlage bis zur ewigen Seligkeit etwas zu sagen haben. Es mag sein, dass es zur individuellen Erfahrung des glaubenden Menschen gehört, dass er auch zu den unterschiedlichsten Fragen Orientierung aus der Bibel erfährt. Das bleibt eine subjektive Glaubenserfahrung. Aber für die Kirche in ihrer Gesamtheit als der Versammlung der Glaubenden ist der eine Inhalt der Bibel erkennbar, erfahrbar, mitteilbar und zu bekennen, nämlich die frohe Botschaft, die ihrerseits kraft des Heiligen Geistes Glauben schenkt und damit Kirche erst konstituiert.

Dass das Evangelium von Jesus Christus der zentrale Inhalt der Bibel ist, gilt ungeachtet der jeweiligen historischen oder theologischen Eigenheiten der einzelnen biblischen Schriften für die ganze Heilige Schrift. Es gilt nicht nur für die Evangelien, in denen das Leben, Sterben und Auferstehen des Jesus von Nazareth ja ausdrücklich den Inhalt bestimmt, sondern auch für die übrigen Schriften des Neuen Testaments. Dass Christus die Mitte der Schrift ist, gilt auch für das Alte Testament, wenn man das, was bereits über das Verhältnis von AT und NT gesagt wurde, mit bedenkt. Historisch oder gar „objektiv“ kommt Jesus im Alten Testament nicht vor. Auch wird sich die christliche Theologie und Exegese davor hüten, Christus in unsachgemäßer Weise in das Alte Testament hinein zu lesen. Dennoch lesen Christen das AT unter der Voraussetzung des Glaubens an Christus. Dieser Glaube erschließt das alttestamentliche Zeugnis vom Handeln des Gottes Israels als das Zeugnis von demjenigen Gott, der auch der Vater Jesu Christi ist. In der Leserichtung vom Neuen Testament herkommend, werden Christen auch viele alttestamentliche Texte als mittelbare oder unmittelbare Hinweise auf den kommenden Messias Israels lesen, der für den christlichen Glauben in Jesus erkennbar ist. Einerseits nimmt der christliche Glaube so genau wie möglich den historischen Textsinn wahr; andererseits wird die Frage nach der Gegenwartsbedeutung des so Verstandenen für Christen immer über den Glauben an Christus (und das heißt: das Evangelium) erschlossen. Dieser Zugang des Glaubens zum AT, der auch im ersten Kanonteil Christus als die Mitte erkennt, wird bereits im Neuen Testament eindrücklich reflektiert und illustriert: In der Geschichte der Emmausjünger (Lk 24,13–35), betätigt sich der auferstandene Christus selbst als Ausleger des Alten Testaments, indem er die durch den Verlust ihres Herrn völlig verwirrten Jünger fragt: „Musste nicht Christus dies erleiden und in seine Herrlichkeit eingehen? Und er fing an bei Mose und allen Propheten und legte ihnen aus, was in der ganzen Schrift von ihm gesagt war" (V. 27–28). Hier wird der Auferstandene selbst zum Schlüssel für ein neues Verständnis des Alten Testaments. Von Christus her gelesen werden „Mose und die Propheten" zum Zeugnis für Christus. In der Perspektive des Glaubens ist Christus auch die Mitte des Alten Testaments. Noch einmal: Dieses Zeugnis des Glaubens entbindet nicht von der Mühe, die alttestamentlichen Texte so genau wie möglich historisch-kritisch zu verstehen und das Ihre sagen zu lassen.

Die hermeneutische Leitlinie, dass die Schrift eine Mitte hat, ist zu unterscheiden von dem Versuch, einen sog. „Kanon im Kanon" zu definieren. Denn das Evangelium von Christus als Mitte der Schrift bedeutet in sich noch nicht, dass bestimmte biblische Schriften anderen vorzuziehen sind oder von vornherein mehr Gewicht als andere hätten. Vielmehr ist das Evangelium von Jesus Christus als *inhaltliches* Zentrum des in der Bibel bezeugten Gotteswortes zu verstehen. Diese inhaltliche Mitte funktioniert als kritischer Bewertungsmaßstab quer durch die Bibel und ihre einzelnen Schriften hindurch. An diesem Maßstab muss sich alle prophetische und apostolische Verkündigung messen lassen. Bereits Martin Luther hat dies in aller Schärfe herausgestellt und in großer Freiheit gegenüber dem biblischen Kanon, so wie er ihn vorgefunden hat, auch angewendet. Als Paradebeispiel kann hier nach wie vor Luthers Einschätzung des Jakobusbriefes dienen, so wie sie sich vor allem in seiner Vorrede auf die Briefe des Jakobus und des Judas aus dem Jahr 1522 findet.[54] Hier geht es allerdings weniger um die oft gestellte Frage, inwieweit Luthers kritischer Beurteilung des Jakobusbriefes als solcher zu folgen ist, als vielmehr um die von Luther für diese Bewertung angeführten Kriterien. „Und darin stimmen alle rechtschaffenen, heiligen Bücher überein, dass sie allesamt Christus predigen und treiben. Das ist auch der rechte Prüfstein, alle Bücher zu beurteilen, wenn man siehet, ob sie Christus treiben oder nicht. Sintemal alle Schrift Christus zeiget, Röm. 3, 22 ff., und Paulus nichts als Christus wissen will, 1. Kor. 2, 2. Was Christus nicht lehret, das ist nicht apostolisch, wenn's gleich Petrus oder Paulus lehret; umgekehrt, was Christus predigt, das ist apostolisch, wenn's gleich Judas, Hannas, Pilatus und Herodes täte."[55]

Diese wenigen Zeilen sind für die evangelisch-lutherische Hermeneutik aufregend und folgenreich. Luther stellt hier klar, dass „apostolisch", nicht in erster Linie das ist, was sich historisch auf die Person bestimmter „Apostel" (der Begriff ist neutestamentlich ohnehin schwer zu definieren) zurückführen lässt, sondern was der „Sendung" (griechisch: apostellein) Christi gemäß ist. Daher ist es für das Schriftverständnis der lutherischen Theologie auch keine Anfechtung,

---

54 Vgl. Luther Deutsch, Bd. 5: Die Schriftauslegung, S. 62–65.
55 Luther Deutsch, Bd. 5: Die Schriftauslegung, S. 64.

wenn die Exegese zu dem historischen Schluss kommt, diese oder jene Schrift stamme vermutlich nicht von dem „Apostel“, dem sie lange Zeit zugeschrieben wurde, oder die Evangelisten seien mit an Sicherheit grenzenden Wahrscheinlichkeit nicht selbst Augenzeugen der von ihnen geschilderten Ereignisse gewesen. Denn entscheidend für den Charakter einer biblischen Aussage als wirksames Gotteswort ist nicht die historisch verifizierbare oder falsifizierbare Verfasserschaft durch bestimmte Personen, sondern der evangelische Inhalt des Gesagten. So hört die Christenheit die Aussagen über den leidenden Gottesknecht in Jes 53 als ein solches evangelisches Zeugnis im Lichte Christi, auch wenn die Exegese den Verfasser dieser Stelle mit dem etwas hilflosen Namen „Deuterojesaja“ belegt.

Das inhaltlich ausschlaggebende Evangelium kann Luther auch mit der berühmten Wendung „was Christum treibet“ bezeichnen. Da, wo Christus getrieben wird ist evangelisches und damit apostolisches (also der Sendung Christi entsprechendes) Gotteswort. Allerdings ist dies eine verkürzte Redeweise; denn auch der Jakobusbrief erwähnt ja Christus, aber Luther wirft ihm vor, dass von Leiden und Auferstehen Christi nicht die Rede sei. Um Christus zu „treiben“, genügt also nicht die bloße Erwähnung. Vielmehr soll der Hörer oder die Leserin auch erkennen, was dieser Christus für ihn oder sie getan hat. Das heißt, wenn Luther hier „Christus“ sagt, dann ist dies eine Kurzform für all das, was die Dogmatik unter der Überschrift „Person und Werk Christi“ zusammenfasst. Es geht bei dem, was „Christum treibet“, nicht lediglich um den Hinweis auf Jesus als einen vorbildlichen Menschen oder einen vorbildlich Glaubenden. Vielmehr ist hier das gemeint, was die Reformation in dem Artikel von der Rechtfertigung des Sünders so bestimmt, dass der Mensch vor Gott gerecht wird „aus Gnade (lat.: gratis), um Christi willen und durch den Glauben“ (vgl. CA IV). Das hat Luther veranlasst, seiner Erklärung zum zweiten Glaubensartikel im Kleinen Katechismus nicht die Überschrift „von Jesus Christus“ zu geben, sondern diese Erklärung eben „von der Erlösung“ zu titulieren. Das ist eigentlich die Mitte der Schrift: Die Antwort auf die Frage, wie der Mensch, der sich in dieser Welt als Sünder, als von Gott getrennter vorfindet, mit Gott ins Reine kommen kann. Die Antwort lautet, in Christi Sterben und Auferstehen heilt Gott selbst die zerbrochene Beziehung zum Menschen. Wo dies gehört wird, und zwar nur wo dies gehört wird, besteht die Möglichkeit, dass der heilige Geist glaubendes Vertrauen im Menschen weckt, das das Gewissen beruhigt. Dies soll beim Hören oder Lesen der Bibel als ihr zentraler Inhalt „verstanden“ werden. Insofern ist Christus die Mitte der Schrift, wie der Artikel von der Rechtfertigung das Zentrum lutherischer Theologie ist.

Die Feststellung, dass die Schrift in Christus ihre Mitte hat, bedeutet nun nicht, dass alle übrigen Aussagen der Bibel als Explikationen dieses einen Inhaltes verstanden oder notfalls als solche „hingebogen“

werden müssten. Im Gegenteil: Wo die Mitte der Schrift bekannt wird, kann die Vielfalt der biblischen Aussagen differenziert wahrgenommen werden. Die Bibel enthält eine Fülle von Aussagen, aber diese stehen nicht alle in demselben Verhältnis zu dem evangelischen Zentrum. Manche Aussagen sind dichter und andere sind weiter entfernt von der Mitte. Erst, wo Christus als das sachliche bzw. personale Zentrum der ganzen Bibel erkannt ist, erwächst die Freiheit, das Wort Gottes in aller Vielfalt und Unterschiedenheit wahrzunehmen. Es ist nicht alles gleich gültig, was in der Bibel steht. Es war schon mit Luther daran erinnert worden, dass auch zu fragen ist, wem ein bestimmtes Wort der heiligen Schrift eigentlich gesagt ist. Nun ist auch stets danach zu fragen, in welchem Verhältnis eine biblische Aussage zum Evangelium steht. Dies entlastet beispielsweise von der Nötigung, mit Mitteln der Biologie nach einem Fisch zu suchen, in dem ein Mann wie Jona tatsächlich drei Tage überleben kann, oder gegen jede biologische Einsicht den Hasen für einen Wiederkäuer zu halten (vgl. Lev 11,6), um mit diesen oder ähnlichen Dingen die Wahrheit des Wortes Gottes zu „beweisen." Diese „Wahrheit" besteht im Evangelium von Christus, dass der heilige Geist in uns zur Gewissheit werden lässt. Von diesem Zentrum her steht die ganze Schrift einem unverkrampften Verstehen offen. Dann zeigt sich, dass die Schrift auch „Ränder" hat. Der Prophet Zefanja, das Hohe Lied oder auch der Prediger „Kohelet" haben in der Christenheit eben nicht denselben Stellenwert wie der Römerbrief. Auch ein Blick in das Bibelstellenregister der Bekenntnisschriften lehrt, das bestimmte Schriften eben sehr häufig, andere nie zitiert werden. Das hat traditionelle, aber eben auch sachliche Gründe, die in der Beziehung eines Textes zur Mitte der Schrift nach evangelischem Verständnis liegen. Wenn das erkannt ist, dann haben auch Schriften, die scheinbar weiter vom Zentrum entfernt sind, dem Glauben das Ihre zu sagen. Schließlich lobt Luther auch den Jakobusbrief, „weil er gar keine Menschenlehre aufstellt und Gottes Gesetz eifrig treibt."[56] Manche anderen Aussagen bleiben fremd. Sie dürfen es getrost bleiben, so lange die Mitte der Schrift klar zu erkennen ist und von daher das Verstehen des Glaubens in der Bibel seinen Weg sucht.

Zur Vertiefung:

1. Lesen Sie Martin Luthers Vorrede auf die Briefe des Jakobus und des Judas und achten Sie auf Luthers Argumentation!
2. Lesen Sie die Geschichte der Emmausjünger in Lk 24,13–35. Unter welchen Kriterien wird das Alte Testament darin gelesen und ausgelegt?

56 Luther Deutsch, Bd. 5: Die Schriftauslegung, S. 62.

8.2 Gesetz und Evangelium

„Die gesamte Hl. Schrift muss in diese zwei Hauptstücke eingeteilt werden: in das Gesetz und in die Verheißungen (lex et promissiones)“[57], so bringt Philipp Melanchthon die lutherische Unterscheidung von „Gesetz und Evangelium“ als eine Hauptleitlinie für das Verstehen der Bibel auf den Punkt. „Gesetz und Evangelium“ ist für viele zu dem zentralen Erkennungsmerkmal evangelisch-lutherischer Hermeneutik geworden, aber allzu oft bleibt es auch ein Schlagwort, unter dem sich unterschiedliche Sprecher zum Teil sehr verschiedene Dinge vorstellen. Daher lohnt sich die Frage, was genau unter der Chiffre „Gesetz und Evangelium“ zu verstehen ist, bzw. welche verschiedenen Sachverhalte damit in der Theologiegeschichte jeweils bezeichnet wurden.

Die Rede von „Gesetz und Evangelium“ als feststehender Wendung geht auf Martin Luther zurück. Die Formulierung findet sich so weder direkt im Neuen Testament noch in der vorreformatorischen Theologie. Luther war allerdings gewiss, dass er sich in der Sache hier eng an Paulus anlehnte, besonders an die Ausführungen des Galaterbriefes. Für die lutherische Reformation hat die Unterscheidung von Gesetz und Evangelium ihren festen Ort im Artikel von der Rechtfertigung des Sünders. Daher finden sich die eingangs von Melanchthon zitierten Worte aus der Apologie sachgemäß im Artikel IV, der den zentralen Rechtfertigungsartikel der CA erläutern will. Obwohl die Formulierung, die gesamte Schrift müsse in diese zwei Hauptstücke „eingeteilt“ werden, zunächst nahe legt, unter „Gesetz und Evangelium“ eine Art hermeneutische Gliederungshilfe beim Bibellesen zu verstehen, so ist damit noch mehr und anderes gemeint. Es geht nicht darum, die Bibel als Gegenstand der Betrachtung abschnittsweise mit den Etiketten „Gesetz“ oder „Evangelium“ zu belegen und sich so den Zugang zu dem dicken Buch zu erleichtern. Vielmehr wird das Wort Gottes immer entweder als Gesetz oder als Evangelium *verkündigt* und *gehört*.

Gesetz und Evangelium sind die beiden Weisen des Wortes Gottes, man kann sogar sagen es sind die beiden Worte Gottes, die den Menschen als wirksame Rede ansprechen mit dem Ziel, Glauben und Vertrauen zu Gott zu wecken. Wird das Wort Gottes als Gesetz verkündigt, macht es dem Menschen seine Verlorenheit vor Gott deutlich, die er selbst nicht überwinden kann. Die Funktion dieser Gesetzesansage ist, dass der Mensch sich seines Sünderseins bewusst wird. Der Terminus „Gesetz“ bezeichnet hier nicht ethische oder moralische Anweisungen für einen christlichen Lebensstil, sondern hat immer ei-

---

57 Apologie der CA, Art. IV, hier zitiert nach: Unser Glaube. Die Bekenntnisschriften der evangelisch-lutherischen Kirche, hg. vom Luth. Kirchenamt der VELKD, Gütersloh 1986, S. 143.

ne anklagende Bedeutung. Zwar zeigt das „Gesetz“ in diesem Sinne auch, was Gott vom Menschen will, aber immer so, dass der Mensch erkennt, dass er diese Forderung im Vollsinn nicht erfüllen kann. Die Neigung zur Selbstrechtfertigung und Selbstgerechtigkeit wird aufgedeckt und als unhaltbar entlarvt. Etwa so, wie Jesus in den Antithesen der Bergpredigt das alttestamentliche Gesetz in seiner ganzen Konsequenz verdeutlicht, wenn er sagt: „Ihr habt gehört, dass zu den Alten gesagt ist: ‚Du sollst nicht töten! […]‘ Ich aber sage euch: Wer mit seinem Bruder zürnt, der ist des Gerichts schuldig […]“ (Mt 5,21f.).

Wenn der Mensch im Lichte dieser Verkündigung Gottes umfassenden Anspruch auf sein Leben erkennt, der mit äußerlicher Zurückhaltung von Mord und Totschlag eben nicht zu erfüllen ist, sondern die ganze Person mit Gedanken, Worten und Werken umfasst, dann hat er das Wort Gottes als „Gesetz“ vernommen. Der Anspruch hinter einer solchen Ansage des Wortes Gottes ist, dass dem Menschen hier nicht eine Schuld eingeredet wird, sondern dass eine Situation aufgedeckt wird, in der sich der Mensch tatsächlich befindet. Diese seine Lage vor Gott kann der Mensch aus eigenen Kräften aber nicht erkennen. Die Blindheit gegenüber der eigenen Schuld gehört zum Zustand des Sünderseins, in dem sich jeder Mensch von Geburt an befindet. Daher ist die Verkündigung des Wortes Gottes als Gesetz unabdingbar, allerdings nicht, um den Menschen niederzudrücken oder für kirchliche Einflussnahme gefügig zu machen, sondern um ihm über die tatsächlichen Konditionen seines Daseins Klarheit zu verschaffen.

Dann aber muss zu dieser Gesetzesverkündigung immer und notwendigerweise die Ansage des Evangeliums treten. Denn das Ziel des Wortes Gottes ist, dass Menschen zum Glauben kommen, das heißt zu der Gewissheit, von Gott geliebt und angenommen zu sein. Auf dem Weg zu diesem Ziel stellt die Verkündigung des Gesetzes den notwendigen Schritt zur realistischen Selbsterkenntnis und den Ruf zur Umkehr dar. Aber nie bleibt die Verkündigung bei diesem Schritt stehen, denn das hieße, die Hörerinnen und Hörer mit der Erkenntnis ihrer Gottesferne allein zu lassen und sie so der Verzweiflung auszuliefern. Die Aussage des Römerbriefes, „sie sind allesamt Sünder und ermangeln des Ruhmes, den sie bei Gott haben sollten“ (Röm 3,22) ist nötig, aber sie darf nie allein bleiben, sondern muss unbedingt fortgesetzt werden mit: „und werden ohne Verdienst gerecht aus seiner Gnade durch die Erlösung, die durch Christus Jesus geschehen ist“ (Röm 3,23). Niemals darf die kirchliche Verkündigung das Gesetz moralisierend instrumentalisieren, wenn denn das Wort Gottes sein eigentliches Werk ausrichten soll, nämlich die angefochtenen Gewissen trösten und Menschen gewiss machen, dass sie von Gott angenommen sind. In der Formulierung „Gesetz und Evangelium“ gibt es ein eindeutiges sachliches Gefälle hin zur frohen Botschaft.

Wird das Wort Gottes in solcher Weise als „Gesetz und Evangelium“ gepredigt, dann umfasst diese Verkündigung tatsächlich die ganze Schrift. Nun allerdings nicht so, dass man die Bibel Vers für Vers als Gesetz oder Evangelium kategorisieren könnte. Auch ist es keinesfalls so, dass das Alte Testament das Gesetz und das Neue Testament das Evangelium wäre. Rudolf Bultmann hat eine solche Einteilung vorgenommen und ist notwendig zu einer Abwertung des AT gelangt. Vielmehr ist bei der Unterscheidung von Gesetz und Evangelium immer die Verkündigungssituation mit zu bedenken. Dann kann auch ein Vers, der rein formal in einem alttestamentlichen Gesetzbuch steht, wie Dtn 18,15: „Einen Propheten wie mich wird dir der HERR, dein Gott, erwecken aus dir und aus deinen Brüdern; dem sollt ihr gehorchen" der Evangeliumsverkündigung dienen, wenn er als Ankündigung Christi verstanden wird. Umgekehrt kann der Kreuzigungsbericht als zentraler evangelischer Text zum Gesetz werden, wenn mit ihm die Verlorenheit der Menschen als Ursache für das Kreuz illustriert wird. So zieht sich die Unterscheidung von Gesetz und Evangelium quer durch die Texte der heiligen Schrift. Dabei ist das Evangelium im AT immer nur vom NT her zu entdecken. Ein „Evangelium" ohne Christus gibt es biblisch nicht.

Aus dem Gesagten ergeben sich die für die Behandlung des Themas geltenden „Spielregeln", die seit Luthers Zeiten in der evangelischen Kirche gelten: Gesetz und Evangelium müssen genau voneinander unterschieden, dürfen aber nicht voneinander getrennt werden. Wenn das Gesetz sein Werk tun soll, dann muss der Wille Gottes uns Menschen schonungslos unser Sündersein vor Augen halten. Menschen sollen bewusst ins Auge fassen, dass sie in einem Zustand der Trennung von Gott auf diese Welt kommen und von sich aus diesen Zustand auch nicht überwinden können. Bleibt es dabei, verfehlt der Mensch ein sinnvolles Leben. Dann aber muss das Evangelium auch ganz als solches gehört werden. Es ist zuerst Annahme und Vergebung, nicht schon wieder Aufforderung zu einer „nachgeholten Erfüllung" des Gesetzes oder dergleichen. Die größte Herausforderung evangelischer Predigt scheint von jeher zu sein, das Evangelium als frohe Botschaft zu verkünden und nicht bereits mit allerhand Lebensregeln, Aufforderungen oder Motivationen zu vergesetzlichen und damit streng genommen in sein Gegenteil zu verkehren. Aus alle dem folgt auch, dass in lutherischem Sinne die Reihenfolge von Gesetz und Evangelium nicht umkehrbar ist. Das Ziel des Wortes Gottes ist Trost und Annahme des Menschen durch Vergebung der Sünde.

Bereits Luther selbst hat festgehalten, dass die richtige Unterscheidung von Gesetz und Evangelium zwar einen rechten evangelischen Prediger ausmacht, dass aber diese Unterscheidung samt der sachgemäßen Zuordnung von Gesetz und Evangelium im Vollzug der Verkündigung sehr schwer ist. Vielleicht liegt es daran, dass die Thematik in der evangelischen Theologie vom 16. bis in das 20. Jh. so gut wie nicht behandelt worden ist.

Das änderte sich, als Karl Barth 1935 einen Vortrag mit dem Titel „Evangelium und Gesetz hielt.[58] Barth tritt darin einer theologischen Position entgegen, die als „natürliche Theologie“ das Gesetz in „Ordnungen“ oder dergleichen auch woanders als im Worte Gottes selbst geoffenbart finden will. Einer solchen Auffassung widerspricht Barth mit seiner Kernthese, „das Gesetz ist nichts anderes als die notwendige *Form des Evangeliums*, dessen Inhalt die Gnade ist.“[59] Er gelangte zu dieser These, indem er von der Logik des theologischen Erkenntnisweges ausgegangen war: „... darum müssen wir, um zu wissen, was Gesetz ist, allererst um das Evangelium wissen und nicht umgekehrt.“[60] Nun folgt aus diesem Prozess bei Barth aber nicht eine Kenntnis des Gesetzes, die ihrerseits wieder zum rechtfertigenden Evangelium drängen würde. Vielmehr wird das Gesetz jetzt (ganz alttestamentlich gesprochen) zum durch den „Bund“ motivierten „Gebot“. „Die Proklamation des Bundes verheißener Gnade zwischen Gott und Israel geschieht als Promulgation [= Bekanntmachung] der göttlichen *Gebote*.“[61] Vom AT abstrahiert heißt das: „Wir lesen aus dem, was Gott hier *für* uns tut, ab, was Gott *mit* uns und *von* uns *will*.“[62] Wird die Rede von Gesetz und Evangelium aber zu einem solchen „Zuspruch des Tuns“[63], ändert sie damit gegenüber Luther ihren *Sitz im Leben*. Aus Gesetz und Evangelium als einer ganz auf die Rechtfertigung bezogenen Größe wird bei Barth in der Reihenfolge Evangelium und Gesetz eine Kategorie, die ihren Bezugspunkt letztlich in der *theologischen Ethik* hat. Gottes „Handeln kreist nicht um sich selbst, sondern es zielt hin auf *unser* Handeln.“[64] Damit aber erweist es sich als fraglich, ob die traditionelle Terminologie das Gemeinte noch zur Sprache bringt. Barth selbst spricht dann auch lieber von „Gnade und Gebot“ oder anderen Begriffspaaren. Die Formulierung *Zuspruch und Anspruch* dürfte in den skizzierten Gedanken Barths ihren Grund haben und ist bis heute sehr populär.

Barth ist für seine Äußerungen zu „Evangelium und Gesetz“ von lutherischen Theologen, allen voran von Werner Elert, scharf kritisiert worden. Dabei ist natürlich auch Barths Anliegen ein sinnvolles: Der Glaube ruht nicht kontemplativ in sich selbst, sondern aus dem Zuspruch des Evangeliums folgt das Bemühen, dem Anspruch Gottes gerecht zu werden. Wohl wahr! Nur ist dies eben *etwas anderes* als Luthers Unterscheidung von Gesetz und Evangelium, die nicht auf

---

58 Karl Barth, Evangelium und Gesetz, TEH 32 (1935) = Ernst Kinder / Klaus Haendler (Hg.), Gesetz und Evangelium. Beiträge zur gegenwärtigen theologischen Diskussion, WdF 142, Darmstadt 1968, S. 1–29 (danach hier zitiert).

59 Barth, Evangelium, S. 9 [Hervorhebung so im Original].

60 Barth, Evangelium, S. 1f.

61 Barth, Evangelium, S. 8 [Hervorhebung so im Original].

62 Barth, Evangelium, S. 7 [Hervorhebungen so im Original].

63 So über Barth der Systematiker Wilfried Joest.

64 Barth, Evangelium, S. 7f. [Hervorhebung so im Original].

das Tun der Christen zielt, sondern auf die Rechtfertigung des Sünders. Mit diesem Ziel wird das Wort Gottes als Gesetz und Evangelium nach evangelischem Verständnis auch Christen immer neu gepredigt, solange sie in dieser Welt als Gerechte und Sünder zugleich leben. Daneben wird es in der christlichen Verkündigung auch um Fragen der christlichen Ethik und des richtigen Handelns der Getauften gehen. Aber dies ist unbedingt und deutlich von der Predigt der Rechtfertigung mittels Gesetz und Evangelium zu unterscheiden!

So liegt das eigentlich Problematische von Karl Barths Ansatz nicht in seinem Anliegen selbst, sondern vor allem darin, dass er Luthers Formel von Gesetz und Evangelium in einen neuen Verkündigungszusammenhang, nämlich die Begründung christlicher Ethik stellt. In dieser Form ist Barths Ansatz sehr wirkungsvoll gewesen. Bis heute kann man immer wieder die Meinung hören, bei „Gesetz und Evangelium" gehe es um das Tun des göttlichen Willens, das für Christen aus der frohen Botschaft folge. Das ursprüngliche Verständnis von „Gesetz und Evangelium" der lutherischen Theologie ist und bleibt ein anderes!

Festzuhalten bleibt: Wenn im Zusammenhang der Bibelauslegung von „Gesetz und Evangelium" die Rede ist, dann wird die Bibel nicht bloß als ein zu verstehender Betrachtungsgegenstand aufgefasst, der in Gesetz oder Evangelium eingeteilt werden könnte. Vielmehr sind Gesetz und Evangelium zwei Weisen des Wortes Gottes, in denen es verkündigt und gehört wird. Die Kategorie macht nur Sinn, wenn man sie auf ein existenzielles Verstehen des Wortes Gottes, das auf Glauben zielt, bezieht. So gehört die Rede von Gesetz und Evangelium eher in die Praktische Theologie (insbesondere in die Predigtlehre) als in die Exegese oder in die Dogmatik .

Zur Vertiefung:

1. Warum weist Melanchthon in der Apologie ausgerechnet im Zusammenhang des Rechtfertigungsartikels darauf hin, dass die ganze Heilige Schrift in Gesetz und Verheißung (Evangelium) einzuteilen sei?
2. Inwiefern unterscheidet sich Karl Barths Rede von „Evangelium und Gesetz" vom lutherischen Verständnis des „Gesetz und Evangelium"?
3. Lesen Sie den Galaterbrief und versuchen Sie nachzuempfinden, dass Luther anhand dieser Schrift zu der Unterscheidung von Gesetz und Evangelium fand!

8.3 Glaube und Liebe

Wenn die Bibel in der beschriebenen Weise als „Gesetz und Evangelium“ verstanden, verkündigt und gehört wird, dann ist das Heil des Menschen, dessen er sich im Glauben gewiss wird, ganz ein Ergebnis des Handelns Gottes durch sein Wort. Dann aber stellt sich die Frage, wo das Handeln der Menschen bleibt. Oft wurde und wird in einer populären Verwechslung Christsein mit moralischem Handeln oder schlicht mit Anstand gleichgesetzt. In der Tat finden sich auch im Neuen Testament zahlreiche Weisungen, an denen sich offenbar das Leben der Glaubenden orientieren soll. Von jeher lautet daher ein Vorwurf gegen die reformatorische Betonung der Rechtfertigung allein aus Gnaden, sie sei zu einseitig und führe dazu, dass die Ethik auf der Strecke bleibe.

Dies war schon der Einwand der römisch-katholischen Seite, nachdem die lutherischen Stände 1530 auf dem Augsburger Reichstag ihr Bekenntnis überreicht hatten. In der katholischen Theologie sind im Grunde die Bereiche der Rechtfertigung des Sünders und der christlichen Ethik über den Begriff der Liebe miteinander verbunden. In der Taufe wird demnach dem Christenmenschen die göttliche Gnade eingegossen und seine Sünde vollständig abgewaschen. Allerdings bedarf es zur vollen Entfaltung des Glaubens und zu seiner Ausgestaltung im Christenleben der Mitwirkung des Christen in Form von Taten der Liebe. Die römisch-katholische Dogmatik bringt dies auf den Punkt mit der Formel: „fides caritate formata“ – der Glaube nimmt erst durch die Liebe volle Gestalt an.

Selbstverständlich sind auch für evangelische Christen gute Taten oder die Nächstenliebe unabdingbare Zeichen des Christseins. Seit den Zeiten der Reformation haben allerdings evangelische Theologie und Kirche stets großen Wert darauf gelegt, die Frage der Gerechtigkeit des Menschen im Angesicht Gottes von jeder Mitwirkung durch den Glaubenden frei zu halten. Zumindest in der lutherischen Theologie lag der Schwerpunkt immer auf dem Rechtfertigungsgeschehen als dem Hauptartikel, dem alle anderen Fragen des Glaubens, auch die nach der richtigen christlichen Ethik, in angemessener Weise zugeordnet werden müssen. Im 20. Jh. ist mehrfach kritisch angefragt worden, ob die Frage Luthers „wie bekomme ich einen gnädigen Gott“ noch die Frage „des“ modernen Menschen sei, oder ob es jetzt nicht viel eher um die angemessene Lebensführung gehen müsse. So ist es praktisch zu einer Verschiebung des theologischen Schwerpunktes in der Verkündigung innerhalb des Protestantismus gekommen. Dabei wurde das Barthsche Verständnis von „Evangelium und Gesetz“ aufgegriffen. Die Frage des Verhältnisses von Glaube und Handeln wurde dann vielfach mit neuen Begriffspaaren belegt, von denen die bekanntesten die Zuordnung von *Zuspruch und Anspruch* oder *Indikativ und Imperativ* sind. Gemeint ist damit, dass der Anspruch bzw. der Imperativ, der von Gott an sein Volk ergeht, indem er seinen Willen offenbart, stets in seinem Zuspruch, der als pure Zusage ein Indikativ ist, wurzelt. Dies kann so lange als ein angemessener Zugang zu einer evangelischen Ethik gelten, wie klar ist, dass hier das Schwergewicht auf Gottes zusprechendem Handeln liegt und dass dieses eben als ein Handeln *Gottes* von jeder noch so gut gemeinten Mitwirkung des Menschen freizuhalten ist. Jeder Anklang an die Rede von „Gesetz und Evangelium" sollte meines Erachtens daher in dieser Frage vermieden werden.

Die Struktur von Zuspruch und Anspruch lässt sich für Gottes Handeln prinzipiell auch in der Bibel, sogar schon im Alten Testament erheben. Bereits der Dekalog ist in seiner biblischen Fassung nach dieser Abfolge aufgebaut; denn im ersten Gebot wird zunächst kein Anspruch erhoben, sondern mit der Formulierung „Ich bin der Herr, dein Gott, der dich aus Ägypten geführt hat, aus dem Hause der Knechtschaft..." an Gottes Heilshandeln erinnert. Erst als Folge dieses Heilshandelns werden die Glaubenden aufgefordert, Gottes Gebote zu halten. Die Exegese hat seit langem erkannt, dass etwa das Deuteronomium, das fünfte Buch Mose, grundsätzlich dieser Logik folgt. Obwohl es sich um ein Buch voller Gesetze handelt, werden diese doch wie folgt, begründet: „weil Gott uns aus Ägypten geführt und uns das gute Land geschenkt hat, halten wir aus Dankbarkeit seine Gebote" (vgl. Dtn 6,20–25 u.ö.). Allerdings führt der in letzter Zeit von verschiedenen Exegeten gemachte Versuch, daraus für das Deuteronomium eine Struktur von „Evangelium und Gesetz" zu erheben wieder in das schon beschriebene theologische Dilemma.[65]

Martin Luther schrieb über das Deuteronomium, dass dieses fünfte Buch Mose eigentlich nichts enthalte als die Verkündigung von *Glau be und Liebe*.[66] Damit formuliert Luther hier und auch an anderen Stellen eine hermeneutische Leitlinie, wenn es um evangelische Ethik geht und die Rolle, die das Verstehen der Bibel dabei spielt. Jeder Mensch verhält sich in dieser Welt in irgendeiner Weise zu sich selbst, seinen Mitmenschen und seiner Umwelt. Weil sich niemand aus diesen Bezügen lösen kann, unterliegt tatsächlich jeder einem „Ethos", zunächst völlig unabhängig davon, ob der Betrachter dies positiv oder negativ bewertet. Für den christlichen Glauben kommt es darauf an, dass das Verhalten der Christen und ihre Lebensführung dem Glauben angemessen sind. Insofern definiert der Brockhaus theologische Ethik sachgerecht dahingehend, sie begründe „auf der Grundlage der Bibel

---

65 Vgl. Achim Behrens, „Gesetz und Evangelium" als Kategorie in der neueren Auslegung des Deuteronomiums. Eine Problemanzeige, LuThK 22 (1988), S. 1–31.

66 Vgl. Martin Luther, Vorrede auf das Alte Testament (1523), in: Luther Deutsch, Bd. 5: Die Schriftauslegung, S. 9–23, hier S. 13: „Aber diese Erklärung im fünften Buch enthält eigentlich nichts anderes als den Glauben zu Gott und die Liebe zum Nächsten; denn dahin zielen alle Gesetze Gottes."

und in Rückbindung an die Lehre von der Rechtfertigung und dem Gewissen die praktischen Konsequenzen (Ethik) des christlichen Glaubens."[67] Luther hat im Hinblick auf das Bibelverstehen und die Verkündigung des Wortes Gottes für die rechte Verhältnisbestimmung der „praktischen Konsequenzen" zu ihrem Grund in der Rechtfertigung das Begriffspaar „Glaube und Liebe" verwendet.

Bereits innerbiblisch werden die praktischen Konsequenzen des Glaubens mit dem Begriff „Liebe" zusammengefasst. So ergänzt Lev 19,18 das Gebot der Gottesliebe aus Dtn 6,5 mit dem Satz: „Du sollst deinen Nächsten lieben, wie dich selbst." Jesus kombiniert im Neuen Testament beide Sätze zum Doppelgebot (vgl. Mt 22,34–40). Unter Berufung auf Paulus haben die Reformatoren betont, dass der Mensch „allein durch den Glauben" gerecht würde, aber Paulus weiß auch darum, dass dieser Glaube nie allein bleibt, sondern „durch die Liebe tätig wird" (Gal 5,6). Der erste Johannesbrief formuliert: „Dies Gebot haben wir von ihm, dass, wer Gott liebt, dass der auch seinen Bruder liebe" (1. Joh 4,21). Die Beispiele für die Verwendung des Liebesbegriffs in der Bibel ließen sich fortsetzen.

Dabei ist zu bedenken, dass „Liebe" im Unterschied zum üblichen Sprachgebrauch nicht zuerst ein Gefühl der Zuneigung zum anderen bezeichnet, sondern ein bewusstes Ernstnehmen und eine handelnde Zuwendung zum Nächsten. In dieser Art ist „Liebe" als die Summe der „praktischen Konsequenzen" des Glaubens in der Gewissheit der eigenen Rechtfertigung durch Gott verwurzelt. Wer von dieser Gewissheit überwältigt zum Vertrauen auf Gott geführt wurde, der kann nicht anders, als in dem beschriebenen Sinne zu „lieben". Insofern ist diese Liebe im biblischen Sinne ein spontaner Impuls, der nicht in irgendeinem Imperativ, sondern im Indikativ des Evangeliums gründet. So folgt die christliche Liebe von selbst dem Glauben nach. Im Matthäusevangelium wird dies mit der Formulierung ausgedrückt, dass bei den guten Taten, „die linke Hand nicht wissen soll, was die rechte tut" (vgl. Mt 6,3) oder auch in der Unwissenheit derer, die im großen Gericht nicht mehr wissen, wann sie all ihre guten Taten vollbracht haben (vgl. Mt 25, 37–39). Im Bekenntnis wehren sich die Lutheraner gegen den Vorwurf, die Ethik zu vernachlässigen, mit dem Bild vom Baum und seinen Früchten. Die guten Werke sind Früchte des Glaubens, und ein guter Baum bringt gute Früchte, auch ohne dass man es ihm befiehlt. Vor allem aber soll immer der Anschein vermieden werden, die guten Werke des Christen, seine Liebestaten, könnten irgendeinen Beitrag zur Rechtfertigung oder zum Zustandekommen des Glaubens leisten.

Obwohl also die Vorstellung der Liebe als Frucht eines guten Baumes eine Art Automatismus der guten Werke voraussetzt, wenn

67 Der Brockhaus in Text und Bild, Edition 2002 (EDV-Lexikon), Art. Theologische Ethik.

denn Glaube geweckt wurde, wird auch in der lutherischen Theologie die Ethik thematisiert. Dies geschieht aus zwei Gründen. Erstens bleibt auch der glaubende Christ Sünder, der immer neu zur Umkehr gerufen werden und dessen Gewissen mit der Verkündigung des Wortes Gottes geschärft werden muss. Zweitens bietet aber der Begriff „Liebe" als Generalnenner für alles Handeln, das dem Glauben angemessen ist, eine Überschrift für theoretisch unendlich viele Handlungsmöglichkeiten des einzelnen. So werden eben in der christlichen Ethik nicht kasuistisch alle möglichen Fälle christlichen Handelns entschieden. Die Bibel ist auch keine Sammlung für alle Eventualitäten des christlichen Lebens, so dass ein junger Christ, der vor der Entscheidung „Wehr- oder Zivildienst" steht, dort einfach nur nachschlagen müsste. Vielmehr geben die handlungsorientierenden Gebote der Bibel in den allermeisten Fällen einen Rahmen vor, der für das eigene Leben und die eigene Zeit eigenständig reflektiert und angewandt werden muss. Schon Luthers Erklärungen zu den zehn Geboten im Katechismus stellen eine solche Reflexion und kontextuelle Applikation dar. Etwa wenn Luther unter das Gebot der Elternehrung auch den Gehorsam gegenüber den „Herren" (nach damaligem Verständnis die Landes- und Dienstherren) mit einbezieht, oder wenn er (im Sinne der Bergpredigt) den Inhalt der Gebote über das reine Verbot hinaus auf die positive Hilfe für den Nächsten wendet. Auch die neutestamentlichen Weisungen, z.B. in den paulinischen Briefen, können in der Regel nicht „1:1" in die gegenwärtige Lebenswelt übertragen werden, sondern dienen der Schärfung des Gewissens und erfordern im Einzelfall einen Übersetzungsprozess.

Ob einzelne „Liebestaten" als angemessen zu beurteilen sind, entscheidet sich dann jeweils daran, ob sie die Wahrheit des Glaubens zum Ausdruck bringen. „Liebe" im christlichen Sinne ist daher immer auf „Glaube" angewiesen. Ebenso wenig wie bei der Verkündigung der Rechtfertigung die Reihenfolge von „Gesetz und Evangelium" umgekehrt werden kann, kann bei der Predigt im Hinblick auf christliche Ethik die Liebe vor dem Glauben kommen. Dabei ist schon deutlich geworden, dass „Glaube und Liebe" eine Kategorie ist, die die Schrift für die *Verkündigung* aufschließt. In einer modernen Gesellschaft, die sich selbst nicht insgesamt als „christlich" versteht, sondern eher als wertplural zu beschreiben ist, werden dennoch die Kirchen bei ethischen Grenzfragen (Abtreibung, Gentechnik etc.) als Gesprächspartner gesucht. Für die christlichen Kirchen besteht nun die Schwierigkeit darin, dass von christlicher Ethik oder sog. „christlichen Werten" genau genommen nur die Rede sein kann, wenn auch vom Glauben und seinem Zustandekommen gesprochen wird, wenn also das Wort Gottes auch und zuerst als „Gesetz und Evangelium" verkündigt wird. Will die Christenheit einen substantiellen Beitrag zu einem gesellschaftlichen Dialog über „Werte" leisten, kann sie sich nicht die Mühe ersparen, den Glauben als Grund aller Werte in angemessener und zeitgemäßer Form zur Sprache zu bringen.

Insgesamt ist aber mit „Glaube und Liebe“ nicht nur die Ethik des einzelnen Christen, sondern auch die Weltverantwortung der Kirche angesprochen. Denn ebenso wie Glaube sich nicht in privater Frömmigkeit erschöpft, sondern die Christin und den Christen immer in eine Gemeinschaft hineinstellt, vollzieht sich auch die „Liebe“ der Christen nicht lediglich im individuellen Lebenszusammenhang des Einzelnen, sondern auch die Kirche als verfasste Gemeinschaft übt „Liebe“ an der Welt. Dies geschieht auf vielerlei Weise, u.a. in groß- oder kleinräumiger Diakonie, in weltweiten Diensten wie „Brot für die Welt“, aber auch in vielfältiger Wahrnehmung gesellschaftlicher Verantwortung, z.B. durch die wahrnehmbare Beteiligung an öffentlichen Diskursen.

So wird die Bibel nicht nur im Hinblick auf den Glauben unter der Leitlinie „Gesetz und Evangelium“ verstanden und ausgelegt, sondern auch als Gotteswort unter der Prämisse von „Glaube und Liebe“ verkündigt. Es ist deutlich geworden, dass eine Verschiebung dieser Leitlinien gegeneinander oder auch eine unterschiedliche Gewichtung der einzelnen Elemente „Gesetz“ – „Evangelium“ – „Glaube“ – „Liebe“ zu je ganz verschiedenen Arten des Verstehens führen kann.

Zur Vertiefung:

In dem evangelischen Kirchenlied „Ein wahrer Glaube Gotts Zorn stillt“ heißt es in der zweiten Strophe von der Liebe:
„Christus sie selbst das Zeichen nennt /
daran man seine Jünger kennt;
in niemands Herz man sehen kann /
an Werken wird erkannt ein Mann.“ (ELKG 246 / EG 413).
Verdeutlichen Sie sich anhand dieses Textes die angemessene Zuordnung von „Glaube und Liebe“! Welche Möglichkeit des Missverstehens sehen Sie?

8.4 Theologische Hilfe und Freiheit des Glaubens

Die genannten Leitlinien – „Christus als Mitte der Schrift“ – „Gesetz und Evangelium“ – „Glaube und Liebe“ – wollen helfen, die Bibel als das Wort Gottes zu verstehen. Sie wurden in der evangelisch-lutherischen Tradition formuliert und angewandt in der Gewissheit, dass damit zentrale Inhalte und Ziele zusammengefasst wurden, die der Heiligen Schrift selbst innewohnen. Diese Leitlinien wollen also ihrem Selbstverständnis nach die Bibel selbst mit ihrem Anliegen zur Sprache bringen und nicht eine „theologische Zutat“ von Außen sein.

Daher genießen diese Prinzipien in der evangelisch-lutherischen Hermeneutik eine gewisse Verbindlichkeit.

Dennoch sind die Formulierungen als solche Ergebnisse theologischen Nachdenkens sowie von Auseinandersetzungen sowohl verschiedener Konfessionen als auch innerhalb der evangelisch-lutherischen Kirche. Schließlich sind die hermeneutischen Leitlinien im Zuge eines gewissen Traditionsprozesses geformt worden. Als 1577 die Konkordienformel angenommen wurde, hatte die junge lutherische Kirche schon eine Reihe scharfer theologischer Streitigkeiten hinter sich. Die Artikel der Konkordienformel bemühen sich, für die unterschiedlichen Positionen den gemeinsamen Konsens zu formulieren oder erst herzustellen. Hier finden sich bereits ein Artikel über „Gesetz und Evangelium" und ein Abschnitt über die Rolle des „Gesetzes" in der evangelischen Ethik. Insofern wird bereits hier auch innerlutherisch eine gewisse Traditionsbildung sichtbar, die natürlich mit dem 16. Jh. nicht zum Stillstand kommt und sich innerhalb der evangelischen Christenheit immer als Diskurs der verschiedenen Wahrheitsauffassungen vollzieht.

So sind und waren die genannten theologischen Leitlinien in ihrem jeweiligen Verständnis nicht immer unumstritten und werden auch nicht von allen, die sie gebrauchen, in gleicher Weise aufgefasst (in Bezug auf „Gesetz und Evangelium" war dies oben angedeutet worden). Zu manchen Zeiten oder an manchen Orten wird das Gewicht einer hermeneutischen Kategorie stärker betont, während andere in den Hintergrund treten. Auch stellen die drei hier aufgeführten Begriffe keine vollständige Liste dar, so dass noch andere Themen und Kategorien Aufmerksamkeit beanspruchen.

Vor allem aber: Solche Leitlinien (für wie „schriftgemäß" sie auch immer gelten mögen) dürfen nicht zu starren Gesetzen werden, unter die sich die Bibel zu fügen hätte. Sollte ein bestimmter Zugang zur Bibel einmal nicht in ein vorausgesetztes Schema von „Gesetz und Evangelium" oder „Glaube und Liebe" passen, so mag es zwar sein, dass die bewährten Leitlinien ein Missverstehen korrigieren können. Es könnte aber doch sein, dass es in der Bibel hier und da noch mehr und anderes zu entdecken gibt. Man denke nur an die oben beschriebenen verschiedenen modernen Zugangsweisen zur Schrift wie z.B. die tiefenpsychologische Deutung, die zumindest für einzelne Aspekte den Horizont des Bibelverstehens sinnvoll erweitern.

Evangelischer Glaube ist von dem Optimismus getragen, dass getaufte und glaubende Christenmenschen beim Bibellesen den Sinn der Worte angemessen erfassen können (im Wesentlichen auch ohne theologische Ausbildung!). Dieser Optimismus wurzelt in dem von Glaubenserfahrung geprägten Bekenntnis, dass in der Bibel tatsächlich Gottes Geist selbst zu vernehmen ist und Glaube bei Hörerinnen und Lesern wirkt. Dieses Bekenntnis begründet eine große Gelassenheit und ein Vertrauen auf die Selbstdurchsetzung des Evangeliums. Das

Evangelium ist ja nicht das Ergebnis bestimmter Operationen am biblischen Wortlaut mittels der theologischen „Instrumente" „Gesetz und Evangelium" oder „Glaube und Liebe", sondern das Evangelium „ist eine Kraft Gottes, die selig macht alle, die daran glauben" (Röm 1,16). Das Evangelium macht selig – nicht unsere lupenreine Theologie, genau genommen nicht einmal unser Glaube.

Diese Wirksamkeit durch die Kraft des Heiligen Geistes lässt die Bibel Wort Gottes sein. Die Glaubenden macht diese Kraft frei von der Macht der Sünde, von der Angst vor der Sinnlosigkeit und schenkt eine große Freiheit im Umgang mit der Bibel. Im Vertrauen auf das Wirken des Geistes soll die Bibel gelesen werden, nicht in der permanenten Furcht davor, unter dem Gesichtspunkt von „Gesetz und Evangelium" oder anderer Leitlinien etwas nicht richtig verstanden oder eingeordnet zu haben.

So sind die genannten und andere hermeneutische Leitlinien gute evangelische Traditionen. Aber der Glaube an die Kraft des Evangeliums verschafft auch eine gewisse Freiheit gegenüber den Traditionen. Ein gutes Beispiel ist Martin Luthers Umgang mit der Bibel. Im Jahr der Bibel 2003 erschien ein schöner Reprint der ersten vollständigen Lutherbibel von 1534. Interessant ist ein Blick auf das Inhaltsverzeichnis des Neuen Testaments in dieser Ausgabe: Die Schriften des NT werden beginnend mit dem Matthäusevangelium von I–XXIII durchgezählt. Damit ist das Neue Testament aber keinesfalls zu Ende! Vielmehr folgen noch vier Schriften: Der Brief an die Hebräer, die Briefe des Jakobus und Judas und schließlich die Offenbarung des Johannes. Diese vier Schriften bekommen keine Ordnungsnummer mehr, werden durch eine Leerzeile von den übrigen Schriften des NT abgesetzt und darüber hinaus im Druck eingerückt. Dies alles ist nicht Willkür des Druckers, sondern geht auf Entscheidungen Luthers selbst zurück. Außerdem ändert Luther gegenüber der bis dahin geltenden Tradition die Reihenfolge der neutestamentlichen Schriften; denn bisher folgte der Hebräerbrief unmittelbar auf den Philemonbrief und galt als von Paulus verfasst. Dann folgte noch vor den Petrusbriefen der Jakobusbrief. Dies ändert Luther durch seine Umstellung. Das alles ist keinesfalls als bloße Frage der Reihenfolge unerheblich, sondern bringt innerhalb der Schriften des NT eine deutliche Gewichtung zum Ausdruck. Bereits 1522 begründet Luther seine Entscheidung in der Vorrede zum Hebräerbrief: „Bisher haben wir die rechten gewissen Hauptbücher des Neuen Testaments (vor uns) gehabt..."[68] Luther beurteilt also von ihrem Inhalt her diese Schriften als nicht im Vollsinn kanonisch. Für den Hebräerbrief führt er weiter aus, dass er unmöglich von Paulus stammen könne, wie traditionell angenommen wird, ja, das Schreiben sei überhaupt nicht von einem Apostel ver-

68 Martin Luther, Vorrede auf den Hebräerbrief (1522), in: Luther Deutsch, Bd. 5: Die Schriftauslegung, S. 62.

fasst, sondern vermutlich von einem Apostelschüler geschrieben worden. Die in Hebr 6 und 10 ausgesagte Unmöglichkeit der Buße für vom Glauben abgefallene Getaufte steht für Luther „wider alle Evangelien und Briefe des Paulus." Hier, wie in der oben schon erwähnten Beurteilung des Jakobusbriefes, erweist sich Luthers große Freiheit gegenüber der bis dato geltenden theologischen Tradition, ja sogar gegenüber der überlieferten Gestalt des Kanons. Ähnliches zeigt sich in Luthers berühmten Ausspruch über die Apokryphen des Alten Testaments, sie seien zwar „gut und nützlich zu lesen, dem Worte Gottes aber nicht gleich zu achten."[69] Und auch Luthers Umgang mit dem Wortlaut der zehn Gebote im Katechismus atmet einen ähnlichen Geist, wenn er das Bilderverbot weglässt, das erste Gebot um den Hinweis auf die Befreiung aus Ägypten verkürzt, beim Gebot der Feiertagsheiligung den Aspekt der Ruhe (auf dem biblisch das Gewicht liegt!) ganz beiseite lässt und stattdessen auf Wort Gottes und Gebet abhebt und anderes mehr. Für alle diese Entscheidungen führt Luther gute Argumente an. Aber seine Freiheit gegenüber der gängigen Theologie und gegenüber der äußeren überlieferten Gestalt der Bibel bleibt bemerkenswert.

Die römisch-katholische Kirche seiner Zeit reagierte auf Luthers hermeneutische Entscheidungen so, dass auf dem Konzil von Trient die paulinische Herkunft des Hebräerbriefes und die Zugehörigkeit der Apokryphen zur Heiligen Schrift zur kirchlichen Lehre erklärt wurden. Zumindest was den Hebräerbrief anbelangt, hat Luther Recht behalten.

Die evangelische Christenheit lebt in der Freiheit des Glaubens mit gewissen historischen Unsicherheiten und Schwankungen. Dies gilt etwa für den Umfang des Kanons. Im Hinblick auf die Apokryphen ist eben nicht wirklich begründbar, warum etwa das Hohelied Salomos im „Vollsinn" Wort Gottes sein soll, das Buch Jesus Sirach aber nicht, oder was den großen Skeptiker Kohelet (Prediger Salomos) vor der Weisheit Salomos auszeichnet. Im Hinblick auf das Neue Testament gilt, dass sich nicht alle Aussagen aller einzelnen Bücher „unter einen Hut bringen lassen", wie Luther dies einmal vom Römerbrief und dem Jakobusbrief sagt. Wie der Kanon des NT letztlich zustande gekommen ist, ist historisch nicht mehr vollständig aufzuhellen. Die erste Aufzählung, die tatsächlich alle 26 Schriften unseres heutigen NT enthält, stammt erst aus dem 4. Jh. Unter Luthers Maßgabe, „was Christus treibt, ist apostolisch" ist der Kanon prinzipiell nicht abgeschlossen. So gibt es in der lutherischen Kirche (im Unterschied zu den katholischen Lehrentscheidungen) auch keinen dogmatisch festgelegten Umfang des Neuen Testaments oder der Bibel insgesamt,

69 Vgl. Jorg Christian Salzmann, Die Apokryphen – ein vergessenes Erbe der Lutherischen Kirche, in: Lutherische Theologische Hochschule Oberursel 1948–1998. Festschrift zum 50jährigen Jubiläum, Oberursel 1998, S. 126–149.

wenn sich auch der überlieferte Bestand historisch durchgesetzt hat – inklusive Hebräer- und Jakobusbrief, denen ja auch Luther viel Gutes abgewinnen konnte.

Die evangelische Christenheit lebt in der Freiheit des Glaubens in einer gewissen Offenheit gegenüber neuen Erkenntnissen und Einsichten hinsichtlich der Bibel. Wird der Glaube und die christliche Existenz vom Evangelium als der Kraft Gottes getragen, dann vermehren zum Beispiel neue historisch-kritisch gewonnene Einsichten die Erkenntnis über die geschichtliche Seite der Bibel. Dabei berühren historische Urteile über das Zustandekommen der fünf Bücher Mose oder die Verfasserschaft vermeintlich unechter Paulusbriefe nicht den Inhalt des Evangeliums und können dies auch nicht. Eine Theorie über verschiedene Quellen will Phänomene des Wortlautes der Schrift verstehen helfen. Die Wahrheit des Glaubens tangiert sie nicht. Als eine historische Disziplin wird die Exegese über das Zustandekommen ihres Gegenstandes, der Bibel, immer wieder Theorien aufstellen, da „Originale" nicht vorhanden sind und die Verfasser und antiken Überlieferer nicht mehr befragt werden können. Dass Wissenschaftler mit Argumenten begründete Theorien aufstellen, ist ein ganz normales und auch theologisch legitimes Verfahren. Entscheidend ist, dass diese Theorien auch als solche benannt werden und dass mit einer gewissen Relativität der Einsichten zu rechnen ist. Dann aber werden Christen mit den Methoden der Exegese, die sich wandeln und erweitern, neue und hilfreiche Dinge über die Bibel erfahren, die auch „gut und nützlich zu lesen" sind.

Die evangelische Christenheit lebt in der Freiheit des Glaubens in einem ständigen Diskurs über Wahrheitsfragen. Die eigene Glaubensgewissheit, die als Wirken des heiligen Geistes durch das Wort bekannt wird, entbindet nicht von dem Gespräch mit anders Denkenden. Vielmehr führt die eigene Betroffenheit durch das Evangelium immer wieder zu einem solchen Gespräch als Ringen um die Wahrheit. Es hat nur Sinn, wenn alle Gesprächspartner grundsätzlich mit der Revidierbarkeit der eigenen Position (zumindest an bestimmten Punkten) rechnen. Ein solcher Diskurs findet heute zwischen verschiedenen evangelischen Kirchen, ökumenisch zwischen unterschiedlichen christlichen Konfessionen, ja inzwischen sogar interreligiös statt (wenn auch jeder dieser Ebenen ein ganz eigenes Gewicht zukommt). Die Existenz anderer Konfessionen bewahrt vor der falschen Verabsolutierung der eigenen Position; die Betroffenheit durch das Evangelium als Kraft Gottes verleiht die Zuversicht, in einem solchen Gespräch selbst nicht die Orientierung zu verlieren. Dieser Diskurs hat übrigens auch eine historische Dimension. Wir führen ihn auch mit den Christinnen und Christen, die vor uns gelebt, geglaubt und um die Wahrheit gerungen haben. Auch die genannten theologischen Leitlinien für das Bibelverstehen sind Produkt eines Gesprächs, das sich durch die (Theologie-)Geschichte hingezogen hat. Sie haben sich innerhalb der evangelisch-lutherischen Kirche bewährt. Jede Generation hat aber die Aufgabe, sich diese Hilfen für ein Verstehen der Bibel als Wort Gottes selbst anzueignen.

Es mag sein, dass die Kirche an der einen oder anderen Stelle zu neuen Einsichten gelangt oder Kategorien wie „Gesetz und Evangelium" oder „Glaube und Liebe" durch bessere ersetzen möchte. Dies vollziehen dann aber nicht ein einzelner Christ oder ein einzelner Theologe und auch nicht eine Kirchenleitung (ein lutherisches Lehramt gibt es nicht!). Dies wäre in der evangelischen Christenheit nur in einem Konsens möglich, der letztlich zu der Formulierung „Wir glauben, lehren und bekennen..." (so beginnt jeder Artikel der Konkordienformel als Ausdruck der Einigkeit) und damit zu einem neuen und öffentlichen Bekenntnis führen müsste. Für die hier angesprochenen theologischen Leitlinien ist ein solcher Konsens oder auch nur die Nötigung dazu nicht in Sicht. Vielmehr scheinen „Gesetz und Evangelium", „Glaube und Liebe" vor allem aber Christus als Mitte der Schrift auch in einer modernen Gesellschaft für die Vermittlung des Glaubens noch gesprächsfähige Grundannahmen zu sein. Es bleibt die Aufgabe des aktuellen verstehenden Nachvollzugs dieser Begriffspaare und der Übersetzung in die heutige Denk- und Lebenswelt.

9

Anthropologische Leitlinien des Verstehens

9.1 Was ist theologische Anthropologie?

Nicht nur bestimmte theologische Grundannahmen leiten das Verstehen des Glaubens. Auch das Bild des Menschen, das durch den Glauben geprägt wird, das Selbstverständnis des Christen prägt das Verstehen der Welt insgesamt und der Rolle, die der glaubende Mensch in dieser Welt spielt. Diese Einordnung des Christenmenschen in seine Selbst-, Welt- und Gottesbeziehung ist das Thema der theologischen Anthropologie. „Anthropologie wird man üblicherweise übersetzen als Wissenschaft vom Menschen. ‚Der Mensch' im Singular tritt hier als Gegenstand der Wissenschaft auf. Man kann auch sagen ‚das Menschliche', das was den Menschen ausmacht."[70] Dies bietet der Physiker und Philosoph Carl Friedrich von Weizsäcker als einfache und einleuchtende Definition von Anthropologie an. Aber die Frage danach, „was den Menschen ausmacht", beschäftigt den Menschen nicht erst, seit es eine moderne, sozusagen bewusst selbstreflexive Wissenschaft wie Anthropologie gibt. Allen menschlichen kulturellen Äußerungen liegt eine – wenn auch oft unbewusste und unreflektierte – Auffassung davon zugrunde, was den Menschen ausmacht und wie er sich zu sich selbst und seiner Welt verhält. Hin und wieder tritt diese Frage auch ins Bewusstsein und wird formuliert. Aus der Bibel wird hierzu immer wieder Psalm 8,5 zitiert: „Was ist der Mensch, dass du seiner gedenkst?" Hier wird die Frage nach dem Wesen des Menschen vom Beter direkt an Gott gerichtet. Somit trifft die Frage, wenn sie in dieser Form gestellt wird, direkt in das Zentrum theologischer Anthropologie, man könnte sogar sagen: Ins Zentrum der christlichen Theologie überhaupt.

Die Art und Weise, wie Anthropologie nach dem fragt, was den Menschen ausmacht, lässt sich nämlich ganz unterschiedlich definieren. So gibt es an erster Stelle eine medizinische Anthropologie, die vor allem nach den körperlichen Merkmalen des Menschen fragt, daneben finden sich psychologische und philosophische Anthropologien, die Kulturanthropologie oder als neuere Fragestellung der Ge-

70 Carl Friedrich von Weizsäcker, Der Garten des Menschlichen. Beiträge zur geschichtlichen Anthropologie, München 1977, S. 11.

schichtswissenschaft die historische Anthropologie. Wird beim Bemühen um das Verstehen des Glaubens nach dem Menschen gefragt, so wird es Berührungen und Überschneidungen mit all diesen anderen anthropologischen Fragestellungen geben. Das Besondere der theologischen Anthropologie ist nun, dass sie die Frage „Was ist der Mensch?" in erster Linie unter der Perspektive stellt, was der Mensch vor Gott ist. Was macht den Menschen aus unter den Bedingungen des Glaubens an den Schöpfer, Erlöser und Vollender?

Eine populäre Variante dieser anthropologischen Dimension des christlichen Glaubens ist die Rede vom so genannten „christlichen Menschenbild." Dieses christliche Menschenbild wird gern bemüht als eine Art moralischer Grundwert in der Präambel von Parteiprogrammen oder in ethischen Auseinandersetzungen, die an die Grenzen des menschlichen Lebens und damit verbunden in Fragen der Definition des Menschseins hinein führen, wie z.B. die Gentechnik oder die sog. Sterbehilfe. Unglücklicherweise bleibt in diesen Zusammenhängen oft undefiniert, was denn das christliche Menschenbild inhaltlich ausmacht. Dies wird als bekannt vorausgesetzt, und gelegentlich kann man sich des Verdachtes nicht erwehren, dass gerade diese Unbestimmtheit am Ende einer größeren Spanne unterschiedlicher Positionen ermöglicht, sich unter demselben Dach „christliches Menschenbild" zusammenzufinden. Dies kann und soll hier nicht weiter verfolgt werden. Aber schon, wenn man den öffentlichen Gebrauch der Formulierung „christliches Menschenbild" betrachtet, sollte die Notwendigkeit einer Klärung und Füllung dieses Begriffes und damit einer theologischen Anthropologie einleuchten.

Damit wird der Horizont der hermeneutischen Fragestellung, der sich in den letzten beiden Kapiteln auf das Bibelverstehen konzentriert hatte, wieder geweitet. Die Frage nach dem Verständnis vom Menschen in der Perspektive Gottes, schließt ein dadurch bestimmtes Verständnis des Menschen von sich selbst und der Welt, in der wir leben, notwendig mit ein. Dass Anthropologie hier ihren Ausgangspunkt beim Selbstverständnis des glaubenden Menschen nimmt, setzt eigentlich schon voraus, dass es im folgenden nicht um die Frage geht, wie sich der christliche Glaube die substanzielle Zusammensetzung des Menschen denkt, also ob der Mensch nur Materie ist oder „dichotomisch" als Leib und Geist oder „trichotomisch" als Körper, Seele und Geist gedacht wird. Beinahe jede Variante ist in dieser Hinsicht im Laufe der Theologiegeschichte von unterschiedlichen Schulen vertreten worden. Grundsätzlich ist das biblisch-christliche Bild des Menschen aber ganzheitlich: Körper und Psyche bilden eine Einheit. In der Bibel findet sich die Vorstellung einer vom Körper unabhängigen „unsterblichen Seele" nicht. Als Person ist der Mensch eine individuelle Einheit aus Leib und Seele (oder wie immer man unser Innenleben bezeichnen mag). Von daher sollte es im christlichen Glauben eigentlich keine Abwertung der leiblichen Seite des Menschen geben. Nur „geistlich“ ist der Mensch eben nicht geschaffen, sondern auch mit einem Körper. Und auch Gedanken der Seelenwanderung oder der Reinkarnation sind dem christlichen Glauben fremd. Wenn im Neuen Testament gelegentlich im Hinblick auf die Glaubenden zwischen „Fleisch“ („fleischlich“) und „Geist“ („geistlich“) unterschieden wird, so bedeutet dies keine Aufspaltung des einen Menschen. Vielmehr wird der Mensch als „geistlich“ im Hinblick auf seinen Glauben an Christus angesprochen, während „fleischlich“ all das bezeichnet, was die Gottesferne des Menschen kennzeichnet und ihn darin festhält. Sowohl „Geist“ als auch „Fleisch“ ist jeweils der ganze Mensch mit Körper und Seele.

In der christlichen Anthropologie geht es darum, den Menschen als ein Beziehungswesen zu sehen, wobei die Frage der Beziehung des Menschen zu Gott im Mittelpunkt steht. Obwohl im Zentrum der evangelischen Theologie der Artikel von der Rechtfertigung steht und damit die Frage, wie der Mensch mit Gott ins Reine kommt, sucht man einen Artikel über „den Menschen“ in den Lutherischen Bekenntnisschriften vergeblich. Dabei geht es von Anfang an um den Menschen, aber nicht um den Menschen „an sich“, sondern immer unter einem ganz bestimmten Blickwinkel. Der erste Artikel des Augsburger Bekenntnisses handelt von Gott. Der zweite schließt mit der Behandlung der „Erbsünde“ an. Damit ist das Bekenntnis von Anfang an bei seinem Thema und von Anfang an beim Menschen; denn an die Stelle eines Artikels „über den Menschen“ tritt derjenige „über die Erbsünde.“ Damit ist für das Bekenntnis von Anfang an klar: Es geht im christlichen Glauben um Gott, aber das Verstehen des Glaubens verharrt nicht allzu lange bei der Frage nach Gottes Wesen als solchem, sondern berührt sofort das eigentliche Zentrum des christlichen Glaubens, nämlich die Frage des Verhältnisses Gottes zu den Menschen, bzw. des Menschen zu Gott. Dass diese Frage nun unter dem Aspekt der Sünde angegangen wird, hat nichts damit zu tun, dass das lutherische Bekenntnis den Menschen allzu negativ oder pessimistisch beurteilt, sondern beruht auf der Erfahrung, dass sich der Mensch von Geburt an in dieser Welt eben ohne eine klare Gottesbeziehung vorfindet. Weil dies von Geburt an so ist, spricht die Theologie von Erb-Sünde. Nun zielt die christliche Verkündigung aber nicht darauf, dem Menschen seinen gestörten Gottesbezug vorzuwerfen. Vielmehr geht es bei der Anrede des Menschen auf sein Sündersein von vornherein um die Heilung der abgebrochenen Beziehung zwischen Mensch und Gott. Damit wird das Wesen des Menschen vor Gott in neuer Weise bestimmt. Der Mensch ist nun gerechtfertigt, neu- oder wiedergeboren. Insofern jede christliche Verkündigung auf die Veränderung, nämlich die Heilung der Beziehung des Menschen zu Gott zielt, ist Rudolf Bultmanns Satz zuzustimmen, dass jede Theologie zugleich Anthropologie ist. Festzuhalten ist: In der theologischen Anthropologie geht es immer um das Gottesverhältnis des

Menschen, sei es unter den Bedingungen des Glaubens oder des Noch-nicht-glaubens. Insofern ist Anthropologie im Zusammenhang des christlichen Glaubens immer als ein Beziehungsbegriff zu verstehen.

Die Art und Weise wie die Beziehung des Menschen in der biblisch-christlichen Tradition beschrieben wird, ist ungeheuer vielfältig. Dabei gelten die Aussagen immer zugleich für Frau und Mann. Auch wenn die Bibel in vielen Aussagen ihre Entstehung in einer patriarchalisch geprägten Umwelt erkennen lässt und auch wenn selbstverständlich in vielerlei Weise Unterschiede zwischen Männern und Frauen bestehen, so ist der grundsätzliche Gottesbezug immer für beide Geschlechter in gleicher Weise gedacht (vgl. Gal 3,28). So werden die Menschen als Ebenbilder Gottes bezeichnet (Gen 1,26f.), deren Gottesebenbildlichkeit darin besteht, die Erde zu beherrschen. Der Begriff des „Herrschens“ wird in neuerer Zeit zu Recht dahingehend problematisiert, dass dies nur in wahrgenommener Verantwortlichkeit vor dem Schöpfer geschehen kann. Auch dies ist ein Aspekt theologischer Anthropologie. Überhaupt gilt der Mensch in der Bibel immer als ein von Gott angesprochener: er wird zum Glauben gerufen, wird von Gott auf Antwort hin angesprochen oder durch das Gesetz als Sünder verklagt. Nur in einem solchen Dialog mit Gott können Menschen überhaupt ihr Verhältnis zu Gott reflektieren und angemessen wahrnehmen. Der natürliche Mensch ist ohne die Ansprache durch Gottes Wort von außen blind für Dinge wie Sünde und Gnade, und nur als Erlöster erkennt sich der Mensch auch als Geschöpf. Sodann ist auch das Weltverhältnis der Glaubenden ein Gegenstand der theologischen Anthropologie. Von der Verantwortung für die Schöpfung war schon die Rede. Als glaubender erkennt sich der Mensch darüber hinaus als „in der Welt, aber nicht von der Welt“, nämlich der Macht der Sünde nicht mehr prinzipiell unterworfen. Dennoch nehmen auch Christenmenschen die Aufgaben ihres „Berufes und Standes“ wahr und verstehen durch ihren Glauben das Leben in den Bezügen von Familie, Beruf und Gesellschaft als Gottesdienst im Alltag der Welt.

Nun können nicht alle angesprochenen Aspekte (ein Anspruch auf Vollständigkeit besteht selbstverständlich nicht) im vorliegenden Zusammenhang ausführlich thematisiert werden. Daher beschränke ich mich im folgenden auf drei Grundannahmen lutherischer Anthropologie, anhand derer das „was den Christenmenschen ausmacht“ exemplarisch bedacht werden soll. Es geht dabei um das Verständnis des Christen als „Gerechtem und Sünder zugleich“, um die Frage, inwiefern den Menschen ein freier Wille zukommt und darum, wieweit der Glaube und das christliche Selbstverständnis die Christinnen und Christen zur Welverantwortung drängen. Dies unter dem Stichwort des Daseins unter den „beiden Regimenten“ Gottes.

Zur Vertiefung

1. Was versteht man unter theologischer Anthropologie? 2. Lesen Sie Gen 1–3 und versuchen Sie zu erfassen, was die beiden Schöpfungsberichte über das Wesen des Menschen aussagen. Inwiefern werden in Kapitel 1 einerseits und Kapitel 2 und 3 andererseits je unterschiedliche Aspekte betont?

9.2 Der Mensch als „Gerechter und Sünder zugleich"

Anthropologie unterscheidet sich insofern von anderen Fragestellungen, als sich hier der Mensch als Subjekt des Verstehens um sich selbst als des zu verstehenden Objektes bemüht. Mehr noch als bei anderen Fragestellungen wird im Zusammenhang der Anspruch, Verstehen müsse „objektiv" von statten gehen, als illusionär erkennbar. Denn der, der verstehen will („der Mensch"), und das, was verstanden werden soll („das Menschliche") sind aufs engste miteinander verquickt. Das heißt aber nicht, dass der Mensch den Menschen nur in beliebiger Subjektivität und nicht nach bestimmten intersubjektiv vermittelbaren Kriterien verstehen könnte. Anthropologie fragt ja nicht nach der Befindlichkeit des Einzelnen, sondern danach was „das Menschliche" ausmacht. So bemüht sich die Anthropologie um eine Abstraktion vom Individuum. Allerdings wird sich der oder die Einzelne als Mitglied der „Gattung Mensch" auch selbst mit Hilfe einer anthropologischen Fragestellung besser verstehen. Der Mensch lebt immer in einer gewissen Bezogenheit auf sich selbst, auch auf sich als einem Exemplar „des Menschlichen." Allerdings ist diese vorfindliche Bezogenheit des Menschen auf sich selbst zunächst etwas Passives. Der Mensch findet sich als Menschen vor, noch bevor er sich um ein Verstehen des Menschlichen bemüht. Die Frage danach aber, was den Menschen ausmacht, und hier: was den Menschen als Christen ausmacht, ist ein bewusster Vorgang. Wie jedes Verstehen ist auch theologische Anthropologie eine aktive Denkbewegung. Dadurch, dass der Mensch *bewusst* danach fragt, was ihn „als Menschen" ausmacht, gestaltet sich Anthropologie als eine *aktive* Beziehung des Menschen zu sich selbst. Und dieses Verstehen folgt bestimmten Regeln. Insofern geschieht die anthropologische Frage, „was den Menschen ausmacht", nicht in einem naturwissenschaftlichen Sinne „objektiv", aber doch so, dass man es klar beschreiben und anderen mitteilen kann.

Dann aber erhebt sich die Frage, unter welchen Bedingungen theologische Anthropologie zu angemessenen Ergebnissen kommt; denn wie jede Art des Verstehens kann auch die Frage danach, was den Christenmenschen ausmacht, gelingen oder missglücken. Der Mensch kann sein Wesen angemessen beschreiben oder er kann sich im Irrtum befinden. Für die evangelische Theologie ist das Wirklichkeitsverständnis der Christen ganz durch den Artikel von der Rechtfertigung als dem Zentrum des christlichen Glaubens bestimmt. Der Begriff „Wirklichkeitsverständnis" bezeichnet hier die Beziehung des Menschen zu Gott, zu seiner Umwelt und den Mitmenschen und eben zu sich selbst.[71] Obwohl es zunächst so scheint, als ginge es in der Rechtfertigungslehre nur um die Gottesbeziehung des Menschen, so ist doch davon sofort auch das Verhältnis des Menschen zu sich selbst und zu seiner Mitwelt in ganz grundlegender Weise betroffen. Denn gerechtfertigt zu werden bedeutet, zum Glauben zu kommen, also einzutreten in die Gottesbeziehung, die nach den oben dargelegten Überlegungen der zentrale Gegenstand einer theologischen Anthropologie ist. Als Gerechtfertigter wird der Mensch sich seiner Geschöpflichkeit und seiner Gottesebenbildlichkeit bewusst. Er erkennt seine Verantwortlichkeit gegenüber dem Schöpfer und für die Schöpfung, sowie sein partnerschaftliches Verhältnis zu seinen Mitmenschen. Wie aber ist das Verhältnis des Gerechtfertigten zu sich selbst angemessen zu verstehen und in Begriffe zu fassen?

Die Beantwortung dieser Frage hängt davon ab, welche Auffassung davon vertreten wird, was bei der Rechtfertigung mit dem Menschen geschieht. Die lutherische Theologie hat Rechtfertigung immer als Gerecht*sprechung* verstanden, was dem Freispruch in einem Gerichtsverfahren entspricht. Dies ist als Interpretation der neutestamentlichen Redeweise von der „Vergebung der Sünden" zu verstehen. Wenn der Ausdruck Sünde die gestörte Gottesbeziehung des Menschen nach dem „Fall" bezeichnet, so drückt die Vergebung der Sünde im Akt der Rechtfertigung die Heilung oder Wiederherstellung dieser Gottesbeziehung aus. Dabei geht die Initiative ganz von Gott aus. *Er* rechtfertigt den Menschen; der Mensch *wird* gerechtfertigt. Für eine christliche Anthropologie ist von Belang, was am Menschen im Akt der Rechtfertigung geschieht und inwiefern dies sein Verhältnis zu Gott, zu sich selbst und zu seiner Mitwelt bestimmt. Hier gibt es die theologische Auffassung, der Sünder werde in der Zueignung der Rechtfertigung, z.B. in der Taufe, tatsächlich zu einem Gerechten *gemacht*, so dass er nicht mehr Sünder ist. Alle Defiziterfahrungen, die der Christ dennoch mit sich selbst macht, wie die bleibende Unfähigkeit, die Gebote im Sinne der Bergpredigt zu erfüllen oder dem Doppelgebot der Gottes- und Nächstenliebe zu entsprechen, müssen dann anders erklärt werden. So lehrt die katholische Kirche, dass der Christ tatsächlich kein Sünder mehr ist. Allerdings ist in ihm eine „Neigung" zum Sündigen zurückgeblieben, die der Glaubende im Laufe seines Lebens beständig bekämpfen muss.

---

71 Vgl. Wilfried Härle / Eilert Herms, Rechtfertigung. Das Wirklichkeitsverständnis des christlichen Glaubens, Göttingen 1979, S. 78–100.

Stattdessen bleibt die lutherische Theologie dabei, dass die Rechtfertigung eine Gerechtsprechung, aber keine Gerechtmachung ist. Die Substanz des Menschen wird nicht verändert. In den Augen Gottes ist der Mensch gerecht gesprochen um Christi willen; aber dies ist allein Gottes Initiative. Als Teil dieser Welt aber bleibt der Mensch unfähig, den Willen Gottes zu erfüllen oder seinen Schöpfer von ganzem Herzen zu lieben. In Hinblick auf sein Gottesverhältnis kann auch der Gerechtgesprochene keine guten Taten vollbringen und zu seiner Integrität vor Gott nichts beitragen. Auch der Gerechtfertigte bleibt ein Sünder.

Martin Luther hat dafür die Formel geprägt, der Christ sei „Gerechter und Sünder zugleich" (lat.: *simul iustus et peccator*). Entscheidend ist dabei, dass der Mensch tatsächlich beides gleichzeitig *ist*. Christen sind nicht sonntags oder beim Beten Gerechte und im Alltag Sünder; sie sind stets beides gleichzeitig, nur in unterschiedlicher Perspektive. In Gottes Augen gilt ihnen nicht ihre eigene, sondern eine fremde Gerechtigkeit, nämlich diejenige Christi. Um dessentwillen werden sie von Gott als gerecht angesehen. Aber bezüglich ihrer eigenen Fähigkeiten, ihrer nicht vorhandenen guten Werke bleiben sie Sünder und sind ein Leben lang zur Umkehr aufgerufen. So ist Rechtfertigung als Vergebung der Sünde auch kein einmaliges Geschehen, im Unterschied zur Taufe etwa. Daher formuliert Luther auch als praktische Folge der Taufe, „dass der alte Adam in uns durch tägliche Reue und Buße soll ersäuft werden und sterben mit allen Sünden und bösen Lüsten; und wiederum täglich herauskommen und auferstehen ein neuer Mensch, der in Gerechtigkeit und Reinigkeit vor Gott ewiglich lebe." Bei der Formulierung von der „täglichen Reue und Buße" steht sicherlich die Erfahrung von Luthers Klosterleben im Hintergrund. Für die Bestimmung des Christen als „Gerechter und Sünder zugleich" bezieht sich Luther auf Paulus. Die Formel selbst findet sich im Neuen Testament nicht und ist in der Form *simul iustus et peccator* auch bei Luther selbst schwerlich aufzufinden.

Für die Sache legt Luther seine Auslegung von Röm 7,14 – 8,1 zugrunde. Paulus reflektiert (vor allem auch auf seinem eigenen jüdischen Hintergrund) im 7. Kapitel des Römerbriefes die Rolle des Gesetzes. In den Versen 1–13 geht es dabei vor allem um die Funktion des Gesetzes, dem Menschen seine Sünde bewusst zu machen. Bis hierher redet Paulus in der Vergangenheitsform und es geht um die Rolle, die das Gesetz bei einem Menschen spielt, bevor dieser zur Erkenntnis der rettenden Gnade also zum Glauben kommt. Ab V. 14 wechselt Paulus in die Gegenwart. Da das ganze Kapitel außerdem in der Ich-Form geschrieben ist, legt sich der Leserin oder dem Leser eine Identifikation mit den Aussagen sehr nahe. So schreibt Paulus: „*14 Denn wir wissen, dass das Gesetz geistlich ist; ich aber bin fleischlich, unter die Sünde verkauft. [...] 19 Denn das Gute, das ich will, das tue ich nicht; sondern das Böse, das ich nicht will, das tue ich. 20 Wenn ich aber tue, was ich nicht will, so tue nicht ich es, sondern die Sünde, die in mir wohnt. 21 So finde ich nun das Gesetz, das mir, der ich das Gute tun will, das Böse anhängt. 22 Denn ich habe Lust an Gottes Gesetz nach dem inwendigen Menschen. 23 Ich sehe aber ein anderes Gesetz in meinen Gliedern, das widerstreitet dem Gesetz in meinem Gemüt und hält mich gefangen im Gesetz der Sünde, das in meinen Gliedern ist. 24 Ich elender Mensch! Wer wird mich erlösen von diesem todverfallenen Leibe? 25 Dank sei Gott durch Jesus Christus, unsern Herrn!*“

Dabei fällt auf, dass eine Wesensbestimmung des Menschen als „gerecht und Sünder zugleich“ im Sinne Luthers bei Paulus begrifflich nicht begegnet. Er spricht von unterschiedlichen „Gesetzen“, die im Menschen miteinander streiten (vgl. V. 23). So diskutieren die neutestamentlichen Exegeten seit langem darüber, ob Röm 7,14ff. wirklich als Beleg für das dienen kann, was Luther mit „gerecht und Sünder zugleich“ aussagen wollte. Es ist fraglich, ob Paulus in Röm 7 insgesamt überhaupt vom Christenmenschen spricht oder nicht vielmehr von den Erfahrungen des Menschen, bevor er zum Glauben kommt. Außerdem wird diskutiert, ob das „Ich“, aus dessen Perspektive das ganze Kapitel verfasst ist, lediglich die persönlichen Erfahrungen des Paulus spiegelt oder gleichsam „überindividuell“ die Leser zur Identifikation einlädt.[72] Letzteres ist wohl der Fall; Paulus schreibt keine Biographie, sondern möchte seinen Lesern etwas vermitteln. Interessant ist der Wechsel in die Gegenwartsform ab V. 14. Paulus möchte offenbar eine Erfahrung schildern, die in seiner Gegenwart von Menschen gemacht wird und nicht bloß in seiner eigenen vorchristlichen Vergangenheit liegt. Dennoch meint Paulus auch hier in erster Linie solche Menschen, die im Nachvollziehen seiner Denkbewegung erst zu der Einsicht von V. 24f. *geführt* werden: „24 Ich elender Mensch! Wer wird mich erlösen von diesem todverfallenen Leibe? 25 Dank sei Gott durch Jesus Christus, unsern Herrn!“ Aber die Leser des Briefes sind ja schon Christen, und Paulus hatte bewusst „an alle Geliebten Gottes und berufenen Heiligen in Rom“ (Röm 1,7) geschrieben. Von Rechtfertigung und Taufe war schon vor dem 7. Kapitel gehandelt worden. Und nun machten und machen christliche Leser bei der Lektüre von Röm 7,14ff. die Erfahrung, sich mit den Aussagen identifizieren zu können. „Das Gute, das ich will, das tue ich nicht, sondern das Böse, das ich nicht will, das tue ich“ (V. 19). Solche Sätze gelten nicht nur für den Menschen, bevor er zum Glauben kommt, sondern dem kann auch jeder Christ als Ausdruck der eigenen Lebenserfahrung zustimmen.

---

72 Vgl. zu der Debatte z.B. Jürgen Roloff, Neues Testament (Neukirchener Arbeitsbücher), Neukirchen-Vluyn 1977, S. 159f. oder jetzt: Volker Stolle, Luther und Paulus. Die exegetischen und hermeneutischen Grundlagen der lutherischen Rechtfertigungslehre im Paulinismus Luthers, ABG 10, Leipzig 2002, S. 210–232.

Dieses Betroffensein und das Wiederfinden der eigenen Situation führte auch Luther zur Interpretation des Textes im Sinne des *simul iustus et peccator*. Dabei ist die Begrifflichkeit, mit der Luther das Wesen des Christenmenschen als „gerecht und Sünder zugleich" beschreibt, eine theologische Reflexionsleistung, die über Paulus hinausgeht und die auch der Kirchengeschichte vor Luther so nicht begegnet. Vor dem Hintergrund solcher Aussagen wie 1. Joh 1,8 sind auch die Christen immer neu zur Umkehr aufgerufen und zur Vergebung eingeladen.

Im vorliegenden Zusammenhang interessiert dann auch weniger die exegetische Grundlegung als vielmehr die Funktion der Wesensbestimmung des Christen als gerecht und Sünder zugleich im Zusammenhang einer theologischen Anthropologie, ja als eine Grundannahme lutherischer Anthropologie. Meines Erachtens besteht die große Leistung der Aussage, der Christ sei „Gerechter und Sünder zugleich", darin, dass sie es ermöglicht, die Selbstwahrnehmung und Welterfahrung des Menschen unter der Perspektive des Glaubens zu einem stimmigen Gesamtbild zusammenzufügen. Anders ausgedrückt: Die Bestimmung des Christenmenschen als seinem Wesen nach „gerecht und Sünder zugleich" ist eine angemessene Formulierung der christlichen Selbsterfahrung. Einerseits erkennt der Mensch sich durch den Glauben als Geschöpf Gottes und weiß sich um Christi willen von Gott geliebt. Seine Sünde ist ihm vergeben und seine Gottesferne überwunden. Andererseits findet sich auch der Christ bleibend in einer von Gott getrennten Welt vor. Die Unfähigkeit, aus eigener Kraft mit guten Werken, Meditation oder durch vernünftiges Nachdenken zu Gott zu kommen, bleibt Bestandteil seines Wesens. Insofern hält die Aussage, dass auch der Christ ein Sünder *ist* (wenn auch ein begnadigter Sünder) und nicht bloß zur Sünde neigt, nach evangelischem Verständnis das angemessene Verhältnis von Gott und Mensch fest und schließt auch für den Christen aus, dass er durch irgendwelche Leistungen selbst etwas zu seiner Rechtfertigung beitragen oder bei Gott Punkte sammeln könnte.

Für den praktischen Lebensvollzug von Christinnen und Christen hat die Wesensbestimmung als „gerecht und Sünder zugleich" etwas ungemein Entlastendes. Der Christ ist zwar aufgefordert, seinen Glauben im alltäglichen Leben durch sein Denken, Reden und Tun zu bewähren. Aber die Möglichkeit des Scheiterns an dieser Aufgabe liegt in seinem Wesen. Dieses Scheitern ist aber kein endgültiges. Vielmehr eröffnet die Möglichkeit der neuen Umkehr immer wieder die Perspektive des Neuanfangs. Zugleich ist auch für Christinnen und Christen die Bewährung des Glaubens im Denken, Reden und Handeln niemals am Zustandekommen des Glaubens oder an der eigenen Rechtfertigung beteiligt. Dies bleibt auch für Christen immer neu Geschenk und darf immer neu von Gott erwartet werden. Dies ist im Horizont der Selbst- und Welterfahrung von Christen ein realistisches

Menschenbild. Es wäre zu fragen, inwiefern sich von hieraus auch das Verhältnis von Christen zur sog. Leistungsgesellschaft bestimmen ließe.

Zur Vertiefung:

1. Verdeutlichen Sie sich die Bedeutung der Aussage, der Christ sei Gerechter und Sünder gleichzeitig!
2. Erkennen Sie Auswirkungen dieses Selbstverständnisses auf ihren täglichen Alltag?
3. Lesen Sie Röm 7,7–25 sorgfältig und achten Sie dabei auf sprachliche Feinheiten wie Person- und Tempuswechsel.

9.3 Vom unfreien Willen

Eine der Grundannahmen der lutherischen Anthropologie steht scheinbar in krassem Widerspruch zur Selbstwahrnehmung des modernen Menschen und scheint nach der Aufklärung geradezu inakzeptabel zu sein. Die Rede ist von Luthers Auffassung, der Mensch habe Gott gegenüber eben keinen freien Willen, die an verschiedenen Stellen auch Eingang ins lutherische Bekenntnis gefunden hat, so z.B. im Art. XVIII der CA und im Art. II der Konkordienformel. Luther legte diesen Aspekt seiner Anthropologie ausführlich 1525 dar in der Schrift „Vom unfreien Willen“, wobei der lateinische Originaltitel „De servo arbitrio“ eigentlich noch schärfer mit „über den versklavten Willen“ zu übersetzen ist.[73] Schon die Tatsache, dass Luther diese Schrift auf Latein geschrieben und veröffentlicht hat, deutet den Ort und die Zielgruppe seiner Überlegungen an. Luther schreibt hier nicht für die Gemeinde, sondern leistet einen Beitrag zu einem hoch gelehrten, philosophischen Diskurs. Die Schrift ist eine Auseinandersetzung mit Erasmus von Rotterdam, dem sie auch gewidmet ist. Dieser war der größte Humanist seiner Zeit und hatte z.B. mit seiner kritischen Ausgabe des Neuen Testamentes in der griechischen Ursprache eine der wichtigsten Voraussetzungen für Luthers Bibelübersetzung geschaffen. Dieser Erasmus nun hatte in einer Schrift mit dem Titel „De libero arbitrio“ – „Vom freien Willen“ eben die Willensfreiheit des Menschen leidenschaftlich verteidigt.

In der Tat scheint die Möglichkeit der Wahl und der Entscheidung heute die Personalität des Individuums auszumachen und damit ein

73 Vgl. Martin Luther, Vom unfreien Willen, in: Luther Deutsch, Bd. 3: Der neue Glaube, S. 151–334. Der komplexe Sachverhalt findet sich jetzt anschaulich wiedergegeben bei Georg Gremels, Ein Mensch namens Luther. Vom Geheimnis der Wandlung, Marburg 2003, S. 195–227.

entscheidendes Kriterium für „das Menschliche" überhaupt zu sein. Die Aufklärung hatte ja gerade den einzelnen Menschen aus autoritärer Bevormundung durch andere oder durch Institutionen befreien und in die Lage versetzen wollen, mittels des Gebrauchs der Vernunft seine eigenen begründeten Entscheidungen zu treffen. Bestreitet man aber dem Menschen die Willensfreiheit, so scheint dem die Grundlage entzogen zu sein. Erasmus war darüber hinaus der Ansicht, dem Menschen müsse auch „um Gottes willen" eine Willensfreiheit zugesprochen werden. „Warum, wird man sagen, wird dem freien Willen etwas zugestanden? Damit es etwas gibt, was den Gottlosen mit Recht angerechnet wird, die sich freiwillig der Gnade Gottes versagt haben, damit der Vorwurf der Grausamkeit und Ungerechtigkeit von Gott abgewendet werde, damit von uns die Verzweiflung abgewendet werde, und die Sorglosigkeit abgewendet werde, damit wir im Bemühen angespornt werden."[74]

Viermal begründet Erasmus hier, jeweils mit „damit" eingeleitet, warum es aus seiner Sicht nötig ist, dem Menschen einen freien Willen zuzuschreiben. Immer geht es dabei um das Gottesverhältnis des Menschen. Das aufgeklärte Individuum hatte Erasmus ebenso wenig im Blick wie Luther. Erasmus plädiert für die Annahme eines freien Willens beim Menschen von den fatalen Konsequenzen des Gegenteils her: Wenn es keinen freien Willen gäbe, dann könnte man den Gottlosen ihre Entscheidung gegen Gott nicht vorwerfen, dann wäre Gott, der ja alles bestimmt, grausam und ungerecht, dann würden die Menschen zwischen sorgloser Heilsgewissheit oder Verzweiflung angesichts des aus eigenen Kräften unerreichbaren Himmels hin und her trudeln und dann wäre schließlich jede ethische Handlung sowie die Aufforderung dazu für die Katz.

Ich möchte zunächst bei Erasmus' zweitem „Damit" einsetzen: Dem Menschen müsse ein freier Wille auch Gott gegenüber eingeräumt werden, damit er angesichts der Erkenntnis, dass er mit eigener Vernunft oder Kraft Gott gar nicht erreichen könne, nicht in die Verzweiflung falle. Dies ist ein Gedanke, der in vielerlei Hinsicht gut in die moderne Leistungsgesellschaft passt. Der Mensch definiert sich und seinen Wert anhand dessen, was er selbst leistet. Dass jemand etwas „kann" und „will" konstituiert geradezu das Personsein des Menschen. Entsprechend groß ist die Verunsicherung, wenn die Möglichkeiten, etwas zu leisten oder zu wollen, durch äußere Umstände, wie Arbeitslosigkeit, Krankheit oder das Erreichen des Rentenalters nachhaltig eingeschränkt werden. Die Versuchung ist groß, diese „Ökonomisierung" aller Lebensbereiche auch auf das Verhältnis Gott – Mensch zu übertragen. Es leuchtet ein, dass einem erhaltenen Wert

74 Erasmus von Rotterdam, De libero arbitrio ... Vom freien Willen, in: ders., Ausgewählte Schriften, Bd. 4, Darmstadt 1969, S. 191, hier zitiert nach Gremels, Mensch, S. 197.

eine bestimmte Leistung entsprechen muss. Dies könnte doch durchaus auch auf den Wert einer Person als solche in den Augen Gottes zutreffen. Dementsprechend müsste man es tatsächlich „Verzweiflung“ nennen, wenn dem Menschen nicht nur bescheinigt würde, seine Leistung schaffe nicht genug „Wert“, sondern es gäbe prinzipiell gar nicht die Möglichkeit etwas zu leisten oder zu wollen. Die Feststellung eines freien Willens gibt dem Menschen dann den Einfluss auf die Herstellung seines Selbstwertes zurück und bewahrt ihn vor der Verzweiflung.

Luthers Ziel hingegen scheint auf den ersten Blick unsinnig zu sein: Es geht ihm gerade um die Verzweiflung, die Erasmus vermeiden möchte. Luther meint, der Mensch müsse eben durch diese Verzweiflung hindurch, um zu erkennen, dass seine Person und sein Selbstwert in nichts gründet, was der Mensch selbst kann oder will. Vielmehr geht es darum, dass der Mensch sein Dasein auf etwas gründet, was außerhalb seiner selbst liegt. Ist es doch das Wesen eines Fundamentes, von dem verschieden zu sein, was es tragen soll. So muss dem Menschen erst radikal bewusst werden, dass er nicht mit eigener Willenskraft die Beziehung zum Grund allen Daseins, nämlich zu Gott, aufbauen kann. Auf diesen Grund *wird* der Mensch gestellt, er stellt sich nicht mit eigener Willenskraft dort hin. Das ist der eigentliche Sinn von Luthers Erklärung zum dritten Glaubensartikel im Kleinen Katechismus: „Ich glaube, dass ich nicht aus eigener Vernunft noch Kraft an Jesus Christus, meinen Herrn, glauben oder zu ihm kommen kann; sondern der Heilige Geist hat mich durch das Evangelium berufen ...“

Eine ganze Reihe von modernen Sichtweisen des Menschen oder „des Menschlichen“ gehen inzwischen davon aus, dass der freie Wille zumindest begrenzt ist. In der Philosophie wird die Frage im Widerstreit der Schulen des „Determinismus“ und des „Indeterminismus“ diskutiert. Außerdem kommt zunehmend die Einbindung des Individuums in soziale, politische oder auch ökonomische Strukturen ins Bewusstsein. Diese Strukturen sind immer deutlicher auch als global zu denken, so dass sie sich dem Einfluss der oder des Einzelnen vollkommen entziehen und doch im selben Maße die Entscheidungs- und Handlungsfreiheit der Menschen begrenzen oder gar aufheben. Aus medizinischer Sicht tritt immer deutlicher die genetische Bestimmung des Menschen hervor, auch wenn in der Debatte, ob die genetische Prägung oder die Handlungsfreiheit des Einzelnen stärker zu veranschlagen ist, das letzte Wort sicher noch nicht gesprochen wurde. Schließlich lässt auch die neuere Psychologie erkennen, dass die Willensfreiheit des Menschen zumindest eine eingeschränkte ist. Sigmund Freuds Entdeckung, dass es neben dem Bewusstsein auch ein Unterbewusstsein gibt, dessen verdrängte oder nur schwer zu erinnernde Inhalte den Menschen oft viel stärker bestimmen, als das, was offen daliegt, kann als bahnbrechend und für jede moderne Anthropologie als fundamental betrachtet werden. „Ich“ und „Es“ liegen im Streit und das „Ich“ ist eben „nicht Herr im eigenen Haus.“ Auch von dieser Seite wird die Annahme eines freien Willens der Menschen zunehmend eingeschränkt.

Nun mag sich herausstellen, dass die genetische Prägung eine nur geringe Rolle auf das Dasein eines Menschen spielt, sodass der Handlungsfreiheit größeres Gewicht beizumessen ist, oder das Unterbewusste wird in einem therapeutischen Prozess geklärt, so dass der Mensch zu sich selbst findet. Dann wäre doch der Willensfreiheit wieder geholfen. Luthers Ansicht ist noch radikaler. Der Mensch hat Gott gegenüber nicht nur keine Willens- oder Entscheidungsfreiheit, sondern er „kann nicht Wollen.“ Diese Sicht ist ein radikaler Angriff auf das Selbstbewusstsein des „alten Menschen“, der sich selbst zwar für autonom hält, aber als Sünder, und das heißt: unter der Macht der Sünde geboren wird. Der Mensch ist seinem Wesen nach nicht selbstbestimmt, sondern entweder unter der Herrschaft Gottes oder von der Macht der Sünde beherrscht. Dabei darf Sünde nicht moralisierend missdeutet werden. Es geht nicht um mangelnden moralischen Anstand, sondern um den ererbten Zustand der Gottesferne. Jeder Versuch des Menschen, zu seiner Rechtfertigung vor Gott mittels seiner willentlichen Entscheidung auch nur ein wenig beizutragen, zerstört das ganze Werk. „...nicht aus eigener Vernunft noch Kraft..., sondern der Heilige Geist ... durch das Evangelium...“ Denn jeder Beitrag des Menschen zu seiner Rechtfertigung, wäre der Versuch, sich selbst den Grund des eigenen Daseins zu schaffen und damit genauso absurd, als würde man sich willentlich entscheiden, geboren zu werden. Der Satz „man muss nur wollen, dann gelingt es auch“ ist aus Sicht der lutherischen Anthropologie ein fataler Irrtum.

Als Konsequenz folgen allerdings aus der Lehre vom unfreien Willen gleich eine ganze Reihe Probleme für unser Gottesbild. Wenn dieses Dasein nicht auf der Willensfreiheit der Menschen basiert, sondern ganz in Gottes Handeln gründet, ist dann nicht auch Gott für alles Negative dieses Daseins verantwortlich zu machen? Müsste nicht Gott auch als Urheber des Bösen angesehen werden? Wenn eine verborgene „Weltenlenkung“ Gottes angenommen werden muss, dann sind Leid und Tod ein bleibender Anstoß. Zuerst muss gesagt werden, dass eine logisch völlig befriedigende Antwort auf diese Fragen nicht gegeben werden kann. Aber immerhin hat sich die evangelische Theologie auch hier um Rechenschaft bemüht und sich so an einer der spannendsten philosophischen Debatten der Neuzeit beteiligt. Zunächst gesteht Luther dem Menschen eine gewisse Freiheit zum Bösen zu. Er kann zwar keine heilvolle Gottesbeziehung herstellen, aber er kann sich einer solchen verweigern, indem er sich etwa für die gute Botschaft des Evangeliums „die Ohren verstopft.“ Daraus folgt dann allerhand Böses. Allerdings lindert die Ansicht, Gott sei nicht der Urheber des Bösen, sondern lasse es nur zu, das Problem ein wenig, aber sie löst es nicht. Luther sieht zwei Seiten in Gott, eine offenbare, wie sie uns die Bibel zeigt, und eine verborgene, die uns eben solche Fragen nach Gottes Verantwortlichkeit für das Böse in der Welt aufgibt. Luther beharrt darauf, dass auch der verborgene Gott wirklich Gott ist, dass er aber tatsächlich verborgen ist und bleibt (in Gethsemane und am Kreuz schien er sogar für Christus verborgen zu sein). Gott ist kein Rätsel, das man lösen und über das man dann verfügen könnte, sondern Gott ist ein Geheimnis, dass sich ein Stück weit offenbart und doch verborgene Seiten behält. Dies gilt ebenso für jeden Menschen, den wir kennen lernen. Etwas wird uns immer verborgen bleiben. Und auch wir selbst wollen doch für niemanden vollständig „gläsern" sein. Wer vollständige Gotteserkenntnis erwartet, möchte von Gott mehr, als er von seinen Mitmenschen bekommt. Die offenbare Seite Gottes zeigt uns den Gott, dessen Wort in Gesetz und Evangelium verständlich an uns ergeht. Dieses Wort ist letztlich eine große Einladung zu dem Gott, der die Menschen liebt. Daher hat sich die lutherische Kirche auch immer der reformierten Theorie von der doppelten Prädestination oder Gnadenwahl verweigert. Diese Lehre besagt, dass Gott von Ewigkeit her einen Teil der Menschen zum ewigen Heil, andere aber zur Verlorenheit vorherbestimmt habe. Diese Vorherbestimmung sei schon am irdischen Erfolg oder Misserfolg des Menschen abzulesen. Nach Ansicht des großen Religionssoziologen Max Weber liegt hier eine der wichtigsten Triebfedern des modernen Kapitalismus. Im Hinblick darauf, dass offensichtlich fromme Menschen dennoch viel Leid erfahren, muss diese Auffassung als zynisch erscheinen. Das Buch Hiob befasst sich bereits mit der Frage, warum der Gerechte leiden muss. Bei aller Komplexität des Themas und bei aller Verborgenheit Gottes hält die evangelisch-lutherische Theologie doch daran fest, dass es der Wille Gottes ist, „dass allen Menschen geholfen werde und sie zur Erkenntnis der Wahrheit kommen" (1. Tim 2,4).

Zum Schluss ist an den ersten Satz im 18. Artikel des Augsburger Bekenntnisses zu erinnern: „Vom freien Willen wird gelehrt, dass der Mensch in gewissem Maße einen freien Willen hat: Er kann äußerlich ein ordentliches Leben führen und in Angelegenheiten, die der Vernunft frei zugänglich sind, frei entscheiden." Also gibt es auch in der lutherischen Lehre vom unfreien Willen Raum für eine gewisse Willensfreiheit des Menschen. Sie bezieht sich auf das, was der Vernunft zugänglich ist, auf das Gebiet der Rationalität. Die Dimension Gottes ist ausdrücklich nicht ein Gebiet, auf dem der freie Wille des Menschen walten kann. Dennoch muss auch lutherische Theologie immer neu ernst nehmen, dass auch Christen an den Abwägungs- und Entscheidungsprozessen auf dem Gebiet der Vernunft teilhaben. Dies gilt eben auch für weite Teile des Verstehens des Glaubens und für weite Bereiche der Theologie selbst. Denn Theologie beschäftigt sich nicht unmittelbar mit dem Zustandekommen des Glaubens oder des Heils, sondern reflektiert und formuliert diesen Glauben. Dieser Prozess aber vollzieht sich unter den Bedingungen der Rationalität und muss nach den Maßstäben der Vernunft „Hand und Fuß haben." Ebenso sind auch Christenmenschen im Alltag und in der Gestaltung dieser Welt zu vernünftigen Entscheidungen fähig und genötigt. Allerdings werden sich Christen von Nichtchristen in der Frage unterscheiden, woher die Maßstäbe zur Entscheidungsfindung kommen.

Zur Vertiefung:

Forschen Sie ein wenig weiter, indem Sie in einer Internet-Suchmaschine (z.B. www.google.de) die Begriffe „Willensfreiheit" oder „freier Wille" eingeben. Schlagen Sie wahlweise die Stichwörter „Willensfreiheit" oder auch „Freiheit" in einem guten mehrbändigen Lexikon nach!

9.4 Das Leben in den beiden Reichen

Im August 1963 organisierten mehrere Bürgerrechtsorganisationen der amerikanischen Südstaaten einen „Marsch auf Washington", mit dem sie ihren Forderungen Nachdruck verleihen wollten. Am 28. August 1963 versammelten sich ca. 250000 Menschen vor dem Lincoln Memorial in Washington D.C. Dies war die bisher größte Massendemonstration in der Geschichte der USA. Hier, an dem Denkmal, das sozusagen dem Vater der Sklavenbefreiung in Nordamerika gewidmet war, hielt der afroamerikanische Baptistenpfarrer Martin Luther King seine Rede „I have a dream". Der Text ist in Teilen sehr berühmt und ziert immer wieder Posterkalender und Postkarten. Auffällig ist bei näherem Hinsehen folgender Aspekt: Eigentlich ist die Veranstaltung vollständig säkular. Es geht um die politische Emanzipation der afroamerikanischen Bevölkerung der USA. Dennoch hat die Rede in gewisser Hinsicht „Predigtcharakter", ist aber zugleich innerhalb ihres „säkularen" Kontextes lediglich implizit Verkündigung des Evangeliums und will primär zu gesellschaftspolitischem Engagement ermutigen. Einerseits ist King ganz verhaftet in seiner Herkunft aus der schwarzen baptistischen Kirche und geprägt von seinem Dasein als Pastor, andererseits entwirft er die Utopie einer „beloved community", in der es auf Unterschiede der Hautfarbe, der Konfession und der Religion nicht ankommen soll. Gleichzeitig ist die Berufung auf die biblisch-christliche Tradition Kings wichtigste Legitimation. Dies führt der Sache nach in ein Dilemma: Kirchliche Verkündigung einerseits und politische Gesellschaftsgestaltung andererseits werden in eine *unklare* Beziehung zueinander gesetzt. Warum z.B. soll in einer weltanschaulich pluralen modernen Gesellschaft die Benennung von sozialen Missständen deshalb an Gewicht gewinnen, weil sie mit einem Zitat aus dem Propheten Amos abgeschlossen wird? Oder warum soll der „Traum“ einer besseren Gesellschaft ohne religiöse Schranken mit einem Jesajazitat angemessen benannt sein? Sozusagen ein theologischer Spitzensatz dieser Rede lautet: „Macht weiter und vertraut darauf, dass unverdientes Leiden erlösende Qualität hat.“ Während der Begriff „Gerechtigkeit“ („justice“) in Kings Rede ausschließlich auf die Verhältnisse dieser Welt bezogen ist, hat die hier erwähnte „Erlösung“ („redemption“) zweifelsohne einen religiös-transzendenten Charakter.[75]

Insbesondere die evangelisch-lutherische Theologie hat versucht, diesem Dilemma mit Hilfe der sog. „Zwei-Reiche-Lehre“ oder „Zwei-Regimenten-Lehre“ zu begegnen.[76] Glaube und politisches Handeln gehören zwei zu *unterscheidenden* Bereichen an, die gleichwohl beide von Gott geordnet sind. In dem einen Bereich geht es vornehmlich um das Gottesverhältnis des Menschen, in dem anderen vornehmlich um das politisch-weltliche Handeln. Beide Bereiche können und dürfen für den glaubenden Menschen *nicht strikt voneinander getrennt werden*. Denn das Gottesverhältnis des Menschen muss in konkretem Handeln Gestalt gewinnen. Aber *unterschieden* werden muss hier schon, allein um der je grundlegenden Gewissheiten willen. So muss dem Glaubenden gewiss sein, dass er nur um Christi willen und durch den Glauben erlöst wird, und dass es dazu (in Überspitzung der Aussage Kings) nicht des eigenen unverdienten Leidens bedarf. Diese Gewissheit, die im einen „Reich“ zu erlangen ist, kann dann zum Handeln im anderen „Reich“ z.B. zum Auftreten gegen „Fürsten und Obrigkeit“ ermutigen.[77]

In beiden Bereichen regiert Gott, allerdings auf unterschiedliche Weise und mit unterschiedlichen Mitteln. Im „Reich zur Rechten“ dient das Evangelium dazu, Menschen zum Glauben und damit zum ewigen Leben zu führen. Im „Reich zur Linken“ regiert Gott diese Welt durch die politische Gewalt mit seinem Gesetz, wobei hier die Funktion des Gesetzes nicht in erster Linie darin besteht, Menschen ihre Gottesferne bewusst zu machen, sondern im Sinne eines „Riegels“ darin, das schlimmste Unheil wie offenbaren Mord und Raub zu verhindern. Diejenigen, die mit dem Evangelium umgehen, dürfen nicht dem Irrtum verfallen, sie hätten mit Gottes Wort ein unmittelba-

---

75 Vgl. Achim Behrens, Eine „prophetische Visionsschilderung“ im 20. Jahrhundert. Martin Luther Kings „I have a dream“ in neuer formgeschichtlicher Perspektive, KuD 49 (2003), S. 109–135.

76 Vgl. Gerhard Ebeling, Luther. Einführung in sein Denken, Tübingen 1964, S. 198–218. Die „Zwei-Reiche-Lehre“ hat keinen eigenen Artikel im lutherischen Bekenntnis, der Sache nach ist sie aber eingeflossen; vgl. u.a. CA XVI (BSLK, S. 70f.) und CA XVIII (BSLK, S. 122).

77 Vgl. Martin Luther, Von weltlicher Obrigkeit, wie weit man ihr Gehorsam schuldig sei. 1523, in: Luther Deutsch, Bd. 7: Der Christ in der Welt, S. 9–28.

res politisches Machtmittel in der Hand. Dies war so, als das mittelalterliche Papsttum quasi das Regiment über Könige und Kaiser beanspruchte. Dasselbe Phänomen zeigt sich, wenn politische Gruppen das Evangelium oder Teile daraus (wie z.B. die Bergpredigt) unmittelbar als politisches Herrschaftsinstrument gebrauchen wollen. Auf der anderen Seite greift die politische Gewalt in ein fremdes Amt ein, wenn sie die Evangeliumsverkündigung behindert, oder z.B. die Kirche als Trägerin von „Kultur" oder „Ethik" zu instrumentalisieren versucht.

Insgesamt müssen für die Ausübung der Ordnungsfunktion des Gesetzes die Träger politischer Gewalt nicht unbedingt Christen sein. „Die Welt ist gefasst in diese zwei Reiche: Das erste gehört für die verirrten Gewissen, das andere für die harten, verstockten Köpfe. Man braucht keine Christen für die Obrigkeit. So ist es nicht nötig, daß der Kaiser ein Heiliger ist. Es ist nicht nötig für sein Regiment, daß er ein Christ ist. Es genügt für den Kaiser, daß er Vernunft hat" urteilt Luther in einer Predigt von 1528.[78] Kurz: Politik muss nicht in erster Linie christlich, sondern vernünftig sein. Dies gilt für eine pluralistische Gesellschaft mit Religionsfreiheit natürlich besonders, aber immer schon haben Christen auch eine „heidnische Obrigkeit" als Instrument Gottes anerkennen können. Schon im Neuen Testament wird als Jesuswort überliefert: „Gebt dem Kaiser, was des Kaisers ist..." (Mt 22,21), und auch Paulus fordert dazu auf, die römische „Obrigkeit" als solche anzuerkennen (vgl. Röm 13).

Freilich endet auch vom Neuen Testament her die Anerkenntnis der weltlichen Gewalt immer am Gehorsam gegenüber dem Wort Gottes. Es gilt mit Apg 5,29: „Man muss Gott mehr gehorchen als den Menschen." Widerspruch oder auch Widerstand kann hier für Christen geboten sein. So hat bereits 1932 Hermann Sasse in nicht zu überbietender Klarheit erkannt, dass der Kult um Hitler als Heilsbringer, vor allem aber das Parteiprogramm der NSDAP mit dem Verkündigungsauftrag der evangelischen Kirche unvereinbar ist. Scharf hat Sasse hier öffentlich Widerspruch formuliert[79], allerdings ohne dass seine klare Position in der evangelischen Kirche seiner Zeit die nötige breite Zustimmung gefunden hätte. Ebenso klar erkannte bereits 1933 Dietrich Bonhoeffer die Gefährlichkeit des nationalsozialistischen Antisemitismus und äußerte sich deutlich. Auch er blieb weitgehend ungehört.[80] Beide, Sasse und Bonhoeffer, waren dann maßgeblich bei der Verfassung des „Betheler Bekenntnisses" beteiligt, das, ähnlich wie später die Barmer Theologische Erklärung von 1934, ein gemein-

78 Hier zitiert nach Ebeling, Luther, S. 211.

79 Vgl. Hermann Sasse, Die Kirche und die politischen Mächte der Zeit (Aus dem Kapitel „Kirchliche Zeitlage" im Kirchlichen Jahrbuch für die deutschen evangelischen Landekirchen 1932), in: Ders., In statu confessionis 1. Gesammelte Aufsätze hg. von Friedrich-Wilhelm Hopf, Berlin 1975, S. 251–264.

80 Vgl. Eberhard Bethge, Dietrich Bonhoeffer. Eine Biographie, München ^{6}1986, S. 321–326.

sames kirchliches Wort zum Nationalsozialismus werden sollte. Allerdings gelang auf breiter kirchlicher Basis keine Einigung über den Text.[81] Aber Sasse und Bonhoeffer können als Beispiele für deutliches politisches Engagement um des Evangeliums willen gelten.

Wenn also politisches Handeln vor allem vernünftig und nicht zuerst christlich motiviert sein soll, so können und sollen sich Christen doch gesellschaftlich oder politisch engagieren. Denn ihr Gewissen ist am Wort Gottes geschärft. Sie können dazu beitragen, dass diejenigen, die zur Evangeliumsverkündigung beauftragt sind, in einem Gemeinwesen diese Aufgabe auch wahrnehmen können. Allerdings kann es nicht darum gehen, dass die Evangeliumsverkündigung von anderen gesellschaftlichen Institutionen, wie Parteien oder Parlamenten, übernommen wird. Es ist nicht die Aufgabe politischer Instanzen, Menschen zu Christen zu machen. Aber Christen wissen um ihre Verantwortung vor Gott für diese Welt; daher bringen sie sich auch ins politische Geschehen aktiv ein. Die Flucht aus einer vermeintlich gottlosen Welt in einen heiligen oder auch nur „unpolitischen" Raum ist nicht gangbar.

Als „Gerechte und Sünder zugleich" haben auch Christen immer Anteil an beiden Reichen, und die Grenze zwischen diesen beiden Bereichen ist durchlässig und muss durchlässig sein, wenn es doch derselbe Gott ist, der auf unterschiedliche Weise mit dem Evangelium und durch die staatliche Gewalt handelt. Eine Christin oder ein Christ sind immer „Christperson" und „Weltperson" zugleich, um eine Unterscheidung Gerhard Ebelings aufzugreifen.[82] Der Christ findet sich immer in einer Beziehung zu Gott und in einer solchen zu seinen Mitmenschen und zu seiner Umwelt vor. Insofern Glaube immer Anteil am Gemeinwesen hat, ist er niemals „unpolitisch." Dies gilt aufgrund der unentrinnbaren Einbindung des einzelnen Christen in seine Umwelt und es gilt erst recht für die Kirchen, die sich ja immer auch als gesellschaftlich verfasste Institutionen vorfinden. Nun kommt alles darauf an, dass ein Christenmensch den Grund seines Daseins im „Reich zur Rechten", also im Wirken Gottes durch das Evangelium erfährt. So ist ein fester Standpunkt zu gewinnen, von dem aus sich Christen in ihrer Gesellschaft engagieren können, ohne mit diesem Engagement die Gewissheit der Sinnhaftigkeit der eigenen Existenz erst erarbeiten zu müssen. Dann aber können Christen ihr Wirken als Elternteil, Vereinsmitglied oder politischer Mandatsträger in gewisser Hinsicht als Gottesdienst begreifen. Ohne auf politische Dominanz aus zu sein werden sich auch die Kirchen in gesellschaftliche Debatten und Entscheidungsprozesse einbringen, wie sie das auch in der Bundesrepublik immer getan haben, z.B. zu Fragen der Sozialpolitik, der Friedensethik, des Umgangs mit Fremden, der Abtreibungsproblema-

---

81 Vgl. Bethge, Bonhoeffer, S. 352–357.
82 Vgl. Ebeling, Luther, S. 219–238.

tik, der Diskussion um Gentechnik oder Sterbehilfe usw. Auch wenn in diesen Fragen die Argumentation von Christen in einem am Wort Gottes geschärften Gewissen wurzelt, so muss doch auch eine politische Argumentation von Christen *vernünftig* geführt werden. Denn das „Reich zur Linken“ gehört eindeutig in den Bereich der Rationalität, also diejenige Dimension des Lebens, für die dem Menschen ein freier Wille zugestanden ist.

So lassen sich bei dieser Beschreibung der Weltverantwortung des Glaubens noch einmal einige hermeneutische und anthropologische Leitlinien der evangelisch-lutherischen Theologie zusammenfassen. Der Christ findet sich u.a. auch deshalb immer als Bürger „zweier Reiche“ vor, weil er in dieser Welt „Gerechter und Sünder zugleich“ bleibt. Dann lässt sich sagen, „wer Gott gerecht wird durch den Glauben, kann auch der Welt gerecht werden durch die Liebe.“[83] Und schließlich lässt sich sagen, dass der Mensch in Bezug auf das Handeln Gottes im Evangelium keinen freien Willen hat und dieses Gotteshandeln weder fördern noch unterstützen kann, dass aber das „Reich zur Linken“ zu dem Bereich gehört, der nach den Spielregeln der Vernunft abläuft. Hier hat der Mensch einen freien Willen, so dass er in den Dingen dieser Welt zwischen richtig und falsch unterscheiden kann. Allerdings sind auch Christen bei diesen Entscheidungen vor Irrtümern nicht gefeit. Doch die Gewissheit, dass die Rechtfertigung der eigenen Existenz ganz auf Gottes Zuspruch im Evangelium beruht, lässt auch nach Fehlern und Rückschlägen immer neu in dieser Welt nach Handlungsmöglichkeiten suchen.

Es zeigt sich, dass wesentliche hermeneutische und anthropologische Leitlinien für das Verstehen des Glaubens stets in dialektischen Begriffspaaren beschrieben werden, „Gesetz und Evangelium“, „Glaube und Liebe“, „gerecht und Sünder zugleich“, „freier und unfreier Wille“, „zwei Reiche“. Nur im Aushalten dieser Spannung ist die christliche Existenz und ihre Möglichkeit, sich selbst zu verstehen, angemessen beschrieben als ganz von Gott getragen und doch noch ganz in dieser gottesfernen Welt verwurzelt. Nur so lässt sich davon sprechen, dass Christen „in der Welt“ aber dennoch „nicht von der Welt“ sind. Und nur so können Christen Salz der Erde und Licht der Welt sein. Noch vor jedem gesellschaftlichen Einsatz der Christen ist die Aufgabe des Glaubens, von seinem Grund in Christus weiterzuerzählen und so andere Menschen zu einer heilvollen Gottesbeziehung einzuladen.

Rekapitulieren Sie zur Vertiefung den Sinn und die innere Spannung der Begriffspaare „Gesetz und Evangelium“, „Glaube und Liebe“ etc.

83 Ebeling, Luther, S. 230.

10

Die Bibel im Gottesdienst

10.1 Wesen und Aufbau des evangelischen Gottesdienstes

Es gibt vielfältige Möglichkeiten, mit denen Christen ihren Glauben ausdrücken können und es gibt unterschiedliche Arten, wie sie in der Gemeinde mitarbeiten und sich einbringen können. Da sind Bibel- und Hauskreise, Frauen- oder Jugendkreise, Besuchsdienst, Kirchen- oder Posaunenchor; möglich ist auch Mitarbeit im Kindergottesdienst, im Kirchenvorstand oder bei der Vorbereitung von Gemeindefesten, bis hin zur redaktionellen Arbeit am Gemeindebrief. Daneben tritt in vielen evangelischen Kirchen immer mehr das übergemeindliche Engagement. Menschen besuchen Kirchentage oder überregionale Jugendtreffen oder Musikveranstaltungen – gelegentlich öfter als die eigene Heimatgemeinde. Für viele aktive Christen aber war, ist und bleibt der sonntägliche Gottesdienst die zentrale Lebensäußerung ihres Glaubens.

Nun lässt sich viel darüber diskutieren, ob der überkommene evangelische Gottesdienst, der in seiner Grundstruktur bis heute auf Luthers „Deutsche Messe" zurückgeht[84], noch zeitgemäß ist, „den modernen Menschen" noch anspricht oder nicht vielmehr durch neuere Formen ergänzt oder ersetzt werden sollte, die man dann „Gottesdienst spontan", „Go special" oder ähnlich flott betiteln kann. Aber immer noch gehen angeblich an einem durchschnittlichen Wochenende in Deutschland „mehr Menschen in den Gottesdienst als auf den Fußballplatz"[85]. Es lohnt sich also, dass der Glaube sich auch um das Verstehen dieses Ereignisses bemüht. Hier soll keine Gottesdiensttheorie entwickelt werden und auch konzeptionelle Überlegungen zur Belebung des gottesdienstlichen Lebens liegen mir fern. Wenn hier von Gottesdienst die Rede ist, so geht es zunächst um den evangelisch-lutherischen Hauptgottesdienst (mit Abendmahl) oder Predigtgottesdienst, wie er immer noch in den meisten Gemeinden die Regel

---

84 Vgl. Martin Luther, Deutsche Messe und Ordnung des Gottesdienstes 1526, in: Luther Deutsch, Bd. 6: Kirche und Gemeinde, S. 86–102.

85 So die Auskunft von Ralph Ludwig, Leiter der Abteilung „Religion und Gesellschaft" beim Norddeutschen Rundfunk, auf der 10. Allgemeinen Kirchensynode der Selbständigen Evangelisch-Lutherischen Kirche am 19.6.2003 in Melsungen.

ist. Das nachstehend Gesagte trifft aber auch auf andere Gottesdienstformen zu, und die in manchen Gemeinden endlos geführte Debatte darum, ob nun „traditionelleren" oder „moderneren" Gottesdienstformen der Vorzug zu geben ist, wird durch das hier Dargelegte in keiner Weise entschieden. Hier soll es zunächst darum gehen, dass der Glaube auch seine zentrale Lebensäußerung – die Feier der „im Namen Jesu versammelten Gemeinde" (Peter Brunner) – versteht und verständlich über das Geschehen Auskunft geben kann.

Gottesdienst ist die Feier unseres Glaubens und es ist ein Akt der Stärkung des Glaubens. Wir bezeichnen das Geschehen als unseren *Dienst für Gott*, und *Gottes Dienst für uns*. Wir drücken unseren Glauben aus, und Gott schenkt und stärkt uns den Glauben. Beides ereignet sich im Gottesdienst. Er ist in erster Linie die *Ausübung* unserer Frömmigkeit. Für viele ist er die wichtigste (manchmal gar die einzige) Frömmigkeitsübung. Als ein solches *Geschehen* oder *Ereignis* wird der Gottesdienst nicht zuerst mit dem Tätigkeitswort „Verstehen" belegt. Wir *loben* Gott, wir *bekennen* unseren Glauben, wir *empfangen* die Sakramente, wir *lassen* uns *stärken* und *trösten* – aber *verstehen*? Unser Gottesdienst ist ein „kultischer Vollzug" und nicht zuerst ein intellektueller Akt. So könnte man die Vokabel „Verstehen" für zu „verkopft" halten, wenn man sich mit dem Gottesdienst beschäftigen will. Nach den Ausführungen in den vorangegangenen Kapiteln dürfte aber schon klar geworden sein, dass „Verstehen des Glaubens" nicht einen rein intellektuellen Akt bezeichnet, sondern sich immer auch auf das Nachvollziehen eines umfassenden existenziellen Betroffenseins bezieht.

Obwohl man gelegentlich den Eindruck haben kann, Gottesdienst sei wie Kino, wobei sich ein Publikum erwartungsvoll hinsetzt, um der Darbietung des Pfarrers zu lauschen, ist doch auch der evangelische Gottesdienst von seiner Grundanlage her „ganzheitlich." Die Gemeinde ist keinesfalls „Publikum", sondern feierndes Subjekt im Gottesdienst. Die Gemeindeglieder sollen dabei körperlich, emotional und intellektuell beteiligt sein. Nicht der Pfarrer „hält", sondern die ganze Gemeinde feiert Gottesdienst. Der Pfarrer übernimmt dabei einen besonderen Dienst für die Gemeinde und tritt ihr gleichzeitig in der Verkündigung des Wortes Gottes gegenüber. Jedes Gemeindeglied sollte im Gottesdienst nicht nur passiv, sondern auch aktiv körperlich beteiligt sein, z.B. indem zu den Lesungen oder dem Glaubensbekenntnis aufgestanden wird oder das Sündenbekenntnis im Knien gesprochen wird. Auch die Absolution mit Handauflegung oder der Akt des Essens und Trinkens beim Abendmahl sind Akte der leiblichen Beteiligung von Christinnen und Christen am Gottesdienst. Musik und verschiedene Gebete sprechen den Menschen auf einer emotionalen Ebene an, während Liedtexte, biblische Lesungen, Ansagen und Predigten sowohl akustisch als auch mit dem Intellekt verstanden werden wollen. Insofern ist das Nachdenken über Verstehen, auch im Sinne des verstandesmäßigen Begreifens, ein integraler Bestandteil einer Theologie des Gottesdienstes.

Im subjektiven Erleben vieler Menschen klaffen Anspruch und Wirklichkeit des evangelischen Gottesdienstes allerdings auseinander. Viele Gottesdienstbesucher fühlen sich nicht wirklich an dem Geschehen beteiligt. Die Kirchenmusik entspricht nicht (mehr) den sonst üblichen Hörgewohnheiten und spricht viele Menschen daher auch nicht unmittelbar emotional an. Die dargebotenen Texte sind in traditioneller biblischer Sprache formuliert und kommen denjenigen fremd vor, die den Umgang mit „Lutherdeutsch“ nicht gewohnt sind. Auch manche scheinbar ganz „moderne“ Predigt bleibt unverstanden, wenn sie in einem schwer zugänglichen christlichen Binnenjargon verfasst ist und Kenntnisse voraussetzt, die längst nicht bei allen Gottesdienstbesuchern vorhanden sind. Das Nachdenken über diese und ähnliche Phänomene und die Frage, wie hier Abhilfe geschaffen werden kann, füllt ganze Bibliotheken und ist Teil einer Theorie des Gottesdienstes, die hier natürlich nicht entfaltet werden kann. Allerdings kann das Bemühen um das Verstehen des Gottesdienstes oder doch mancher Teile daraus auch das Erleben eines evangelischen Gottesdienstes verändern und neue Zugänge öffnen. Ich möchte mich dabei auf wenige Aspekte beschränken und konzentriere mich darauf, wie in einem herkömmlichen evangelischen Gottesdienst *biblische Texte* vorkommen, wie sie kommuniziert und verstanden werden. Denn auch im Gottesdienst gilt, dass Gott nur so an uns Menschen handelt, dass sein Wort vernehmbar wird. Der Verkündigung des Wortes Gottes entspricht aber auf Seiten der Gemeinde notwendig der Akt des Verstehens (als ein aktiver Vorgang!); denn durch das Rezitieren unverständlicher Sprüche wirkt Gott nicht. *Dass* wir etwas von der Bibel verstehen, garantiert noch nicht, dass Glaube gewirkt wird, aber die Wirksamkeit des Wortes Gottes geschieht doch *nicht ohne* unser Verstehen!

Ich möchte im Folgenden dem Vorkommen biblischer Texte in drei Bereichen des Gottesdienstes nachgehen. Zum einen sind die *Stücke der Liturgie* in Anlehnung an biblische Texte formuliert oder stellen gar eine direkte Rezitation von Bibelworten dar. Dann wird während des Gottesdienstes *aus der Bibel vorgelesen.* Allerdings wird dabei in der Regel ein kürzerer Textabschnitt aus seinem Zusammenhang gelöst und im liturgischen und theologischen Proprium des jeweiligen Sonntags neu kontextualisiert. Dieser neue Kontext bleibt nicht ohne Einfluss auf das Verständnis des jeweiligen Textes. Schließlich wird ein biblischer Text in längerer mündlicher Rede, *der Predigt*, neu ausgelegt. Auch hier verdient das Zusammenspiel von Ausgangstext und aktualisierender Auslegung im Rahmen einer gottesdienstlichen Feier ein genaues Hinsehen: Was verstehen wir, wenn gepredigt wird? Es gibt in Deutschland eine gewisse Vielfalt an evangelischen Gottesdienstformen, vor allem aufgrund unterschiedlicher regionaler (und dann auch landeskirchlicher) Traditionen. Bereits Martin Luther hatte vor Gesetzlichkeit hinsichtlich der liturgischen Formen des Gottesdienstes gewarnt.[86] Insgesamt begegnen aber immer wieder die großen Teile „Eröffnung und Anrufung" – „Verkündigung und Bekenntnis" – [Abendmahl] – „Sendung und Segen". Auch die liturgischen Einzelstücke, aus denen diese Teile zusammengesetzt sind, finden sich in ähnlicher Form immer wieder. Insgesamt unterscheidet man die feststehenden liturgischen Stücke (das sog. „Ordinarium") von denen, die je nach Eigenart des einzelnen Sonntags wöchentlich wechseln (das. sog. „Proprium"). Über die Eigenarten der Gottesdienstgestaltung geben zumeist bereits die unterschiedlichen Gesangbücher der evangelischen Kirchen Auskunft.[87]

Im Konfirmandenunterricht beliebt ist der Nachweis, dass so gut wie alle liturgischen Stücke des lutherischen Gottesdienstes einen biblischen Hintergrund haben. In der Tat werden in der Bibel Psalmen gebetet, es wird zum Vorlesen biblischer Texte aufgefordert, es wird gepredigt und es fallen die Stichworte „Kyrie eleison", „Herr, sei mir Sünder gnädig" oder „Ehre sei Gott in der Höhe". Als Lerneffekt folgt im Konfirmandenunterricht die Einsicht: Unser Gottesdienst ist biblisch! Dennoch stellt unser Gottesdienst all die biblischen Bezugnahmen und Zitate in den neuen Kontext einer liturgischen Feier. *So* begegnet das in AT und NT nicht. Die christliche Gemeinde betet z.B. im Eingangsteil des Gottesdienstes einen Psalm (den „Introitus" oder Eingangspsalm), der entweder (im Wechsel zwischen Chor / Liturg und Gemeinde) gesungen oder gesprochen wird. In der Regel handelt es sich aber nicht einfach um das Zitat eines alttestamentlichen Psalms, sondern es wird eine Auswahl an „passenden" Versen getroffen. Außerdem wird dem Psalm eine sog. „Antiphon", ein Leitvers, vorangestellt, der selbst nicht aus dem entsprechenden Psalm stammen muss. So dient der 8. Psalm in Auswahl als Introitus für den 2. Advent (ELKG Nr. 02), aber der Leitvers ist ein Zitat aus Lk 21,28, also aus dem Neuen Testament. Darüber hinaus enden die Ein-

---

86 Vgl. Luther, Deutsche Messe, S. 86.

87 Ich beziehe mich hier vor allem auf das „Evangelisch Lutherische Kirchengesangbuch" (ELKG), das in der Selbständigen Evangelisch-Lutherischen Kirche in Gebrauch ist und das in seinem Stammteil dem alten EKG entspricht. Im ELKG findet sich das Ordinarium des lutherischen Hauptgottesdienstes auf den Seiten 9–33, darauf folgen unter den Nummern 01–0112 die Propria der einzelnen Sonntage und verschiedener Feier- und Gedenktage (inkl. Eingangspsalmen, Wochenspruch, Hallelujavers und biblischer Lesungen). Das Evangelische Gesangbuch (EG) in der Ausgabe für die lutherischen Kirchen Bayerns und Thüringens bietet unter den Nummern 670–717 umfangreiche Einführungen, Ordnungen und Bausteine für verschiedene Gottesdienstformen (die Ordnung des Hauptgottesdienstes unter Nr. 679). Wesentlich „sparsamer" ist hier das EG für die Evangelische Kirche in Hessen und Nassau. Auf den Seiten 10–25 finden sich verschiedene Gottesdienstformen und unter Nr. 761 begegnen kurze Anmerkungen zu einzelnen liturgischen Elementen.

gangspsalmen (von der hohen Passionszeit abgesehen) mit dem Lobspruch „Ehre sei dem Vater und dem Sohn und dem Heiligen Geist..." Damit werden die alten Gebete Israels nun auch zur Anbetung Christi in den Dienst genommen. Im Alten Testament gibt es ein solches trinitarisches Lob nicht. Und so bedeutet das Psalmgebet zugleich ein Moment der Kontinuität und der Diskontinuität zwischen Kirche und Israel. Ein Aspekt, der schon deshalb Beachtung verdient, weil er auch für das christlich-jüdische Gespräch nicht belanglos ist.

Ebenfalls im Eingangsteil findet sich der dreimalige Ruf „Kyrie eleison – Christe eleison – Kyrie eleison", wobei die griechischen Formulierungen häufig auch auf Deutsch zitiert oder respondiert werden: „Herr, erbarme dich – Christus, erbarme dich – Herr, erbarme dich." Vermutlich handelt es sich bei dem Ruf „Kyrie eleison" bereits um eine vorchristliche antike Huldigung oder Begrüßung des gottgleichen Kaisers. Im Neuen Testament findet sich eine entsprechende Formulierung im Munde des blinden Bartimäus (vgl. Mk 10,47f.), der den vorüber ziehenden Jesus begrüßt und so um Zuwendung und Heilung bittet. Im antiken Kontext ist klar: Hier wird der Herr (also eigentlich: Gott) angerufen und ihm wird gehuldigt. Diese Geschichte und auch der historische Kontext ist aber im Gottesdienst nicht mehr präsent, obwohl der Sinn immer noch ganz ähnlich ist: Die Gemeinde begrüßt und huldigt ihrem Herrn. Aufgrund der Vokabel „Erbarmen" wird das Kyrie aber häufig als „Sündenbekenntnis" missverstanden, sogar bis in die offizielle kirchliche Literatur hinein.[88] Das Sündenbekenntnis ist aber bereits vor dem Kyrie längst als „Rüstgebet" erfolgt, das mit der Formulierung „Herr, sei mir Sünder gnädig" die Geschichte vom Zöllner und Sünder aus Lk 8 aufgreift.

Auf das Kyrie folgt das „Gloria" („Ehre sei Gott in der Höhe...") mit „Laudamus" („...und auf Erden Friede..."). Letzteres wird oft in der Form des Liedes „Allein Gott in der Höh' sei Ehr" gebetet. Kaum tritt bei diesen Stücken noch ihre Herkunft aus der Weihnachtsgeschichte ins Bewusstsein. Wird hier doch das Lob der Engel aus Lk 2 zitiert. Allerdings geht es hier nicht um eine wöchentliche Vergegenwärtigung des Weihnachtsfestes (der Sonntag ist vielmehr Auferstehungsfeier), sondern ein biblischer Text wird aus seinem Kontext gelöst und in einem neuen Zusammenhang für die Anrufung Gottes durch die „im Namen Jesu versammelte Gemeinde" genutzt.

Die Beispiele ließen sich vermehren. Zwar wird vieles in unserem Gottesdienst mit biblischen Formeln ausgedrückt, aber insgesamt scheint es sich um eine Sammlung biblischer Versatzstücke zu handeln, die durch ihre Zusammenstellung und ihren neuen Kontext teils auch einen neuen Sinn erhalten. Die Frage zu stellen, was sich aus dieser Einbettung biblischer Zitate in einen neuen Gesamtzusammen-

---

88 Vgl. das EG für die EKHN, S. 19. Dort wird das Kyrie als „Sündenbekenntnis" rubriziert.

hang ergibt, ist ein Akt des Verstehens und fördert vielleicht auch einen neuen Zugang zum alten Gottesdienstgeschehen.

Einen Sonderfall stellen die Einsetzungsworte der Sakramente Taufe, Abendmahl und der Beichte dar. Denn hier zitiert die Kirche aufgrund der Weisung Christi, die für die Wirksamkeit der Handlung konstitutiven, also unabdingbaren Worte. Ganz anders als für den Gebetsruf des Kyrie oder des Gloria ist für die Sakramente Gottes vergebendes Handeln verheißen. Die Zitation der biblischen Stiftungsworte ist hier in besonderer Weise „explizit performative Rede", also Sprechhandlung.[89] Die „Handlung" der Absolution ist nicht zu lösen vom Aussprechen des Satzes „Dir sind deine Sünden vergeben". Das Gleiche gilt für Taufe und Abendmahl. Unter anderem im Erkennen ihres Charakters als Sprechhandlungen sind auch die Sakramente bis zu einem gewissen Grad Gegenstand des Verstehens (nicht *nur* Geheimnis). Daher sind sie ja auch Inhalt des Bekenntnisses und des kirchlichen Unterrichts, sowie der öffentlichen Debatte (vgl. z.B. die Diskussion um das gemeinsame Abendmahl).

Zur Vertiefung:

1. Gehen Sie anhand Ihres Gesangbuches die liturgischen Stücke des Gottesdienstes durch und versuchen Sie, den jeweiligen biblischen Hintergrund zu entdecken! Können Sie an einzelnen Stellen Veränderungen der Bedeutung oder der Aussage eines biblischen Textes aufgrund der Einordnung der Formulierungen in den Gottesdienstablauf feststellen?
2. Wo fällt es Ihnen besonders leicht, beim Gottesdienst*besuch* den biblischen Hintergrund liturgischer Formulierungen wieder zu erkennen?

89 Vgl. oben den Abschnitt zum Thema „Sprechen ist Handeln".

10.2 Die biblischen Lesungen im Gottesdienst

Verschiedentlich wird im Gottesdienst aus der Bibel vorgelesen. Dafür sind für jeden Sonntag drei Textabschnitte ausgesucht worden, eine alttestamentliche und zwei neutestamentliche Lesungen. Zumeist gibt es aber nur zwei, in vielen Landeskirchen nur noch eine Lesung.[90] Außerdem werden sog. Perikopen gelesen, das heißt kurze Abschnitte, aber nicht längere Passagen eines biblischen Buches. So bleiben größere Zusammenhänge der einzelnen Schriften in der Regel unbeachtet (es gäbe auch andere Möglichkeiten der liturgischen Lesungen). Für das Verstehen dieser Lesungen ist es nun von erheblichem Gewicht, was die Hörerinnen und Hörer an Vorwissen über die Bibel und einzelne biblische Geschichten oder Schriften mitbringen. Die Texte werden anders gehört und verstanden, je nach dem, ob die Hörer vielleicht schon etwas über die Eigenart einer bestimmten biblischen Schrift (z.B. des Matthäus- oder Markusevangeliums) wissen oder nicht, oder ob der Zusammenhang zwischen Evangelium und Epistellesung deutlich oder nur schwer zu erkennen ist. So fördert das übliche „häppchenweise“ Vorlesen aus der Bibel die ohnehin vorhandene Tendenz, dass biblische Lesungen (von ganz bekannten Passagen abgesehen) relativ unverstanden über die Gemeinde hinwegrauschen. Die Art und Weise des Vorlesens kann dies befördern oder ein wenig korrigieren. Bedenkt man, dass selbst für viele regelmäßige Kirchgänger der Gottesdienstbesuch oft die intensivste (manchmal gar die einzige) Begegnung mit der Bibel überhaupt ist, dann ist Sorgfalt geboten hinsichtlich der Auswahl der Lesungen, der Art des Vorlesens und im Hinblick auf alles, was die Wahrnehmung und das Verstehen des Gelesenen erleichtern kann. Hilfreich wäre es, wenn Gottesdienstbesucher, die dies möchten, die sonntäglichen Lesungen als Texte zum Mitlesen vor sich hätten.

Auch dort, wo zwei biblische Lesungen im Gottesdienst die Regel sind, entfällt im Normalfall die alttestamentliche Lesung. Zudem sind Abschnitte aus dem AT viel seltener Predigttext als neutestamentliche Perikopen. Das alles hat Einfluss auf das Verhältnis von Kirche und Gemeinde zum Alten Testament. Zwar gehören viele Geschichten aus dem ersten Kanonteil, wie die Schöpfungsberichte, die Patriarchenerzählungen, die Arche Noah oder Daniel in der Löwengrube, zum Repertoire jedes Kindergottesdienstes und immer noch zum allgemeinen Bildungsgut. Aber die Kenntnis über die alttestamentlichen Propheten oder Zusammenhänge der Geschichte Israels sind doch auch bei akti-

---

90 Das EG für Bayern und Thüringen nennt noch zwei Lesungen die Regel, während in der Ausgabe für die EKHN im Gottesdienstablauf die zweite Lesung nur noch fakultativ in Klammern angegeben ist. Im Unterschied zum ELKG finden sich in den Ausgaben des EG die sonntäglichen Bibeltexte nicht zum Mitlesen.

ven Christinnen und Christen nicht besonders ausgeprägt. Dies erschwert zusätzlich das Verständnis, wenn nur gelegentlich ein kurzer Abschnitt aus dem AT einmal im Gottesdienst vorgelesen wird. Es war schon die Rede davon, dass die Bedeutung des Alten Testaments für die christliche Kirche im Laufe der Geschichte immer wieder umstritten gewesen ist. Wenn die Kirche bei ihrer Entscheidung bleibt (und theologisch kann sie gar nicht anders!), dass das Alte Testament notwendig der erste Teil der christlichen Bibel ist, dann müssen die Inhalte auch bei den Christinnen und Christen ankommen. Vielleicht kann auch der gottesdienstliche Umgang mit dem Alten Testament dazu beitragen.

Oft ist die erste Lesung im Gottesdienst die sog. Epistel, also ein Abschnitt aus den Briefen des Neuen Testamentes. Da wird also aus Schreiben vorgelesen, die Paulus oder eine andere Persönlichkeit der ersten Christenheit an eine oder mehrere der damaligen Gemeinden geschrieben hat, aber: Eigentlich liest man doch nicht anderer Leute Post, oder!? Diese Fragestellung mag etwas von einem Kalauer haben, aber sie kann doch das Bewusstsein dafür schärfen, dass Briefe eine ganz besondere Gattung von Texten sind. Wie bei heutigen Briefen finden sich auch schon bei den apostolischen Briefen des Paulus bestimmte formale Konventionen (z.B. bei der Anrede oder am Briefschluss) und es lässt sich ein immer wiederkehrender Aufbau feststellen. Darüber hinaus gehört es zu echten Briefen, dass sie in die konkrete Situation bestimmter Empfänger hinein reden. Wichtige Informationen, die die Adressaten der Paulusbriefe (z.B. in Korinth oder in Philippi) hatten, fehlen uns aber. Briefe sind halbierte Gespräche, jedenfalls wenn man nur eine Seite kennt und nicht die Reaktion der Empfänger. So werden uns vermutlich immer wichtige Informationen verborgen bleiben, oder zumindest sind sie nur durch ein exegetisches Rückschlussverfahren zugänglich. Das heißt aber, wir werden die Briefe des NT wohl nie genau so verstehen, wie sie die ersten Empfänger verstanden haben. Wieder wird dies dadurch verstärkt, dass im Gottesdienst immer nur kurze Abschnitte und nie ganze Schreiben verlesen werden. Nun sind die neutestamentlichen Briefe nicht im eigentlichen Sinne „privat“. Schon Paulus fordert zur öffentlichen Verlesung seiner Briefe auf (1. Thess 5,27), und in Kol 4,16 findet sich der Hinweis, dass die Briefe zwischen den Gemeinden getauscht wurden. Ebenso ist bereits im NT zu erkennen, dass die Briefe des Paulus gesammelt und somit auch unabhängig von der Situation der ersten Empfänger gelesen worden sind (vgl. 2. Petr 3,15f.). Dennoch ist es für das Verständnis eines Textabschnittes unter Umständen wichtig, dass er aus einem Brief an bestimmte Empfänger in einer konkreten Glaubenssituation stammt.

Schließlich gibt es wohl in jedem Gottesdienst eine Evangeliumslesung. Hier hört die Gemeinde von Leben, Sterben und Auferstehen Jesu Christi. Nun ist zwar das Evangelium im Sinne von „gute Botschaft" nur eins; im Neuen Testament sind uns aber vier verschiedene Evangelien überliefert. Jedes davon hat seine eigene Prägung. So überliefert nur Matthäus das Gleichnis von den Arbeitern im Weinberg (Mt 20,21f.), von der selbst wachsenden Saat erzählt Jesus nur im Markusevangelium (Mk 4,26–29), ausschließlich Lukas teilt uns die Gleichnisse vom „barmherzigen Samariter" (Lk 10,25–37) und vom „verlorenen Sohn" (Lk 15,11–32), während Johannes überhaupt keine Gleichnisse Jesu berichtet, andererseits aber als einziger von der Fußwaschung der Jünger beim letzten Mahl berichtet usw. Dies alles ist Ausdruck dafür, dass jedes der vier Evangelien sein ganz eigenes Gepräge hat, beim Zeugnis von Jesus Christus eigene Schwerpunkte setzt und auch aus eigenen Quellen schöpft. Alle diese Dinge sind wichtig für ein angemessenes Verstehen eines Evangeliums und auch einzelner Texte daraus. Aber das alles wird bei unserer Perikopenlesung nicht deutlich.

Das Genannte beeinflusst das Verstehen der Bibelworte, die im Gottesdienst hörbar werden. Dabei sollen die unterschiedlichen biblischen Texte doch ihre je eigene Botschaft sagen. Ein Teil dieser Botschaft erschließt sich den Fachtheologen, wenn der ursprüngliche historische Sinn eines Textes erhoben wird. Die Tatsache der Überlieferung und die Erfahrung, dass ein über 2000 Jahre altes Wort hochaktuell sein kann, zeigt aber, dass es *nicht nur* um diesen ursprünglichen historischen Sinn gehen kann. Unser Verstehen der Bibel im Gottesdienst spielt sich unter den schon beschriebenen Bedingungen ab. Wir müssen uns dabei bewusst sein, dass ein Bibelwort in einem anderen Zusammenhang etwas anderes sagen kann. Um die Texte nicht willkürlich zu vereinnahmen, spielt die sorgfältige Betrachtung des ursprünglichen Sinnes eine entscheidende Rolle. Dies ist in erster Linie Aufgabe des Predigers/Liturgen. Aber alle Christen sollen daran teilhaben. Andererseits soll es im Gottesdienst zunächst darum gehen, die Aussage der biblischen Texte in ihrer neuen Zusammenstellung (alttestamentliche Lesung – Epistel – Evangelium – Predigttext – Wochenspruch) und in der aktuellen Situation der Gemeinde zu erfassen und zu verstehen. Die bisherigen Überlegungen dieses Abschnittes sollten vor allem ein Gefühl dafür vermitteln, dass der Sinn eines Textes sich in einem neuen Zusammenhang gegenüber seinem ursprünglichen Kontext in einem bestimmten biblischen Buch unter Umständen verändert. Diese Verlagerung des Aussagegehaltes ist zumeist noch nicht problematisch, sondern Teil des legitimen aktuellen Aneignungsprozesses eines biblischen Textes in einer neuen Lebenssituation. Im Gottesdienst soll eben besonders deutlich werden, dass die Bibel Gottes Wort an uns enthält und nicht bloß ein religionsgeschichtliches Dokument darstellt. Es ist Aufgabe der Theologen, diese Prozesse für die Gemeinde verstehbar zu gestalten und darauf zu achten, dass ein biblischer Wortlaut in der Anwendung im Gottesdienst nicht unter Absehung vom ursprünglichen Sinn zur Sprache kommt.

Eine Möglichkeit, wie ein Bibeltext im Gottesdienst aktuell in die Situation eines bestimmten Sonntags eingefügt wird, ist die Zusammenstellung der verschiedenen biblischen Lesungen unter einem bestimmten „Thema“, das an hohen Feiertagen durch den Anlass (Weihnachten, Ostern, Pfingsten...) vorgegeben wird und an weniger fest geprägten Sonntagen oft im Wochenspruch angedeutet ist. Nun ist diese Zusammenstellung von Epistel und Evangelium etc. für die einzelnen Sonntage aber nicht Folge eines Naturgesetzes oder göttlicher Fügung, sondern entspringt dem Nachdenken und Planen von Menschen, die als Mitglieder kirchlicher Kommissionen mit Sachverstand diese Dinge festgelegt haben. Dieses Planen kann glücken, aber es kann auch misslingen. So fragt man sich gelegentlich, wie es zur Zusammenstellung gerade dieser oder jener biblischen Lesungen für einen bestimmten Sonntag gekommen ist, und ob sich tatsächlich ein gemeinsames „Thema“ erkennen lässt.

Ich möchte das an den biblischen Lesungen zum Trinitatisfest erläutern: Als *Introitus* dient der 145. Psalm in Auswahl. Die Antiphon lautet: „Hochgelobt sei die heilige Dreifaltigkeit und ungeteilte Einigkeit.“[91] Damit ist das Thema des Festes der Dreieinigkeit benannt. Allerdings stammt die Antiphon nicht nur nicht aus dem Psalm, sondern überhaupt nicht aus der Bibel. Es ist ein kirchlicher Lobspruch, der dem Psalm eine *neue* Richtung gibt. Das ist bemerkenswert! Die *alttestamentliche Lesung* ist die Berufung Jesajas aus Jes 6, aus der auch der Wochenspruch stammt: „Heilig, heilig, heilig ist der Herr Zebaoth. Alle Lande sind seiner Ehre voll“. Nach altkirchlicher Tradition wird mit dem dreimal Heilig der dreieinige Gott gepriesen. Schon diese Assoziation legt sich vielen heutigen Gottesdienstbesuchern und –besucherinnen nicht ohne weiteres nahe, und ursprünglich ist in Jesaja 6 von der Dreieinigkeit schon gar nicht die Rede. Legt man zudem den Text auf die Aussage des Wochenspruches (also auf das dreimal Heilig) fest, bleibt Wesentliches unbeleuchtet. So kommt nicht mehr in den Blick, dass dort eine Vision geschildert wird, dass von Verstockung oder vom Sterben beim Anblick Gottes die Rede ist. Das Alles ist wichtig für Jes 6, hat aber zunächst mit dem Trinitatisfest nichts zu tun. Die *Epistel* ist der große Lobpreis Gottes, den Paulus in Röm 11 anstimmt, nachdem er drei Kapitel lang mit der Frage der Rettung Israels gerungen hat. Jetzt überlässt er die Lösung des Problems dem großen Gott. Im Trinitatisgottesdienst ist allerdings von der Frage, die den Apostel bewegte, nichts mehr zu hören, so dass der Lobpreis des Paulus nun an den der Seraphen aus Jes 6 anklingt. So wird das Lob des dreieinigen Gottes der neue Kontext für diese ganz unterschiedlichen Bibeltexte. Das *Evangelium* aus Joh 3 schildert das nächtliche Gespräch Jesu mit Nikodemus. Dieser Text fügt sich kaum zu den anderen Texten oder zum Thema Trinitatis.

---

91 Vgl. ELKG, Nr. 045.

Dies liegt daran, dass das Trinitatisfest liturgiegeschichtlich noch relativ jung ist. Joh 3 ist eigentlich die evangelische Lesung für den achten Tag nach Pfingsten und noch ganz von diesem Fest bestimmt. Sagt Jesus doch dem Nikodemus, er müsse aus Wasser und Geist wiedergeboren werden und der Geist wehe, wo er will. Das Stichwort Geist zielt auf Pfingsten, nicht auf die Dreieinigkeit, so dass der Text durch historische Wechselfälle zum Evangelium für Trinitatis geworden ist. Das wissen die heutigen Hörerinnen und Hörer aber nicht, so dass sich auch dem bemühten Gottesdienstbesucher aus den Lesungen nicht unbedingt ein stimmiges Gesamtbild ergibt.

Insgesamt würde ich zur Zusammenstellung der Bibeltexte für den Trinitatisgottesdienst sagen: „Geht – aber quietscht." Recht unterschiedliche Bibelworte sollen sich unter das „Thema" Dreieinigkeit fügen, das außerdem viel weniger anschaulich ist als Ostern oder Pfingsten. Diejenigen Liturgiker, die die gottesdienstlichen Lesungen zusammengestellt haben, waren bemüht, für jeden Sonntag ein bestimmtes „Thema" zu komponieren. Dieses Verfahren ist nicht unumstritten und es ist m.E. mal besser und mal weniger gut geglückt. Wenn Sie als Gottesdienstbesucher einmal versuchen, das Thema eines Sonntags anhand der vorgeschlagenen Lesungen zu finden, sind Sie mitten drin im spannenden Prozess des Verstehens der Bibel im Gottesdienst. Wohlgemerkt: Man kann mit Bibelworten so verfahren, wie das im Gottesdienst geschieht. Das ist Teil der ständigen Aktualisierung und der neuen Aneignung des Gotteswortes. Aber man muss wissen, was man tut und man sollte darüber Auskunft geben können. Hier soll zunächst die Aufmerksamkeit auf diese Prozesse gelenkt und Lust am verstehenden Nachvollziehen geweckt werden.

Zur Vertiefung:

1. Achten Sie bei Ihrem nächsten Gottesdienstbesuch bewusst auf die biblischen Lesungen und versuchen Sie, den vermutlich beabsichtigten Zusammenhang zwischen den Lesungen (mit Wochenspruch und Introitus) zu entdecken.
2. Tun Sie das gleiche für den sechsten, siebten und zehnten Sonntag nach Trinitatis, indem Sie die entsprechenden Texte nachlesen, entweder im ELKG unter den Nummern 051, 052 und 055 oder mithilfe einer Bibel und des „Liturgischen Kalenders", der sich als Beigabe in den Ausgaben des EG findet.

10.3 Die Predigt

Für viele Gottesdienstbesucher ist die Predigt das zentrale Ereignis des sonntäglichen Kirchgangs. Mit ihrer Qualität steht und fällt der ganze Gottesdienst. Es geht im Wesentlichen darum, was man von der Predigt „mitnehmen" konnte und ob diese Rede einen heute „angesprochen" hat. Nun könnte man darauf verweisen, dass diese Haltung zu subjektiv ist oder dass andere Elemente des Gottesdienstes (besonders die Sakramente) auch ihr Eigengewicht haben. Aber hinter dem Urteil, dass die Predigt das Wichtigste im Gottesdienst ist, steckt auch ein für die evangelische Kirche grundlegendes theologisches Urteil. Die evangelische Kirche ist die „Kirche des Wortes." Eine zentrale Erkenntnis Luthers besteht darin, dass Gott durch das Wort und nur durch das Wort in Gesetz und Evangelium an dieser Welt handelt. Das Wort ist nach evangelisch-lutherischer Lehre das zentrale Gnadenmittel, mit dem Gott Menschen rettet. Und für Luther war dies immer zuerst das Wort in der Gestalt der mündlichen Verkündigung. Zwar hat er die Bibel ins Deutsche übersetzt, damit jeder Christ darin lesen könne, aber das Evangelium wird doch in erster Linie als „äußerliches Wort" gesagt und gehört (was den Vorteil hat, dass auch solche Menschen erreicht werden, die Schwierigkeiten mit dem Lesen haben). Das Pfarramt ist nach dem lutherischen Bekenntnis Predigtamt (vgl. CA V). Das bedeutet gegenüber der mittelalterlichen Kirche aber eine starke Veränderung und ist bis heute einer der wesentlichen Unterschiede zwischen der katholischen Kirche und den evangelischen Kirchen. In der Lehre der römisch-katholischen Kirche ist der Pfarrer zuerst Priester, dessen wichtigste Aufgabe darin besteht, täglich die Messe zu lesen, das heißt, im Abendmahl das Opfer Christi noch einmal zu vollziehen und zu vergegenwärtigen. Zwar gehört auch nach CA V zu den Aufgaben des ev.-luth. Pfarrers die Austeilung der Sakramente entsprechend der Einsetzung durch Christus, aber die Feier des Abendmahls (die von ihrer Bedeutung nicht über das Sakrament der Taufe erhoben wird) ist nicht der Vollzug einer Opferhandlung, sondern wiederum Verkündigung des Evangeliums, wenn man so will Austeilung des Wortes in einem anderen Aggregatzustand.

Von dieser Hochschätzung des Wortes her kommt es in den evangelischen Kirchen seit der Reformationszeit auch zu einer Aufwertung der Predigt und der Predigttätigkeit. Oft gilt Martin Luther dabei als Musterprediger. Von ihm sind die Nachschriften von ca. 2000 Predigten erhalten, die als Predigtsammlungen (sog. Postillen) immer wieder nachgedruckt worden sind. Für ganze Pfarrergenerationen dienten diese Postillen als maßgebliches Unterrichtsmaterial für die Homiletik, die Lehre von der Predigt. In evangelischen Kirchen wurde häufig und viel gepredigt. Neben die vers- oder abschnittsweise Auslegung der Bibel (die sog. Homilie) traten schon bei Luther Thema-, Katechismus- oder Lehrpredigten, denen nicht immer ein biblischer Predigttext zugrunde liegen musste. In den lutherischen Kirchen mussten sich die Predigten am Maßstab „Schrift und Bekenntnis“ orientieren. Was aber ist das Ziel und der zentrale Inhalt evangelischer Predigt? Darüber herrschte auch innerhalb der evangelischen (ja, auch innerhalb der lutherischen) Kirchen und durch die Zeiten nicht immer Einigkeit. Die Predigten reformierter Tradition sind oft eng am biblischen Wortlaut orientiert und zielen stark auf die Heiligung der Gemeinde, also auf die ethische Lebensführung der Christen. Die lutherische Predigt war ursprünglich an der Verkündigung der Rechtfertigung in der Abfolge von Gesetz und Evangelium orientiert. Aber auch Hinweise zur christlichen Lebensführung, die Paränese, gehörte als „Glaube und Liebe“ zur Verkündigung. Oben war schon ausgeführt worden, dass der lutherischen Predigt nichts Schlimmeres widerfahren kann, als wenn die Ermahnung zum rechten Lebenswandel in die Verkündigung der Rechtfertigung des Sünders hineingemischt wird. Insgesamt gilt das, was oben zu „Gesetz und Evangelium“ und zu „Glaube und Liebe“ gesagt wurde, vor allem im Hinblick auf die *Predigt*. In der Homiletik haben diese Kategorien ihren eigentlichen Ort.

Im Zeitalter der Orthodoxie wurde die Predigt zum Medium, um die kirchliche Lehre unter die Leute zu bringen und zu festigen, wobei große Prediger dieser Zeit, wie Johann Gerhard oder auch Johann Arndt, immer die Verbindung von kirchlicher Lehre und persönlichem Leben und Frömmigkeit im Auge hatten. Im Pietismus zielte Predigt vor allem auf persönliche Lebenswende und Bekehrung. Daher kommt der Theologe August Hermann Francke auch zu dem Schluss, jede Predigt müsse die gesamte Heilsgeschichte umfassen. Dies wird im 19. Jh. von den Erweckungspredigern wie Louis Harms aufgegriffen. Schon beim Hören einer Predigt, soll sich der Sünder bekehren können. Aufklärung und Rationalismus dagegen legten größeres Gewicht auf Erklärung der Bibel, die auch dem Verstand zugänglich ist. Glaube und Wissenschaft sollten kein Gegensatz sein. Die Homiletik der dialektischen Theologie im frühen 20. Jh. (Karl Barth, Eduard Thurneysen u.a.) wandte sich gegen eine rationale und vor allem politische Vereinnahmung der Predigt durch nationalkonservative Kreise, indem sie das Wort als ein auf den Menschen von Außen zukommendes Ereignis betont und zur Predigt als Verkündigung dieses Wortes aufruft. Heute ist keine einheitliche evangelische Predigttheorie in Sicht. Dieser kurze Abriss zeigt schon, dass die Predigt ebenso wie jedes andere Bemühen um das Verstehen der Bibel geschichtlichen Entwicklungen unterworfen ist. Predigten sind immer auch Kinder ihrer Zeit und man kann Predigtbücher nicht unbegrenzt in Gottesdiensten verwenden. Auch Prediger sind in ihrer Zeit verhaftet. Wer einmal Predigten aus dem Kaiserreich oder aus der Zeit von 1933 bis 1945 liest, wird mit Erschrecken feststellen, wie Inhaber des Predigtamtes auch einem unheiligen Zeitgeist aufsitzen können, ohne dass die theologischen Gewissheiten oder die Bekenntnisbindung als Kriterium für die Beurteilung der politischen Irrungen gedient hätten. Insgesamt gehört aber „Zeitgemäßheit" zum Wesen der Predigt, denn hier sollen nicht zeitlose oder überzeitliche allgemeine Wahrheiten verkündigt werden, sondern das Wort Gottes soll so in die Zeit hineingesagt werden, dass es von gegenwärtigen Hörerinnen und Hörern verstanden und die Relevanz für das eigene Leben erkannt wird.

Zumindest für evangelisch-lutherische Predigt bleibt es dabei, dass Jesus Christus ihr zentraler Inhalt ist. Mittels der Ansage von Gesetz und Evangelium soll Gott mit seinem Willen und mit seinem Trost in das Leben der Menschen gebracht werden. Auf diese Weise kann christliche Predigt mehr sein als Zeitansage, Gesellschaftsanalyse oder Handlungsanweisung. Allerdings geht es darum, die Chiffren wie „Gesetz und Evangelium" oder „Glaube und Liebe" so mit Leben zu füllen, dass sie treffend mit der Lebenssituation heutiger Gottesdienstbesucher ins Gespräch kommen. Dabei darf die Frage nach Gott auch ruhig da angesprochen werden, wo sie sich dem „modernen" Menschen vermeintlich nicht (mehr) von selbst stellt. Eine Predigt sollte ihre Hörer nicht unterfordern, sondern auch solche Sachverhalte ansprechen, auf die man eben von selbst noch nicht gekommen ist. Und auch Rechtfertigung muss nicht so verkündigt werden, dass eine Predigt jeden Sonntag wieder bei Adam und Eva anfängt und bis zum Weltgericht reicht. Auch regelmäßige Gottesdienstbesucher wollen wieder neu vom Wort Gottes herausgefordert werden. So kann die Predigt auch zum Medium werden, das Christinnen und Christen befähigt, ihren Glauben zu reflektieren und verständlich darüber Auskunft zu geben.

Die Predigt im Gottesdienst ist ein Ort der besonders intensiven Begegnung der Gemeinde mit einem Bibelwort. Als solche ist sie ein relativ komplexes Kommunikationsgeschehen, das in mehreren Phasen abläuft und von verschiedenen Seiten für Störungen und Missverständnisse anfällig ist. Darüber soll nun nachgedacht werden.

Kommunikation ist weit mehr als bloßes miteinander Reden und sie findet auch dort statt, wo (wie in der Predigt) nur einer redet und andere „nur" zuhören. Auch das Zuhören ist Teil der Kommunikation. Schließlich lautet Paul Watzlawicks erste Regel: „Man kann nicht nicht kommunizieren!" Überall, wo Menschen sind, findet Kommunikation statt, ob mit oder ohne Worte. Denn Kommunikation hat eine Inhalts- und eine Beziehungsebene. Auf der Inhaltsebene werden Informationen weitergegeben (auch das passiert in einer Predigt). Auf der Beziehungsebene treten die Partner in ein Miteinander ein. Auch da, wo einer sich vom anderen abwendet oder durch Gesten und Verhalten deutlich macht: „ich höre dir nicht zu!", ist dies ein Akt der Kommunikation, nur eben kein besonders freundlicher.

Wenn Sie von einer Predigt so gut wie nichts verstanden haben, dann muss das nicht unbedingt heißen, dass es heute wieder besonders tiefsinnig war. Vielmehr kann dies Anlass sein, über das Verstehen der Predigt und das Verstehen eines biblischen Textes, der der Predigt zugrunde liegt, nachzudenken. Das Nichtverstehen ist vermutlich Ausdruck einer Störung innerhalb der unterschiedlichen Schritte, die gemeinsam das Kommunikationsgeschehen Predigt ausmachen. Der erste Schritt wurde bereits vor dem Gottesdienst gegangen, als der Prediger seine Auslegung eines bestimmten biblischen Textes vorbereitete. Dabei haben die Predigenden eine doppelte Anwaltschaft wahrzunehmen, wie es der Theologe Ernst Lange einmal gesagt hat: Der Prediger muss Anwalt des Textes gegenüber der Gemeinde sein, aber auch Anwalt der Hörer gegenüber dem Text.[92] Erst wenn das Bibelwort mit unserer Wirklichkeit in ein Gespräch eintritt, wenn beides zusammenfindet, gelingt Predigt. Hier kommt es nun darauf an, dass verstanden worden ist, was der jeweilige Bibeltext als eigene ursprüngliche Botschaft sagen wollte. Dies ist zunächst die Aufgabe des Predigers, zu deren Bewältigung ihm eine Reihe von Hilfsmitteln und Methoden des historischen Textverstehens zur Verfügung stehen. Dazu bedient er sich des erlernten exegetischen Handwerkszeugs und verschiedener Predigthilfen. Unter Umständen findet der Ausleger aber auch nach langer Mühe keinen rechten Zugang zu seinem Text. Entsprechend schwierig wird sich die Weitergabe von bestimmten Inhalten gestalten.

Der nächste Akt des Predigtgeschehens ist der Vortrag. Predigt ist mündliche Rede von durchschnittlich 15 Minuten Länge. Schon das ist bemerkenswert, denn so gut wie nie, sind wir als Hörer sonst in einer Lage, in der wir einem Menschen so lange zuhören, ohne selbst etwas zu sagen. Andererseits ist kaum jemand sonst genötigt, eine so lange Rede zu halten. Die rhetorische Schulung ist bei uns auch nicht besonders verbreitet und kommt auch innerhalb der theologischen Ausbildung oft zu kurz. So kann das Reden das Verstehen der Predigt erleichtern oder erschweren und den Zugang zum biblischen Ausgangstext entsprechend öffnen oder verschließen. Viele, die zu predigen haben, schreiben ihre Predigten vollständig nieder. Dagegen ist nichts zu sagen, solange sie im Vortrag noch als Rede zu erkennen sind und nicht wie „Schreibe" wirken. Prediger können beim Predigtvortrag in bestimmte christliche Fachausdrücke verfallen, die für den Vortragenden zuweilen das rettende Ufer in einem Meer von Unklarheiten darstellen, den Hörern aber den Zugang noch mehr erschweren. Schließlich kann ein Pfarrer in der Predigt abschweifen und auf Lieblingsideen verfallen. Das alles ist solange kein Beinbruch, solange es sich nicht verfestigt. Auch die, die das Predigtamt führen, sind

92 Vgl. Ernst Lange, Zur Theorie und Praxis der Predigtarbeit, in: ders., Predigen als Beruf, Aufsätze hg. von R. Scholz, München 1982, S. 9–51.

Menschen und haben menschliche Schwächen. Anders als durch richtige Menschen spricht Gott eben nicht. Es ist ein Dienst der Gemeinde, ihre verantwortlichen Theologinnen und Theologen mit ihren Schwächen anzunehmen und sie (mit ein bisschen Fingerspitzengefühl) darauf anzusprechen, damit sich etwas ändern kann. Auch dieses Miteinander gehört zum Verstehen der Predigt und erleichtert oder erschwert das Verstehen der Bibel im Gottesdienst.

Der letzte Akt des Predigtgeschehens ist die Rezeption durch die Hörerinnen und Hörer. Dieser beginnt mit dem Zuhören während des Gottesdienstes und setzt sich vielleicht auch danach noch fort, durch innere Zustimmung oder Widerspruch gegen das Gehörte oder durch den Austausch mit anderen, vielleicht sogar durch persönliche Konsequenzen, die aus dem, was gesagt wurde, folgen. Dieses Aufnehmen der Predigt ist wiederum ein aktiver Vorgang. Das Verstehen ist abhängig von unserem Vorverständnis, von unserem Vorwissen und all unseren Prägungen. Auch für das Predigthören gilt: Es gibt kein voraussetzungsloses Verstehen. Es ist eben nicht egal, ob uns der Bibeltext vertraut ist oder fremd. Und zu den Verstehensvoraussetzungen gehört auch eine Erwartungshaltung, mit der alle bewusst oder unbewusst in einen Gottesdienst kommen. Einer kommt vielleicht vor allem, um seiner Großmutter einen Gefallen zu tun, ist aber vorher schon der Überzeugung, dass so ein Gottesdienst langweilig ist. Eine andere sucht Trost für ein ganz bestimmtes Problem, wartet aber die ganze Predigt über vergeblich auf den Zusammenhang mit ihrer Lebensfrage. Wieder jemand anderes weiß ganz genau, was er in einer Predigt hören will. Wenn die entsprechenden Stichwörter nicht fallen, kann er ein Urteil über den Prediger fällen, hat aber die eigentliche Aussage nicht gehört. Achtung: Wenn sich beim Predigthören innerer Widerspruch einstellt oder bestimmte Gedanken absolut unverständlich bleiben oder nicht einleuchten wollen, ist dies der Punkt, wo's spannend wird! Lassen Sie diese inneren Widerstände zu. Sie könnten ein Hinweis darauf sein, dass gerade da die Predigt „trifft" und die eigene Lebenssituation in der Begegnung mit dem Bibelwort geklärt wird. Es könnte aber auch sein, dass die Nachfrage beim Prediger erforderlich ist, vielleicht auch Widerspruch angemeldet werden muss. Lutherische Pfarrer sind keine Päpste mit Anspruch auf Unfehlbarkeit, sondern müssen sich fragen lassen, wie sie zu ihren Aussagen kommen.

Schließlich bleibt die Einsicht, dass die Predigt nur ein Teil des Gottesdienstes ist. Sicher trägt die Predigt immer noch einen erheblichen Teil zur Wahrnehmung der Hauptamtlichen und der ganzen Gemeinde bei und Sorgfalt zahlt sich aus. Aber auch die anderen Elemente im Gottesdienst haben ihre Aussage und können zu einer lebendigen Gottesbeziehung führen.

Zur Vertiefung:

1. Rekapitulieren Sie die Faktoren, die das Verstehen einer Predigt mitbestimmen.
2. Notieren Sie unmittelbar nach Ihrem nächsten Gottesdienstbesuch den Predigttext und die zentrale Aussage der Predigt. Sehen Sie den beabsichtigten Zusammenhang?

10.4 Verstehen und verstanden werden im Gottesdienst

Ein Gottesdienst, der ganz schlicht nach der Agende abläuft, kann als vielschichtige und vielgestaltige Veranstaltung wahrgenommen und verstanden werden. Auch wenn keine Rockband, keine Videoinstallation und keine Computer zum Einsatz kommen, ist der lutherische Gottesdienst in gewisser Weise ein multimediales Ereignis. Schon sprachlich herrscht eine große Vielfalt: Es gibt griechische, lateinische, hebräische und deutsche Ausdrücke. Dazu kommen die üblichen Anglizismen. Macht der Organist noch schlicht ein „Vorspiel", oder ist das das „Warming up" für den „Praise-Teil"? Diese und viele weitere Faktoren bestimmen das Verstehen im Gottesdienst. Mit welcher Stimmung komme ich in den Gottesdienst? Die meisten Menschen sind am Vormittag aufnahmefähiger als am Abend, aber für viele gilt gerade der Sonntagmorgen heute als klassischer Termin zum Ausschlafen. Hier würde ein Gottesdienst am Spätnachmittag vielleicht den Zugang erleichtern. Wie ist das Licht im Kirchgebäude? Was gibt es zu sehen? In vielen Kirchen gibt es Fenster- und Altarbilder. Es hängen Hungertücher, Mosaiken oder Bilder aus dem Kindergottesdienst an den Wänden. Diese optischen Eindrücke haben einen Einfluss auf die Wahrnehmung und das Verstehen des Gottesdienstgeschehens, den man sich in der Regel erst bewusst machen muss. Viele Gottesdienstbesucher sind daran gewöhnt, das Geschehen im Altarraum gleichsam zweidimensional wahrzunehmen (wie auf einer Kinoleinwand). Dabei vollzieht sich bei den Frauen und Männern, die den Gottesdienst gestalten, eine geradezu „dramatische Inszenierung" („Inszenierung" darf nicht als Banalisierung des gottesdienstlichen Handelns missverstanden werden). So wechseln die Lektorinnen, Liturgen oder Pfarrer mehrfach den Ort. Es findet Aktion statt: vor dem Altarraum, am Altar, am Lesepult, auf der Kanzel, am Taufbecken etc. Das alles kann, wenn es sinnvoll eingesetzt und von der Gemeinde als sinnvoll wahrgenommen wird, das Verstehen der vorgetragenen Inhalte unterstreichen (darf dabei allerdings nicht zu einem Aktionismus werden, der das Verstehen erschwert). Natürlich ist es von erheblichem Einfluss auf mein Verstehen eines Gottesdienstes, ob ich mit der liturgischen Form vertraut bin, oder ob sie mir neu oder fremd ist. Gerade der klassische evangelisch-lutherische Hauptgottesdienst ist nach heutigen Wahrnehmungsgewohnheiten eine Veranstaltung mit einer relativ hohen Einstiegsschwelle. Aber für *jede* Gottesdienstform gilt, dass man sich umso wohler fühlt, je vertrauter der Ablauf ist und je selbstverständlicher man mitfeiern kann. Auch für das Verstehen der im Gottesdienst vorgetragenen Inhalte ist eine gewisse Regelmäßigkeit ungemein hilfreich. Viele liturgische Formen (der Begriff „liturgisch“ umfasst durchaus auch moderne Gottesdienstformen) entfalten ihren Reichtum mit wachsender Vertrautheit. Das Schöne an einer wiederkehrenden Form ist ja, dass immer neu einzelne Elemente wichtig werden können, die früher vielleicht weniger bedeutsam erschienen.

Ebenfalls entscheidenden Einfluss auf das Verstehen hat natürlich die Tatsache, dass Gottesdienst nach evangelischem Verständnis immer die Feier einer versammelten Gemeinde ist. Ein Gottesdienst, der allein von einem „Priester“ als in sich selbst stehende kultische Handlung vollzogen wird, ist in keiner evangelischen Kirche denkbar. Es ist der Sinn von Gottesdienst, dass „zwei oder drei“ in Jesu Namen versammelt sind. Aber mein Verhältnis zu den Menschen um mich herum wird auch mein Verstehen der vorgetragenen Inhalte beeinflussen. Bin ich vertraut mit den anderen (und hege dann vielleicht irgendwelche Vorurteile über diesen oder jene) oder bin ich fremd? Manche Menschen wünschen sich im Gottesdienst die persönliche Ansprache mit Handschlag oder persönlich zugesprochenem Friedensgruß beim Abendmahl. Andere wieder sind lieber anonym und haben Schwierigkeit mit jeder Form von verordneter Gruppendynamik. Es kann hilfreich sein, wenn man seine eigenen Empfindungen hier deutlich wahrnimmt und sich selbst und anderen auch eingesteht. Nach biblischem Vorbild ist eine Gemeinde etwas anderes als eine klar definierte „Zielgruppe“ missionarischen Bemühens oder die Versammlung von Menschen, die sich sympathisch sind oder ähnliche Interessen haben. Vielmehr sind in einer Gemeinde Menschen durch den Glauben an Christus verbunden, unabhängig von Alter, Geschlecht oder sozialer Herkunft. Nicht Menschen versammeln sich, sondern „der Herr fügt die hinzu, die gerettet werden“ (Apg 2,47). Alte und Junge gehören im Gottesdienst zusammen, und auch die Kinder sollten mit dabei sein. Ideal ist die Möglichkeit, wenn die Kinder einer Gemeinde nach einem Teil des Gottesdienstes, den sie als Teil der Gemeinde mitfeiern, in ihren eigenen altersgerechten Kindergottesdienst entlassen werden. Immer wieder führt die Frage nach dem angemessenen Umgang mit Kindern im Gottesdienst zu Diskussionen in Gemeinden, und auch dies beeinflusst unter Umständen das, was der einzelne im Gottesdienst versteht. Auch das persönliche Verhältnis zu dem- oder derjenigen, der den Gottesdienst leitet, spielt eine gewichtige Rolle. Pfarrer vermitteln das Evangelium mit ihrer ganzen Persönlichkeit, inklusive aller Stärken und Schwächen.

Das alles hat nicht nur Einfluss auf das Wahrnehmen des Gottesdienstes insgesamt, sondern speziell auch darauf, wie die biblischen Texte in der Liturgie, den Lesungen oder der Predigt verstanden werden. Es ist etwas völlig anderes, ob ich einen Bibeltext lese, oder ob er mir unter den geschilderten Umständen im Gottesdienst begegnet. Daher nun noch einige „praktische" Hinweise, wie das Verstehen der biblischen Texte im Gottesdienst strukturiert werden kann.

a) Hören Sie bewusst hin und hören Sie bewusst weg! Die Aufforderung mag (besonders in ihrer zweiten Hälfte) seltsam erscheinen, wenn es doch um das Verstehen im Gottesdienst geht. Es ist aber eine Tatsache, dass sich niemand eine ganze Stunde durchgehend konzentrieren kann. Es wird im Gottesdienstablauf immer Punkte geben, an denen wir als Hörerinnen und Hörer innerlich „aussteigen". Auch Christinnen und Christen, die mit der Verkündigung beauftragt sind, sollten sich klar machen, dass Ansprachen und Predigten wohl nie von allen komplett wahrgenommen werden. Schon beim Formulieren des Textes kann man Punkte bedenken, die den Hörern das „Wieder-Einsteigen" ermöglichen. Wenn aber sicher ist, dass wir als Gottesdienstbesucher nicht bei allen vorgetragenen Texten, Gebeten und Liedern voll konzentriert sein werden, dann achten wir doch bewusst auf ganz bestimmte Punkte und gestatten uns ansonsten mit ruhigem Gewissen das Unvermeidliche. So lässt sich der Prozess des Verstehens konzentrieren auf einzelne Punkte.

b) Trauen Sie Ihren Ohren! Mehr als fünfzehn mal begegnet im Neuen Testament die etwas merkwürdige Aufforderung „Wer Ohren hat zu hören, der höre..."[93] Auch für das gottesdienstliche Geschehen gilt, dass Gottes Wort verständlich sein soll. Es beginnt damit, dass wir genau hinhören. Wo etwas nicht verstanden wird, besteht Klärungsbedarf. Nachfragen ist erlaubt und erwünscht (wenn auch besser nicht während des Gottesdienstes...).

c) Verfolgen Sie die biblischen Lesungen im Gesangbuch. Das ELKG druckt dankenswerterweise nicht bloß die Eingangspsalmen, sondern auch die alttestamentliche Lesung, die Epistel und das Evangelium unter den Nummern 01ff. ab. In der Regel ist ein Zusammenhang dieser Lesungen mit dem Wochenspruch, dem Hallelujavers und dem Predigttext beabsichtigt (die verschiedenen Ausgaben des EG bieten die Bibelstellen im „Liturgischen Kalender", aber leider nicht den vollständigen Wortlaut).

d) Beteiligen Sie sich aktiv an der Vorbereitung und Durchführung eines Gottesdienstes. Wer einmal die Aufgabe einer Lektorin oder eines Lektors übernommen und die biblischen Lesungen für sich vorbereitet hat, sieht und versteht Zusammenhänge ganz anders. Prinzipiell gilt, dass die innere Beteiligung an einem Gottesdienst mit der äuße-

93 Vgl. Mt 11,15; 13,9.43; Mk 4,9.23; 7,15; Lk 8,8; 14,35; Offb 2,7.11.17.29; 3,6.13.22; 13,9.

ren Beteiligung zunimmt. Je mehr man mitmacht, desto konzentrierter ist man dabei (deshalb können Pfarrer auch selten verstehen, dass ein Gottesdienst langweilig gewesen sein soll). Das gilt nicht nur für das Vorlesen, sondern auch für das Formulieren von Gebeten oder einer Begrüßung der Gemeinde, die zum jeweiligen Sonntag passen sollen.

e) Bereiten Sie die Predigt vor und nach, auch wenn Sie selbst nicht predigen. In vielen Gemeinden gibt es Bibelkreise, die sich in regelmäßigen Abständen treffen, um gemeinsam tiefer in das Alte und Neue Testament einzutauchen und sich über ihre Leseeindrücke auszutauschen. Oft stellt sich die Frage, welche Texte sich dafür eignen. Beim kontinuierlichen Lesen längerer biblischer Bücher geht manchmal der Faden verloren oder die Geduld eines solchen Kreises endet, wenn man monatelang mit derselben Schrift befasst ist. Hier könnte auch (und sei es nur als Experiment für einen gewissen Zeitraum) der Predigttext des nächsten Sonntags gemeinsam gelesen werden. Die Erfahrung zeigt, dass zumindest die Teilnehmer dieses Kreises nach dem Gottesdienst den Predigttext noch benennen können und viel eher einen Zusammenhang zwischen dem biblischen Text und der Auslegung in der Predigt erfassen können (oder auch den fehlenden Zusammenhang bemerken). Das setzt natürlich voraus, dass sich der Predigende an den vorgeschlagenen (oder vereinbarten) Text hält. Eine andere oder ergänzende Möglichkeit der kreativen Auseinandersetzung mit dem Predigttext ist das Predigtnachgespräch. Dafür muss man sich allerdings zeitnah nach dem Gottesdienst noch einmal zusammenfinden, und aufseiten des Pfarrers setzt dies die Bereitschaft zur Kritik der eigenen Aussagen voraus, ohne dass es ständig um die Verteidigung des Gesagten geht. Höreindrücke können ja auch für die Selbstkontrolle wichtig sein. Auch die Hörerinnen und Hörer werden sich wundern, wie sehr sich das, was „angekommen" ist, bei verschiedenen Menschen voneinander unterscheidet.

Vielleicht helfen diese Tipps, sich auf das gottesdienstliche Geschehen oder zumindest auf einzelne Aspekte zu konzentrieren. Das wird das Verstehen des Gottesdienstes insgesamt, aber auch der biblischen Elemente darin nachhaltig prägen. Zum Schluss dieses Kapitels sind noch zwei Anmerkungen zum Wesen und damit auch zum Verständnis des Gottesdienstes zu machen.

Im Artikel 7 des Augsburger Bekenntnisses, der mit „Über die Kirche und ihre wahre Einheit" überschrieben ist, findet sich ein wenig beachteter Satz: „Denn das genügt zur wahren Einheit der christlichen Kirche, dass das Evangelium einmütig im rechten Verständnis verkündigt und die Sakramente dem Wort Gottes gemäß gefeiert werden. *Für die wahre Einheit der christlichen Kirche ist es daher nicht nötig, überall die gleichen von den Menschen eingesetzten kirchlichen Ordnungen einzuhalten...*" Mit „kirchlichen Ordnungen" sind hier vor allem Gottesdienstformen und unterschiedliche Gestalten der Liturgie gemeint. Demnach besteht die Einheit der Kirche in Gottes Handeln im Evangelium und den Sakramenten, nicht aber darin, dass Gottesdienst überall in derselben Form gefeiert wird. Dies bedeutet zum einen eine große Freiheit, was die formale Ausgestaltung unserer Gottesdienste anbelangt. Zum anderen weisen diese knappen Sätze aus CA VII aber auf die ökumenische Dimension jeder Gottesdienstfeier hin. Dort, wo das biblische Evangelium zu hören ist, handelt Gott an uns Menschen und verbindet uns über konfessionelle, räumliche, ja sogar zeitliche Grenzen hinweg; denn das Evangelium schafft eine Verbindung auch zu den Christen, die vor uns in diesem Glauben gelebt haben. Diese ökumenische Dimension von Gottes Dienst an uns, soll auch in ökumenischen Gottesdiensten ihren sichtbaren Ausdruck finden. Dabei wird man nach Formen suchen, in denen nicht eine Konfession die andere vereinnahmt, sondern wo sich alle im Miteinander begegnen können. Zur aufrichtigen ökumenischen Praxis gehört es auch, dass tatsächlich bestehende Unterschiede in Theologie und Lehre nicht oberflächlich negiert werden. Grundsätzlich aber lassen wir uns als Christen unterschiedlicher Kirchen zum Dienst für den einen Gott rufen und lassen uns gemeinsam von seinem Evangelium helfen.

Der zweite Aspekt, der hier noch angesprochen werden muss, betrifft das Verhältnis von sonntäglichem und alltäglichem Gottesdienst; denn Gottesdienst endet für einen Christenmenschen nicht mit dem Verlassen des Kirchgebäudes. Vielmehr werden wir mit dem Segen als solche in die Welt gesandt, die sich eben von Gott mit seinem Wort haben dienen lassen. Glaube ist geweckt und gestärkt worden, und dieser Gottesdienst soll unser alltägliches Leben prägen. Im Gottesdienst werden wir neu daran erinnert, dass wir die Welt mit anderen Augen sehen, wenn wir von Gottes Handeln in Gesetz und Evangelium gehört haben und davon, dass unser Glaube in der Liebe tätig wird. Nun sollen wir auch tatsächlich von daher unser Leben *leben*. Paulus nennt dies „euern vernünftigen Gottesdienst“ (Röm 12,1). Der Neutestamentler Ernst Käsemann sprach einmal vom „Gottesdienst im Alltag der Welt.“ In jedem Fall geht es darum, dass Christinnen und Christen nicht schizophren in einen Alltags- und einen Sonntagsmenschen auseinander fallen. Gerade beim Thema Gottesdienst wird klar, dass Verstehen des Glaubens weit mehr ist als ein intellektueller Akt. Das, was wir da verstanden haben, soll unser Leben prägen, in unserer Einstellung zu uns selbst und zu unseren Mitmenschen und auch in unserem Verhalten.

In allem, was wir im Gottesdienst aufnehmen, findet auch eine Klärung unseres Selbstverständnisses statt. Wir erfahren uns neu als Sünder, denen die Gnade Gottes gilt. Neues Leben wird ermöglicht. In diesem Klärungsprozess verstehen wir nicht nur, sondern erfahren auch neu, dass wir von Gott verstanden werden.

Zur Vertiefung:

Da dieser Abschnitt bereits einige Praxishinweise enthält, hier noch ein Literaturtipp:
Otto Dietz, Unser Gottesdienst. Ein Hilfsbuch zum Hauptgottesdienst nach Agende I für evangelisch-lutherische Kirchen und Gemeinden, München ^{3}1989.

11

Übersetzen „kirchlicher“ Fachwörter

11.1 Die Sprache Kanaans?

Wissen[94]

Herr
ich weiß
was agape
ad maiorem dei
gloriam und
altruismus
bedeutet
Charisma communio
donum perseverantiae
eleison und
fractio panis
sind für mich keine
fremdworte
Gratia und hosianna
justitia socialis
koinonia
misericordias domini
und mea culpa
sind fast schon
alltagssprache
Und ich weiß auch
was oboedientia activa
pax und paraclese
remissio peccatorum
synteresis urgete
necessitate
ut omnes unum
faktisch ist

Ich weiß nicht
daß einige
in meiner straße
arbeitslos
sind
daß die alte
zwei häuser
weiter mit ihrem spiegelbild
spricht
weil sie sonst
niemanden
hat
daß der typ
in nummer drei
an der nadel
hängt
und daß der
behinderte
einen braucht
der den rollstuhl
schiebt
Mea culpa
mea maxima culpa

Ich sollte es wissen
ad maiorem dei
gloriam

---

94 Hans-Jürgen Jaworski, Ich ticke im Dreieck. Gedichte, Gedanken, Gebete, Gladbeck 1980, S. 58f.

Das hier vorangestellte Gedicht mit dem Titel „Wissen" stammt von dem Pastor, Liedermacher und Gelegenheitspoeten Hans-Jürgen Jaworski. Wenn Sie viele der vorkommenden Wörter nur schwer oder gar nicht verstanden haben, so ist das durchaus Absicht. Die übermäßige Verwendung vorwiegend lateinischer theologischer Fachwörter steht in krassem Gegensatz zu Formulierungen wie „die alte zwei häuser weiter" oder „der typ aus nummer drei, der an der nadel hängt." Gerade um diesen Gegensatz geht es dem Verfasser. Die vielen theologischen Fremdwörter muss der Hörer oder die Leserin des Gedichtes nicht verstehen. Es genügt, wenn er sie als fremdartigen Kontrast zur vermeintlichen Wirklichkeit wahrnimmt. Lediglich innerhalb des Schlusses sind die lateinischen Ausdrücke auch von inhaltlichem Gewicht. „Mea maxima culpa" heißt übersetzt „meine sehr große Schuld" und ist ein altkirchliches Sündenbekenntnis. Die Formulierung „ad maiorem dei gloriam" bedeutet „zur höheren Ehre Gottes."

Der deutliche Unterschied zwischen theologischer Fachsprache und Alltagswirklichkeit wird in diesem Gedicht geradezu zum Widerspruch. Auf zwei Problemfelder geht dieser Text ein. Zum einen geht es um einen scheinbaren Gegensatz zwischen „Wissen" und „Tun", zwischen „Theorie" und „Praxis." Nun besteht in der Tat eine Gefahr darin, dass das Wissen über alle möglichen theologischen Sachverhalte inklusive der entsprechenden Fremdwörter noch nicht automatisch zu einem angemessenen Handeln führt. Dennoch sollte man die theologische Reflexion und die Bemühung um das Verstehen und das Verständlichmachen des Glaubens nicht vorschnell unter den Verdacht stellen, hierbei handele es sich nur um „unpraktische" Gedankenspielerei. Oft wird zu Unrecht zwischen Theorie und Praxis ein Scheingegensatz hergestellt, so als ob die „Denker" den „Machern" irgendwie unterlegen wären. Vielmehr muss gute Praxis auch durchdacht und mit einem Konzept versehen sein, damit sie nicht planlos wird. Auch wer „der alten" oder „dem typen an der nadel" helfen will, muss wissen, was er tut, warum er es tut und mit welchem Ziel er es tut. Klarzustellen wäre unter anderem die Frage, was denn christliche Diakonie von anderen Formen des Helfens unterscheidet.

Ein zweites Problem spricht das Gedicht durch seine Wortwahl zumindest implizit auch an. Meines Erachtens handelt es sich dabei um das inhaltlich wichtigere Thema. Ich meine die Frage, inwieweit der christliche Glaube sich überhaupt mit Hilfe von Fachausdrücken oder einer eigenen „Insidersprache" äußern sollte. Jaworskis Text „Wissen" treibt dieses Problem dadurch auf die Spitze, dass lateinische oder griechische Fachausdrücke im Übermaß verwendet werden, die zudem hier in keinem sinnvollen Zusammenhang benutzt sind, sondern nur das unpraktische Wissen des theologischen Ich-Erzählers betonen sollen. In der Tat stellen Fremdwörter ein Problem dar, wenn sie von Fachleuten so verwendet werden, dass sie von den jeweiligen Adressaten nicht verstanden werden, weil z.B. eine entsprechende theologische Ausbildung fehlt. In Fachkreisen dagegen kann der richtige Gebrauch von Fachausdrücken für eine knappe, präzise Verständigung durchaus sinnvoll sein.

Luther hatte ja die Bibel ins Deutsche übersetzt und dabei „dem Volk aufs Maul geschaut", ebenso hatte er den bis dahin nur in Latein gefeierten Gottesdienst, die Messe, in seine Muttersprache gebracht. Dennoch gibt es eine Art „kirchliche Binnensprache", in der zwar kein Fremdwort vorkommt, die aber doch nicht einfach zu verstehen ist. Dazu ein Beispiel aus neueren Gebetstexten. So heißt es etwa in einem Morgengebet: „Herr, mein Gott [...] Schaffe du, dass ich nicht nur aufstehe und an die Arbeit eile. Vielmehr: Lass mich auferstehen mit Christus und Anteil haben an deiner neuen Schöpfung..."[95] Gebetssprache hat sicher ihre eigene Prägung, aber sie soll doch auch verständlich sein. Wenn man aber eine Verbindung herstellen soll zwischen dem gewöhnlichen morgendlichen Aufstehen und der Auferstehung Christi von den Toten und das alles dann noch als „Anteilhabe" an der „neuen Schöpfung" begreifen möchte, so erfordert das schon ein erhebliches Maß an christlicher Sozialisation und Vertrautheit mit kirchlicher Sprache. Das ist zunächst noch kein Fehler. Es geht erst einmal darum, dieses Phänomen wahrzunehmen. Es könnte doch sein, dass manches Bemühen darum, den Glauben an andere weiterzugeben, daran scheitert, dass das Gegenüber viele Redewendungen, die Christen selbstverständlich gebrauchen, einfach nicht verstehen kann. Es ist die Frage, wie viele Christinnen und Christen solche und ähnlich „fromme" Formulierungen verständlich übersetzen könnten. Was etwa bedeutet der Satz „Heilige uns durch deinen Geist..." konkret? Auch dieses Zitat stammt nicht aus einem mittelalterlichen Brevier, sondern aus einem Buch, das ausdrücklich „Gebete für Menschen von heute" enthält.[96]

Aber auch wenn man der Form des Gebetes einen eigenen Sprachstil zugestehen möchte, so gibt es doch zahlreiche Ausdrücke, die zu einer Art „Insidersprache" des christlichen Glaubens gehören und die nicht alle Zeitgenossen ohne weiteres verstehen oder jedenfalls unterschiedlich verstehen können. So bedeutet das Verb „glauben" etwas Unterschiedliches, je nach dem, ob ich es in dem Satz „ich glaube an Gott den Vater..." oder in der Äußerung „ich glaube, dass morgen schönes Wetter wird" verwende. Begriffe wie Gott, Sünde, Gerechtigkeit, Wahrheit, Liebe, Glaube, Hoffnung, Schöpfung, Auferstehung oder Himmel sind keine Fremdwörter im eigentlichen Sinn. Dennoch rufen sie nicht bei allen Menschen dieselben Vorstellungen

---

95 Morgengebet aus dem Einkehrhaus Stift Urach (1989), hier zitiert nach: „Come on and sing / Komm und sing" Jugendliederbuch, hg. vom Jugendwerk und vom Amt für Kirchenmusik der SELK, Groß Oesingen ^{2}1991, S. 202f.

96 Manfred Seitz / Friedrich Thiele, Wir beten. Gebete für Menschen von heute, Neukirchen-Vluyn ^{10}1993, S. 248.

und Assoziationen hervor. Wozu der Versuch führen kann, einen dieser Begriffe durch eine andere, vielleicht eindeutigere Formulierung zu ersetzen, hat Heinrich Böll bereits 1955 in seiner Satire „Doktor Murkes gesammeltes Schweigen" herrlich skurril vorgeführt.[97] Darin entschließt sich der große Kunsthistoriker „Bur-Malottke", in zwei Rundfunkvorträgen über das Wesen der Kunst nachträglich das Wort „Gott" jeweils durch die Wendung „jenes höhere Wesen, das wir verehren" zu ersetzen, um sich nicht „an der religiösen Überfremdung des Rundfunks mitschuldig" zu machen. Der Ausdruck „jenes höhere Wesen, das wir verehren" entspräche mehr Bur-Malottkes Einstellung zum Thema Religion, die er schon vor 1945 gepflegt habe. Zwischen den Zeilen macht Böll noch einmal darauf aufmerksam, dass die nationalsozialistische Ideologie unter „Gott" (beinahe gleich bedeutend mit „Vorsehung") eben etwas anderes verstand, als eine auf die Bibel Alten und Neuen Testaments verpflichtete Theologie.

Wer sich um das Verstehen des Glaubens bemüht, muss also auch zur Kenntnis nehmen, dass es so etwas wie eine christliche Binnensprache tatsächlich gibt. Wenn ich die Inhalte, die mit bestimmten Begriffen belegt sind, anderen Menschen vermitteln möchte, so erfordert das eine Übersetzungsleistung. Das ist zunächst gar nichts Ungewöhnliches, sondern findet sich so oder ähnlich in vielen anderen Lebensbereichen ebenso. Ob ein Jäger von „Losung" spricht, ob bei der Feuerwehr ein „C-Rohr" zum Einsatz kommt, ob beim Computer ein „Backup" gemacht wird oder ob beim Kochen ein Pfund Zwiebeln zu „wiegen" ist – überall findet sich eine gewisse „Fachsprache." Für die Angehörigen einer Interessengruppe erleichtert der Gebrauch gerade dieser Begriffe die präzise Verständigung. Oft steckt hinter einem „Fachwort" ein ganz bestimmter Sachverhalt, der durch eine Umschreibung eben nur annähernd wiedergeben werden kann. Ganz selbstverständlich eignen sich die meisten Menschen gleich mehrere solcher Fachwortschätze in unterschiedlichen Lebensbereichen (Beruf, Hobby etc.) an.

Von daher plädiere ich *nicht* dafür, alle Begriffe des christlichen Glaubens, die nicht unmittelbar der alltäglichen Umgangssprache entstammen, zu tilgen oder zu ersetzen. Wohl aber sind Christinnen und Christen herausgefordert, sich den Aussagegehalt bestimmter Begriffe, die im Gottesdienst oder in einem Bibelkreis wie selbstverständlich fallen, immer wieder zu verdeutlichen. Es lohnt sich nur dann, an der Verwendung von Begriffen wie „Sünde", „Gnade" oder „Gerechtigkeit" festzuhalten, wenn damit im Rahmen des christlichen Glaubens Dinge benannt werden, die nicht einfach umschrieben werden können, ohne dass sich der Sinn des Gemeinten verschiebt. Das heißt aber, dass wir uns immer wieder die Frage stellen müssen: Was ist eigent-

97 Vgl. Heinrich Böll, Doktor Murkes gesammeltes Schweigen, in: ders., Nicht nur zur Weihnachtszeit. Satiren, München [24]1978, S. 87–112.

lich mit „Gnade“ gemeint? Ist der Begriff entbehrlich? Wenn wir an dem Begriff festhalten, wie können wir uns und anderen dann Auskunft darüber geben, was er bezeichnet?

Die Begriffe „Sünde“ und „Gnade“ bezeichnen verschiedene Seiten des komplexen Verhältnisses des Menschen zu Gott. Darüber immer neu nachzudenken, ist ein Teil der Aufgabe, den Glauben zu verstehen. Von daher plädiere ich dafür, an zentralen Begriffen der christlichen Überlieferung festzuhalten, weil sie Aspekte des Verhältnisses zwischen Gott und Menschen klar bezeichnen. Dazu muss man die Begriffe richtig verstehen (und auch aus manchem Missverständnis befreien). Für einige Begriffe soll das in diesem Kapitel versucht werden. Insgesamt erfordert die Einübung in den genauen Gebrauch vieler kirchlicher „Fachwörter“ ein wenig Geduld. Es muss dann darum gehen, nicht möglichst viele fromme Floskeln zu gebrauchen, sondern insgesamt klar und verständlich über den Glauben Auskunft zu geben. Dabei hilft der präzise Gebrauch vermeintlicher Fachwörter wie „Sünde“, „Gnade“, „Glaube“ usw. der Verständlichkeit, wenn man sich und anderen denn Auskunft darüber geben kann, warum diese Begriffe etwas ganz Bestimmtes bezeichnen, das nicht so ohne weiteres auch anders gesagt werden kann.

Zur Vertiefung:

1. Erinnern Sie sich an Situationen, in denen Ihnen kirchliche Begriffe inhaltlich unklar waren, obwohl Sie sie vielleicht schon öfter gehört hatten?
2. Schreiben Sie auf, was Ihnen spontan zu den Begriffen „Gott“; „Sohn Gottes“; „Sünde“ und „Gerechtigkeit“ einfällt!
3. Tauschen Sie sich mit einem Freund oder einer Freundin über solche Vorstellungen und Erfahrungen mit kirchlicher Binnensprache aus!

11.2 Was bedeutet „Sünde“?

Es gibt Begriffe, die durch langes Missverstehen und gelegentlich auch durch Missbrauch regelrecht verschlissen zu sein scheinen. Trotzdem lohnt es sich, solche Begriffe aus dem herkömmlichen falschen Verständnis zu lösen und ihnen ihre eigentliche Bedeutung zurück zu geben.[98] Einer dieser Begriffe ist das Wort „Sünde.“ Sie können sich vor dem Weiterlesen ja gleich einmal fragen, welche Assoziationen sich bei Ihnen einstellen, wenn Sie dieses Wort hören. Wie

98 Vgl. zum Folgenden Burghard Krause, Reise ins Land des Glaubens. Christ werden – Christ bleiben, Neukirchen-Vluyn 2000, S. 107–122.

kaum ein anderer Ausdruck gehört das Wort Sünde tatsächlich ganz in den Zusammenhang des christlichen Glaubens, wird aber im volkstümlichen Gebrauch mit ganz anderen Dingen in Zusammenhang gebracht.

Da sitzen beispielsweise einige Leute im Café beieinander, und der Verzehr von üppiger Sahnetorte wird mit dem Spruch kommentiert „Heute sündige ich mal." Oder jemand, der aus Spaß am Fahren die zulässige Höchstgeschwindigkeit überschreitet, gilt als „Verkehrssünder" (aber nur, wenn er erwischt wird). Vor allem aber wird Sünde mit dem Bereich der Sexualität in Verbindung gebracht. So heißt die Reeperbahn auch „sündige Meile", weil dort (angeblich) die Prostitution blüht. Im Fernsehen gab es einmal ein sog. Erotikmagazin mit dem Titel „Liebe Sünde." Hinter all diesen Vorstellungen mag auch noch stecken, dass „sündigen" etwas mit der Verletzung von Geboten oder Verboten zu tun hat, aber zumindest bei der Sahnetorte und den Verkehrssündern wird der Begriff doch in keiner Weise ernsthaft gebraucht, sondern hat seinen Bezug zu Fragen des Glaubens und der Kirche völlig verloren.

Dort, wo Menschen das Wort Sünde mit der Kirche in Verbindung bringen, tun sie dies meist mit einem gewissen Unbehagen. Für manche Menschen ist das Sündenbekenntnis zu Beginn eines Gottesdienstes Ausdruck einer negativen Einstellung zu sich selbst. Da machen sich scheinbar Christenmenschen selbst schlechter als sie wirklich sind. Oder aber Menschen werden von der Institution Kirche und ihren Vertretern klein gehalten, damit sie leichter zu beeinflussen sind. Das, was das Leben reich und schön macht, wird den Menschen von der „leibfeindlichen" Einrichtung Kirche vorenthalten. Sünde ist alles, was Spaß macht, aber verboten ist. Sünde ist verbotene Lust. Gott gilt in diesem verzerrten Bild als der große Spaßverderber, der Pfarrer ist ein Moralapostel und die Kirche eine Besserungsanstalt (die man heutzutage ja zum Glück jeder Zeit verlassen kann). Sünde wird dann ausschließlich als unmoralisches Verhalten verstanden. Konsequenterweise kann ein Mensch dann auch durch Besserung von Moral und Anstand sein Sündersein vermindern, so dass er irgendwann gar nicht mehr so sündig ist und auf die anderen armen Sünder herabblicken kann. Den meisten ist dies aber zu anstrengend und so unmoralisch kommt man sich ja auch gar nicht vor. Leider hat die Kirche zu dieser Verwechslung von Sünde und Unmoral beigetragen, ein Missverständnis bleibt es allemal.

In der Bibel nämlich und im christlichen Glauben bezeichnet der Begriff Sünde etwas, das die menschliche Existenz wesentlich tiefer betrifft, als die Verletzung eines Gebotes oder unmoralisches Verhalten. Sünde ist die Bezeichnung einer umfassenden Beziehungsstörung. In der Perspektive des Glaubens lebt jeder Mensch in unterschiedlichen Beziehungen zu Gott, zu seinen Mitmenschen und seiner Umwelt und zu sich selbst. Aus biblischer Sicht hängen alle diese Beziehungen miteinander zusammen und sind in besonderer Weise von der Gottesbeziehung des Menschen abhängig. Weil der Mensch aber keinen unmittelbaren Zugang zu Gott hat, weil er ihn von selbst nicht erkennen oder von ganzem Herzen lieben kann, folgen daraus auch Störungen des Verhältnisses zu den Mitmenschen und Probleme, sich selbst ganz zu bejahen und anzunehmen. Selbst wenn davon ausgegangen werden kann, dass jeder Mensch eine „religiöse Ader“ oder eine „Ahnung von einem höheren Wesen“ hat, so ist ihm Gottes Wesen als Schöpfer und Vater Jesu Christi, dessen Wort er hören und zu dem er im Gebet reden kann, verborgen. Der Begriff Sünde bezeichnet diese grundlegende Beziehungsstörung des Menschen zu Gott. Ja, man könnte sogar sagen, dass die „religiöse Ader“ und die „Ahnung“ von etwas Höherem die Sünde geradezu erfahrbar macht, denn wie Gott wirklich ist, erkennen wir von uns aus nicht. So bezeichnet Sünde in erster Linie nicht falsche Handlungen, sondern den *Zustand* der gestörten Beziehung zu Gott, in dem wir Menschen uns vorfinden.

Dazu eine Eselsbrücke: Wer seinen Urlaub gern an der Ostsee verbringt, war vielleicht schon einmal auf der Insel Fehmarn, die durch die Fehmarnsundbrücke mit dem schleswig-holsteinischen Festland verbunden ist. Diese Brücke hat ihren Namen daher, dass sie den Fehmarnsund überbrückt. Der Fehmarnsund aber ist – genau wie der Öresund zwischen Schweden und Dänemark – das Stück Meer, das die Insel vom Festland trennt. Es ist nicht ganz eindeutig, ob tatsächlich ein sprachgeschichtlicher Zusammenhang zwischen den Wörtern „Sünde“ und „Sund“ besteht. Aber das Bild ist doch hilfreich: Die Sünde ist der Sund zwischen Gott und den Menschen. Sünde ist der Zustand der Trennung von Gott.

Dieser Zustand kann in verschiedener Form im Leben der Menschen zum Ausdruck kommen. Daher hat die Sprache des Alten Testamentes auch gleich mehrere Begriffe mit unterschiedlichen Bedeutungsnuancen für all das, was im Deutschen mit Sünde bezeichnet wird. Da ist zum einen der hebräische Begriff *chatah*, der aus der Sprache der Bogenschützen kommt und die Zielverfehlung meint. Ein menschliches Leben verfehlt sein Ziel – auch das ist Sünde. Dann findet sich das Wort *awon*, das das Kreisen des Menschen um sich selbst bezeichnet. Luther spricht davon, dass ein Mensch in sich selbst verkrümmt ist (lat. *incurvatus in se*). Und schließlich bezeichnet im Hebräischen das Wort *päscha* den Aufruhr oder die Rebellion (gegen Gott).

Fragt man nach der Ursache für die vielfältig gestörte Beziehung zwischen Gott und den Menschen, so stößt man in der Bibel auf die Erzählung vom Paradies und vom Sündenfall in den Kapiteln 2 und 3 des 1. Buches Mose. Burghard Krause weist zu recht noch einmal darauf hin, dass die Geschichte von Adam und Eva kein historischer Bericht ist. „Alle historischen Geschichten haben wir hinter uns. Diese

Geschichte aber haben wir leider nicht hinter uns.“[99] Denn darin wird davon erzählt, wie es zu dem Zustand kommt (und zwar immer wieder kommt), in dem wir Menschen uns bis heute befinden. Zunächst berichtet die Erzählung davon, wie Gott den Menschen schafft und ihm als Lebensodem etwas von seinem eigenen Geist einhaucht. Aus Fürsorge für die Menschen (Adam bezeichnet auf Hebräisch die Gattung Mensch und ist nicht zuerst ein Eigenname) pflanzt Gott einen paradiesischen Garten, eine Art orientalisches Schlaraffenland (das der Mensch aber „bebauen und bewahren“ soll). Sodann stellt der Bericht von der Erschaffung Evas klar, dass der Mensch von Anfang an auf Gemeinschaft mit anderen Menschen angelegt ist. Die gute Gabe der geschlechtlichen Anziehungskraft (vgl. Gen 2,24f.) macht das in besonderer Weise klar. Die ersten Menschen pflegen mit Gott unmittelbaren Umgang und reden mit ihm von Angesicht zu Angesicht, und Gott kümmert sich um sie, indem er sie im Garten alles finden lässt, was sie zum Leben brauchen. Dieser Zustand ist das Gegenteil von Sünde. Gott, Mensch, Mitmensch und Umwelt leben in Harmonie.

Von Anfang an aber steht inmitten des Gartens der Baum der Erkenntnis des Guten und des Bösen, von dem die Menschen nach Gottes Gebot nicht essen sollen. Der Theologe Dietrich Bonhoeffer hat sich in seinem Buch „Schöpfung und Fall“ ausführlich Gedanken gemacht über diesen Baum und das Verbot davon zu essen.[100] Für ihn stellt der Baum der Erkenntnis des Guten und des Bösen die zentrale Grenze für den Menschen dar, die Gott ihm setzt. Gott setzt diese Grenze nicht aus Willkür oder aus Missgunst, sondern weil es zum Geschöpfsein zur Freiheit des Menschen gehört, dass er Grenzen akzeptiert. Zum Geschöpfsein des Menschen gehört es, dass er sich deutlich vom Schöpfer unterscheidet und diese Grenze zwischen Schöpfung und Schöpfer anerkennt. Wenn der Mensch selbst wird „wie Gott“, geht ihm notwendigerweise der wahre Gott als Gegenüber verloren. Zur Freiheit des Menschen gehört es, dass er nicht alles, was möglich ist, auch tatsächlich tut. Freiheit braucht die Begrenzung durch den Respekt vor dem anderen (auch vor Gott), sonst wird sie Willkür. So kann Bonhoeffer sagen, dass die Grenze, die das Verbot des Essens von dem Baum darstellt, selbst zur Geschöpflichkeit des Menschen gehört und eigentlich Gnade ist.

In Adam und Eva aber kommt der Gedanke auf, Gott enthalte ihnen etwas vor. Dabei ist es nicht gestattet, die Verantwortung für diesen Gedanken allein der Schlange zuzuschieben. Adam versucht seine Verantwortung auf Eva abzuwälzen und die zeigt mit dem Finger auf die Schlange. Aber Gott macht dieses Schuldverschiebespiel nicht mit. Es lässt sich also sagen, dass Sünde im Grunde Misstrauen gegen

---

99 Krause, Reise, S. 116.

100 Vgl. Dietrich Bonhoeffer, Schöpfung und Fall, DBW Bd. 3, München 1989, bes. S. 75ff. und 105ff.

Gott ist. Dieses Misstrauen ist das Gegenteil von Vertrauen, das im biblischen Sprachgebrauch einfach Glaube heißt. So kann man Sünde auch übersetzen mit der Unfähigkeit des Menschen, Gott von sich aus zu glauben und ihm zu vertrauen. Aus dieser Wurzel des Misstrauens erwachsen dann die Dinge, die als Verletzungen von Gottes Geboten sichtbar werden. Weil aus der Wurzel des Misstrauens nichts anderes wachsen kann, wird Sünde auch als Schuld bezeichnet. Wer nicht darauf vertrauen kann, dass Gott sein Leben erhält, muss sich durch Rücksichtslosigkeit gegenüber den anderen selbst in besseres Licht rükken, oder muss mit seiner eigenen Kraft so viel an sich bringen, wie nur irgend geht.

So unterscheidet die christliche Lehre zwischen Personsünde, die unser Misstrauen Gott gegenüber bezeichnet, und Tatsünden, wie den Verstößen gegen die grundlegenden Spielregeln „du sollst nicht töten, stehlen, ehebrechen...“ Noch einmal aber sei daran erinnert, dass Sünde in erster Linie nicht schuldhaftes oder unmoralisches Verhalten ist, sondern der Zustand der Trennung von Gott. In diesen Zustand werden wir Menschen bereits hineingeboren. Wir kommen auf die Welt und haben eben keinen „heißen Draht zum Herrn.“ Weil dies zum Wesen des Menschen gehört, kann man auch von Erbsünde sprechen, wir ererben den Zustand der Gottesferne, weil diese Welt nicht mehr das Paradies ist. Dann aber gilt die Bezeichnung „Sünder“ ohne Unterschied für alle Menschen. Christen sind nicht weniger Sünder als Atheisten, und Leute, die bürgerlich anständig leben, sind nicht weniger Sünder als entgleiste Existenzen. Natürlich machen wir nach unseren menschlichen Maßstäben und Gesetzen Unterschiede, aber mit dem Zustand, in dem wir uns vor Gott befinden, hat das nichts zu tun. Wir können uns auch nicht durch besseres Verhalten selbst aus der Beziehungsstörung erlösen, sondern Gott muss unser Misstrauen heilen und uns helfen, an ihn zu glauben und ihm zu vertrauen.

Das beginnt zunächst damit, dass uns überhaupt gesagt wird, dass wir Sünder sind; denn unsere Trennung von Gott ist so tief greifend, dass wir von uns aus nicht einmal diesen Zustand als solchen erkennen. Menschen kommen nicht einfach durch Nachdenken zu der Einsicht „Ach ja, ich bin ja Sünder.“ Vielmehr müssen wir von Außen durch das Wort Gottes auf unsere Beziehungsstörung angesprochen werden. Dabei werden wir immer zugleich zu einer gelingenden Gottesbeziehung (zum Glauben) eingeladen. Wenn dann jemand bekennt, dass er ein Sünder ist, bedeutet das also nicht, dass er sich schlechter macht als er eigentlich ist, sondern es heißt zunächst, dass hier ein Mensch ehrlich wird, was seine Beziehung zu Gott angeht. Ich weiß über Gott von hause aus gar nichts. Mit dieser Ehrlichkeit beginnen die Heilung des Misstrauens und das, was die Bibel Umkehr nennt.

Ein Mensch kann sich also nach den bürgerlichen Maßstäben für einen ganz ordentlichen Mitbürger halten und doch bekennen, dass er ein Sünder ist. Auch für Christen hat sich das Sündersein nicht einfach erledigt, davon war oben schon die Rede. Wenn hier Klarheit herrscht, dann bezeichnet der Begriff Sünde einen Sachverhalt, der durch keinen anderen Ausdruck so auf den Punkt gebracht wird, und es lohnt sich, dieses Wort aus dem Zusammenhang von Sahnetorten und Verkehrssünderkarteien zu befreien und in seinem eigentlichen Aussagegehalt zurück zu gewinnen.

Zur Vertiefung:

1. Lesen Sie in Ihrem Gesangbuch den zweiten Artikel der CA „Über die Erbsünde" und bedenken Sie besonders die Stellung dieses Artikels zwischen den Aussagen über Gott (CA I) und den Sohn Gottes (CA III).
2. In dem Weihnachtslied „Lobt Gott, ihr Christen alle gleich" (ELKG Nr. 21/EG Nr. 27) heißt es zum Schluss: „Nun schließt er wieder auf die Tür zum schönen Paradeis; der Cherub steht nicht mehr dafür. Gott sei Lob, Ehr und Preis." Inwiefern öffnet die Geburt Jesu den Menschen das Paradies? Berücksichtigen Sie dabei die Definition von Sünde als „Zustand der Trennung von Gott".
3. Beziehen Sie Stellung zu der Kritik daran, dass bei der Taufe von Kleinkindern von „Vergebung der Sünde" die Rede ist, obwohl so jungen Menschen wohl kaum verfehlte Handlungen vorzuwerfen sind!

11.3 Was bedeutet „Jesus Christus – Gottes Sohn"?

„Ich glaube an Jesus Christus, Gottes eingeborenen Sohn, unsern Herrn, empfangen durch den Heiligen Geist, geboren von der Jungfrau Maria, gelitten unter Pontius Pilatus..." Mit diesen Worten beginnt der zweite Teil des Apostolischen Glaubensbekenntnisses, das Luther im Kleinen Katechismus mit den Worten „Von der Erlösung" überschreibt. Besondere Aufmerksamkeit verdient die Formulierung, Jesus sei „Gottes Sohn". Auch dieser Begriff gehört zum Grundbestand christlicher Sprache; wieder liegt kein Fremdwort vor und doch ist auch hier das Gemeinte nicht ganz leicht verständlich, oder es ist nicht immer klar, warum die Christenheit nach so langer Zeit immer noch daran festhält, Jesus von Nazareth sei „Gottes Sohn." So ist dann auch mehrfach der Versuch unternommen worden, die „Sache", die „hinter" dem Begriff Gottes Sohn liegt, anders auszudrücken. Voraussetzung für ein solches Unterfangen ist, dass der Ausdruck „Gottes Sohn" lediglich eine sprachliche Hülle für eine Beschreibung des Jesus von Nazareth ist, die auch durch einen anderen, vielleicht deutlicheren oder zeitgemäßeren Begriff ersetzt werden kann.

Ganz grundsätzlich kann man sich der Person Jesus von zwei unterschiedlichen Seiten nähern. So wird zum einen die Frage nach dem „historischen Jesus" gestellt. Dabei wird das Leben des Jesus aus Nazareth wie das jeder anderen historischen Person aus geschichtlichen Quellen rekonstruiert. Da Jesus selbst nichts Schriftliches hinterlassen hat, kommen als solche Quellen nur zeitgenössische Berichte über ihn in Frage, so vor allem die Evangelien, frühchristliche Zeugnisse außerhalb des Neuen Testaments (wie z.B. das Thomasevangelium), mündliche Überlieferungen oder auch Erwähnungen bei anderen antiken Schriftstellern (z.B. dem jüdischen Geschichtsschreiber Flavius Josephus). Wenn im Zusammenhang mit Jesus noch von anderen historisch bestimmbaren Personen die Rede ist, z.B. von Pontius Pilatus, hilft das den Geschichtswissenschaftlern bei der Erstellung eines Bildes von Jesus. Dieses Bild ist nicht deckungsgleich mit dem Porträt, das die Evangelisten von Jesus zeichnen (die sich wiederum sehr deutlich jeweils voneinander unterscheiden); denn das Ziel der Evangelisten war nicht in erster Linie eine historische Darstellung des Lebens eines Mannes aus Nazareth, sondern sie wollten Glauben an Gott wecken, der sich in diesem Jesus der Welt in besonderer Weise offenbart hatte. Die Reden und Handlungen Jesu, die die Evangelien schildern, sind in der vorliegenden Form nicht als „tonbandgenaue" Wiedergabe dessen zu betrachten, was Jesus wirklich gesagt hat. Den „historischen Jesus" rekonstruieren die Geschichtswissenschaftler erst; er liegt „hinter" den Evangelien. Vor allem aber sind den Historikern Dinge wie Jungfrauengeburt, Wunder, das Reich Gottes oder die Auferstehung völlig unzugänglich. Die Geschichtswissenschaft hat keine Mittel, um sich diesen Phänomenen zu nähern, die scheinbar aus einer anderen Dimension in unsere rationale und vernünftige Welt hinein brechen.

Bei diesen Dingen geht es – wie auch bei den Schilderungen des Neuen Testamentes insgesamt – um den „Christus des Glaubens", den man vom „historischen Jesus" unterscheiden kann. In dieser zweiten Sichtweise auf Jesus geht es um das Zeugnis, dass der Mann aus Nazareth der Gesalbte Gottes ist, auf Griechisch: der Christus. Als solche ist er nicht nur eine Person der Vergangenheit, sondern in seinem Wort und in der Botschaft von ihm, dem Evangelium, können Menschen ihm heute noch begegnen und zum Glauben an Gott finden. Dass Jesus der „Sohn Gottes" ist, der von einer „Jungfrau" geboren wurde, „Wunder" wirkte, Einblicke in das „Reich Gottes" eröffnete und nach seiner Kreuzigung von den Toten „auferweckt wurde" sind Äußerungen, die sich auf den „Christus des Glaubens" beziehen und bis heute nicht in erster Linie als „historische Tatsachen" überliefert, sondern als Zeugnis und Einladung zum Glauben verkündigt werden. Diese Verkündigung will nicht über eine geschichtliche Person informieren, sondern zur Begegnung mit dem „Sohn Gottes" im Glauben einladen.

Nun leben auch glaubende Christen unter den Bedingungen der modernen Welt und des neuzeitlichen Geschichtsbewusstseins. Daher ist es als Problem empfunden worden, dass der christliche Glaube sich trotzdem in einer Begrifflichkeit ausdrückt, die scheinbar ganz im „mythologischen Weltbild" der Zeit des Neuen Testamentes verwurzelt ist. Von „Göttersöhnen" und „Jungfrauengeburten" spricht die antike Mythologie. Für Menschen, die ganz in der rationalen modernen Welt zuhause sind, stellen solche Sprachbilder eigentlich Fremdkörper dar, die im Grunde unverständlich sind. So oder ähnlich wird die traditionelle biblische Begrifflichkeit, in der vom „Sohn Gottes" die Rede ist, immer wieder kritisch angefragt. Bereits 1941 hatte der Neutestamentler Rudolf Bultmann in einem Vortrag mit dem Titel „Neues Testament und Mythos" diese Kritik klar benannt und zur Lösung ein Verfahren vorgeschlagen, das seither unter dem Stichwort „Entmythologisierung" Theologiegeschichte geschrieben hat.[101] Bultmann vertrat darin die Ansicht, dass Begriffe aus der Zeit des Neuen Testaments, wie „Jungfrauengeburt" und „Wunder" zwar Dinge bezeichneten, die auch für den Glauben der Menschen im 20. Jh. noch relevant sein könnten, dass diese Dinge aber aus ihrem mythologischen Sprachgewand befreit und übersetzt werden müssten. Wenn die Kirche und die Theologie aber auf den traditionellen Begriffen beharrten, dann ginge der damit eigentlich gemeinte Verkündigungsgehalt verloren, weil er nicht für heutige Menschen verständlich übersetzt würde. Auf die Verkündigung (griech.: Kerygma) des Glaubens käme es aber an, nicht auf seine „mythologische" Sprachgestalt. Bultmann stellt sich also Bezeichnungen wie „Jungfrauengeburt", „Wunder" oder „Auferstehung" als (eigentlich entbehrliche) Hüllen vor, deren Inhalt freigelegt und zeitgemäß übersetzt werden müsse. Wenn im NT z.B. eine Wundergeschichte berichtet werde, dann ginge es nicht um die Frage geschichtlicher Realitäten, sondern vor allem darum, welches „Daseinsverständnis" und welches „Gottesverständnis" einer solchen Geschichte zugrunde lägen. Mit dem Daseinsverständnis eines Menschen, der von Gott Heilung erwartet, ist eher bei modernen Hörern eine Identifikation möglich als mit der Nacherzählung einer Dämonenaustreibung. Diese Übersetzung der „mythologischen" Bilder des NT in ein modernes Daseinsverständnis nennt Bultmann „existentiale Interpretation."

Für eine kritische Würdigung des Bultmannschen Programms ist zunächst festzuhalten, dass Entmythologisierung und existentiale Interpretation immer im Zusammenhang gesehen werden müssen. Es ging Bultmann bei der Entmythologisierung nicht um eine Eliminierung biblischer Aussagen, sondern um eine *Übersetzung* ins Leben heutiger Menschen. Bei der scharfen Auseinandersetzung um die

101 Vgl. Rudolf Bultmann, Neues Testament und Mythos, in: ders., Offenbarung und Heilsgeschehen, München 1941, S. 27–69.

Entmythologisierung ist dieses Anliegen häufig nicht genügend gewürdigt worden. So sollte man Bultmann weder zum Säulenheiligen noch zum Buhmann der evangelischen Theologie des 20.Jh.s stilisieren. Seine theologische Leistung hat Stärken und Schwächen. Ein bischen „existentiale Interpretation" findet sich in jeder Auslegung, die bemüht ist, biblische Aussagen in heutigen Verhältnissen zur Geltung zu bringen. Das gilt sogar für die Prediger, die sich selbst nicht in der Schule Bultmanns sehen würden. Dennoch ist die Entmythologisierung heute kein zentraler oder programmatischer Zugang der Exegese zum Neuen Testament mehr. Das liegt zum einen daran, dass die scheinbar „mythologische" Sprache des NT nicht bloß eine „Hülle" für einen „Inhalt" darstellt, der auch ganz anders gesagt werden könnte. Sprachliche Form und Sachgehalte einer Aussage hängen eng miteinander zusammen. Zum anderen ist bis heute nicht geklärt, wie eigentlich methodisch kontrolliert und somit nachvollziehbar ein „Daseinsverständnis" „hinter" einem Text erhoben wird. Entweder liegt hier viel am Einfühlungsvermögen des einzelnen Auslegers oder das gefundene Daseinsverständnis ist so allgemein, dass es banal zu werden droht. Wenn uns z.B. im „Hauptmann von Kapernaum" ein Mensch begegnet, der um sein Dasein und das eines Mitmenschen besorgt ist, warum muss es dann gerade *diese* Geschichte sein?

So soll anhand der Formulierung „Sohn Gottes" noch einmal danach gefragt werden, was hier so spezifisch über Jesus gesagt wird, dass es sich lohnt, an der Formulierung festzuhalten. Dabei soll es nicht in erster Linie um exegetische Einzelheiten oder religionsgeschichtliche Hintergründe der neutestamentlichen Formel „Sohn Gottes" gehen, sondern um die Frage, warum diese Bezeichnung für Jesus Christus auch heute noch für das Verstehen des Glaubens von erheblichem Gewicht ist.

Dabei soll zuerst der Aspekt der „jungfräulichen Geburt" Jesu bedacht werden. Das Matthäus- und das Lukasevangelium berichten auf je unterschiedliche Weise davon, Jesus sei als Sohn der „Jungfrau" Maria aus Nazareth geboren, gezeugt vom heiligen Geist. Bei beiden Evangelisten sind allerdings biologische oder medizinische Fragen von absolut nachgeordneter Bedeutung. Da, wo die Jungfräulichkeit Marias als solche zum Thema wird oder wo Maria wegen ihrer Jungfräulichkeit (vielleicht gar einer über die Geburt Jesu andauernden Jungfräulichkeit) eine besondere Heiligkeit oder geistliche Bedeutung zugemessen wird, ist die Theologie auf dem Holzweg. Die Alte Kirche hat in ihrem Ringen darum, das Wesen Christi als wahrer Gott und wahrer Mensch zugleich zu beschreiben, von Maria als der „Gottesgebärerin" gesprochen. Damit ist als wesentlich festgehalten: Das Wunder der Jungfrauengeburt macht deutlich, dass in Jesus von Nazareth *Gott selbst* in diese Welt kommt. Dieser Jesus ist also viel mehr als ein guter Mensch, ein Religionsstifter oder ein vorbildlich Glaubender. Für das christliche Bekenntnis ist Jesus auch mehr als jemand mit einem ganz außergewöhnlichen Gottesverhältnis. Er lässt sich auch nicht mit Sokrates, Gandhi oder Martin Luther-King bei den Weisen und Großen dieser Welt einreihen. In Jesus ist Gott selbst da. Das ist und bleibt für ein rationales Wahrheitsbewusstsein ein Anstoß (in der modernen, aber vermutlich auch schon in der antiken Welt). Dies lässt sich nicht ohne weiteres existential interpretieren, obwohl es gerade dem Bekenntnis der Gottessohnschaft Jesu auf eine existenzielle Begegnung ankommt, da hat Bultmann völlig Recht.

Matthäus und Lukas berichten von der Jungfrauengeburt, andere neutestamentliche Autoren verfahren hier ganz anders und halten doch dieselbe Sache fest. Weder die Evangelisten Markus und Johannes, noch der Apostel Paulus weisen mit einem Wort auf die Jungfrauengeburt hin, und doch ist auf unterschiedliche Weise auch dort ausgedrückt, dass in Jesus Gott selbst auf dem Plan ist. Markus nennt Jesus am Anfang (Mk 1,11), in der Mitte (Mk 9,7) und am Ende (Mk 15,39) seines Evangeliums betont den „Sohn Gottes." Damit wird gerade dieser Titel zum Gliederungsmerkmal des ganzen Werkes. Der Evangelist Johannes beginnt geradezu philosophisch mit Überlegungen über das Wort (Joh 1,1f.), das am Anfang bei Gott, ja das Gott selbst war. Dieses Wort wurde Fleisch (Joh 1,14), d.h. in Jesus kommt Gott in diese Welt. Paulus nimmt im Philipperbrief einen älteren Lobgesang über den Christus auf, worin davon die Rede ist, dass Christus „in göttlicher Gestalt" war, aber „sich selbst entäußerte"; kurz: in Jesus wird Gott Mensch (vgl. Phil 2,5–11). Im zweiten Korintherbrief sagt Paulus das mit eigenen Worten: „Gott war in Christus und versöhnte die Welt mit sich selber" (2. Kor 5,19). Ja, die Erkenntnis, dass auf dem Angesicht Christi die Herrlichkeit Gottes zu sehen ist, gilt für Paulus als das Ziel aller seiner Bemühungen (vgl. 2. Kor 4,6).

Paulus nennt auch die Absicht der Gegenwart Gottes in Christus: Versöhnung. Wenn Sünde im vorigen Abschnitt als Zustand der Trennung von Gott beschrieben wurde, dann bezeichnet Versöhnung die Überwindung dieser Trennung, den Brückenschlag über den „Sund". Diese Versöhnung geschieht nun nicht dadurch, dass wir Menschen auf Gott zugehen, sondern dass Gott auf uns Menschen zukommt und selbst Mensch wird in Christus. Das Bekenntnis, dass Christus der Sohn Gottes ist, bedeutet also eigentlich, dass Christus Gott selbst ist. Dieses Bekenntnis ist für den christlichen Glauben schlechterdings unaufgebbar. Und nur von diesem Bekenntnis her lässt sich die traditionelle Deutung des Todes Jesu am Kreuz als Opfer für die Sünden der Welt verstehen: Gott opfert nicht einen besonderen Menschen, sondern gibt sich selbst dahin. So führt ein Weg von der Jungfrauengeburt und der Krippe zum Kreuz. Unterwegs wird auf verschiedenen Stationen deutlich, dass in Christus Gott selbst gegenwärtig ist: in den Wundern, die die Naturgesetze sprengen oder in der Autorität, mit der Jesus das alttestamentliche Gesetz auslegt (Mt 5–7).

Von daher ist auch das neutestamentliche Bekenntnis zu verstehen, dass Jesus der Kyrios, der Herr ist. Kyrios steht in der griechischen Übersetzung des Alten Testaments stets für den Gottesnamen Jahwe; auch dies wieder ein Hinweis darauf, dass Jesus als „Sohn Gottes" Gott selbst ist. Die Theologie und die Kirche haben lange hierum gerungen und die Christen früherer Zeiten haben auch festgehalten, dass Jesus ein wahrer Mensch war, auf dass sich in der Person Jesu wirklich unsere menschliche und Gottes heilige Welt vereinigen und wieder zueinander finden. So ist Jesus auch unser Bruder. Dennoch ist kritisch zu bedenken, ob z.B. in neueren Gebetsformulierungen Christus, der Herr, nicht zugunsten von Jesus, dem Bruder, allzu sehr in den Hintergrund tritt. Wo Jesus als der Sohn Gottes bekannt wird, ist Christus auch der Herr der Glaubenden, ohne dass er aufhört, unser Bruder zu sein.

Ein letzter Aspekt: Dadurch dass Gott in Christus menschliche Gestalt annimmt, ist an Jesus etwas Wesentliches über unseren Gott zu erkennen. Der Gott der Bibel und der Gott des christlichen Glaubens ist eine Person, keine „höhere Macht." In Christus ist Gott zu sehen und sein Wesen menschlich erfahrbar. „Wer mich sieht, der sieht den Vater" sagt Jesus im Johannesevangelium (Joh 14, 9). Weil wir festhalten, dass Jesus „Gottes Sohn" ist, dass Gott selbst in Christus war, gilt: Gott ist nichts Menschliches fremd! So kommt uns unser Gott im Sohn ganz nahe.

Zur Vertiefung:

1. Machen Sie sich klar, was „Entmythologisierung" und „existentiale Interpretation" bedeuten.
2. Was unterscheidet den „historischen Jesus" vom „Christus des Glaubens"?
3. Die Aussage, Jesus sei Gottes Sohn, ja Gott selbst, erregt bei unserer Vernunft Anstoß. Warum hält der christliche Glaube dennoch daran fest?

11.4 Was bedeutet „Rechtfertigung aus Glauben"?

Im Artikel von der Rechtfertigung des Sünders allein aus Glauben um Christi willen schlägt das Herz evangelischer Theologie. Nach den Aussagen des Bekenntnisses liegt hier das Zentrum des christlichen Glaubens überhaupt. Luther selbst bezeichnete ihn als den Artikel „mit dem die Kirche steht und fällt." Auch in neuerer und neuester Zeit ist die wesentliche Bedeutung der Rechtfertigungslehre immer wieder betont worden. So etwa in der Leuenberger Konkordie, in der die Kirchengemeinschaft zwischen zahlreichen evangelischen Kirchen

Europas erklärt wird, oder zuletzt in der sog. „Gemeinsamen Erklärung zur Rechtfertigungslehre", die von Vertretern des Lutherischen Weltbundes und der Katholischen Kirche am 31. Oktober 1999 in Augsburg unterzeichnet wurde. Während verschiedene Theologen (insbesondere aus den Reihen des bekenntnisbewussten Luthertums) immer wieder das Verständnis von Rechtfertigung kritisch hinterfragen, das in diesen Dokumenten vorausgesetzt wird, haben viele Christenmenschen Schwierigkeiten, das Anliegen der Rechtfertigungslehre überhaupt noch zu verstehen und nachzuvollziehen, was in ihrem eigenen Leben daran so wichtig und zentral sein soll, dass der ganze Glaube darauf ruht.

Ich zitiere einmal den zentralen vierten Artikel des Augsburger Bekenntnisses: *„Weiter wird gelehrt, dass wir Vergebung der Sünde und Gerechtigkeit vor Gott nicht durch unsere Verdienste, Werke oder Gott versöhnenden Leistungen erreichen können. Vielmehr empfangen wir Vergebung der Sünden und werden vor Gott gerecht aus Gnade um Christi willen durch den Glauben, (das heißt) wenn wir glauben, dass Christus für uns gelitten hat und dass uns um seinetwillen die Sünde vergeben, Gerechtigkeit und ewiges Leben geschenkt wird. Diesen Glauben will Gott als Gerechtigkeit, die vor ihm gilt, ansehen und zurechnen – wie Paulus im 3. und 4. Kapitel des Römerbriefes sagt."*

Diese Sätze enthalten im Grunde eine Reihe wichtiger Gedanken, allerdings sehr konzentriert, so wie ein Löffel voll Nescafé, der erst in einer Tasse heißem Wasser sein volles Aroma entfaltet. So soll von verschiedenen Seiten versucht werden, den Inhalt von CA IV zu entfalten. Im Hintergrund der Ausführungen zur „Gerechtigkeit vor Gott" steht die Vorstellung einer Gerichtsverhandlung. Schon sprachlich weisen Worte wie „Rechtfertigung", „Recht", „Gerechtigkeit" oder „als gerecht ansehen" in den Bereich der Gerichtsbarkeit. Gott ist wie ein Richter, der über uns Menschen das Urteil spricht. Der erste Satz stellt klar, dass wir uns in diesem Verfahren selbst nicht als gerecht erweisen können. Wir sind nicht in der Lage, ein Reihe von Beweisen vorzulegen, die Gott dazu nötigen, uns für „in Ordnung" zu halten. Wir können nicht! Das klingt für sich genommen nicht gut, und davon muss noch zu reden sein. Der zweite Satz des Artikels stellt dann aber klar, dass wir dennoch für gerecht erklärt werden und zwar völlig „gratis" (aus Gnaden), ohne eigene Leistung, sondern weil wir auf einen anderen („um Christi willen") vertrauen („durch den Glauben"). Wir werden also vom Richter für gerecht erklärt und sein Urteil lautet: Ewiges Leben (für die, die glauben)! Die Erwähnung des „ewigen Lebens" zeigt, dass hier im Grunde an das „jüngste Gericht" gedacht ist. Wir werden für alle Zeiten von Gott als gerecht angesehen. Das ist die Konsequenz der Rechtfertigung durch den Glauben. Aber wenn das ewige Leben wirklich „ewig" ist, dann müsste es eigentlich schon begonnen haben, oder anders gesagt: Es gibt ein Leben *vor* dem Tod! Auch für Christen! Von daher ist danach zu fragen, wie die Sache der Rechtfertigung in diesem Leben verstanden werden kann und wie man das Gemeinte in nachvollziehbarer Sprache vermitteln kann.

Mit anderen hat der systematische Theologe Oswald Bayer in einer allgemeinverständlichen Einführung zum Thema versucht, sich der Rechtfertigung über die Erfahrung zu nähern, dass jeder Mensch Situationen kennt, in denen er „sich rechtfertigen" muss.[102] Eine extreme Spielart dieser Nötigung zur Selbstrechtfertigung zeigt sich bei Personen, die im öffentlichen Interesse stehen. Wenn beispielsweise ein Politiker in eine „Spendenaffäre" verwickelt ist, ist häufig eine Art Reflex zur Selbstrechtfertigung zu beobachten. Selbst wenn Verfehlungen längst offensichtlich sind, wird noch nach Begründungen für das eigene Verhalten gesucht. Fehler oder Schuld werden solange nicht eingestanden, bis es unvermeidlich ist, wohl auch deshalb, weil das Vertrauen fehlt, fair oder gar „barmherzig" behandelt zu werden. Um nicht missverstanden zu werden: Es geht hier nicht um Politikerschelte. Hier lässt sich nur deutlich erkennen, wie der verzweifelte Versuch der Selbstrechtfertigung um jeden Preis oft der Kampf um das „politische Überleben" ist, d.h.: sich selbst in einem bestimmten Licht darzustellen, ist im Grunde der Versuch, das eigene Dasein (oder doch die eigene Rolle) zu begründen. Wir alle kennen diesen Zwang, uns selbst zu rechtfertigen und zu verteidigen, oft sogar dann, wenn wir wissen, dass wir eigentlich im Unrecht sind (überlegen Sie, ob Sie dieser Behauptung zustimmen können!). Schattenseiten der eigenen Persönlichkeit und das Wissen um die eigene Schuld werden ausgeblendet, weil wir uns selbst nicht Schuld vergeben können und Angst haben, die anderen würden uns Schwächen, Fehler und Verfehlungen vorhalten, statt zu vergeben.

So sind alle Bemühungen um Selbstrechtfertigung letztlich der Versuch, sich selbst eine Daseinsberechtigung zu schaffen. Dies findet immer vor einem Forum statt, vor einer Instanz, die wir als Richter empfinden. Manchmal ist es nur das eigene Gewissen, oft sind es andere Menschen (real oder in unseren Gedanken), gelegentlich ist es Gott. Wir möchten etwas sein und gelten und das am besten aus eigener Kraft und nicht in der Abhängigkeit von der Gnade anderer. Wir wollen etwas leisten und für diese Leistung eine Gegenleistung oder eine Belohnung erhalten, die angemessen ist, die wir uns verdient und auf die wir Anspruch haben. Das ist nach menschlichem Maßstab gerecht. Dies ist eine der elementarsten Grundregeln der Leistungsgesellschaft, die sich längst nicht mehr nur auf Fragen des Wirtschaftens beschränkt. Vielmehr wird das Prinzip von Leistung und Gegenleistung auf alle Lebensbereiche ausgeweitet, sogar auf die Beziehungen zwischen Menschen. Also, warum sollte das für das Verhältnis des

102 Vgl. Oswald Bayer, Aus Glauben Leben. Über Rechtfertigung und Heiligung, Stuttgart 1984.

Menschen vor Gott nicht gelten? Warum sollte ich mich vor Gott nicht durch meine Leistung in ein rechtes Licht rücken und mich damit selbst rechtfertigen?

Der zitierte Artikel aus der CA hält fest, dass wir Gerechtigkeit vor Gott durch unsere Leistungen nicht erreichen *können*. Es geht also nicht darum, dass wir uns ein bisschen mehr ins Zeug legen und das eine oder andere Gebot zusätzlich halten oder die eine oder andere gute Tat mehr verrichten. Wir können nicht. Das Bekenntnis liegt da ganz auf der Linie des Paulus, der im Römerbrief schreibt: „So halten wir nun dafür, dass der Mensch gerecht wird ohne des Gesetzes Werke, allein durch den Glauben" (Röm 3,28). Ähnlich heißt es im Epheserbrief: „Denn aus Gnade seid ihr selig geworden durch Glauben, und das nicht aus euch: Gottes Gabe ist es, nicht aus Werken, damit sich nicht jemand rühme" (Eph 2,8f.).[103]

Dass der Mensch sich selbst vor Gott nicht ins rechte Licht setzen kann, hängt damit zusammen, was unter „Gerechtigkeit Gottes" zu verstehen ist. In Röm 1,16–17 heißt es, die Gerechtigkeit Gottes würde offenbar im Evangelium von Christus und käme durch den Glauben. Luther hatte in seiner Zeit im Kloster unter dieser Gerechtigkeit eine Eigenschaft Gottes verstanden, die funktioniert wie es dem antiken griechischen Gerechtigkeitsbegriff und auch ein wenig der modernen Leistungsgesellschaft entspricht: Gott ist insofern gerecht, dass jeder bekommt, was er sich verdient hat. Also gilt es, etwas zu verdienen durch Einhalten der Gebote und durch regelmäßiges Beten und Beichten. Bei dem Versuch, dies alles zu schaffen, machte Luther die Erfahrung, dass er nie wirklich die Gebote hielt und nach seinem Empfinden nie genug gebeichtet hatte. Gottes Messlatte hing zu hoch. Dabei hatte Paulus unter Gerechtigkeit nicht eine Forderung an den Menschen verstanden, sondern etwas, das ganz zu Gott gehört. Gott aber offenbart diese Gerechtigkeit in Jesus Christus, in dem er sich selbst für die Sünden dahingibt und den er „um unserer Gerechtigkeit willen auferweckt" (Röm 4,25) hat. Indem der Mensch auf diese Tat Gottes in Christus vertraut (also glaubt), hat er Anteil an Gottes Gerechtigkeit, die er dann aber geschenkt bekommt.

Letztlich geht es bei dem Gerechtigkeitsbegriff um eine Beschreibung der Beziehung zwischen Gott und Mensch. Gott ist ein persönliches Gegenüber, dass den Menschen zur Gemeinschaft geschaffen und durch Christus diese Gemeinschaft neu ermöglicht hat. Der Mensch trägt dazu nichts bei und „verdient" sich auch nichts. Ein schöner Vergleich dafür ist die Liebe. Liebe bekommt man immer nur geschenkt, man kann sie sich nicht verdienen. Wenn Kinder von ihren Eltern nur geliebt werden, wenn sie brav sind, gute Noten haben oder auf eine andere Art „funktionieren", dann liegt eine gestörte Eltern-

---

103 Vermutlich stammt der Epheserbrief nicht von Paulus selbst, sondern von einem seiner Schüler. Das Schreiben liegt hier aber auf der Linie des Apostels.

Kind-Beziehung vor. Wenn in einer Liebesbeziehung eine das Gefühl hat, sie wird vom andern nur geliebt, wenn sie diese oder jene Bedingung erfüllt oder bestimmte Vorleistungen erbringt, dann stimmt etwas nicht. Das heißt natürlich nicht, dass Eltern und Kinder sich nicht auch unangenehme Wahrheiten sagen, oder dass zwei Partner sich nicht gegenseitig korrigieren, aber die Liebe ist davon nicht abhängig. So geschieht auch Gottes Liebe, die den einzelnen Menschen als gerecht erklärt, ohne Vorbedingung („aus Gnade"), wird erkennbare Wirklichkeit in Kreuz und Auferstehung Jesu Christi und lädt uns zum Vertrauen („durch den Glauben") ein.

Dass wir uns Gerechtigkeit vor Gott nicht erarbeiten können, liegt aber auch daran, dass es auf Seiten der Menschen nicht um ein Zuwenig an Frömmigkeit, an guten Taten oder an Gebotseinhaltung geht. Vielmehr sollen wir aus dem Zustand der Gottesferne befreit werden, in den wir hinein geboren wurden (so hatte ich oben „Sünde" beschrieben). Die Erfüllung von Gesetzen und Geboten ist kein Weg, uns selbst aus diesem Zustand zu retten. Das verdeutlicht Jesus, wenn er in der Bergpredigt darauf hinweist, dass es nicht nur um äußerliche Befolgung eines Satzes wie „du sollst nicht töten" geht, sondern dass Gott damit auf unsere ganze Person zielt mit Leib und Seele, in „Gedanken, Worten und Werken." Auch Paulus hält fest: „Durch das Gesetz kommt die Erkenntnis der Sünde" (Röm 3,20). Auch Gottes Gebote und Maßstäbe haben ihren guten Sinn, aber gerecht vor Gott werden wir dadurch nicht. Denn wir können den grundsätzlichen Zustand nicht ändern, dass wir von Geburt an kein intaktes Verhältnis zum Schöpfer haben. Würden wir es versuchen, wäre es so, als wollten wir mit unserer Willenskraft unsere Hautfarbe ändern oder ohne Hilfsmittel unter Wasser atmen. Nur, wenn die Trennung zwischen Gott und Welt von Gottes Seite aufgehoben wird, ist neue Gemeinschaft möglich, können Menschen als „gerecht vor Gott" dastehen. Gott tut dies in Christus. Deswegen ist auch so deutlich daran festzuhalten, dass Gott selbst in Christus war. Er schafft durch die Auferweckung Jesu von den Toten ein Leben von einer völlig neuen Art. Durch den Glauben haben die Christen an diesem neuen Leben Anteil.

Für Paulus bedeutet Rechtfertigung, dass aus alten Menschen neue Menschen werden. Auch hierbei liegt wieder alles an Gottes Initiative. Der Mensch ist hierbei nur passiv. Der Ort dieser Erneuerung des Menschen ist die Taufe (vgl. Röm 6,1–11). Dort stirbt der „alte Mensch" und die Macht der Gottesferne herrscht nicht mehr über ihn. Das heißt aber auch, dass wir in der Rechtfertigung damit konfrontiert werden, dass etwas an uns (eigentlich: unser ganzer alter Mensch) dem Tod verfallen ist und sterben muss. Rechtfertigung vor Gott bedeutet dann nicht, dass Gott uns irgendwie o.k. findet, sondern dass wir mit Schuld und Sünde, mit unseren verdrängten und dunklen Seiten konfrontiert werden. Sich von Gott um Christi willen rechtfertigen zu lassen, heißt dann, jede Selbstrechtfertigung und jeden Versuch, bei der eigenen Erlösung ein bischen nachzuhelfen, fallen zu lassen. Den Himmel bekommen wir geschenkt. Aber wir sind uns dessen nur gewiss, wenn wir jeden Versuch das Heil selbst zu erwerben sein lassen. Ansonsten wissen wir nie, ob wir genug getan haben und verlieren damit jede Gewissheit. Diese Einsicht ist Teil des reformatorischen Durchbruchs Luthers.

Gott rechtfertigt uns; das befreit vom Zwang zur Selbstrechtfertigung. Schuld wird nicht mehr verdrängt, sondern vergeben. Der alte Mensch kennt nur die halbe Wirklichkeit, eine Welt ohne Gott, in der der Tod die letzte Grenze und damit die höchste Macht ist. Rechtfertigung durch Gott eröffnet die Perspektive auf die ganze Wirklichkeit. Wir sind Geschöpfe eines Gottes, der diese Welt liebt. Anstelle der Aussicht auf den Tod steht die gewisse Hoffnung auf das ewige Leben, das für die schon begonnen hat, die im Glauben gerechtfertigt sind. Das führt auch zu einem neuen Wirklichkeitsverständnis in dieser Welt und zu einem neuen Selbstverständnis der Christen. Glaube an Gott bedeutet ein Vertrauensverhältnis; d.h. auch Christen machen die Erfahrung des Scheiterns und werden an Gott und an anderen Menschen schuldig. Aber Gott ist ein Gegenüber, das diese Sünden der Menschen nicht kleinlich sammelt, um sie uns vorzuhalten, sondern die Glaubenden frei spricht, nicht aufgrund ihres Glaubens oder ihrer Gerechtigkeit, sondern wegen seiner Gerechtigkeit. So wird der „Freispruch" der Rechtfertigung zu einer befreienden Erfahrung, die auch Christen immer neu machen müssen und von der her sie sich und ihren Glauben immer neu verstehen.

Zur Vertiefung:

1. Informieren Sie sich über Luthers Weg zu seinem Verständnis von Gerechtigkeit Gottes. (Luthers eigener Bericht darüber findet sich z.B. bei Oswald Bayer, Aus Glauben leben, S. 76f.).
2. Wo begegnet Ihnen im Alltagsleben das Thema Rechtfertigung (entweder begrifflich oder in der eigenen Erfahrung)?
3. Welche Rolle spielte das Thema Rechtfertigung bisher für Ihren Glauben?

12

Übersetzen biblischer Texte – Praxisimpulse

In diesem letzten Kapitel sollen sich viele der im Vorangegangenen dargelegten Einsichten über das Verstehen des Glaubens im praktischen Umgang mit Bibeltexten bewähren. Ich möchte Sie ermutigen, zu vier unterschiedlichen biblischen Texten (zwei aus dem Alten und zwei aus dem Neuen Testament) jeweils eine Auslegung zu erarbeiten. Diese kann entweder als Andacht in einem Gemeindekreis gehalten werden oder auch zur Vorbereitung für einen Hauskreisabend, ein Treffen des Jugendkreises oder eine Kindergottesdiensteinheit dienen.

Dies ist keine Einführung in exegetische Methoden, daher soll der Schwerpunkt in den folgenden vier Abschnitten, auf hermeneutischen Erwägungen und Reflexionen liegen. Es geht um Fragen des Verstehens: Mit welchem Vorverständnis begegne ich einem Text (*vgl. 2.1*)? In welchem Verhältnis stehen alttestamentliche Aussagen zum Neuen Testament (*vgl. 6.1 – 6.3*)? Welche Grundfragen des christlichen Glaubens und welche Themen des evangelischen Bekenntnisses könnten betroffen sein (vgl. *8. und 11. Kapitel*)? In welcher Lebenswelt befinde ich mich und was weiß ich diesbezüglich über eventuelle Hörer meiner Auslegung (*vgl. 2.2*)? Wie ist aus einem alten Text das Wort Gottes für heute zu hören (*vgl. 7. Kapitel*)? Welche sprachlichen Bilder und Ausdrucksformen scheinen mir für eine „Übersetzung" angemessen (*vgl. 3. und 11. Kapitel*)? Nicht bei jedem Text wird jede dieser Fragen das gleiche Gewicht erhalten.

Jeweils fünf Arbeitsschritte sollen den Vorgang strukturieren:

a) Die erste Begegnung mit dem Text.
Erste Eindrücke und Fragen.
b) Informationen über den Text.
Der Kontext, Sachinformationen, Hilfsmittel
c) Hermeneutische Besinnung.
Der Text im Zusammenhang der Bibel und der kirchlichen Lehre.
Die Situation der Adressaten einer Auslegung.
d) Das Material wird gesichtet.
Sprachliche Bilder, Beispiele, Gliederung.
e) Niederschrift.

12.1 Abraham – mit Gott auf dem Basar

Der erste Text, der in dieser Weise erarbeitet werden soll, ist der Bericht über ein Zwiegespräch Abrahams mit Gott angesichts der bevorstehenden Zerstörung Sodoms in Gen 18,16–33.

a) Die erste Begegnung mit dem Text
Lesen Sie Gen 18,16–33 zweimal in Ruhe durch. Was haben Sie nicht verstanden (wer z.B. sind die „Männer" in V. 16)? Was spricht Sie spontan positiv oder negativ an? Machen Sie sich Notizen!

b) Informationen über den Text
Wer eine wissenschaftliche theologische Ausbildung genossen hat, finge nun mit dem exegetischen Handwerk an. Der Text würde aus dem Hebräischen übersetzt und mit Hilfe der Fachliteratur befragt und untersucht. Aber auch ohne abgeschlossenes Theologiestudium lässt sich über den Text einiges in Erfahrung bringen. Auch für den, der kein Hebräisch kann, stehen eine Reihe sinnvoller Hilfsmittel zur Verfügung. Eine Einschränkung möchte ich vorausschicken: Fragen, die sich mit der Entstehung des Textes und seiner Zugehörigkeit zu bestimmten Quellen oder Redaktionsschichten des Pentateuch (der fünf Bücher Mose) befassen, können im vorliegenden Zusammenhang außer Acht bleiben. Das wichtigste Hilfsmittel ist und bleibt die Bibel selbst, denn am Ende soll übersetzt und verstanden werden, was tatsächlich im Text steht und nicht, was nur in der Sekundärliteratur zu finden ist. Also: Beachten Sie den näheren und weiteren Kontext im Buch Genesis und schlagen Sie die angegebenen Parallelstellen nach! Vor allem aber, machen Sie sich mit dem Text vertraut. Vielleicht versuchen Sie eine erste Gliederung.

Die nächste Frage: Wer sagt was zu wem in welchem Zusammenhang? Offenbar ist Gen 18,16–33 nur Teil einer größeren Geschichte. V. 16 knüpft an eine vorausliegende Erzählung über „die Männer" bei Abraham an. Und auch wenn in V. 33 ein gewisser Abschluss erreicht ist, ist die Frage ja noch offen, was eigentlich mit Sodom geschieht. Lesen Sie also nun den größeren Abschnitt Gen 18,1 – 19,29. Wichtig ist die Information, dass es mit Sodom trotz unseres Textes kein gutes Ende nimmt.

Die handelnden Personen in Gen 18,16–33 sind Gott und Abraham. Daneben ist Gott auch in „den Männern" aus V. 16 präsent. Vor unserer Geschichte wurde berichtet, dass Gott in Gestalt dieser Männer Abraham besucht hatte. Abraham geleitet sie nach der Sitte der Gastfreundschaft ein Stück des Weges. Im Text gehen die Bezeichnungen „Männer" und „der HERR" durcheinander. Lassen Sie diese Problematik außer Acht und konzentrieren sie sich auf das Gegenüber Abraham – Gott (bzw. der HERR).

Offenbar haben Abraham und Gott ein ganz besonderes Verhältnis zueinander. Das wird in einem Selbstgespräch Gottes in V. 17–19 thematisiert und ist die Grundlage für die Art und Weise, wie Abraham ab V. 23 mit Gott spricht. Informieren Sie sich über die Rolle Abrahams im 1. Buch Mose. Beachten Sie besonders Gen 12,1–9 und Gen 15,1–6. Benutzen Sie als Hilfsmittel: *Die Stuttgarter Erklärungsbibel,* besonders die Einführungen zu Gen insgesamt und zu den Vätergeschichten (der Text dieser Einführung steht vor Gen 12), sowie die Sacherklärung zum Stichwort „Abraham“ im Anhang der Erklärungsbibel. Außerdem sei empfohlen:

Arbeitshilfe für Haus(bibel)kreise hg. von Pfr. Marc Struckmann im Auftrag des Arbeitskreises „2003 Das Jahr der Bibel in der SELK“ unter Mitarbeit von Pfr. Dr. Achim Behrens, Band 2: Vätergeschichten, Hannover 2003. Darin die „Theologische Einführung“ und die Arbeitseinheit zu Gen 12,1–3 und 15,1–6.[104] Sollten Sie andere Hilfsmittel zur Verfügung haben, etwa ein Bibellexikon oder einen Kommentar, dann stöbern Sie nach Lust und Laune. Aber begrenzen Sie den zeitlichen Aufwand.

Gott, der HERR wird in dieser Geschichte sehr menschlich geschildert (die Wissenschaft nennt diese Gottesschilderung anthropomorph = „menschengestaltig“). In V. 20 scheint es fast so, als habe Gott im Himmel über Sodom ein Gerücht gehört und muss sich nun erstmal selbst überzeugen, was da los ist (vgl. Gen 11,5–7: Bitte nachlesen!). Zu unseren Vorstellungen von einem allwissenden Gott passt das nicht, aber es geht ja auch um ein Verstehen *dieses* Textes! Ebenso menschlich scheint Gott in seinem Zwiegespräch mit Abraham. Für uns ist daran manches vielleicht ungewohnt, aber es wird deutlich: Gott ist Person! In dem Gespräch geht es dann um Gottes Gerechtigkeit und darum, wer in Sodom „gerecht“ und wer „gottlos“ ist.

Dazu ein Zitat von Gerhard von Rad:

„Die Ausdrücke ‚gerecht‘ – ‚gottlos‘ dürfen hier also nicht in dem verallgemeinernden und summarischen Sinn der späteren jüdischen und paulinischen Rechtfertigungslehre verstanden werden; nein, der ‚Frevler‘ ist der von irgendeiner richterlichen Instanz wegen eines bestimmten Vergehens schuldig Gesprochene; der ‚Gerechte‘ ist der als nicht schuldig Befundene.“[105]

Lesen Sie dazu auch die Sacherklärung zum Stichwort „gerecht“ in der Erklärungsbibel.

Für die Art und Weise, wie Abraham mit Gott redet, ist zu bedenken, dass die Geschichte aus dem Orient stammt, beinahe wie die Erzählungen aus 1001 Nacht. Im Grunde verhält sich Abraham Gott ge-

---

104 Das Heft steht zum kostenlosen Download bereit unter www.selk.de, dort unter: *Interaktiv / Download / Ressourcen.*

105 Gerhard von Rad, Das 1. Buch Mose/Genesis, ATD 2–4, Göttingen ^{8}1967, S. 180.

genüber wie auf einem Basar. Er schachert. Das eigentlich Verrückte: Gott macht mit!

Am Ende dieses Arbeitsschrittes ist schon einmal zu fragen, ob die Geschichte den Schwerpunkt auf Gottes Zorn über Sodom legt, oder ob es nicht viel mehr um die vertraute Fürbitte des Abraham geht. Machen Sie sich Notizen und sammeln Sie zunächst alles, was von Interesse zu sein scheint. Nicht alles wird später in eine Andacht einfließen (müssen).

c) Hermeneutische Besinnung

Welche Eindrücke Ihrer ersten Begegnung mit dem Text haben sich bestätigt oder wurden korrigiert? Welche Fragen sind beantwortet?

Abraham dient bei Paulus im NT als „Vorbild des Glaubens“ (vgl. Röm 4: Bitte nachlesen!). Wie könnte sich „Glaube“ in Gen 18,16–33 ausdrücken?

Abraham legt im Gespräch mit Gott eine schier unverschämte Offenheit an den Tag. Vergleichen Sie dazu Luthers Erklärung zur Anrede des Vater Unser im Kleinen Katechismus und die Aussagen Jesu in Joh 14,14–15 (bitte nachlesen!).

In der Geschichte geht es auch um Gerechtigkeit. Um 10 „Gerechter“ willen würde Gott die Stadt verschonen. Dann wird das Gericht doch vollzogen. Seit Jesus ist ein solches Gericht nicht mehr vorstellbar: Um eines Gerechten willen verschont Gott die sündige Menschheit.

Überlegen Sie, ob Sie etwas zur Einstellung Ihrer Hörerinnen und Hörer zum Thema Gebet/Fürbitte sagen können. Wird gebetet auch außerhalb des Gottesdienstes, frei oder in festen Formen?
Haben Sie offene Fragen?

d) Das Material wird gesichtet

Machen Sie sich noch einmal klar, dass es nicht nur darum geht den historischen Sinn eines alttestamentlichen Textes zu erklären. Vielmehr soll die Geschichte vom Ringen Abrahams mit Gott heute als Wort Gottes zu hören sein. Sie sprechen dabei als Christin oder Christ zu Christinnen und Christen und sollten diesen Standpunkt bewusst einnehmen, d.h. es können auch Aspekte zur Sprache kommen, die nicht unmittelbar aus dem Text, wohl aber aus dem Zusammenhang der Bibel insgesamt hervorgehen.

So müssen Sie zuerst aus der Fülle der gewonnenen Informationen auswählen. Was wollen Sie weitergeben, was lassen Sie in einer Andacht weg? Dazu gehört auch: „Finde Dein Thema!“ Ich habe Sie schon durch die vorangegangenen Fragestellungen in Richtung des Stichworts „Fürbitte“ gelenkt. Konnten Sie den Weg mitgehen? Finden Sie andere Schwerpunkte im Text?

Wählen Sie jetzt Ihr Material: Fallen Ihnen Beispielgeschichten ein? Welche sprachlichen Formulierungen wählen Sie? Könnten Sie davon sprechen, Gott habe ein Gerücht gehört und müsse nun nach dem Rechten sehen? Oder könnten Sie sagen, dass Abraham mit Gott schachert wie auf einem orientalischen Basar? Abrahams Offenheit im Gebet verführt auch zu einer offenen Sprache für die Auslegung dieser Geschichte. Was könnte das Ziel einer Ansprache über Gen 18,16–33 sein? Vielleicht die Ermunterung zum offenen Gespräch mit Gott. Ein Tipp: Lesen Sie die Verse 23–32 mehrfach laut für sich vor. Geben Sie dabei Abraham und Gott einen je eigenen Tonfall (könnte Gott „leicht genervt" klingen?).

Schreiben Sie eine Gliederung Ihrer Ansprache nieder und versuchen Sie dabei, den ersten und den letzten Satz schon auszuformulieren.

e) Die Niederschrift

Schreiben Sie Ihre Auslegung vollständig ausformuliert auf. Ziehen Sie mehrere Hauptsätze nebeneinander den verschachtelten Satzkonstruktionen vor. Lösen Sie Partizipien in Nebensätze auf (nicht: „der seine Gnade erweisende Gott", sondern: „Gott, der seine Gnade erweist..."). Vermeiden Sie Fremdwörter und rhetorische Fragen („Sind wir mit diesem Wort nicht alle gemeint?"), sonst klingt's wie Otto Waalkes.

12.2 Amos – „Ich bin doch kein Prophet!"

Die alttestamentlichen Propheten und ihre Bücher gehören sicher zu den biblischen Texten, die der Leserin und dem Leser beim ersten Hinsehen schwer zugänglich sind (von einigen ganz populären Stükken, wie den Weissagungen aus dem Weihnachtsgottesdienst, einmal abgesehen). Scheinbar unzusammenhängend werden dort verschiedene Sprüche oder Spruchsammlungen aneinandergereiht. Oft ist den durchschnittlich interessierten Bibellesern über die genauen historischen Umstände eines Jesaja oder eines Amos wenig bekannt. Hinzu kommt dann vielleicht ein recht konkretes Vorverständnis darüber, was „Prophetie" sei, nämlich die Vorhersage der Zukunft ähnlich der Wahrsagerei. Diese Ansicht trifft das Selbstverständnis der alttestamentlichen Propheten nicht und erschwert das Verstehen. Daher soll in diesem Abschnitt anhand der Auslegung eines konkreten Textes auch ein Zugang zum Phänomen der alttestamentlichen Prophetie und der Prophetenbücher erschlossen werden.

Als Text wurde ein Abschnitt aus dem Buch Amos gewählt, dem ältesten der sog. Schriftpropheten, mit deren Name sich ein biblisches Buch verbindet. Es geht konkret um die Geschichte des Konfliktes zwischen Amos und dem Priester Amazja am Reichsheiligtum des Nordreiches Israel in Bethel, die in Am 7,10–17 berichtet wird.

a) Die erste Begegnung mit dem Text
Lesen Sie Am 7,10–17 zweimal in Ruhe durch. Was haben Sie nicht verstanden (wer z.B. sind die handelnden Personen)? Was spricht Sie spontan positiv oder negativ an? Machen Sie sich Notizen!

b) Informationen über den Text
Informieren Sie sich über Amos und den Priester Amazja, sowie über Lage und Bedeutung des Ortes Beth-El zur Zeit des Königs Jerobeam II. von Israel. Die Bezeichnung „Israel“ steht hier für das sog. Nordreich; denn Israel war nach dem Tod Salomos in zwei Teilstaaten zerfallen, den Norden „Israel“ und den Süden „Juda“ mit der Hauptstadt Jerusalem. Verwenden Sie als Hilfsmittel: Den Artikel Israel (oder: Geschichte Israels) in einem guten allgemein bildenden *Lexikon* (z.B. einem mehrbändigen „Brockhaus“); die *Stuttgarter Erklärungsbibel*, besonders die Einführungen zum Buch Amos insgesamt, aber auch zu den Propheten allgemein (vor dem Buch Jesaja, S. 831ff.); *Arbeitshilfe für Haus(bibel)kreise hg. von Pfr. Marc Struckmann im Auftrag des Arbeitskreises „2003. Das Jahr der Bibel in der SELK“ unter Mitarbeit von Pfr. Dr. Achim Behrens, Band 1: Amos, Hannover 2003,* darin die „Theologische Einführung“ und die Arbeitseinheiten zu den Visionen in Am 7–8 und zu Am 7,10–17.[106] Ziehen Sie außerdem eine Landkarte zurate, um sich die Lage von Nord- und Südreich, sowie der Orte Beth-El und Tekoa (Amos Geburtsort) zu verdeutlichen, benutzen Sie die Karte „Palästina zur Zeit des Alten Testaments“ aus der Lutherbibel; besser ist: *Calwer Bibelatlas.* Erarbeitet von Wolfgang Zwickel, Stuttgart 2000, S. 20–21.[107]

Bedenken Sie wieder, dass Ihr wichtigstes „Hilfsmittel“ der biblische Wortlaut selbst ist. Lesen Sie sorgfältig Am 7,1 bis 8,3. Dieser Textzusammenhang besteht im Wesentlichen aus vier Visionsschilderungen, die formal sehr ähnlich aufgebaut sind und einen zusammenhängenden Zyklus bilden: 1. Am 7,1–3; 2. Am 7,4–6; 3. Am 7,7–9 und 4. Am 8,1–3. Amos schildert in diesen Texten jeweils in Ich-Form, wie er verschiedene Bedrohungen für Israel gesehen hat. In den ersten beiden Visionen gelingt es dem Propheten durch Fürbitte, Gott zur Abwendung des Unheils zu bewegen. In der dritten und vierten Vision ist das Unglück unabwendbar. Der Höhepunkt findet sich in Gottes Urteil: „Gekommen ist das Ende für mein Volk Israel“ (Am 8,2). Der Zusammenhang der Visionen wird durch unsere Amazjageschichte in Am 7,10–17 unterbrochen und auseinander gerissen. Außerdem ist unser Text keine Schilderung aus Sicht des Propheten in Ich-Form, sondern eine Prophetenerzählung *über* Amos. Die einzige

106 Das Heft steht zum kostenlosen Download bereit unter www.selk.de, dort unter: *Interaktiv / Download / Ressourcen.*

107 Besonders Interessierte seien hingewiesen auf: Jörg Jeremias, Der Prophet Amos, ATD 24/2, Göttingen 1995.

im ganzen Buch! Die Ausleger sind daher überwiegend der Auffassung, dass die Konfliktgeschichte erst nachträglich mit den Visionen verbunden wurde. Warum geschieht das? Nach der dritten Vision muss sich der Leser fragen, warum Gott das Unheil von Israel nun nicht mehr abwendet so wie in den vorangegangenen beiden Berichten. Offenbar antwortet die Amazjageschichte auf diese Frage. Amazja, der Priester, steht dabei als Repräsentant für sein ganzes Volk. Was tut Israel, so dass Gott von nun an nicht mehr gnädig sein kann?

Die Antwort auf diese Frage berührt das Wesen der alttestamentlichen Prophetie. Beachten Sie die auffällige Formulierung in V. 14, wonach Amos von sich sagt: „Ich bin kein Prophet." Wie ist das gemeint? Beachten Sie außerdem V. 11. Amazja sagt seinem König das Vergehen des Amos an und beginnt mit „Denn so spricht Amos..." Vergleichen Sie dazu V. 17. Dort formuliert Amos das, was er zu sagen hat, mit „Darum, so spricht der Herr..." Der Formulierung „so spricht..." ist also jeweils ein anderes Subjekt zugeordnet. In der unterschiedlichen Auffassung darüber, wer hier eigentlich redet, liegt der Schlüssel zum Verständnis dessen, was ein Prophet ist und welche Aussage die Geschichte Am 7,10–17 in ihrem Kontext vermitteln will. Die o.g. Hilfsmittel erschließen Ihnen diese Frage!

c) Hermeneutische Besinnung

Überlegen Sie zunächst, für welchen Zweck Sie dieses Mal eine Auslegung erarbeiten. Natürlich lässt sich auch über Am 7,10–17 eine Andacht halten. Denkbar wäre aber auch, sich mit dem Text im Rahmen eines Bibelkreisabends zu befassen. Dann käme Ihnen die Aufgabe zu, in den Text einzuführen. Allerdings sollte es nicht nur um Informationen über die Verhältnisse in einer fernen Vergangenheit gehen, sondern es ist zu fragen, was der Text heute glaubenden Menschen mitzuteilen hat. Dahin soll diese hermeneutische Besinnung führen.

Falls Sie es noch nicht getan haben, halten Sie mit einigen Notizen nicht nur die Fakten, sondern die wesentlichen theologischen Aussagen von Am 7,10–17 fest.

Bedenken Sie, was für Vorstellungen davon, was ein Prophet ist, bei ihren Mitchristen vorherrschen könnten. In einem Bibelkreis könnte man darüber auch ins Gespräch kommen. Inwiefern ist zu erwarten, dass der Satz „Ich bin kein Prophet" aus dem Munde eines alttestamentlichen Propheten vorhandene Vorstellungen korrigiert? Inwiefern ist das im Laufe der Arbeit an Am 7,10–17 auch bei Ihnen passiert? Es geht ja schon irgendwie um Zukunft, aber auch um die Begegnung mit Gottes Wort in der Gegenwart. – Die Unheilsankündigung des Amos ist im Jahr 722 v. Chr. mit der Eroberung des Nordreiches durch die Weltmacht der Assyrer eingetroffen. Dennoch ist der Text weiter überliefert und weiter erzählt worden, durch die

Geschichte Israels und nun auch in der Geschichte der christlichen Überlieferung. Welchen Sinn haben die Glaubenden dieser Geschichte, losgelöst von der ursprünglichen historischen Situation, abgewonnen; welchen sehen wir heute vielleicht darin? Bedenken Sie noch einmal die Ausführungen zu Geschichte und Überlieferung (*vgl. 4.3*).

Die Ablehnung des prophetischen Wortes beantwortet Amos mit einer schauerlichen Drohung (V. 17). Inwiefern eröffnet das Neue Testament andere Umgangsweisen mit der Ablehnung des Gotteswortes? Und Vorsicht: Jeder Ausleger muss sich vor einer vorschnellen Identifikation mit der Rolle des Propheten hüten. Wir sind nicht beauftragt oder ermächtigt, Gottes Zorn anderen Menschen anzusagen, von denen wir denken, sie lehnten Gottes Wort ab. Vielmehr ist zu fragen, inwiefern die Geschichte *der christlichen Gemeinde* Perspektiven für die Annahme des Wortes Gottes eröffnet.

d) Das Material wird gesichtet

Sie haben bei der Erarbeitung des Textes Am 7,10–17 eine Menge Informationen gesammelt. Bitte vergessen Sie darüber nicht, dass es sich bei unserem Text um eine Geschichte handelt, und Geschichten wollen erzählt werden. Egal, ob Sie aus den gewonnenen Einsichten eine Ansprache erarbeiten oder einen Bibelabend gestalten: vermeiden Sie bitte das bloße Aufzählen von Fakten, sondern vergegenwärtigen Sie sich und anderen die Dramatik des geschilderten Konflikts zwischen einer Autorität, die auf eigene Kraft und Herrlichkeit pocht (vgl. V. 13!), und dem Wort Gottes aus dem Mund eines Landwirts, der nicht einmal Theologie studiert hat. Dabei können (und sollten) durchaus auf narrative (also erzählende) Weise auch Informationen und Fakten vermittelt werden.

Entscheidend ist dann, dass Sie im Dickicht vieler Informationen nicht die zentrale Frage, die um das Wesen der Prophetie und die Annahme des Wortes Gottes kreist, vergessen. Finden Sie Beispiele aus dem Neuen Testament (aus dem Leben Jesu), in denen es um Reaktionen auf ungeliebte Verkündigung geht! Auch Situationen aus dem Leben Martin Luthers sind vielleicht vergleichbar. Es käme dann aber auch auf eine Übertragung in die Lebenswirklichkeit Ihrer Zuhörer an.

Gliedern Sie Ihre Gedanken nach dem Dreischritt a) Einstieg (die Aufmerksamkeit gewinnen) b) Informationen c) Übertragung in die Gegenwart.

e) Niederschrift

Schreiben Sie eine Ansprache auf 1–2 DIN A 4 Seiten nieder. Zur Orientierung: 2 Seiten beschrieben in 14 Punkt Times bei 17 Punkten Zeilenabstand ergeben eine Vortragslänge von ca. 10 Minuten.

Sollten Sie sich für die Vorbereitung eines Bibelabends entscheiden, bedenken Sie, dass die Teilnehmerinnen und Teilnehmer Raum für eigene Gesprächsbeiträge haben sollen und dazu auch ermutigt werden müssen. Wichtiger als ein ausformulierter Text ist eine klare Gliederung Ihres Gedankenganges; ein Ablaufplan mit verschiedenen Stationen, zu dem Sie zurückkehren können, auch wenn das Gespräch zwischendurch abschweift. Hier können Sie (besser als in einer Andacht) auch mal eine Landkarte zeigen oder in der Bibel andere Stellen aufschlagen. Formulieren Sie eine Einstiegsfrage, von der aus Sie Ihre weiteren Gedanken entwickeln können

12.3 Der „verlorene Sohn“ – und wir?

In dieser Lektion soll es um einen der bekanntesten Texte des Neuen Testamentes gehen, um das Gleichnis Jesu, das üblicherweise mit „Der verlorene Sohn“ betitelt wird. Gerade die Bekanntheit dieses Textes bei Ihnen selbst, aber auch bei Zuhörern einer Andacht ist die große Herausforderung bei der Auslegung dieses Textes. Einen etwas „frischeren“ Zugang eröffnet vielleicht die Einschätzung von Burghard Krause, es handele sich um eine Geschichte, bei der „man Gott direkt in die Augen sehen kann, ohne dabei die Augen vor sich selbst und den eigenen Abgründen verschließen zu müssen.“[108]

Wieder besteht die Möglichkeit, die Bemühungen um das Verstehen des Textes mit Blick auf eine Andacht vorzunehmen. Als Alternative sei die Gestaltung eines Abends mit interessierten Jugendlichen, etwa im Rahmen eines gemeindlichen Jugendkreises, vorgeschlagen.

a) Die erste Begegnung mit dem Text
Bevor Sie die Geschichte nachlesen: Versuchen Sie sich das Gleichnis vom verlorenen Sohn im Kopf selbst noch einmal zu erzählen. Schreiben Sie kurz die Personen auf, die darin vorkommen, und notieren Sie den groben Handlungsablauf. Lesen Sie jetzt das Gleichnis in Lk 15,11–32 nach. Zuerst in einer Ihnen vertrauten, dann in einer anderen Übersetzung.

b) Informationen über den Text
Bei der Geschichte vom verlorenen Sohn handelt es sich um eins der *Gleichnisse* Jesu. Informieren Sie sich über diese Gattung. Nutzen Sie dazu die Sacherklärung der *Stuttgarter Erklärungsbibel* und ein *Lexikon*. Überlegen Sie, welche Gleichnisse Sie noch kennen. Die Exegeten sind sich einig, dass die Rede in Gleichnissen bereits auf Jesus selbst zurückgeht und nicht erst eine literarische Einkleidung der E-

---

108 Krause, Reise, S. 122.

vangelisten ist. Wofür sucht Jesus Vergleiche? Worüber möchte er sprechen? Sammlungen von Gleichnissen finden sich auch in Mk 4 und Mt 13. Dort finden Sich jeweils durch die ersten Sätze der einzelnen Texte Hinweise darauf, wofür hier von Jesus Vergleiche gesucht werden. Allerdings ist diese Frage nicht nur pauschal für Gleichnisse insgesamt, sondern für Lk 15,11–32 im Besonderen zu beantworten!

Das fünfzehnte Kapitel des Lukasevangeliums bietet drei eigenständige Gleichnisse, die alle drei von der Einleitung in Lk 15,1–2 abhängig sind. Was tragen diese beiden Verse zum Verständnis der Verse 11–32 bei? Die Überschriften der drei Gleichnisse in der Lutherbibel beginnen alle mit den Worten „Vom verlorenen..." Dadurch wird unser Verstehen der Texte geleitet. Aber diese Überschriften stammen nicht aus dem Lukasevangelium (schon gar nicht von Jesus selbst), sondern sind Werk der Herausgeber moderner Bibelausgaben. Der Titel „Vom verlorenen Sohn" lenkt die Aufmerksamkeit von Anfang an nur auf eine der handelnden Personen. Sind aber die anderen nur „Nebenfiguren"? Achten Sie auf die Rolle aller Figuren im Text!

Einige Anmerkungen zu Einzelheiten: V. 13: Nach damaligem jüdischen Recht darf ein Sohn sein Erbe nicht zu Geld machen, solange der Vater noch lebt. V. 15: Schweine sind „unreine" Tiere. Dass der Sohn überhaupt bei solchen Leuten ist, die Schweine halten, zeigt seine Entfernung vom Volk Gottes. Er selbst ist „ganz unten." V. 20b: Dass der Vater – doch offenbar ein wohlhabender Landbesitzer – „läuft" ist eigentlich unschicklich. V. 22: Der Ring ist ein Siegelring (verleiht Vollmacht über den Besitz); das Kleid ist wie ein „Orden"; Sandalen sind Zeichen des freien Mannes, Sklaven laufen barfuss. Diese Attribute sagen etwas darüber aus, was „Vergebung" hier eigentlich bedeutet.

Zwei Sätze innerhalb der Geschichte werden jeweils annähernd wörtlich wiederholt. Das verleiht ihnen besondere Bedeutung und erschließt wesentlich den Sinn des Gleichnisses. Achten Sie auf diese beiden Sätze und bedenken Sie, welche Themen damit angesprochen sind.

Schließlich: Wo ist Jesus in dieser Geschichte? Er ist der Erzähler, aber mindestens indirekt kommt er auch in der Geschichte selbst vor. Welche Situation innerhalb des Gleichnisses berührt sich am ehesten mit dem Vorwurf, den die Pharisäer in Lk 15,2 Jesus machen? Bedenken Sie auch die Überlegungen zu der Aussage, Jesus sei der „Sohn Gottes" (*vgl. 11.3*).[109]

---

109 Als Hilfsmittel kann dienen: Schuld und Vergebung. Unterrichtsmodell für den Konfirmandenunterricht. Erarbeitet im Auftrag und unter Mitwirkung der Kommission für Kirchliche Unterweisung der Selbständigen Evangelisch-Lutherischen Kirche von Hans Peter Mahlke, Hannover 2001, S. 34–50.

c) Hermeneutische Besinnung

Auch das Gleichnis vom verlorenen Sohn ist eine Geschichte, die erzählt werden will, aber es ist auch eine Geschichte, die zum Spiegeln der eigenen Situation und zur Identifikation mit den handelnden Personen einlädt. Haben Sie im Laufe des Arbeitsschrittes *b)* Züge an der Geschichte entdeckt, die Ihnen neu waren? Leicht bietet sich die Identifikation mit dem jüngeren („verlorenen") Sohn an. Aber zu fragen ist, wo Menschen heute sich tatsächlich von Gott entfernen. Wie und wo ist das erfahrbar? Besteht in der christlichen „Kerngemeinde" nicht auch die Möglichkeit, sich in die Rolle des „älteren Bruders" hineinzudenken? Vor allem aber darf nicht außer Acht bleiben, was das Gleichnis über Gottes Wesen und seine Liebe zu beiden Kindern aussagt. Die Geschichte ist vielschichtig und wird weder in einer Auslegung, noch an einem Jugendabend „zu Ende" verstanden. Für Sie besteht eine wesentliche Aufgabe darin, hier Schwerpunkte zu setzen und bestimmte Züge des Gleichnisses bewusst wegzulassen.

Burghard Krause hat einen Versuch vorgelegt, in sieben Schritten die Bewegung des Sohnes vom Vater weg und seine Umkehr nachzuzeichnen. Er hat dabei jeweils den Menschen („Sohn") und Gott („Vater") im Blick. Hier eine Zusammenfassung[110]:

i) Misstrauen – Der Schmerz Gottes. Die Trennung von Gott beginnt mit dem Misstrauen, bei Gott würde man den „wahren Kick" verpassen (*vgl. 11.2*). Aber Gott leidet darunter (das sagt das Gleichnis nicht ausdrücklich).

ii) Maßlosigkeit – Der Zorn Gottes. Der Sohn bringt sein Geld durch mit Prassen. Dies lässt sich auch auf die Formel bringen: Gott überlässt den Menschen seinen Begierden. Der Mensch verliert sich daran. Haben Sie so schon an Gottes Zorn gedacht?

iii) Einsamkeit – Die Verborgenheit Gottes. Als der Sohn bei den Schweinen sitzt, ist er isoliert und entfremdet, nicht nur von Gott und anderen Menschen, sondern auch ein Stück von sich selbst (er erkennt sich nicht wieder). Noch einmal wird „Sünde" als Zustand der Trennung anschaulich (*vgl. 11.2*).

iv) Umkehr – Die Treue Gottes. Um-kehr oder Be-kehrung hängt mit Richtungswechsel zusammen. Wohin geht der junge Mann zuerst, bevor er nach Hause geht? Vorausgesetzt (oder erhofft) ist, dass Gott treu zu seinen Menschen steht. Gibt es Zeichen im Leben des einzelnen dafür?

v) Überraschung – Die Sehnsucht Gottes. Die Tatsache, dass der Vater seinem Sohn entgegenläuft, ist ausdeutbar auf Gottes Wesen. Wie kommt er dieser Welt entgegen?

vi) Ehrlichkeit ohne Angst – Die Güte Gottes. Zum Bekenntnis des Sohnes gegenüber dem Sohn fällt einem das altmodische Stichwort

---

110 Die Lektüre der Auslegung sei ausdrücklich empfohlen; vgl. Krause, Reise, S. 125–139.

„Beichte" ein. Dazu ein Satz von Krause: „Christen *müssen* nicht beichten, *damit* Gott ihnen gnädig ist. Christen *dürfen* beichten, *weil* Gott ihnen gnädig ist."[111] Wie verbinden Sie die Stichworte „Beichte" und „Ehrlichkeit"?

vii) Neues Vertrauen – Die Freude Gottes. Der Vater gibt dem Sohn alle möglichen Dinge bei seiner Rückkehr und feiert ein Fest. Was bedeutet angesichts dieser Geschichte „Vergebung" oder „Versöhnung"?

Diese sieben Schritte stellen einen Versuch dar. Einerseits wird z.B. die Figur des älteren Bruders dabei allenfalls am Rande gestreift; andererseits sind doch zu viele Aspekte zusammengetragen, um sie in einer zehnminütigen Andacht alle zu berücksichtigen. Ich warne also davor, das Gleichnis „vom verlorenen Sohn" vollständig erklären zu wollen. Ihr Verstehen verleiht Ihnen Kompetenz zur Auswahl!

d) Das Material wird gesichtet

Es ist im Laufe der Beschäftigung mit Lk 15,11–32 deutlich geworden, dass hier ein Text vorliegt, der in sich bildreich und vielschichtig ist und daher nicht durch viele Beispiele erweitert oder illustriert werden muss. Vielmehr besteht die Aufgabe jetzt noch einmal in einer bewussten Auswahl aus den verschiedenen zutage getretenen Aspekten. Bedenken Sie dabei Ihre Zielgruppe. Wer wird voraussichtlich Adressat einer Andacht sein? Könnten Sie sich vorstellen, in eine Jugendgruppe mit der Geschichte hineinzugehen? Was wird jeweils vom verlorenen Sohn bekannt sein? Sie können den Schwerpunkt auf den jüngeren oder den älteren Bruder legen oder anhand der Figur des Vaters etwas über Gottes „Entgegenkommen" verdeutlichen. Auch ein neuer Zugang zum Thema „Beichte" wäre möglich. Sie entscheiden. Wichtig ist, dass Sie dies bewusst und begründet tun. Manches, was interessant ist, kann auch später noch thematisiert werden.

e) Die Niederschrift

Vgl. die Hinweise zu diesem Abschnitt unter 12.1 und 12.2.

111 Krause, Reise, S. 135.

12.4 Petrus – Mit dem Kopf durch die Wand, neben der offenen Tür

In diesem letzten Abschnitt dreht sich das Bemühen um das Verstehen des Glaubens nicht um einen biblischen Text, sondern um eine der bekannten Gestalten des Neuen Testaments, den Jünger und Apostel Petrus. Sein Bild soll von Ihnen aus unterschiedlichen biblischen Texten zusammengesetzt werden. Dabei geht es nicht um eine genaue Rekonstruktion der historischen Persönlichkeit. Das Neue Testament wird auch nicht in erster Linie als Quelle für die Biographie des „historischen Simon“ aus Galiläa gelesen, sondern als Glaubenszeugnis. Es geht nicht um die Frage, wie der historische Petrus „wirklich“ war, sondern darum, das Bild, das im NT von ihm gezeichnet wird, wahrzunehmen und zu verstehen, warum Petrus gerade so dargestellt wird. Über den Petrus des Neuen Testamentes könnte man tatsächlich einen Roman schreiben. Aber auch darum soll es hier nicht gehen. Vielmehr interessiert wieder die Frage, wie das Zeugnis von Petrus in die Gegenwart übersetzt werden kann. Ich schlage zwei Möglichkeiten der praktischen Umsetzung vor: Entweder Sie erarbeiten eine Auslegung über verschiedene Petrusgeschichten; der Rahmen einer Passionsandacht würde sich hierfür anbieten. Oder Sie informieren sich gründlich über die Petrusfigur, wie sie das Neue Testament schildert, und geben Impulse in das Vorbereitungsteam des Kindergottesdienstes oder anderer gemeindlicher Kinderarbeit hinein. Denn das, was Petrus erlebt, ist spannend und lässt sich gut erzählen. Die Fülle der Episoden des Neuen Testaments eignet sich für das Kindergottesdienst- oder Kindergruppenprogramm über mehrere Wochen.

a) Die erste Begegnung mit Petrus

Ich gehe davon, dass Sie jetzt als ein Christenmensch, der sich durch dieses Buch gearbeitet hat, nicht zum ersten Mal von Petrus hören. Bitte schreiben Sie in wenigen Stichworten oder Sätzen auf, was Ihnen zu Petrus einfällt. Überlegen Sie dann, ob Sie sich selbst mit diesem Petrus vergleichen würden. Was spräche dafür, was dagegen?

b) Informationen über die Texte

Hier steht, wie gesagt, nicht ein einziger Text im Mittelpunkt; auch finden sich in unserem Neuen Testament nicht alle Geschichten oder Mitteilungen über Petrus an einem Ort oder nur in einem Evangelium. Ebenso wie die Geschichte Jesu in vier Evangelien aus vier unterschiedlichen Perspektiven berichtet wird, zeichnen die Evangelisten ein Bild vom Jünger Petrus in verschiedenen Tönungen, und auch in der Apostelgeschichte, in der aus dem Jünger Petrus längst eine der „Säulen“ der ersten christlichen Gemeinde geworden ist, werden noch einmal eigene Akzente gesetzt. Schließlich hat auch Paulus etwas über

Petrus zu sagen, wenn er die oft von Konflikten geprägten Begegnungen der beiden großen Apostel „Peter und Paul“ erwähnt. Ihre Aufgabe besteht also vor allem darin, die unterschiedlichen neutestamentlichen Texte sorgfältig und in ihrer Eigenart wahrzunehmen. Da es hier nicht in erster Linie um die historische Rekonstruktion der Textgeschichte oder der Biographie des geschichtlichen Simon Petrus geht, werden Sie nicht viele Hilfsmittel brauchen. Empfohlen seien wieder die *Stuttgarter Erklärungsbibel* (mit den Sacherklärungen), sowie ein gutes *Lexikon* (Stichwort Petrus).

Unter den vier Evangelien stammt das älteste vermutlich von *Markus*; das heißt, Markus berichtet auch als erster Evangelist von Petrus und prägt damit das Bild dieses Jüngers. Nach der Ansicht mancher Exegeten war sogar der historische Petrus selbst der wichtigste Gewährsmann für die Informationen des Markus gewesen. Markus erzählt von der Berufung des Petrus, der da noch Simon heißt, und teilt uns mit, dass er von Beruf Fischer war und einen Bruder namens Andreas hatte (Mk 1,16–20). Im Zentrum des Markusevangeliums steht das Bekenntnis des Petrus (Mk 8,27–39). Petrus erkennt in Jesus den Christus. Diese fundamentale Einsicht hebt den Jünger hervor. Aber unmittelbar danach erweist sich derselbe Petrus als „vom Teufel geritten“, weil er die Notwendigkeit von Jesu Leiden und Sterben nicht einsieht (Mk 8,31–33). Zusammen mit Jakobus und Johannes wird Petrus auf den Berg der Erscheinung mitgenommen (dieselbe Dreiergruppe ist später mit Jesus in Gethsemane). Aber auch hier schätzt Petrus die Situation falsch ein und will den Augenblick für immer festhalten (Mk 9,5). Ausführlich schildert Markus in der Passionserzählung die Verleugnung des Petrus (Mk 14,66–72), bei deren Ankündigung (Mk 14,26–31) sich der Jünger noch mit starken Worten gewehrt hatte. Der starke Jünger versagt und ist doch der letzte der Zwölf, die im Markusevangelium namentlich erwähnt werden (Mk 16,7).

Matthäus bietet ein ganz ähnliches Petrusbild, trägt aber noch eigene charakteristische Züge bei. Nur er berichtet vom Seewandel des Petrus, wobei der Jünger erst ungestüm vorprescht und dann doch herein fällt (Mt 14,22–33). Nur bei Matthäus sagt Jesus zu Petrus: „Du bist Petrus und auf diesen Felsen will ich meine Gemeinde bauen...“ (Mt 16,17). Das griechische Wort *petros* bedeutet Fels und ist ein Beiname für den Mann, der „bürgerlich“ Simon heißt. Die Kirche ruht aber doch nicht auf den persönlichen Qualitäten dieses Menschen, sondern auf seinem Bekenntnis zu Christus (Mt 16,16). Nur bei Matthäus verleiht Jesus dem Petrus (und später allen Jüngern, Mt 18,18) die „Schlüssel des Himmelreiches“ (Mt 16,18). Das hat in der volkstümlichen Auslegung zu Missverständnissen geführt. So wurde Petrus zu einer Art Türhüter für die Verstorbenen oder zum „Wettergott“, der den Himmel aufschließt, so dass es regnet. Gemeint ist die Vollmacht, Sünden im Namen Jesu zu vergeben und zu behalten.

Im *Johannes*evangelium werden Ungestüm und Unverständnis des berühmten Jüngers durch bestimmte Episoden hervorgehoben. Nur Johannes berichtet von der Fußwaschung Jesu, bei der Petrus erst gar nicht, dann aber von oben bis unten gewaschen werden will (Joh 13,6–11). Nur von Johannes erfahren wir, dass der übereifrige Jünger, der bei der Verhaftung Jesu einem Knecht ein Ohr abschlug, eben Petrus war (Joh 18,10–11). Nur Johannes schildert einen skurrilen Wettlauf am Ostermorgen zwischen Petrus und dem Lieblingsjünger Johannes – und Petrus ist zu langsam (Joh 20,1–10). Aber auch Johannes ist es, bei dem dieser unverständige und manchmal ungestüme Petrus von Jesus den Auftrag erhält: „Weide meine Schafe!" (Joh 21,15–17).

Lukas fügt dem Bild von Petrus die Episode über den Fischfang hinzu und betont so die Aufgabe des Menschenfischers (Lk 5,1–11). Vor allem aber zeichnet Lukas in seiner *Apostelgeschichte* ein Bild von Petrus als Apostel der frühen Kirche. Er wird zu einer der Führerfiguren der Urgemeinde, was etwa an der Pfingstpredigt zu erkennen ist (vgl. Apg 2). Paulus zählt ihn zusammen mit Jakobus und Johannes zu den „Säulen" der Jerusalemer Gemeinde (Gal 2,9). Nach Petrus wird der Ausspruch „Man muss Gott mehr gehorchen als den Menschen" (Apg 5,29) als *„clausula petri"* bezeichnet. Andererseits bleibt auch der „Apostel Petrus" in mancher Hinsicht „schwer von Kapee". So muss er erst von Gottes Geist gegen seine eigene Frömmigkeit dazu gebracht werden, das Evangelium auch einem „Heiden", nämlich dem römischen Hauptmann Kornelius zu verkündigen (Apg 10).

An der Frage, inwiefern Heiden- und Judenchristen miteinander Gemeinschaft haben können, entzündet sich auch ein Konflikt zwischen *Paulus* und Petrus, von dem Paulus im Galaterbrief berichtet. Paulus, der Petrus stets bei seiner aramäischen Namensform „Kephas" nennt, berichtet davon, dass Petrus zusammen mit ihm in der syrischen Stadt Antiochien die Tischgemeinschaft mit Heidenchristen gepflegt habe. Dies war Ausdruck der neuen Gemeinschaft zwischen Juden und Heiden, die durch den gemeinsamen Glauben an Christus gestiftet wird. Erst als eine Delegation der judenchristlichen Gemeinde aus Jerusalem nach Antiochien kam, fürchtete Petrus um seinen guten Ruf und sonderte sich von den Heidenchristen ab (Gal 2,11–14). Paulus nennt dies – drastisch aber deutlich – Heuchelei (Gal 2,13).

Aus der Fülle dieser Texte entsteht in einer Art Collage ein Bild von Petrus. Auch wenn jeder der Autoren seine eigene Sichtweise bietet und eigene Schwerpunkte setzt, lässt sich doch insgesamt eine Figur des Petrus erkennen, die ganz bestimmte Eigenschaften hat. Versuchen Sie, die Person dieses Petrus, seinen Glaubens und seine Rolle in Kirche und Gemeinde nachzuzeichnen.

c) Hermeneutische Besinnung

Das Auffälligste an der Schilderung des Petrus ist wahrscheinlich die Ambivalenz, die Zwiespältigkeit des Bildes, besonders wenn man das neutestamentliche Porträt des Jüngers mit Vorstellungen vom „Heiligen Petrus" oder gar mit dem Papstamt vergleicht (Paulus konnte Petrus Heuchelei vorwerfen und Paulus war von allen vermutlich am nächsten an dem „echten", historischen Petrus dran!). Auch wenn die Darstellungen der Evangelien über Petrus nicht unmittelbar die geschichtliche Person abbilden, so zeichnen sie doch das Bild eines Menschen, das durchaus realistisch und nachvollziehbar ist. Petrus ist auch nach dem Zeugnis des Neuen Testamentes kein „frommer Superheld", sondern ein richtiger Mensch mit Ecken und Kanten, mit Stärken und Schwächen, allerdings ein Mensch, der glaubte und sich von Jesus in die Nachfolge rufen ließ. Diesen Aspekt kann man weiterverfolgen. Stellen Sie nun noch einmal die Eingangsfrage, ob Sie sich mit Petrus vergleichen würden und ob Sie anderen Menschen zumuten würden, sich mit diesem Petrus zu vergleichen.

Schauen Sie sich von hieraus in der Bibel nach anderen Figuren um. Was ist eigentlich mit Paulus, der Petrus der Heuchelei bezichtigte? Was für Eigenschaften werden vielen berühmten Personen im Alten Testament zugeschrieben? Denken Sie an Jakob, Moses oder König David. Welche Züge solcher Personen laden zur Identifikation ein, wo liegen die Grenzen (wenn Ihnen das „Forschen" zu viel wird, bleiben Sie mit diesen Fragen bei der Figur des Petrus)?

Bedenken Sie anhand des Petrus noch einmal, was oben über das Wesen des Christen als „gerecht und Sünder zugleich" gesagt wurde (*vgl. 9.2*). Und schreiben Sie in wenigen Sätzen auf, was Ihnen zu der Formulierung „Leben aus dem Glauben" oder „Leben in der Nachfolge Jesu" einfällt.

d) Das Material wird gesichtet

In Ihrem Bemühen um Petrus sind Sie in einem Schnelldurchgang einmal durch wesentliche Teile des Neuen Testaments gereist. Die Fülle der Geschichten und Informationen muss verarbeitet werden. Zwei Schritte möchte ich Ihnen dazu vorschlagen: i) Zeichnen Sie für sich eine rote Linie im Leben und Glauben des Petrus. ii) Wählen Sie aus! Entscheiden Sie sich für eine, zwei oder drei Episoden aus dem Leben des Petrus, an denen sich Ihrer Meinung nach „Typisches" verdeutlichen lässt. Insbesondere der Seewandel aus Mt 14 oder die Verleugnungsgeschichte eignen sich sicher gut.

Bedenken Sie vor allem, auf welches Ziel Sie hinarbeiten. Für eine Andacht ist die eben beschriebene Auswahlmethode sicher die geeignete. Sollten Sie (zusammen mit andern Mitarbeitern) Petrus als Thema für die Kinderarbeit vorstellen wollen, bedenken Sie folgendes: Sie bereiten nicht Kindergottesdienste oder Kinderstunden vor, sondern führen Mitarbeiter in die Figur des Petrus ein. Das kann anhand mehrerer einzelner Episoden aus dem Leben des Petrus geschehen. Versuchen Sie das, was Sie als theologisch wichtig erkannt haben, an das Team für die Kinderarbeit weiterzugeben.

Was immer Sie mit dem Material machen: Vieles ist schon im Neuen Testament einfach gut erzählt und bedarf nicht mehr vielerlei Illustration. Konzentrieren Sie sich also bei aller Anschaulichkeit auf das Übersetzen der Figur des Petrus in das Leben Ihrer Mitchristen.

e) Die Niederschrift

Vgl. die Hinweise in den Abschnitten 12.1 und 12.2.

Literatur

– *Zu 1 Nachdenken über das Verstehen*

Berger, Klaus, Hermeneutik des Neuen Testaments, Gütersloh 1988.

Die *Bekenntnisschriften* der Evangelisch-Lutherischen Kirche, Göttingen [10]1986 *[BSLK]*.

Bultmann, Rudolf, Das Problem der Hermeneutik, in: ders., Glauben und Verstehen, gesammelte Aufsätze, Bd. 2, Tübingen [4]1983, 211–235.

Burfeind, Carsten, Wen hörte Philippus? Leises Lesen und lautes Vorlesen in der Antike, ZNW 93 (2002), 138-145.

Die heilige Taufe. Unterrichtsmodelle für den Konfirmandenunterricht, herausgegeben von der Kommission für kirchliche Unterweisung der Selbständigen Evangelisch-Lutherischen Kirche, Hannover 1997.

Ebeling, Gerhard, Art. Hermeneutik, in: RGG[3] 3, Tübingen 1959, 242–262.

Fuchs, Ernst, Marburger Hermeneutik, Tübingen 1968.

Gadamer, Hans-Georg, Wahrheit und Methode. Grundzüge einer philosophischen Hermeneutik, Tübingen 1960.

Gunneweg, Antonius H. J., Vom Verstehen des Alten Testaments. Eine Hermeneutik, GAT 5, Göttingen [2]1988.

Heidegger, Martin, Sein und Zeit, Tübingen [17]1993.

Müller, Peter, „Verstehst du auch, was du liest?" Lesen und Verstehen im Neuen Testament, Darmstadt 1994.

Oeming, Manfred, Biblische Hermeneutik. Eine Einführung, Darmstadt 1998.

Rad, Gerhard von, Theologie des Alten Testaments, Bd. 2: Die Theologie der prophetischen Überlieferungen Israels, München [9]1987.

Schleiermacher, Friedrich D. E., Hermeneutik. Nach den Handschriften neu herausgegeben und eingeleitet von Hans Kimmerle, Heidelberg [2]1974.

Stuhlmacher, Peter, Vom Verstehen des Neuen Testaments. Eine Hermeneutik, GNT 5, Göttingen [2]1986.

Stuttgarter Erklärungsbibel. Die Heilige Schrift nach der Übersetzung Martin Luthers mit Einführungen und Erklärungen, Stuttgart 1992.

Unser Glaube. Die Bekenntnisschriften der evangelisch-lutherischen Kirche, hg. vom Luth. Kirchenamt der VELKD, Gütersloh 1986.

– *Zu 2 Voraussetzungen des Verstehens*

Aland, Kurt, Geschichte der Christenheit, Bd. 1: Von den Anfängen bis an die Schwelle der Reformation, Gütersloh 1980.

Eco, Umberto, Das Foucaultsche Pendel. Deutsch von Burkhard Kroeber, München/Wien 1989.

Josuttis, Manfred, Der Pfarrer ist anders. Aspekte einer zeitgenössischen Pastoraltheologie, München [4]1991.

Krause, Burghard, Auszug aus dem Schneckenhaus. Praxisimpulse für eine verheißungsorientierte Gemeindeentwicklung, Neukirchen-Vluyn [2]1998.

Luther, Martin, An den christlichen Adel deutscher Nation von des christlichen Standes Besserung (1520), in: Luther Deutsch, Bd. 2: Der Reformator, hg. von Kurt Aland, Göttingen [2]1966, 157–170 *[WA 6, 405–415].*

Luther, Martin, Daß eine christliche Versammlung oder Gemeine Recht und Macht habe, alle Lehre zu beurteilen und Lehrer ein- und abzusetzen: Grund und Ursache aus der Schrift (1523), in: Luther Deutsch, Bd. 6: Kirche und Gemeinde, 47–55 *[WA 11, 408–415].*

– *Zu 3 Verstehen und Sprache*

Assmann, Jan, Ägypten. Eine Sinngeschichte. München und Wien 1996.

Austin, John L., Zur Theorie der Sprechakte, Stuttgart 1985.

Behrens, Achim, Was heißt eigentlich Schöpfung? Anmerkungen zu mentalitätsgeschichtlichen Aspekten der Gentechnikdebatte, LuThK 26 (2002), 69–76.

Brunner-Traut, Emma, Frühformen des Erkennens. Aspektive im Alten Ägypten, Darmstadt [3]1996.

Bühler, Karl, Sprachtheorie, Jena 1934.

Glueck, Nelson, Das Wort Chesed im alttestamentlichen Sprachgebrauche als menschliche und göttliche gemeinschaftsgemäße Verhaltungsweise, BZAW 47, Berlin [2]1961.

Günther, Hartmut, Einblicke in die Bibel der Christenheit. Lesehilfen für Bibelleser, OUH 34, Oberursel 1997.

Høeg, Peter, Fräulein Smillas Gespür für Schnee. Aus dem Dänischen von Monika Westermann, Reinbek bei Hamburg 1996.

Köller, Wilhelm, Philosophie der Grammatik. Vom Sinn grammatischen Wissens, Stuttgart 1988.

Körtner, Ulrich H. J., Unverfügbarkeit des Lebens? Grundfragen der Bioethik und der medizinischen Ethik, Neukirchen-Vluyn 2001.

Koschmieder, Erwin, Zeitbezug und Sprache. Ein Beitrag zur Aspekt- und Tempusfrage, Leipzig und Berlin 1929.

Luther, Martin, Ein Sendbrief vom Dolmetschen (1530), in: Luther Deutsch, Bd. 5: Die Schriftauslegung, 79–92 *[WA 30.2, 632–646].*

Michel, Diethelm, Grundlegung einer Hebräischen Syntax Teil 1 Sprachwissenschaftliche Methodik, Genus und Numerus des Nomens, Neukirchen-Vluyn [2]2004.

Michel, Diethelm, Interpretation und Übersetzung alttestamentlicher Texte, in: Möglichkeiten und Grenzen einer Revision des Luthertextes (Veröffentlichungen der Luther Akademie Ratzeburg, Bd. 1), Erlangen 1980, 69–84.

Searle, John R., Sprechakte. Frankfurt/Main [3]1988.

Wagner, Andreas, Sprechakte und Sprechaktanalyse im Alten Testament. Untersuchungen im biblischen Hebräisch an der Nahtstelle zwischen Handlungsebene und Grammatik. BZAW 253, Berlin / New York 1997.

– *Zu 4 Verstehen und Geschichte*

Michel, Diethelm, Überlieferung und Deutung in der Erzählung von Isaaks Opferung (Gen 22), in: ders., Studien zur Überlieferungsgeschichte alttestamentlicher Texte, hg. von A. Wagner, R.G. Lehmann, A. Diesel, J.F. Diehl und A. Behrens, TB 93, Gütersloh 1997, 89–92.

Rad, Gerhard von, Das Alte Testament ist ein Geschichtsbuch, in: Claus Westermann (Hg.), Probleme alttestamentlicher Hermeneutik, TB 11, München 1960, 11–17.

Ratschow, Carl Heinz, Der angefochtene Glaube. Anfangs- und Grundprobleme der Dogmatik, Gütersloh 1957.

Vorländer, Karl, Geschichte der Philosophie mit Quellentexten, Bd. 1: Altertum. Durchgesehen und mit einem Nachwort von Maximilian Forschner, rohwolt enzyklopädie 492, Reinbek bei Hamburg 1990.

– *Zu 5 Moderne Möglichkeiten des Bibelverstehens*

Berg, Horst Klaus, Ein Wort wie Feuer. Wege lebendiger Bibelauslegung, Stuttgart/München 1991.

Drewermann, Eugen, Tiefenpsychologie und Exegese, Olten/Freiburg, Bd. 1 ^{2}1984; Bd. 2 ^{2}1986.

Elert, Werner, Der christliche Glaube. Grundlinien der lutherischen Dogmatik, Erlangen ^{6}1988.

Gunkel, Hermann, Einleitung zu Hans Schmidt, Die großen Propheten, SAT II/2, Göttingen 1915, XI–LXXII.

Luz, Ulrich (Hg.), Zankapfel Bibel. Eine Bibel – viele Zugänge, Zürich ^{3}2002.

Oeming, Manfred, Biblische Hermeneutik *[wie zu Kap. 1].*

Oeming, Manfred, Das Alte Testament als Teil des christlichen Kanons? Studien zu gesamtbiblischen Theologien der Gegenwart, Zürich 2001.

Rad, Gerhard von, Das erste Buch Mose/Genesis, ATD 2–4, Göttingen ^{8}1967.

Schottroff, Luise / Schroer, Silvia / Wacker, Marie-Theres, Feministische Exegese. Forschungserträge zur Bibel aus der Perspektive von Frauen, Darmstadt 1995.

Trible, Phyllis, Mein Gott, warum hast du mich vergessen! Frauenschicksale im Alten Testament, Gütersloh ^{3}1995.

Schleiermacher, Friedrich D. E., Der christliche Glaube. Nach den Grundsätzen der evangelischen Kirche im Zusammenhang dargestellt, hg. von M. Redeker, Berlin ^{7}1960.

Trillhaas, Wolfgang, Dogmatik, Berlin 1962.

Wilckens, Ulrich, Der Brief an die Römer (Röm 12–16), EKK VI/3, Zürich/Neukirchen-Vluyn ^{3}2003.

Zahrnt, Heinz, Die Sache mit Gott. Die protestantische Theologie im 20. Jahrhundert, München 1966.

– *Zu 6 Das Verhältnis von Altem und Neuem Testament*

Behrens, Achim, Theologische Reflexionsgeschichte. Schritte auf dem Weg zu einer Hermeneutik des Alten Testaments, in: M. Schätzel / W. Schillhahn (Hg.), Wortlaute. Festschrift für Hartmut Günther, Groß Oesingen 2002, 111–133.

Bultmann, Rudolf, Weissagung und Erfüllung, in: C. Westermann (Hg.), Probleme Alttestamentlicher Hermeneutik, TB 11, München 1960, 28–53.

Dohmen, Christoph / Stemberger, Günter, Hermeneutik der Jüdischen Bibel und des Alten Testaments, Stuttgart 1996.

Greenberg, Moshe, Ezechiel 1–20, deutsch von Michael Konkel, mit einem Vorwort von Erich Zenger, HThK.AT, Freiburg i.Br. 2001.

Gunneweg, Antonius H. J., Biblische Theologie des Alten Testaments. Eine Religionsgeschichte Israels in biblisch-theologischer Sicht, Stuttgart 1993.

Gunneweg, Antonius H. J., Vom Verstehen des Alten Testaments. Eine Hermeneutik *[wie zu Kap. 1].*

Japhet , Sara, 1 Chronik, deutsch von Dafna Mach, HThK.AT, Freiburg i.Br. 2003.

Luther, Martin, Eine Unterrichtung, wie sich die die Christen in Mose schicken sollen (1525), in: Luther Deutsch, Bd. 5: Die Schriftauslegung, 93–109 *[WA 24, 2–16].*

Luther, Martin, Vorrede zum Alten Testament (1523), in: Luther Deutsch, Bd. 5: Die Schriftauslegung, 9–23 *[WA DB 8, 10–30].*

Micheel Rosemarie / Oeming, Manfred, Erkennen – lieben – umkehren. Sieben Texte aus dem Buch Hosea, Texte zur Bibel 19, Neukirchen-Vluyn 2003,
Michel, Diethelm, Annäherungen. Gedanken zum Problem der fundamentalen Bedeutung des Alten und der normativen Bedeutung des Neuen Testaments, in: ders., Studien zur Überlieferungsgeschichte alttestamentlicher Texte hg. von A. Wagner, A. Müller, R.G. Lehmann, A. Diesel, J.F. Diehl und A. Behrens, TB 93, Gütersloh 1997, 69–88.
Michel, Diethelm, Israels Glaube im Wandel. Einführungen in die Forschung am Alten Testament, Berlin 1968.
Rad, Gerhard von, Theologie des Alten Testaments, Bd. 2: Die Theologie der prophetischen Überlieferungen Israels *[wie zu Kap. 1].*
Schmidt, Werner H., Die Ohnmacht des Messias. Zur Überlieferungsgeschichte der messianischen Weissagungen im Alten Testament, in: U. Struppe (Hg.), Studien zum Messiasbild im Alten Testament, SBAB 6, Stuttgart 1989, 67–88.
Westermann, Claus (Hg.), Probleme Alttestamentlicher Hermeneutik, TB 11, München 1960.
Westermann, Claus, Zur Sammlung des Psalters, in: ders., Forschung am alten Testament. Gesammelte Studien, TB 24, München 1964.
Wolff, Hans Walter, Zur Hermeneutik des Alten Testaments, in: C. Westermann (Hg.), Probleme Alttestamentlicher Hermeneutik, TB 11, München 1960, 140–180.
Zenger, Erich u.a., Einleitung in das Alte Testament, Stuttgart ^{4}2001.

– *Zu 7 Die Bibel – Gottes Wort verstehen*
Barth, Karl, Kirchliche Dogmatik. Ausgewählt und eingeleitet von Helmut Gollwitzer, München 1987.
Die *Bekenntnisschriften* der Evangelisch-Lutherischen Kirche *[wie zu Kap. 1].*
Ebeling, Gerhard, Dogmatik des christlichen Glaubens Bd. 1, Tübingen 1979.
Elert, Werner, Der christliche Glaube *[wie zu Kap. 5].*
Sasse, Herrmann, Sacra Scriptura. Studien zur Lehre von der Heiligen Schrift, Erlangen 1981.
Trillhaas, Wolfgang, Dogmatik *[wie zu Kap. 5].*
Unser Glaube. Die Bekenntnisschriften der evangelisch-lutherischen Kirche *[wie zu Kap. 1].*

– *Zu 8 Theologische Leitlinien des Bibelverstehens*
Barth, Karl, Evangelium und Gesetz, Ernst Kinder / Klaus Haendler (Hg.), Gesetz und Evangelium. Beiträge zur gegenwärtigen theologischen Diskussion, WdF 142, Darmstadt 1968, 1–29.
Behrens, Achim, „Gesetz und Evangelium" als Kategorie in der neueren Auslegung des Deuteronomiums. Eine Problemanzeige, LuThK 22 (1988), 1–31.
Der *Brockhaus* in Text und Bild, Edition 2002 (EDV-Lexikon).
Bultmann, Rudolf, Weissagung und Erfüllung, *[wie zu Kap. 6].*
Joest, Wilfried, Art. Gesetz VI. Gesetz und Evangelium, dogmatisch, RGG^{3} 2, Tübingen 1958, 1526–1531.
Herms, Eilert, Art. Liebe VI. Ethisch, RGG^{4} 5, Tübingen 2002, 345–347.
Die Luther-Bibel von 1534. Vollständiger Nachdruck, Köln u.a. 2002.
Luther, Martin, Vorrede zum Hebräerbrief (1522), in: Luther Deutsch, Bd. 5: Die Schriftauslegung, 61–62 *[WA DB 7, 344].*
Luther Martin, Vorrede zum Jakobus- und zum Judasbrief (1522), in: Luther Deutsch, Bd. 5: Die Schriftauslegung, 62–65 *[WA DB 7, 384–386].*
Luther, Martin, Vorrede zum Alten Testament (1523) *[wie zu Kap. 6].*

Salzmann, Jorg Christian, Die Apokryphen – ein vergessenes Erbe der Lutherischen Kirche, in: Lutherische Theologische Hochschule Oberursel 1948–1998, Festschrift zum 50jährigen Jubiläum, Oberursel 1998, 126–149.

– *Zu 9 Anthropologische Leitlinien des Verstehens*

Behrens, Achim, Eine „prophetische Visionsschilderung" im 20. Jahrhundert. Martin Luther Kings „I have a dream" in neuer formgeschichtlicher Perspektive, KuD 49 (2003), 109–135.

Bethge, Eberhard, Dietrich Bonhoeffer. Eine Biographie, München [6]1986.

Ebeling, Gerhard, Luther. Einführung in sein Denken, Tübingen 1964.

Erasmus von Rotterdam, Vom freien Willen. Mit einem Vorwort von Gunther Wenz, übersetzt von Otto Schumacher, Göttingen [7]1998 *[De libero arbitrio, in: ders., Ausgewählte Schriften Bd. 4, Darmstadt 1969].*

Gremels, Georg, Ein Mensch namens Luther. Vom Geheimnis der Wandlung, Marburg 2003.

Härle, Wilfried / Herms, Eilert, Rechtfertigung. Das Wirklichkeitsverständnis des christlichen Glaubens, Göttingen 1979.

Luther, Martin Vom unfreien Willen (1525), in: Luther Deutsch, Bd. 3: Der neue Glaube, 151–334 *[WA 18, 600–787].*

Luther, Martin, Von weltlicher Obrigkeit, wie weit man ihr Gehorsam schuldig sei (1523), in: Luther Deutsch, Bd. 7: Der Christ in der Welt, 9–28 *[WA 11, 246–280].*

Roloff, Jürgen, Neues Testament (Neukirchener Arbeitsbücher), Neukirchen-Vluyn 1977.

Sasse, Hermann, Die Kirche und die politischen Mächte der Zeit, in: ders., In statu confessionis, Bd. 1: Gesammelte Aufsätze, hg. von F.-W. Hopf, Berlin 1975, 251–264.

Stolle, Volker, Luther und Paulus. Die exegetischen und hermeneutischen Grundlagen der lutherischen Rechtfertigungslehre im Paulinismus Luthers, ABG 10, Leipzig 2002.

Weizsäcker, Carl Friedrich von, Der Garten des Menschlichen. Beiträge zur geschichtlichen Anthropologie, München 1977.

– *Zu 10 Die Bibel im Gottesdienst*

Beutel, Albrecht, Predigt II. Geschichte der Predigt, RGG[4] 6, Tübingen 2003, 1585–1591.

Brunner, Peter, Zur Lehre vom Gottesdienst der im Namen Jesu versammelten Gemeinde, in: Leiturgia Bd. 1, Kassel 1954, 83–361.

Dietz, Otto, Unser Gottesdienst. Ein Hilfsbuch zum Hauptgottesdienst nach Agende I für evangelisch-lutherische Kirchen und Gemeinden, München [3]1989.

Engemann, Wilfried, Art. Predigt V. Kommunikationstheoretisch und rezeptionsästhetisch, RGG[4] 6, Tübingen 2003, 1601–1603.

Evangelisches Gesangbuch. Ausgabe für die Evangelische Kirche in Hessen und Nassau, Frankfurt/Main 1994.

Evangelisches Gesangbuch. Ausgabe für die Evangelisch-Luherischen Kirchen in Bayern und Thüringen, München und Weimar o.J.

Evangelisch-Lutherisches Kirchengesangbuch, hg. von der Selbständigen Evangelisch-Lutherischen Kirche, Groß Oesingen [6]1999.

Hermelink, Jan, Art. Predigt III. Konfessionell 2. Evangelisch, RGG[4] 6, Tübingen 2003, 1595–1598.

Käsemann, Ernst, Gottesdienst im Alltag der Welt, in: W. Eltester (Hg.), Judentum, Urchristentum, Kirche. FS J. Jeremias, BZNW 26, Berlin 1960, 165–171.

Lange, Ernst, Zur Theorie und Praxis der Predigtarbeit, in: ders., Predigen als Beruf, Aufsätze, hg. von R. Scholz, München 1982, 9–51.
Leaver, Robin A., Art Gottesdienst II. Historisch 6. Westen b) Reformation, RGG^4 3, Tübingen 2001, 1187–1190.
Luther, Martin, Deutsche Messe und Ordnung des Gottesdienstes (1526), in: Luther Deutsch, Bd. 6: Kirche und Gemeinde, 86–102 *[WA 19, 72–113].*
Nicol, Martin, Art. Predigt IV. Rhetorisch, RGG^4 6, Tübingen 2003, 1598–1601.
Wainwright, Geoffrey, Art. Gottesdienst III. Dogmatisch, RGG^4 3, Tübingen 2001, 1200–1202.
Watzlawick, Paul / Beavin Janet H. / Jackson, Don D., Menschliche Kommunikation. Formen, Störungen, Paradoxien, Bern/Göttingen/Toronto/Seattle ^{10}2000.

– *Zu 11 Übersetzen „kirchlicher" Fachwörter*
Bayer, Oswald, Aus Glauben leben. Über Rechtfertigung und Heiligung, Stuttgart 1984.
Böll, Heinrich, Doktor Murkes gesammeltes Schweigen, in: ders., Nicht nur zur Weihnachtszeit. Satiren, München ^{24}1978, 87–112.
Bonhoeffer, Dietrich. Schöpfung und Fall, DBW Bd. 3, München 1989.
Bultmann, Rudolf, Neues Testament und Mythos, in: ders., Offenbarung und Heilsgeschehen, München 1941, 27–69.
„Come on and sing / Komm und sing" Jugendliederbuch, hg. vom Jugendwerk und vom Amt für Kirchenmusik der SELK, Groß Oesingen ^{2}1991.
Ebeling, Gerhard, Einführung in theologische Sprachlehre, Tübingen 1971.
Hauck, Friedrich / Schwinge, Gerhard, Theologisches Fach- und Fremdwörterbuch, Göttingen 2002.
Jaworski, Hans-Jürgen, Ich ticke im Dreieck. Gedichte, Gedanken, Gebete, Gladbeck 1980.
Krause, Burghard, Reise ins Land des Glaubens. Christ werden – Christ bleiben, Neukirchen-Vluyn 2000.
Seitz, Manfred / Thiele, Friedrich, Wir beten. Gebete für Menschen von heute, Neukirchen-Vluyn ^{10}1993
Theißen, Gerd, Der Schatten des Galiläers. Jesus und seine Zeit in erzählender Form, Gütersloh ^{16}2004

– *Zu 12 Übersetzen biblischer Texte – Praxisimpulse*
Arbeitshilfe für Haus(bibel)kreise. Band 1: Amos hg. von Pfr. Marc Struckmann im Auftrag des Arbeitskreises „2003. Das Jahr der Bibel in der SELK" unter Mitarbeit von Pfr. Dr. Achim Behrens, Hannover 2002.
Arbeitshilfe für Haus(bibel)kreise. Band 2: Vätergeschichten hg. von Pfr. Marc Struckmann im Auftrag des Arbeitskreises „2003. Das Jahr der Bibel in der SELK" unter Mitarbeit von Pfr. Dr. Achim Behrens, Hannover 2003.
Behrens, Achim, „Grammatik statt Ekstase!" Das Phänomen der syntaktischen Wiederaufnahme am Beispiel von Am 7,1 – 8,2, in: A. Wagner (Hg.), Studien zur hebräischen Grammatik, OBO 156, Fribourg/Göttingen 1997, 1–9.
Behrens, Achim, Prophetische Visionsschilderungen im Alten Testament. Sprachliche Eigenarten, Funktion und Geschichte einer Gattung, AOAT 292, Münster 2002.
Calwer Bibelatlas. Erarbeitet von Wolfgang Zwickel, Stuttgart 2000.
Jeremias, Jörg, Der Prophet Amos, ATD 24/2, Göttingen 1995.
Krause, Burghard, Reise ins Land des Glaubens. *[wie zu Kap. 11].*
Michel, Diethelm, Israels Glaube im Wandel *[wie zu Kap. 6].*
Rad, Gerhard von, Das 1. Buch Mose/Genesis, *[wie zu Kap. 5].*

Schuld und Vergebung. Unterrichtsmodell für den Konfirmandenunterricht. Erarbeitet im Auftrag und unter Mitwirkung der Kommission für Kirchliche Unterweisung der Selbständigen Evangelisch-Lutherischen Kirche von Hans Peter Mahlke, Hannover 2001.

Stuttgarter Erklärungsbibel [wie zu Kap. 1].